800 JEUX, INFOS & BLAGUES
à pisser de rire !

L'Officiel des Toilettes

2025

Conception graphique :
Olivier Caldéron

Réalisation :
Le Livre d'Après avec Sophie Greloux

Illustrations des rouleaux :
© **Andrew Drawthin**
Autres illustrations : © **Adobe Stock**

ISBN : 978-2-7014-0429-5

Hors Collection, un département d'Edi8
92, avenue de France - 75013 Paris

Walter Cosette

800 JEUX, INFOS & BLAGUES à pisser de rire !

L'Officiel des Toilettes 2025

HORS COLLECTION

Salut lectrice, salut lecteur

Bonne nouvelle, ni les guerres, ni le prix du papier, ni la concurrence (au cul rance) n'ont eu la peau de votre livre de jeux préféré : tu m'étonnes, on en vend des tonnes et c'est grâce à vous !

Depuis la révélation, il y a deux ans, que le bouquin faisait 812 g, 43 % des bouchers lyonnais l'utilisent pour peser les rôtis et 28 % des constructeurs de maisons Phénix (paix à leur âme) le substituent aux briques devenues trop chères pour terminer les bicoques laissées en plan de leurs clients.

L'Officiel conquiert le monde ! Pourquoi ? Par sa densité : 540 pages de rires et de jeux, d'infos sur tout ce qui est pipi, caca, mais pas que. Par son sérieux : une équipe au complet de, euh, une personne traque les inexactitudes, les coquilles et les sources. Par son prix : moins qu'un paquet de clopes – qui ne dure qu'un jour chez ma sœur alors que là, vous en avez pour un, deux ou trois ans et que cela ne nuit pas à la santé. Bien au contraire.

Vous croyez tout savoir sur les excréments, les fèces, le côlon (celui qui est en vous, et je ne parle pas des nostalgiques de l'Algérie française et consorts), la mixtion, l'appareil urinaire, l'argot des latrines, l'histoire des égouts : détrompez-vous. J'ai déniché de nouvelles infos exclusives, comme on dit sur les chaînes de télé. Si je pouvais, je ferais défiler un bandeau-néon.

« Dix balles pour tout savoir sur le trou de balle ! » C'est ce que je voulais mettre en couverture, mais cela m'a été refusé. Alors, je le mets en ouverture, sacrifiant le c initial. Plus personne ne relit au-delà de la couverture. Mais tout le monde lit l'intérieur de *L'Officiel*. Amusez-vous bien et « poussez »… jusqu'à la page 6, à « la chasse » aux énigmes.

COUP DE FIL

Un pirate à crochet s'essaie aux textos ; il pense que les chiffres pressés permettront l'affichage immédiat du mot tapé.
En observant la série de chiffres et les possibilités pour chacun, devinez le mot composé par l'écumeur des mers.

3	5	4	2	8	7	8	3

BOUCHE-TROUS

Inscrivez une lettre par tiret pour reconstituer six mots de la langue française. Si le squelette de BARBE NOIRE – surnom du pirate anglais Edward Teach, qui vécut de 1680 à 1718 – ne vous suffit pas, piratez l'indice du bas et faites cap vers la solution. Interdiction de conjuguer !

1. B _ _ A R B _ _ _ _ E
2. _ _ B A R B _ _ _ _ E
3. _ _ B A R B _ _ _ _ _ _ _ E
4. N _ _ _ O I R E
5. N O _ _ _ _ _ _ I R E
6. N _ _ _ O _ _ I _ _ R _ _ E

INDICES :

1. Le pirate en prendrait pour supporter ses remontées acides.

2. Qui rebute par son aspect renfrogné, comme la mine de Barbe Noire.

3. Une histoire de toilette sur le bateau, au temps de la piraterie.

4. Il n'était pas rare qu'un pirate en aperçoive une à la surface de l'eau.

5. Nelly Kaplan, la réalisatrice de *La Fiancée du pirate*, ne le fut pas pour un an.

6. Une spécialité pour traiter un corsaire hydrocéphale.

LOGICO

Quel nombre doit remplacer le point d'interrogation dans la main gauche du dernier bonhomme ?

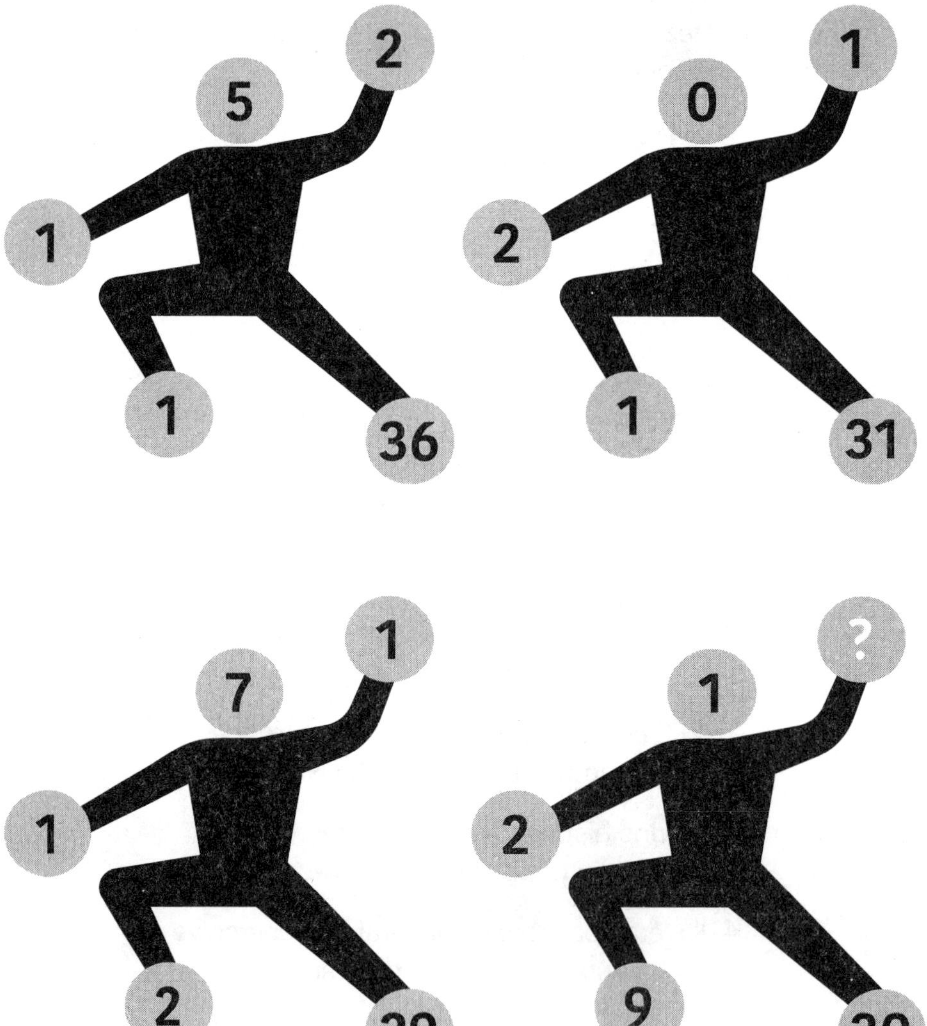

Chippis

Mais où étais-je ? Où étiez-vous, fidèles lectrices et lecteurs ? Depuis huit ans, personne n'avait entendu parler de cette commune suisse du canton du Valais. Il fallut que de violents orages s'abattissent sur la ville, que le Rhône débordât, que l'eau montât et que la police évacuât les habitants de Chippis pour que ce nom parvînt à nos oreilles...

Une coulée de boue marronnasse (là, ce n'est pas l'imparfait du subjonctif, c'est le plus-que-parfait du brun merdeux) se déversa sur la commune située à l'embouchure de la Navizence, tout proche de Sierre. Des branches et des troncs (non, pas d'étron, quoique...) s'entremêlèrent dans les rues, obligeant les habitants à manier le balai et les engins habituellement assignés au déneigement à donner de la lame, pour rendre la chaussée praticable.

« Chie ! Pisse ! » Mais quel bougre d'andouille a eu l'idée de nommer un village de 1 600 âmes ainsi ? L'étymologie ne donne aucune piste, on sait juste que les Allemands la nomment Zippis et que la forme Sepils exista au XIe siècle. Wikipedia précise qu'« aucune famille seigneuriale ne prit le nom de Chippis ». Tu m'étonnes ! Qui voudrait être seigneur de Chippis ? Bref, pour la couleur marronnasse et les abords du lit inondés, on sait désormais d'où tout cela vient...

(M)OTS

GRANDE RIGOLOTE / PUCE OU TIQUE		CARTE À JOUER / SOUVERAINES		FREINER BRUTALEMENT / CHARMES
DESTRUCTION / AVE MARIA				
QUELQU'UN QUI M'A DIT / TIRÉ D'AFFAIRE			CHANTEUR DE *LA MER* / DJELLABA OU SOUTANE	
PLACÉE EN QUARANTAINE / CAPONE				
		STÉPHANE DU PAF / QUI NE SE BRISERA JAMAIS		
MATÉRIAU DU BOUCHON / SEREINE				
			COMPAGNE D'ADAM / GREFFE	
SULTANAT DU GOLFE	IMPERATOR / MÂCHOIRE D'INSECTE			
				PARTICULIÈREMENT / MÉMOIRE DE LA TÉLÉ
VIN ITALIEN PÉTILLANT / ENGOURDI, ANESTHÉSIÉ				
ACCORD MOSCOVITE / FRICOTIN OU MOI			FACILE / PARFUMÉE COMME UNE SIRÈNE	
				ÉTAT-MAJOR / TONUS
RIVALES DES BRUNES / PAYS DE MALMÖ				
PROFIT		DÉSERT DE DUNES		

(F)LÉCHÉS

EMBOUT DE BIBERON
TITANE
BIEN TERMINÉ
IMPAYÉ
POSSÈDENT
COLLÈGUE DU KINÉ
LE PATIENT… Y PATIENTE
À REFLET AZURÉ
MÉTAL EN FILON
JUGÉES
ELLE NE PERD PAS LE NORD
LA REINE MORTE
FOYERS
FILS
DONT PERSONNE NE SE SERT
PARADIS
DO
EXCESSIVEMENT
PELOTONNÉ
MONTRÉ
CAPITALE DE L'ARMÉNIE
DOSE IRRADIÉE
VAGABONDE

SPRAY POUR AISSELLES
FEMME ACARIÂTRE
PASSIONNANTES
SENSUALITÉS
TOUR ABRÉGÉ
ENLEVAIT
NOTRE-SEIGNEUR
CONIFÈRE
DE JANEIRO POUR UN CÉLÈBRE CARNAVAL
DANIELLE ET CONSŒURS
EMBALLAGE DE COLLE
KILOMÈTRE
DOUILLET
FEU ÉTERNEL
SÉCHAGE PARTIEL
POUFFÉ
ENNUIERA LE JOCKEY
OUTIL PÉDAGOGIQUE
CONVIENT
RELIEF MUSICAL
GUIDE SPIRITUEL
COUTUMES
LASERDISC
EFFRAYÉ
MÉGAOCTET
ÉCHANTILLON POUR SONDAGE
DÉSAVANTAGEA
HAVRE DE PAIX
PANSEMENT ADHÉSIF
DIVIN MARQUIS
ACCUMULATION
DEUX ROMAIN
CANCRE
FLEUVE D'ÉGYPTE
HYGIÉNIQUE
SOLDAT AMÉRICAIN
ALCOOL FIZZ EN COCKTAIL
CONNU
PRONOM FAMILIER
CONDITION
ÉQUIPER D'UN MOTEUR POLLUANT
BOUQUINÉ
SA LETTRE N'EST PAS POUR MADAME LUCET

SUDOKU-KU

Remplissez les cases vides de ce sudoku-ku pour que tous les chiffres, de 1 à 9, soient inscrits une seule fois sur chaque ligne, dans chaque colonne et dans chaque petit carré de neuf cases sur fond gris ou blanc.

1					3		4	6
				6	1			7
			5	7	4		2	
		7	8	4		3		
9	8						7	4
		3		5	2	9		
	2		4	3	5			
4			1	2				
7	3		6					2

COLORIAGE

Prenez vos plus beaux crayons de couleur ou des feutres bien flashy, et enjolivez votre *Officiel* selon votre humeur du jour ou la qualité de votre digestion. Marron et jaune interdits : on parle assez de ces nuances dans tous les jeux liés aux toilettes !

BASIQUE INSTINCT

01010001010011010001110

Dans ce jeu binaire, la première grille ne devra être remplie que de 0 et de 1, avec trois règles à respecter.

1. Chaque ligne (et chaque colonne) contient quatre 0 et quatre 1.

2. Il est interdit d'écrire trois chiffres identiques (ou plus) côte à côte, en ligne ou en colonne.

3. Deux lignes (ou deux colonnes) ne peuvent être identiques.

Une fois la grille terminée, regardez le second tableau constitué de lettres. En ne lisant que celles des cases où vous aurez trouvé un même chiffre (le 0 ou le 1, à vous de voir), vous compléterez la citation de bas de page.

			0			1	
				1			
		1					
		0		1			
					0	0	
0					0		
	0						
				0	1		

F	V	O	I	E	R	T	I
L	U	A	N	E	C	R	F
U	Q	U	T	U	I	A	P
P	E	L	F	L	E	A	I
E	S	A	A	T	I	T	O
D	R	E	T	L	A	C	E
L	P	L	E	E	D	I	N
T	U	U	P	R	O	T	E

Citation incomplète de Cavanna :

« BEETHOVEN ÉTAIT TELLEMENT SOURD QUE TOUTE SA

.... »

Le bon tuyau

À l'aide des six croisillons, recomposez l'échelle en formant des noms de lieux. Voici un bon tuyau : le nom horizontal du bas désigne à la fois un pays et sa capitale.

	Q	
O	U	A
	E	

	K	
S	I	E
	G	

	B	
T	E	M
	C	

	A	
A	L	A
	I	

	K	
P	A	P
	B	

	O	
G	U	A
	L	

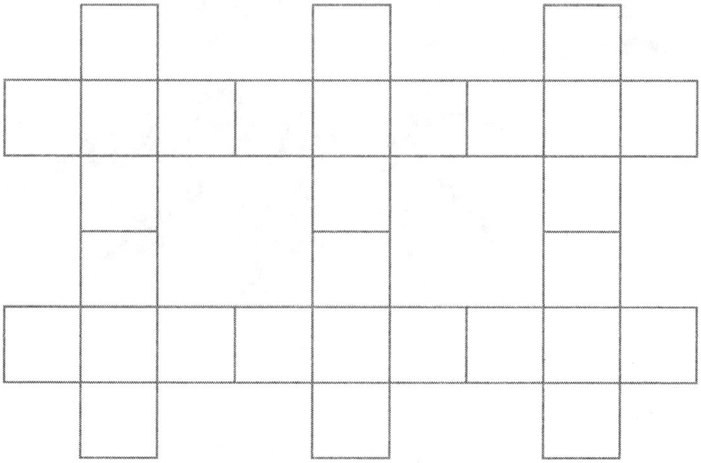

ÉVIDEMMENT

La réponse à cette énigme vous semblera probablement évidente, si vous donnez votre langue au chat et allez voir la solution. Ne serait-ce pas plus drôle de continuer à chercher, seul ou en groupe, jusqu'à ce que votre esprit s'illumine ? Évidemment que si !

Quelle est l'aiguille qui fait 24 fois le tour du cadran, chaque jour ?

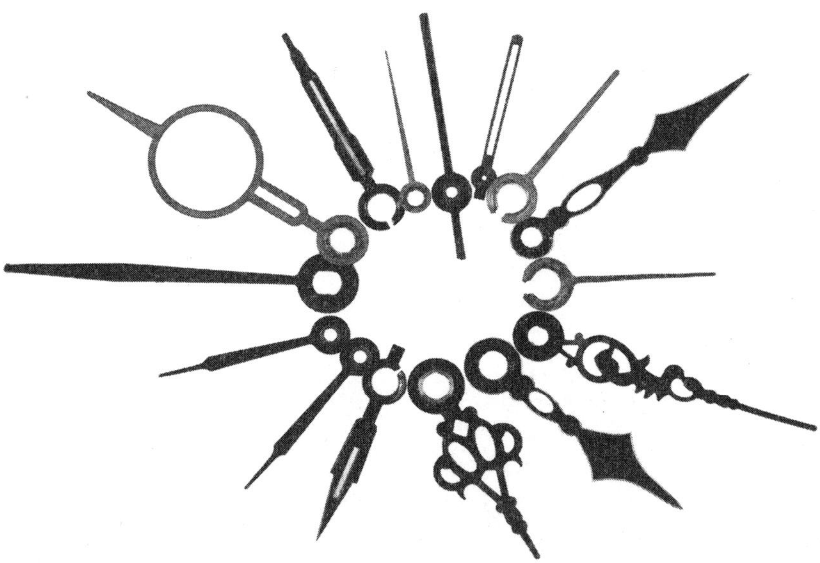

A. Celle des heures
B. Celle des minutes
C. Celle des secondes

MAYDAY, M'AIDER !

•••/---/•••

Saviez-vous que l'appel au secours Mayday – à répéter trois fois, en cas de détresse – venait du français « Venez m'aider » ? En utilisant l'alphabet de Samuel Morse, décryptez la citation suivante du fabuliste Ésope, évoquant les secours.

A	B	C	D	E	F	G	H	I	J	K	L	M
•-	-•••	-•-•	-••	•	••-•	--•	••••	••	•---	-•-	•-••	--
N	O	P	Q	R	S	T	U	V	W	X	Y	Z
-•	---	•--•	--•-	•-•	•••	-	••-	•••-	•--	-••-	-•--	--••

« --•-/••-/•-/-•/-•• // ---/-• // •- //

-•••/•/•••/---/••/-• // -••/•/••• // -•••/•-•/•-/••• //,

•-••/•/••• // •••/•/-•-•/---/••-/•-•/••• // •/-• //

•--•/•-/•-•/---/•-••/•/••• // -•/• //

•••/•/•-•/•••-/•/-•/- // -••/• // •-•/••/•/-• //. »

CROISÉS 3D

Cette grille est en 3D, mais inutile de chausser vos lunettes pour le cinéma ! Les mots s'y croisent dans trois directions indiquées par les flèches blanches sur fond gris. Inscrivez vos réponses en respectant les sens imposés et sans dévier : la perspective est un peu trompeuse au début, mais vous allez vite vous familiariser. Embarquez pour un fabuleux voyage dans l'espace !

HORIZONTALEMENT :

A. Destruction de cellules sanguines ou de bactéries. **B.** Langue du chanteur pas totalement bilingue. **C.** Canton où l'on aurait aperçu Guillaume Tell. **D.** Dans le vent, dans le temps. Sans conscience, elle n'est que ruine de l'âme. **E.** Il a une clé rien que pour lui. Luths. **F.** Ne pas respecter les commandements. Grosse mouche parasite. **G.** Question appelant une dénonciation. Argon du chimiste. Qui sécrètent la sueur. **H.** Du canal reliant la vessie au méat urinaire. Ruisseau. Pulsions. **I.** Vis. Tombé d'un portefeuille. Arrivée.

VERTICALEMENT DE GAUCHE À DROITE :

1. Chat retourné à l'état sauvage. Plus grand que l'angle droit. Pie. **2.** Salut de gladiateur condamné. Faire écho. Guérit de la rage. **3.** Un champion d'échecs. De bon poil. Ouvrez la cage à cet oiseau. **4.** Arbre fruitier parfois appelé « prunier d'Arménie ». **5.** Plante à feuilles en forme d'épées. Prélude au gérondif. Ville mésopotamienne sur l'Euphrate. **6.** Enfermer dans des limites plus étroites. **7.** Écosystème du bord de mer. **8.** Asséché ou épuisé. **9.** Préfixe d'égalité. Thulium.

VERTICALEMENT DE DROITE À GAUCHE :

I. Jean-Philippe Smet sur scène. Jauni, alité. **II.** Élargit le mordant de sa scie. Grand manteau berbère en laine. Sans aucun danger. **III.** Moyen de se tirer d'embarras. Passe la wassingue. **IV.** Mantra primordial de l'hindouisme. Plus courte, désormais. Pan de muraille. **V.** Présentateur de *Secrets d'Histoire*. Influencés par la culture chinoise. **VI.** Confirme qu'il n'y a que maille qui lui aille. Sans vêtements ou artifices. **VII.** Actinium du labo. Poisson mélanote. **VIII.** Musique du *Golden Gate Quartet*. **IX.** Impondérables.

BLAGUES

Chaud shopping show

- Quoi, tu t'es encore acheté une robe ?
- Elle était en solde. J'ai été tentée.
- Tu aurais dû crier : « Arrière, Satan ! »
- C'est ce que j'ai fait, mais le vendeur est passé derrière moi et il m'a dit : « Elle vous va encore mieux de dos... »

***

- Pourquoi une accro de shopping raconte-t-elle régulièrement des blagues à son dressing ?
- Pour que tous ses vêtements soient pliés.

***

Aux Galeries Farfouillette, un non-voyant est emmené par la police.
- Il a volé quelque chose ?
- Non, mais c'est la troisième fois cette semaine qu'il monte sur le tapis de caisse et ne veut plus en descendre. Sa salle de sport, c'est la porte à côté !

CROISILLONS OQP

Occupez-vous avec cette grille où les lettres **O, Q, P** ont déjà été positionnées, lorsqu'elles sont présentes. Attention, les définitions amusantes sont souvent à prendre au second degré.

1. Livre d'Oscar Wilde.

2. Lever le pied, tout en bossant dur.

3. Une Fleur qui sentait la rose.

4. Tapis rouge pour réception qui en jette.

5. Non comprise dans l'effectif.

6. Court d'assise.

7. En marche, il est en marches.

8. À décimale décimée.

9. Le Milanais n'en parle plus au téléphone.

10. La Montagne, très peu pour elle !

Le Pendu

Vous avez tous déjà joué au pendu. Observez bien les lettres des essais infructueux et déduisez-en le seul mot possible dans cette configuration, sans conjuguer. Michel Houellebecq a la réponse depuis dix ans.

_ _ _ _ M _ _ _ _ _ _

Lettres déjà proposées, mais pas dans le mot :

A B C D E F G R T

Amenez-y...

♫ ♫ ♫ ♫ ♫

Vous révisez vos chansons françaises, pour espérer un jour gagner de l'argent à la télé. Soudain, c'est l'amnésie ! Un terme vous échappe. Observez les notes remplaçant ce « trou » et amenez-y le mot manquant.

1. « Ça ira pour toujours, allons amants déclamer nos ♫♫♫ interdits »

....

2. « Sans se retourner, ne pas ♫♫♫, garder les instants qu'on a volés »

....

3. « Motus et ♫♫♫ qui n'dit pas à maman que je suis un phénomène »

....

4. « J'veux qu'tu m'balances au visage tes orages, tes peines, pour des nuits ♫♫♫ »

....

5. « Toi mon tout, mon loubard, tu serais mon ♫♫♫ superstar »

....

6. « Le Saint-Laurent est prisonnier d'un ♫♫♫ qui va bien durer six mois »

....

Pipiramidal

Complétez la pyramide en inscrivant sur chaque flaque un total égal à la somme des deux nombres notés sur les deux éléments (flaque ou rouleau) immédiatement en dessous.
Le nombre 628 (314 + 314) au sommet a un petit parfum de pipi, puisque pi, c'est 314…

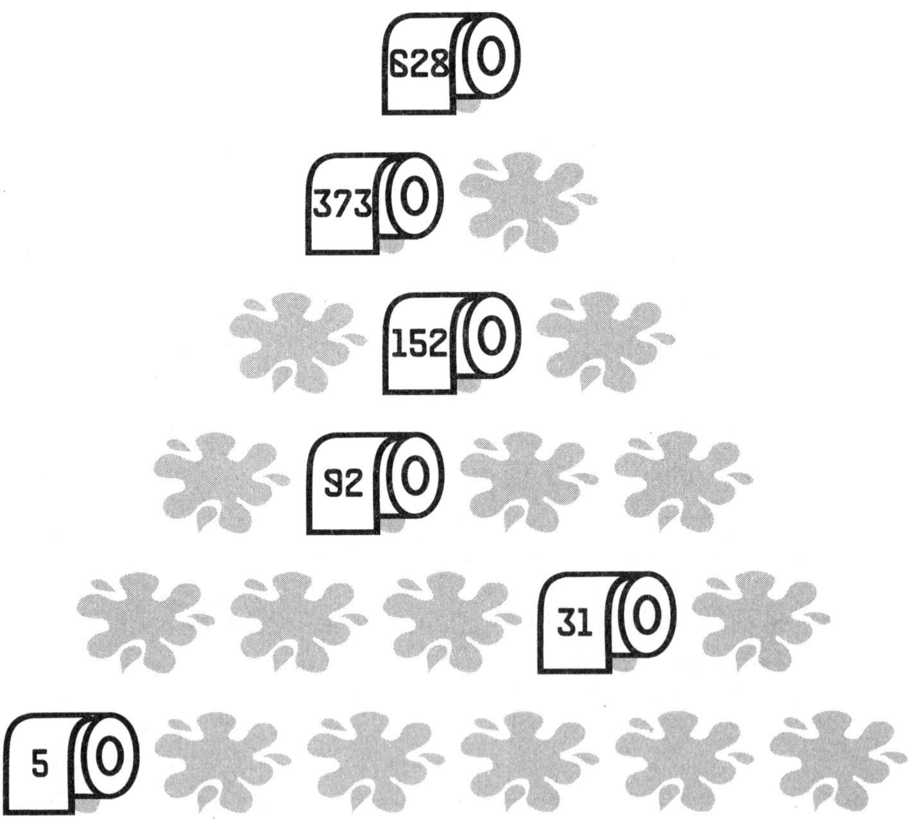

FÈCES TIME

Taito-ku, c'est pas drôle

Je vous avais promis une chose, page 542 de cet ouvrage millésimé 2024 (pet à son âme, il a vécu mais calera peut-être quelques tables bancales pour les siècles à venir) : aller à l'automne au Japon visiter « Shikoku, pour y explorer la cuisine locale et vous ramener d'autres toponymes suffisamment ridicules pour figurer dans *L'Officiel.* »

À l'heure où les politicards de tout poil, moustache broussailleuse à la Staline ou ticket de métro à la Hitler, font des promesses qu'ils ne tiendront pas, je démontre mon engagement total et désintéressé envers vous : j'ai fait ce voyage au Japon – mais en été, pas en automne, « méat coule pas ». J'en rapporte quelques anecdotes qui, selon qu'elles parlent de pipi ou de caca, figureront dans la rubrique *ad hoc* : Uronews, Défèque news ou Fèces time.

Je ne suis pas non plus allé à Shikoku, précisément : mais un serviable Japonais, répondant au nom de Hoku, nous a fait découvrir des lieux tout aussi intéressants comme Taito-ku (et le cimetière de Yanaka). J'avoue que les deux noms en -ku sont moins drôles là-bas, en terre nipponne ou nippone (vous avez le choix pour un ou deux n), car le [u] est une sorte de finale muette et non un [u] franc comme dans « anus » ou un [ou] comme dans « trou ». Cela ressemble plus à un [eu] guttural comme dans « Je vais vomir, après avoir exploré la cuisine locale, e/eu. »

Point donc de « chie qu'au cul/au cul/tête au cul », mais qu'importe : nous ferons comme si. Et nous nous régalerons, plutôt que de mini-anguilles et de trucs bizarres que j'ai dû ingurgiter, de noms à consonance ridicule, prononcés à la bonne française. Pas à la gouvernante, vous m'avez compris ! Mon gaullien ton m'étonne moi-même, parfois...

LE CHICHSTRAC

Dans l'argot militaire, la corvée de **CHICHSTRAC**, c'est celle de chiottes. Ce mot vient du sabir algérien *chichma* désignant les latrines, d'un mot turc signifiant « robinet public ». Le sens a évolué pour désigner le contenu même des latrines, à savoir la m… Dans les trois citations, un même terme a été remplacé par cet étrange **CHICHSTRAC**. Votre seule corvée sera ici de toiletter ces phrases pour retrouver le mot commun d'origine.

1 « Il y a des **CHICHSTRAC** qui préfèrent les trous poudreux des vieilles murailles aux boulins les plus propres de nos colombiers. »
(BUFFON)

....

2 « Deux **CHICHSTRAC** s'aimaient d'amour tendre. »
(JEAN DE LA FONTAINE)

....

3 « Quand on voit ce que les **CHICHSTRAC** ont fait sur ce banc, il faut remercier Dieu de n'avoir pas donné d'ailes aux vaches. »
(RÉGIS HAUSER)

....

MOTOCROTTE

Chaque chiffre en début de ligne ou haut de colonne indique le nombre de déjections qui s'y trouvent. Localisez et représentez par un cercle les crottes laissées par les 36 cabots de la grille, pour permettre à la motocrotte de passer. Un chien ne laisse une crotte que dans une case libre touchant la sienne et jamais en diagonale. Commencez par marquer d'un point les cases sans excrément, comme ci-dessous (0 en début de ligne ou en haut de colonne). La case où veille l'agent de police est sans crotte.

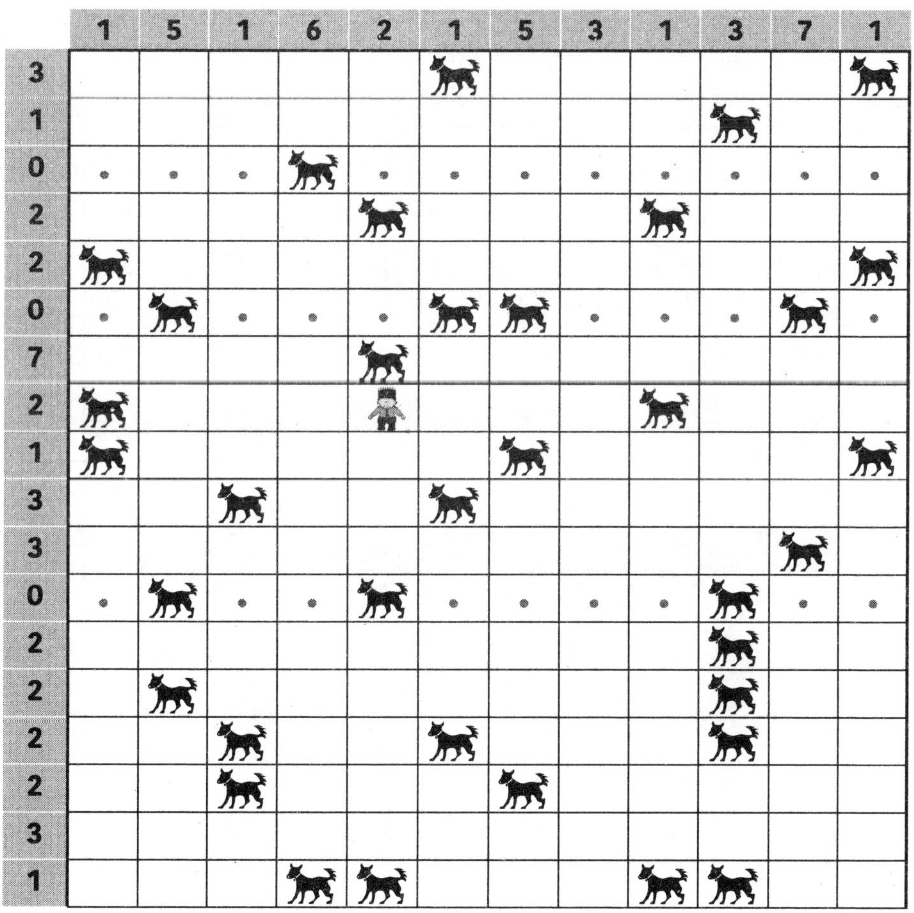

LA TÊTE AU

Dans chaque carré grisé figure un mot. Trouvez-en une anagramme correspondant à l'une des définitions en page de droite (exemple au centre : ÉTOILE pour l'indice 7). Inscrivez ensuite, dans chaque tête, le numéro de la définition du terme recherché. Reportez alors l'initiale de chaque mot trouvé, ici un E, dans les cases numérotées de l'échelle de décodage. Celle-ci complétera une citation du philosophe Alain : « Dans la conversation ainsi que dans la danse... » Pour terminer, en additionnant les chiffres des définitions, il vous faudra totaliser 65 sur toutes les lignes, toutes les colonnes et les deux diagonales de ce carré magique.

CAL	THÉIERS	LE MONDE	BASER	TAR	= 65
ÉTÊTIONS	TONGA	TRACÉ	AUBINER	CAMBERA	= 65
ACCORAI	PARÉO	TOILÉE 7 ÉTOILE	DÉPRIMAIS	DOUBLÉE	= 65
SURS	DÉTERMINE	BARAQUÉES	DRONE	POULS	= 65
LANDIER	RETENTA	TACHÈRENT	LARVE	CARDANS	= 65
= 65	= 65	= 65	= 65	= 65	

65 = (diagonale) 65 = (diagonale)

CA-CARRÉ

1. Leur danse s'effectue en sortant de la mare. **2.** C'est ne pas savoir sur quel pied danser. **3.** Dans cette pose, une jambe est tendue vers l'arrière et un bras vers l'avant. **4.** Gérard Darmon la danse dans *La Cité de la peur.* **5.** Une telle danse, dérivée du hip-hop, rassemble *popping* et *crumping.* **6.** Ce fruit sec est cassé par Tchaïkovski. **7.** C'est le titre suprême pour un danseur. **8.** Khatchatourian a composé une Danse de cette arme blanche. **9.** De cette ville italienne vient une danse endiablée. **10.** Kevin Costner dansait avec eux en 1990. **11.** Cette société produit sur France 2 l'émission *Prodiges* révélant de talentueux danseurs et danseuses. **12.** Une telle danse est une sarabande mêlant morts et vivants. **13.** Dans ce pays, on aime la *light jig,* rapide et aérienne. **14.** C'est une danse en cercle, simple, pour les enfants. **15.** On y danse non loin de… *La Danse* de Carpeaux. **16.** C'est une courte danse, entre deux actes, pour faire patienter le public. **17.** Son boléro fut dansé par Barychnikov. **18.** C'est un enchaînement de tours rapides, sur demi-pointes. **19.** Grand ou facial, il demande une sacrée souplesse. **20.** Des cygnes, c'est le ballet le plus connu. **21.** Celui d'un faune a été chorégraphié par Nijinski. **22.** C'était le pays du Bolchoï. **23.** C'est la danse des Argentins. **24.** C'est un jeune danseur prometteur. **25.** Ce changement de pied battu n'a rien à voir avec un quelconque minou.

						E						
1	2	3	4	5	6	7	8	9	10	11	12	13

14	15	16	17	18	19	20	21	22	23	24	25

Le saviez-vous ?

Dès que le vent soufflera

Les Parisiens le savent : les riches et beaux quartiers sont depuis belle lurette à l'ouest de la capitale, tandis que les quartiers plus pauvres et populaires se contentent du nord et de l'est. Mais pourquoi diable ? L'étude des répartitions de population, dans différentes grandes villes, révèle toujours une telle disparité, qui ne s'explique pas du tout à l'origine par les prix de l'immobilier.

Remontons un peu le temps et rappelons-nous que Paris fut jadis une beaucoup plus petite ville, qui s'étendra progressivement au mur des Fermiers généraux (point de collecte de la ferme, un impôt), à l'enceinte de Thiers (aussi appelée les « Maréchaux ») puis au périphérique, avant d'engloutir bientôt la petite banlieue pour donner le Grand Paris.

À l'époque de l'industrialisation, le Paris historique était entouré d'usines dont les fumées obscurcissaient le ciel. C'est la direction des vents dominants qui dictera l'établissement des gens aisés : du côté où la fumée ne vient pas. Ils laissent cet inconvénient aux plus pauvres.

Si le vent avait soufflé dans l'autre sens, les riches seraient porte des Lilas ou à La Chapelle et les pauvres s'entasseraient à Auteuil et à Neuilly. En revanche, les bourgeois n'habiteraient toujours pas dans le 13e arrondissement : explication page 149.

7 HORREURS

Trouvez les sept différences entre les deux illustrations.

Les enfants terribles

Cinq couples à l'humour douteux annoncent à des amis que leur famille s'agrandit. Sachant qu'Annick, Jack, Jean-Édouard, Jean-Philippe, Loana, Maude et Oussama sont arrivés à la maternité, inscrivez les prénoms complétant les faire-part. Attention, une famille a eu des triplés.

Monsieur et Madame Ouche
ont le plaisir de vous annoncer
la naissance de

....

....

....

Monsieur et Madame Zarella
ont le plaisir de vous annoncer
la naissance de

....

....

....

Monsieur et Madame Vémanké
ont le plaisir de vous annoncer
la naissance de

....

....

....

Monsieur et Madame Danlapissine
ont le plaisir de vous annoncer
la naissance de

....

....

....

Monsieur et Madame Ervitmonslip
ont le plaisir de vous annoncer
la naissance de

....

....

....

Graines de chia

La graine de chia serait bonne pour le cœur, le os, les dents, la peau, le cerveau et la tête, alouette. Elle combat le diabète et facilite le transit. Un mot de treize lettres sortira de ce CHIA, coincé non pas dans la gorge mais dans le côlon. Trouvez-le. C'est un test, hein !

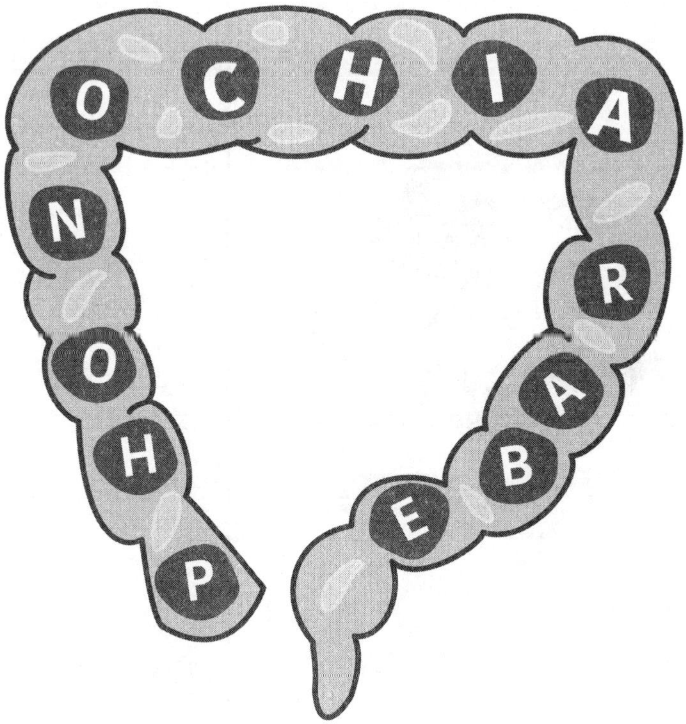

(M)OTS

OBÉISSANT IRRÉPRESSIBLE		MÈCHE À GOMINER GÂTEAUX DU SOUVENIR		TRIOLET AUX YEUX INSPIRANTS MATÉRIEL DE CUISINE
RÉSERVE DE LIQUIDE GAMIN DE CHAPLIN				
			RELATIF AU TOUCHER TE RENDS	
DEBOUT MIXER				
HURLEMENT	DÉCOLLAGE DÉGOÛTÉE D'AVOIR PERDU			
			IDEM COGNA	
DÉFORMÉE LE PLUS GRAND DES DALTON				
ÉCHELLE PHOTO PREMIER IMPAIR				RÉSISTIBLE ARTURO POTAGE OU RAGOÛT
		ACCESSOIRE DE BUREAU DÉSŒUVRÉES		
IMITÉES PLEURA				
CARREAU COUPANT CESSATION DE TRAVAIL			CERF-VOLANT CERTIFIÉE	
CORIACE AIMÉ DES POÈTES				HAMEAU ANTILLAIS POISSON ROUGE
MALIGNE	CANARDS SAUVAGES			

(F)LÉCHÉS

3,14 / MANQUER L'ÉCOLE
PLASTIQUE ININFLAMMABLE / FOURRURE
EN CE LIEU PRÉCIS
VERNIS SOLIDIFIÉ / HAUSSE DE RYTHME
PAISIBLE / DÉVALISEUR
ÉPROUVÉE
PLANTER SA TENTE / COURROIE
MALIENNE OU ANGOLAISE / SHOOT
SUPPORT DE MASCARA / LADY SPENCER
OUVREUR D'HUÎTRES
OISEAUX ARRIVÉS AU PRINTEMPS / GALANTIN
ARMSTRONG SUR LA LUNE
SERVICE GAGNANT / DU PEINTRE CHANTÉ PAR F. GALL
MONITEUR / PRÊT BANCAIRE

DESSUS DU PANIER
LIMITES D'ALPHABET / LOGEMENT DU BÉTAIL
LONGUEUR CHINOISE / BANDE DESSINÉE
LANGUE / OBJET DE CONQUÊTE
MATIÈRE EN FUSION / FULMINA
PAYS DE GANDHI / TROUVEUR DU BACILLE DE LA PESTE
CHÉRI
SOLEIL ÉGYPTIEN / IMITER UN FAUVE
FUTUR / FENOUIL BÂTARD
CESSION EN SECONDE MAIN
CAPTEUR DE MESSAGES / IRRITATION
NOTRE MONNAIE / COMPLEXE DE FILS
RÊVER / CHEF-LIEU DU GARD
CONTINENT / COURROUX
BUGLE / PAGE DE TITRES
ÉPAISSI / ABÎMA
GUEULE DU PIAF
TOUSSOTEMENT / BIEN APPRIS
À LA MODE / RIGOLÉ
NOTA BENE / NOTRE-SEIGNEUR
FAIT DES MÉANDRES
54 MILLIONS DE KM² SUR TERRE
ARIDE

SPHINX TER

Le sphinx de Gizeh est impassible, le sphinx Bis est plutôt détendu mais le sphinx Ter est un peu contracté. Aidez-le à se détendre en trouvant le lien logique, le terme qui relie sans équivoque possible les six mots.
Ayez du nez, contrairement au sphinx...

MATIÈRE	ZONE
CARTE	CREVETTE
BALEINE	ÉMINENCE

____

ROSACE

Remplissez les pétales de rose en ordonnant ces séries de lettres. Écrivez les mots de l'extérieur de la rosace vers le centre, comme dans les exemples PIPIS et CACAS. Attention aux anagrammes, il n'y a qu'une seule façon de compléter la grille.

Dans le sens des aiguilles d'une montre (repères lettres)

A. AELNR	G. GNNOS	M. EIMMS
B. CFOSU	H. EEILR	N. AEKNR
C. ACOST	I. BELOT	O. CDEOR
D. CEILU	J. EJRTU	P. AELTU
E. BERSU	K. EEMNR	Q. **IIPPS**
F. GINTV	L. EEFIP	R. IMNSU

Dans le sens inverse (repères chiffres)

1. EIPRR	7. BGISU	13. EIMNT
2. EFILN	8. EINNU	14. EFIKR
3. NOSTU	9. BGLOS	15. ADEMR
4. **AACCS**	10. IJNOT	16. AEEER
5. CELRU	11. ELMSU	17. CEPSU
6. ELOSV	12. EEPRT	18. IMNOT

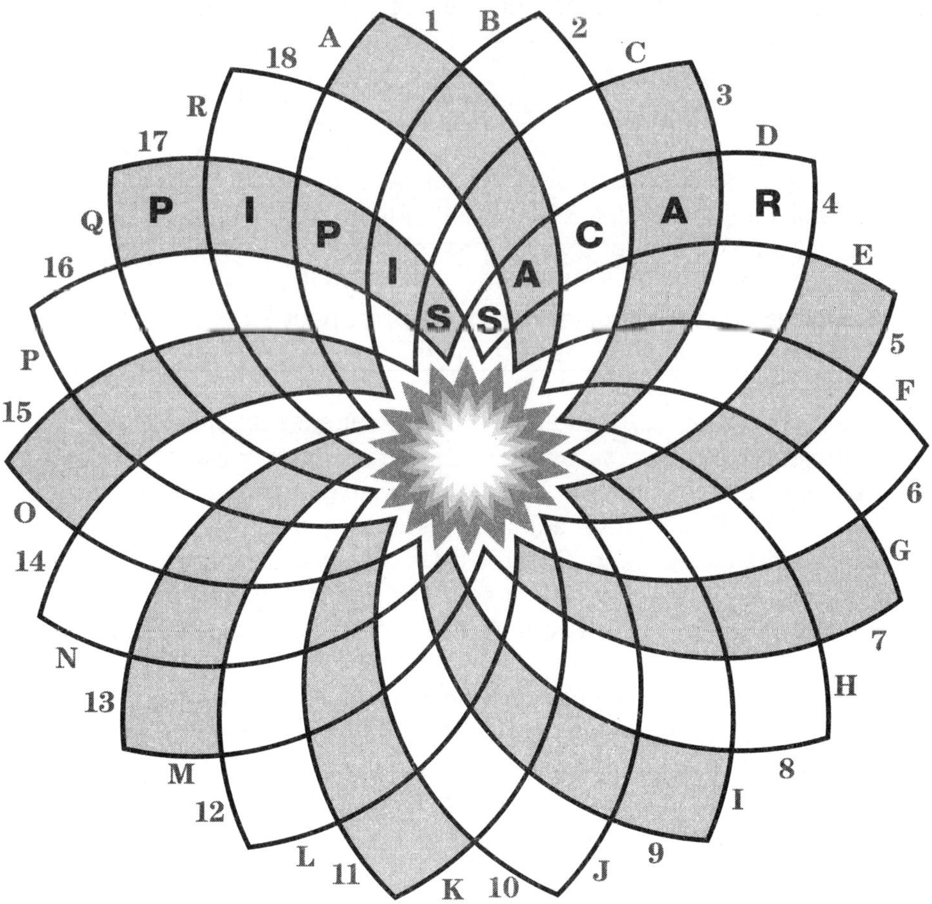

URO NEWS

La défense duRiner

Teddy était le surnom du président américain et *bear* signifie « ours ». En 1902, Theodore Roosevelt aurait épargné un ourson, lors d'une chasse dont il rentrait bredouille. L'épisode, relayé par la presse, donna l'idée de créer une peluche qui fut nommée « Teddy Bear ». Teddy Riner a donc le prénom d'un pacifique (voire transpacifique) ursidé, mais il n'est pas une petite chose que l'on manipule aisément.

Notre judoka star qui, à l'heure où j'écris ces lignes (11 h 20 du matin, bâillement) n'a pas encore concouru aux JO de Paris 2024 (ben oui, l'édition 2025 est bouclée fin juillet 2024, y en a qui bossent après moi pour imprimer et coller les pages une à une), a un palmarès long comme le bras qu'il passe dans son *sode*, la manche de son *judogi* (et non kimono) menant au *sodeguchi*, l'ouverture par laquelle passe sa main.

Riner est un fabuleux attaquant et il enchaîne les ippons, en projetant ses adversaires au sol ou en les immobilisant, mais il est aussi un roc indéboulonnable, un géant de 2,04 m pour 130 à 150 kilos, réputé pour sa défense quasi infranchissable. L'adversaire essaie de le déstabiliser et s'épuise, s'exposant à un contre, ou ne tente rien et se prend des *shidos*, sortes de cartons jaunes qui, au bout de trois, font perdre le combat.

La défense duRiner (séparez comme vous voulez) méritait la médaille d'or, la première position de ces Uronews. À noter que, dans les règles du judo, il est défendu d'uriner sur l'adversaire. Dommage, ç'aurait été ma seule chance de déstabiliser qui que ce soit, si j'avais pratiqué ce sport.

SUDOKU-KU

Remplissez les cases vides de ce sudoku-ku pour que tous les chiffres, de 1 à 9, soient inscrits une seule fois sur chaque ligne, dans chaque colonne et dans chaque petit carré de neuf cases sur fond gris ou blanc.

1					5		3	9
2								
9	7			4		6		
		2		9				3
			5	3	1			
3				2		8		
		3		7			2	4
								5
8	1		3					6

QUI FAIT QUOI ?

Cinq jeunes filles ont vendu des mugs décorés de muguet, mais aussi des bouquets de cette fleur sur un marché de mai. À l'aide des quatre indices, trouvez le nom de chacune, le nombre de mugs écoulés, la quantité de bouquets vendus, ainsi que le bénéfice total réalisé.
Si vous coincez, deux indices bonus (non nécessaires à la résolution) vous sont offerts en bas de page.

MUG ET MUGUET

1. La fille aux 90 bouquets a gagné trente euros de moins que celle ayant vendu 6 mugs, mais trente de plus que celle qui en a écoulé 8.

2. La vendeuse de 9 mugs a fourgué dix bouquets de plus que Maya Liss. Celle aux 10 mugs a fait un bénéfice inférieur à Reine Débois, qui n'a vendu ni 50 ni 60 bouquets.

3. La fille aux 70 bouquets a gagné trente euros de plus que Clotilde (dite Clo) Chett, qui n'a pas vendu 60 bouquets, mais trente de moins que celle ayant fait commerce de 8 mugs.

4. Lily Assez a vendu vingt bouquets de plus que Mona Mourett, qui a écoulé plus de mugs que la jeune fille ayant vendu le moins de bouquets de *Convallaria majalis*.

INDICES SUPPLÉMENTAIRES

5. Le plus gros bénéfice ne correspond ni au maximum de mugs vendus, ni au maximum de bouquets de muguet écoulés.

6. Le plus petit bénéfice correspond soit au minimum de mugs vendus, soit au minimum de bouquets de muguet écoulés.

GRILLE DE RÉSOLUTION

		MUGS					BOUQUETS					BÉNÉFICES				
		6	7	8	9	10	50	60	70	80	90	200€	230€	260€	290€	320€
VENDEUSES	CLO CHETT															
	LILY ASSEZ															
	MAYA LISS															
	MONA MOURETT															
	REINE DÉBOIS															
BÉNÉFICES	200€															
	230€															
	260€															
	290€															
	320€															
BOUQUETS	50															
	60															
	70															
	80															
	90															

TABLEAU DES RÉPONSES

VENDEUSES	MUGS	BOUQUETS	BÉNÉFICES

BONUS

Observez les lettres bien placées sur fond noir ou mal placées sur fond gris foncé pour deviner le seul mot final possible.

R Noir **L** Gris foncé

R	A	M	A	S	S	E
R	I	G	U	E	U	R
R	E	P	O	N	S	E
R	U	R	A	L	E	S
R	Y	T	H	M	E	E
R	___	___	___	___	___	___

BLAGUES

Bêêê si, c'est drôle

– Mon chéri, sais-tu qu'il faut trois moutons pour faire le pull en laine que je viens de t'offrir?
– Alors là, non! J'ignorais même qu'un mouton savait tricoter.

***

À la ferme, le cheval n'arrive plus à se lever. Le propriétaire fait venir le vétérinaire.
– S'il est toujours allongé dans trois jours, il faudra l'abattre.
Le lendemain, le mouton encourage son meilleur ami:
– Allez, lève-toi!
Mais rien n'y fait. Le surlendemain, le mouton insiste:
– Lève-toi, sinon demain ils vont te buter.
Le cheval reste allongé. Le jour suivant, le mouton tente à nouveau sa chance et, miracle, le cheval se lève alors que le vétérinaire venait d'arriver.
– Ouf! fait le propriétaire. Pour fêter la guérison du cheval, restez avec nous ce soir, dit-il au véto. On va tuer le mouton et faire un méchoui.

***

– Comment appelle-ton Clay, le mouton américain branché?
– Clay US-Bêêêê.

ANAGRAMMES

Les termes suivants n'ont qu'une anagramme, notez-la à droite. Les initiales des dix mots trouvés formeront verticalement un onzième terme qui, à son tour, n'en a qu'une. Ces deux anagrammes permettent de compléter la phrase :

« Sans un bon sens de la __________,
on rentre ___________ d'une chasse au trésor. »

1. GUINDE	_	_	_	_	_	_
2. OUBLIE	_	_	_	_	_	_
3. GALBÉE	_	_	_	_	_	_
4. VIORNE	_	_	_	_	_	_
5. CANOËS	_	_	_	_	_	_
6. LUSTRE	_	_	_	_	_	_
7. CITANT	_	_	_	_	_	_
8. GNIOLE	_	_	_	_	_	_
9. GALEUX	_	_	_	_	_	_
10. FANENT	_	_	_	_	_	_

CALCULS DURS, HEIN !

Avec les quatre opérations de base **(+ − × ÷)** et en utilisant au maximum une fois les plaques proposées, tentez d'atteindre le nombre cible : **941.**
Il n'existe que trois façons différentes d'y parvenir, dont une passant par un nombre étape supérieur à 1500.
Trouvez au moins l'un de ces calculs durs, hein !

LA CIBLE

Partez de la lettre sur fond blanc. Choisissez le bon sens de rotation et sautez un certain nombre de lettres (toujours le même pour cette cible), lisez la suivante, puis continuez ainsi pour compléter un graffiti lu sur un mur de toilettes publiques : « La Bible nous apprend à nous aimer les uns les autres… »

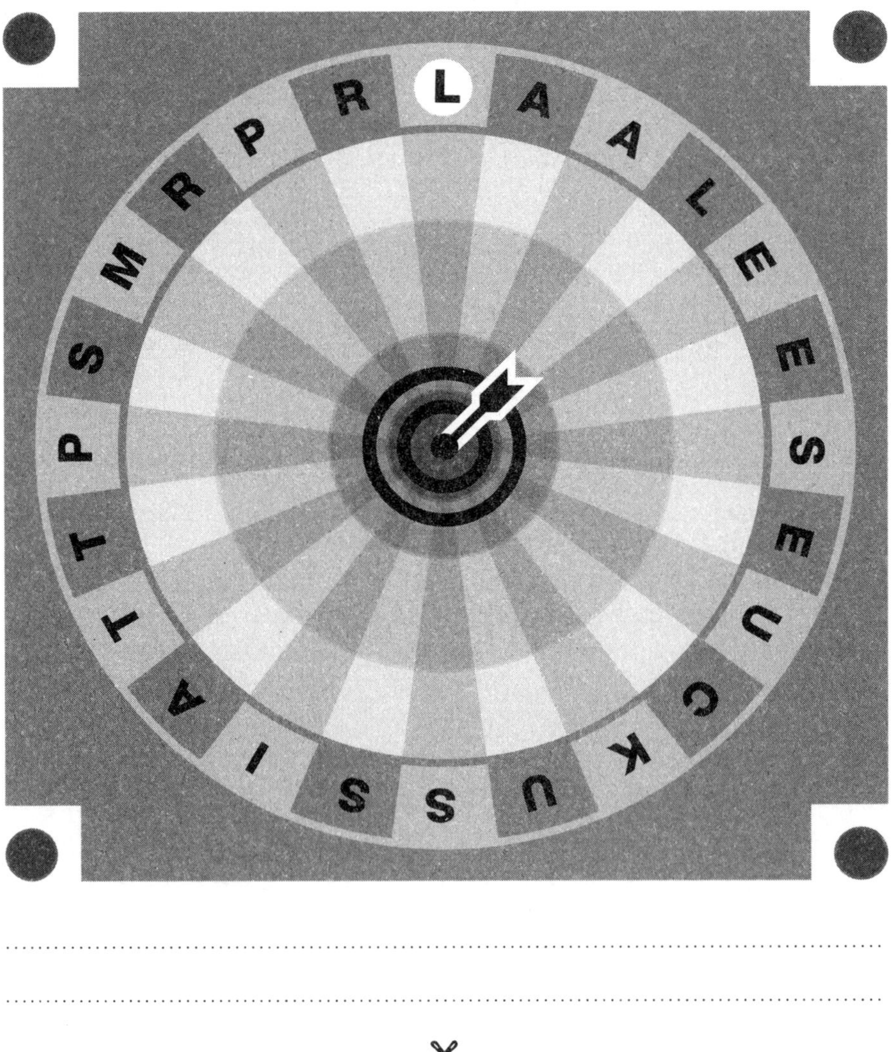

EN MER, DENTS

Ne donnez pas votre langue à la gueule des requins encerclant votre canot. Tout comme « En mer, dents » laisse entendre « emmerdant », constituez un rébus phonétique évoquant un film dans lequel un personnage urine sur une serrure de voiture.

LA SUITE

Si vous ne trouvez pas le nombre terminant logiquement cette spirale mathématique, à la place du point d'interrogation, il est à peu près certain que vous aurez… les boules !

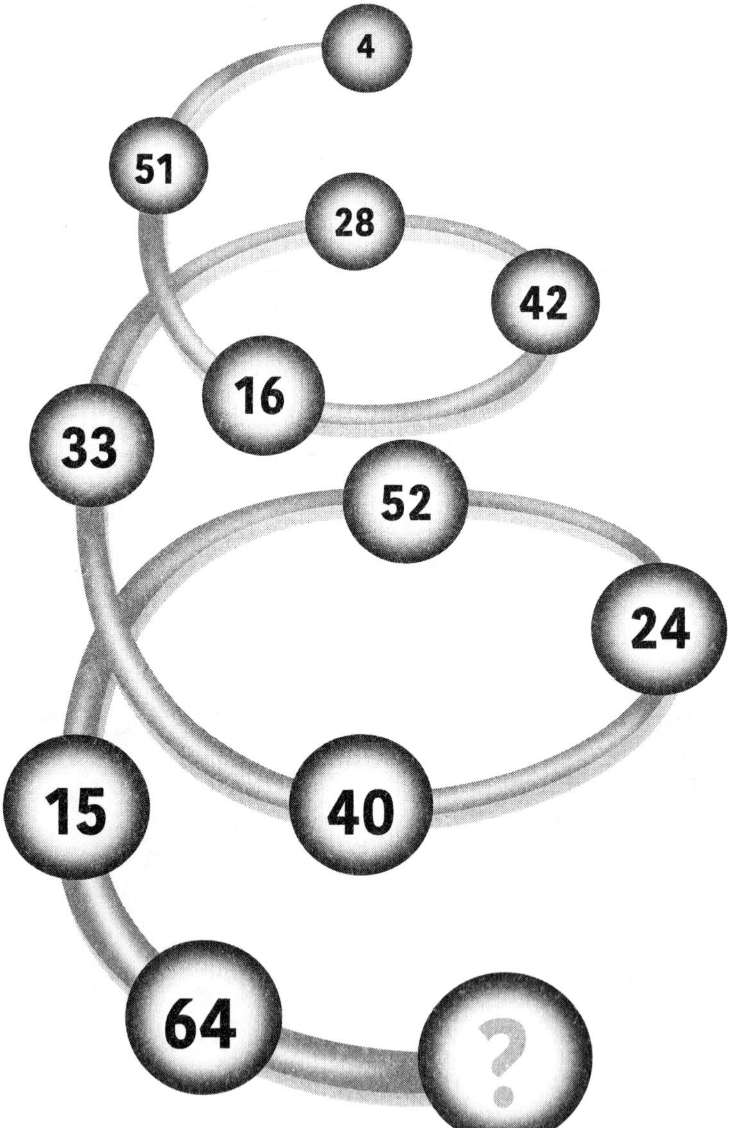

LES MUTANTS

Ces titres d'œuvres ont muté : chaque terme important a été remplacé par un synonyme, mot de même sens, ou un antonyme, mot de sens contraire. Ainsi, le film *Les bronzés font du ski* pourrait devenir *Les visages pâles remontent la pente*, par exemple, dans la version antonyme, ou encore *Les hâlés partent en schuss*, dans la version synonyme.

À vous de retrouver le titre original de chacune des trois œuvres fictives suivantes : il peut s'agir d'un film, d'un tableau, d'un roman ou d'une chanson.

1. Une nuit je divorcerai d'un démon

....

2. La Destruction d'Ève

....

3. Le Papa et le Micheton

....

ALPHAKU-KU

Remplissez cette grille logiquement pour que chacune des lettres
« A, E, G, H, I, M, N, W et Y »
figure une seule fois sur chaque ligne, dans chaque colonne et dans chaque petit carré de neuf cases aux contours renforcés. Sur la ligne du centre s'inscrira le nom d'un écrivain qui affirmait « boire pour rendre les gens plus intéressants ».

	H		N			A		
N		E						
	W	A	G		E	H		M
	Y	W	A					
					W	E	M	
M		Y	E		N	G	I	
						N		W
		I			H		E	

GLOBE-CROTTEUR

1. Dans quel pays demanderez-vous : « Ku është banja ? » pour savoir où se trouvent les toilettes ?

- en Finlande
- en Albanie
- au Kenya

....

2. Dans les deux manières suivantes de demander la direction des wawas, laquelle est formulée en catalan et laquelle est en langue basque ?

- « Non dago komuna ? »
- « On és el bany ? »

....

3. Dans quelle langue la phrase « Xana xi kumeka kwihi xihambukelo ? » permet-elle de demander l'emplacement des latrines ?

- en martien, selon Victor Henry
- en tsonga
- en papou

....

GRANDES

HORIZONTALEMENT : A. Émission présentée par Nagui. Agent 117. **B.** Titre négociable en bourse. Dramaturge. Gynécologue à la célèbre méthode de contraception. Personnage qui lutte contre la sorcière Karaba. **C.** Organe élaborant l'urine. Cassius Clay. Cuit pour dorer. En proie au scepticisme. **D.** Mis d'aplomb. Côté du lever du soleil. Façon. Poinçon pour percer le cuir. **E.** Du domaine des songes. Usure lente de relief. Conclut un marché. Petit cri attirant l'attention. **F.** Service à refaire. Changement de peau. Courses folles vers l'or. Mouvement de protestation du cheval. Nombre transcendant. Mesure la masse. **G.** Marchant sur un autre territoire. Récit de Virgile. Citadelle qui fut fatale à Vercingétorix. **H.** Procès-verbal. Clameur aux arènes. Regarde au sud. Amateur de chair fraîche. Serrer au soulier. Oiseau courant en zigzag. **I.** Non partagée. Femelle du sanglier. Examen de détection du cancer du sein. Enzyme. **J.** Religion. Abaissements de paupières. Carte. Préparent des carottes. Pronom familier. **K.** Conjonction de coordination. Laissée par le mort aux héritiers. Lieu d'enseignement. Ornement liturgique de l'évêque. Monts et fleuve de Russie. **L.** Un prénom chanté par Christophe. Jamais. Article espagnol. Radium. Arturo brechtien. Fête. **M.** Bombant le torse. Sportif participant aux Jeux olympiques. Contrée des lourds Thébains. **N.** Voyagea de nuit. Une de Foix. Concept pasteurien de non-contamination. Élève-officier de réserve. **O.** Saison chaude. Dans. Génie absolu de la relativité. Cabas. Argile. **P.** Habitués des pompes. Chef vénitien élu. Installé sur un banc. Capitaine par gros temps. Insatisfait. **Q.** Holmium. Inflammation d'un canal. Logarithme népérien. Papillons et mites. **R.** Aisance constatée en société. Présentateur de programmes. Avide d'argent. Équerre.

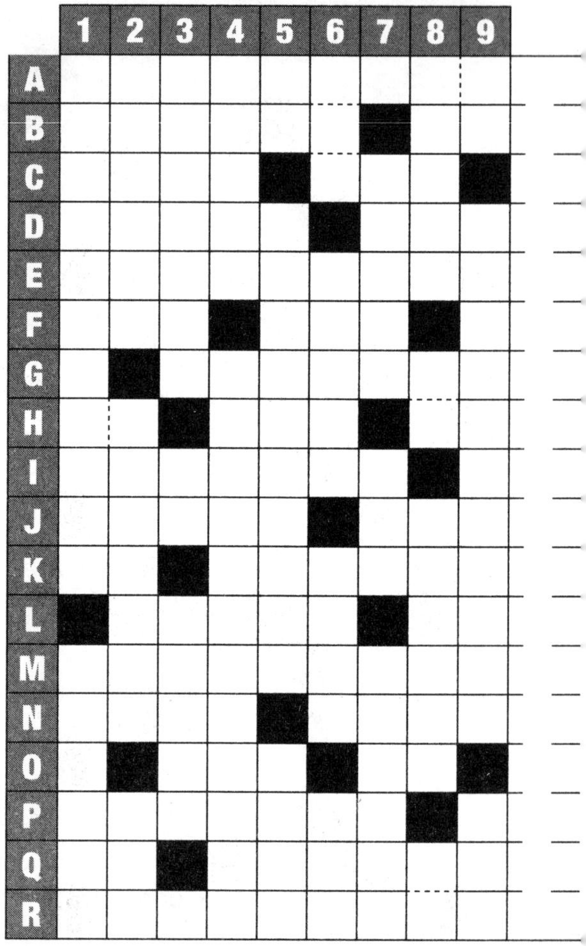

VERTICALEMENT : 1. Trouble donnant envie de dormir. Parent. **2.** D'une vaste étendue d'eau. Gardienne du feu sacré. Molécule chargée. **3.** Caractère pratique. Chlore. Nettoyer. **4.** Remuer la terre pour désherber. Au parfum de sermon. **5.** Saint du Cotentin. Sans fioritures. Rivière arrosant Anet. **6.** Institut national de l'audiovisuel. Paisible. Administra. Désert de pierres. **7.** Prise en signant un bail. Bouclier parant les coups de lance. Cousin de Pylade. **8.** République où apparut le virus Ebola. Télé. Guère équitable, pour un partage. Route nationale. **9.** Été capable. Voisine de la Jordanienne. Prononcé, formulé. **10.** Foyer. Impair.

VACANCES

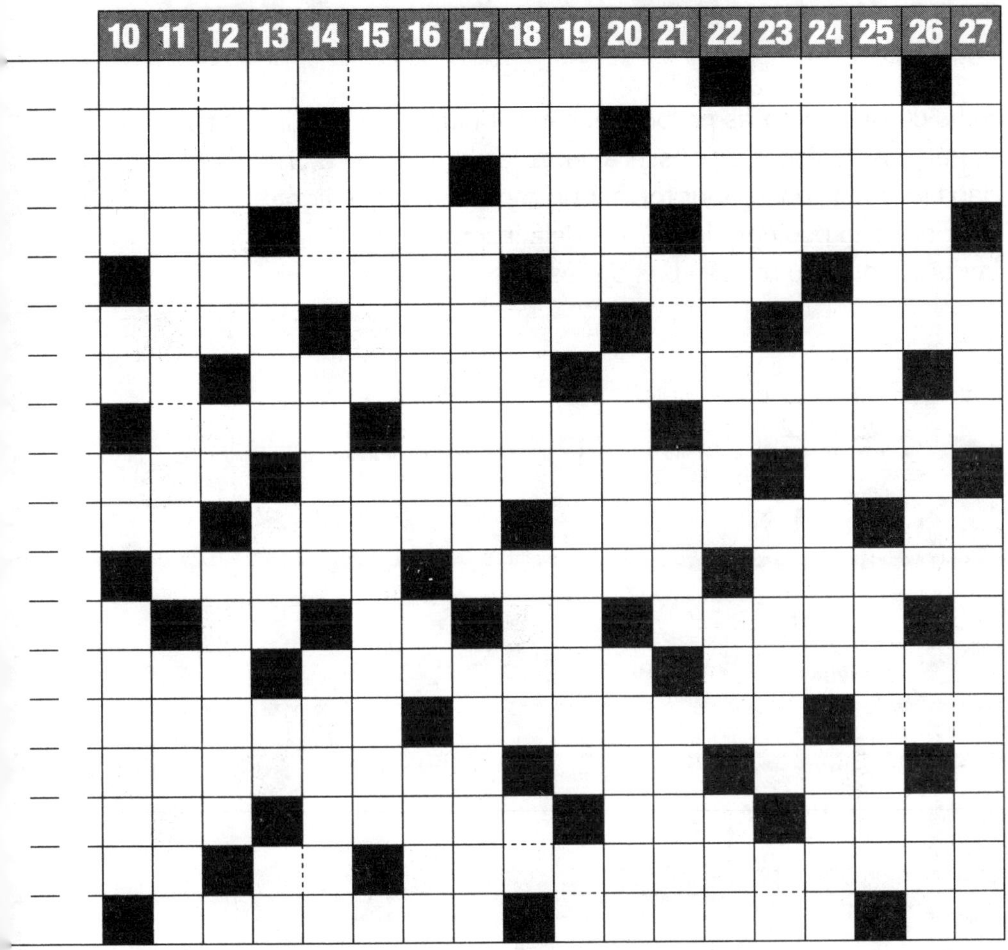

Millésime. Caissette pour le transport de légumes. **11.** Les Yvelines, naguère. Danel a chanté celles du Kilimandjaro. **12.** Éclairage suspendu. Gaïa, la Terre. Composé chimique. **13.** Lentilles. Tenter le coup. Trajet aérien. Est londonien. Bande de tissu ou de papier peint. **14.** Organisation mondiale de la santé. Pays de Katmandou. Ville kazakhe. **15.** Étoile de la Petite Ourse. Prévenues. **16.** En position de prière. Exclamation. Affluent de la Dordogne. **17.** Pouffé. Point approprié. Faucon femelle dressé pour la chasse. **18.** Sinusoïde. Boisson du soir. Zigouillés. Sapeur-pompier. **19.** Difficile à soulever. Manquant de largeur. Intervalle de confiance. **20.** Grande ouverte. Police de caractères. Dispersé aux champs. **21.** Planche de schuss. Aide personnalisée au logement. Compétition ouverte. Exclusivité de journaliste. **22.** Napolitaine. Ceinture de kimono. Mèche rebelle. **23.** Point écrite. Possessif féminin. Attachées. Travaux dirigés. **24.** Un paysage à visiter. Volcan des Philippines. Jus de citron. **25.** Contestataires au crâne rasé. Ramasser le foin. **26.** En forme d'œuf. Mont grec. Elle finit avec un mufle. Démonstratif. **27.** Seulement. Épiderme. Affectée par un chancre.

ESCALETTRES

Sans utiliser de noms propres et sans conjuguer, à part infinitif et participe présent ou passé, ajoutez les lettres une à une, dans l'ordre imposé, pour former un mot sur chaque ligne. Respectez la position des lettres déjà inscrites jusqu'à la découverte du mot en bas de l'escalier.

↓	L	O	I							
+S		I								
+G		O								
+A					I					
+T			I							
+E						I				
+O						A				
+C										E

C'est gâchis

Parmi ceux ci-dessous uniquement, quel est le symbole maya qui n'apparaît pas en même quantité que les autres ? Les orientations et dimensions peuvent varier.

ALPHABÊTE

Chacune des lettres de l'alphabet doit être utilisée une et une seule fois pour compléter neuf noms d'animaux que l'on peut observer dans le parc national de Yellowstone, plus un intrus. Quel est-il ? Biffez les lettres employées au fur et à mesure, mais attention aux pistes multiples : GRIZZLI ou GRIZZLY ?

1	_	A	R	C	A	_	O	_		
2	_	Y	N	_						
3	C	_	N	A	R	_				
4	_	I	_	A						
5	G	R	I	_	Z	L	_			
6	_	A	P	I	T	_				
7	P	R	O	N	_	_	O	R	N	
8	_	A	L	B	U	Z	A	_	D	
9	C	_	R	_		_	U	L	E	_
10	_	I	_	_	_					

A	R	L	E	_	U	I	N

A	B	C	D	E	F	G	H	I	J	K	L	M
N	O	P	Q	R	S	T	U	V	W	X	Y	Z

BLAGUES

Ali est né

Un fou met des briques dans un bocal. Son ami Ali lui demande :
– Tu fais quoi ?
– De la confiture de mur.

***

Un fou met de l'insecticide dans son bain.
– Pourquoi tu fais ça, lui demande Ali.
– J'ai des fourmis dans les jambes depuis ce matin.

***

La bouchère a eu un fils, elle l'appelle Ali.
– Il fait 2,800 kg, assure-t-elle.
– Je dirais 2,900 kg, dit son mari, lui aussi boucher. Dis, l'apprenti, vérifie combien pèse le petit.
Le gamin emporte le bébé et crie :
– 1,850 kg, vidé et désossé.

TROIS PETITS CHATS

Trois petits chats, chapeau de paille, paillasson, somnambule, bulle, bulle… Sur ce principe, remplissez les trente bulles, bulles, bulles, en vous aidant des indices précisant chaque début et fin de mot.

1-6. Les superstitieux pensent qu'un chat noir la porte. **5-10.** Ce grand chat sauvage au pelage tacheté de noir vit en Afrique. **8-15.** Ce saint est fêté pile 45 jours après Sylvestre. **13-18.** Sur ce chat, en théorie, on ne rencontre aucun chat. **16-23.** Le premier chaton est assis sur le sien.

22-27. La SPA en est un pour tous les chats abandonnés. **26-30.** Le Jólakötturinn est un tel chat, dévorant les Islandais qui n'ont pas reçu de nouveaux vêtements à porter avant le réveillon de Noël.

POT-POKER

La mise la plus élevée au poker, « c'est tapis », une contrepèterie de «t'as pissé». C'est quand on envoie tout dans le pot !
Inutile de connaître les règles du poker pour jouer ici. Le but : deviner la cinquième lettre affichée par le croupier, « la rivière », qui permettra à un joueur de constituer un mot de sept lettres, avec les cinq du tapis plus les deux siennes. Trouvez pour chaque joueur la « rivière » idéale. Conjuguer est interdit.
Par exemple, Jack espère un L pour former GLYCINE, où l'on peut pisser à défaut de glisser dans la piscine. Qu'attendent Reine, River et Chip pour remporter le pot de notre pot-poker ?

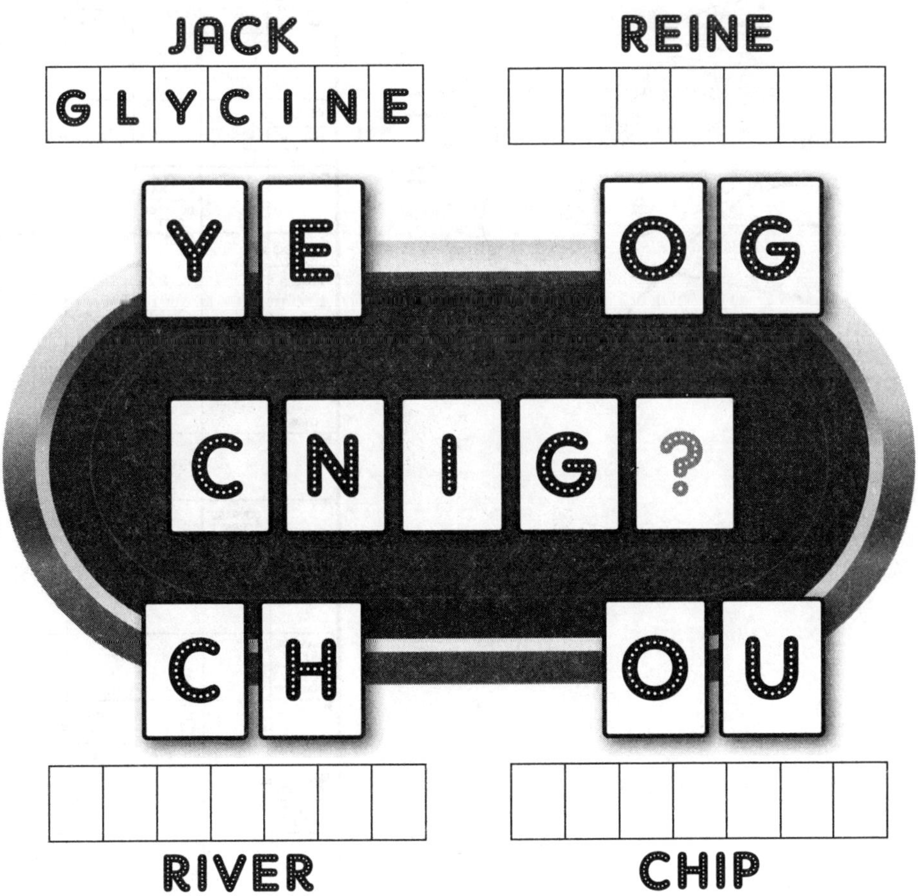

(M)OTS

RELATIFS À LA TOMBÉE DU JOUR
OPPOSÉ D'AMATEUR
DONNER EN CADEAU
CHÈRE, COÛTEUSE
ENZYME
COURSE DU SAUTEUR
IMPRÈGNE D'ESSENCE ODORANTE
SPECTACLE LYRIQUE
SE SOULAGER
ABÎMER
GARDIEN DE PRISON
QUALITÉ DE DIAMANT
CUIVRE CHIMIQUE
EXAMENS MÉDICAUX
BERGER
MARQUE MOBILE À L'ÉCRAN
POSSESSIF
DÉMONSTRATIF
ROUE DE POULIE
DE FAÇON SOTTE
MUSICIENS
HURLÉE
LIQUIDE, FLOTTE
ÉPOUX D'ISIS
METTRE AU COIN
TOUT DE SUITE
PARFAIT
OUVRAGE BARRANT UN COURS D'EAU
FLEUR DANS LA VALLÉE
ANTE MERIDIEM
CHANGEA DE PAYS
NOMBRE D'ANNÉES
GROS BONNETS
ID EST
ELLE FAIT LA FORCE
MIS À LA POUBELLE
PAYS DE CARDIFF

(F)LÉCHÉS

PLUS MAUVAIS
ÉDULCORANT DE RÉGIME
IMPAIR
TROU POUR RECEVOIR UN LACET
PEINDRONT PAR DES MOTS
REFUGE D'OISILLON
CONNEXION
EN CE LIEU
PORTÉ ATTEINTE
ENTOURER
SIGNE AVANT RÉSULTAT
BOUQUINÉ
PAR LA PAROLE
À LA MODE
ABRÉGÉ
ÔTER LES CAILLOUX DU CHAMP
ACCORD AMÉRICAIN
FRAPPER LE POPOTIN
RAPPEL APRÈS BIS
TE DÉCIDE
RISQUÉES
BISCUITS SECS
ROUTE À SUIVRE
LENTILLES
ALLERGIE AUX FRAISES
ARTICLE ÉTRANGER
ARGON
BAMBOU DE SOUTIEN
MÉTISSE D'IBIZA
PROPHÈTE BIBLIQUE
CHEF DE TRIBU
PÈRE DE JARRY
VAGABONDER
BAIE DU JAPON
NATIF DE TEL-AVIV
CHANTÉES À LA JULIEN CLERC
COLLÈGUE DE FREUD
ME RENDRAI
PEUR D'ARTISTE
ET AINSI DE SUITE
UN SOUS *MI*
CITÉ SUR LA TILLE
RÈGLES DÉPOSÉES
EMPEREUR
TENUE INDIENNE
COUPER COURT
DAME SUR LE TRÔNE
CONVIENDRAIT
TENNISMAN ESPAGNOL
ON SE LA SOUHAITE BONNE EN JANVIER
FIGURE LIBRE
BANDE DE TRUANDS
DÉFORMÉ PAR PRESSION
QUITTES LA VILLE
MÈCHE À APLATIR
ARGILE
TABLE DE MARCHAND
BIÈRE ANGLAISE
RECUEIL DE JOLIES PENSÉES
GAÏA
MONOCHROME
EXISTES
UN PEU ACIDE, SURE
COMMUNE DE LA RUHR

TOMBEZ DANS LE PANNEAU

Observez les panneaux et leurs indications fantaisistes.
Si aucune de ces communes ne se trouve à cette distance et/ou dans cette direction, l'ensemble des informations doit vous permettre d'identifier une ville secrète étrangère en huit lettres. À vous de comprendre ce que le génie civil avait en tête lorsqu'il a commandé ces drôles de panneaux.
Ne tombez pas dedans !

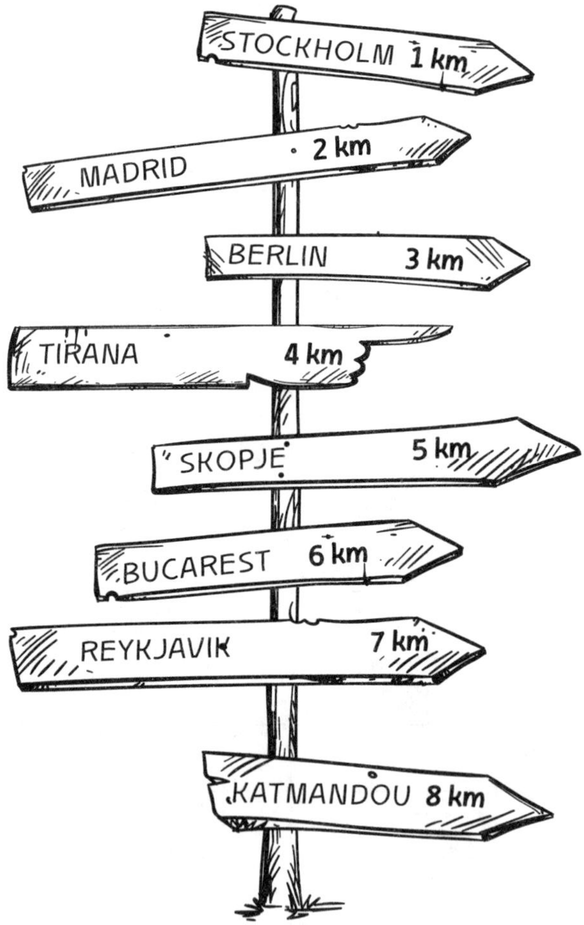

CRYPTOGRAMME

Remplacez chaque symbole par la lettre qu'il crypte pour découvrir un phénomène pseudo-scientifique et une œuvre dans laquelle cette résonance est évoquée.

A	B	C	D	E	F	G	H	I	J	K	L	M

N	O	P	Q	R	S	T	U	V	W	X	Y	Z

....

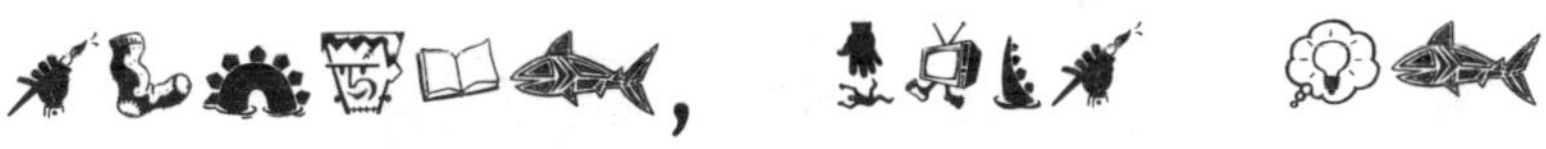

....

....

....

BOUCHE-TROUS

Inscrivez une lettre par tiret pour reconstituer six mots de la langue française. Si le squelette de CHENG I SAO – alias Ching Shih ou madame Tsching, une pirate chinoise qui vécut entre 1775 et 1844 – ne vous suffit pas, aidez-vous de l'indice du bas. Interdiction de conjuguer !

1. C H _ _ _ E N G _

2. _ _ C H E _ _ N _ _ G _

3. I _ _ _ _ S A _ _ O

4. C H I _ _ N G _ _ _ _

5. _ _ S _ H I _ H

6. S _ H I _ _ _ H _ _ _ _ _ _ _ _

INDICES :

1. Même pour « des filles » comme Cheng I Sao, c'est un défi.

2. Il est aujourd'hui sportif à la télé, mais il fut jadis nécessaire pour construire les bateaux des pirates.

3. Le pirate prend tout, lui se contente de 10 %.

4. Quand on se demande quel moustique a piqué cette pirate qui commandait 300 jonques et 30 000 pirates…

5. Le pirate moderne en est parfois un trafiquant.

6. Les pirates à surnoms multiples risquent-ils de le devenir ? Ce serait fou…

MONTCUQ & Co.

Montcuq

Sur la commode de ma grand-mère figurait, entre son frère à la barbe de sapeur et sa sœur sans moins de moustache, une vue de Montcuq, petit village du Lot dont elle n'était pas originaire ; mais quand elle avait cherché la carte postale de Montceau-les-Mines, son bourg natal, dans la boutique du collectionneur, elle n'avait pas pris « avant » Montceau mais « après » et s'était donc retrouvée avec une image sans rapport aucun, sauf proximité dans le dico, avec ses origines.

L'expression « Montcuq sur la commode » viendrait de là, selon mon grand-père, qui n'était pas à une carabistouille près. *Le Petit Rapporteur* de Jacques Martin (l'époque était déjà à la délation), via Pierre Bonte – le natif de Pérenchies – et Daniel Prévost – dont le fils en chie pour être aussi drôle que lui –, nous gratifia d'une séquence inoubliable et inoubliée.

« Heureux de vous montrer Montcuq à la télévision », une mairie bien chauffée avec « le fameux poêle de Montcuq », monsieur Dernaucourt « maire de Montcuq », « la température n'était pas très élevée dans Montcuq », dans une petite ruelle « Montcuq est très étroit », « Est-ce Montcuq est bouché ? », « La nuit, Montcuq est-il bien éclairé ? Je me suis laissé dire que c'était quand même un peu sombre, parfois... », niveau spécialités « Montélimar, c'est du nougat. Et Montcuq, c'est du poulet ? », « l'air pur de Montcuq » et pour l'autobus, « l'arrêt de Montcuq » évidemment.

Revoyez la séquence *ad libitum*. Elle est disponible sur moult sites. « Vive Montcuq et vive la Ré–ou raie–publique ! »

LE CHICHSTRAC

Dans les trois citations, un même terme a été remplacé par cet étrange **CHICHSTRAC**. Votre seule corvée sera de toiletter ces phrases pour retrouver le mot commun d'origine.

1 « L'amour sans philosopher, c'est comme le **CHICHSTRAC** très vite passé. »
(SERGE GAINSBOURG)

....

2 « L'humour est comme le **CHICHSTRAC** : meilleur très noir. »
(BERTRAND CÈBE)

....

3 « Le **CHICHSTRAC** est un breuvage qui fait dormir quand on n'en prend pas. »
(ALPHONSE ALLAIS)

....

SUDOKU-KU

Remplissez les cases vides de ce sudoku-ku pour que tous les chiffres, de 1 à 9, soient inscrits une seule fois sur chaque ligne, dans chaque colonne et dans chaque petit carré de neuf cases sur fond gris ou blanc.

9	8	4					7	
	5			9	3		6	8
7				8		1		
			1	2	8			7
	7		9		5		1	
8			3	4	7			
		7		3				4
3	6		2	5			8	
	4					9	3	5

LA TÊTE AU

Dans chaque carré grisé figure un mot. Trouvez-en une anagramme correspondant à l'une des définitions en page de droite (exemple au centre : DÉCAPITÉ pour l'indice 11). Inscrivez ensuite, dans chaque tête, le numéro de la définition du terme recherché. Reportez alors l'initiale de chaque mot trouvé, ici un D, dans les cases numérotées de l'échelle de décodage. Celle-ci complétera une citation de Restif de La Bretonne : « Princes, régnez sur des hommes ; vous serez plus grands… » À la fin, en cumulant les chiffres des définitions, il vous faudra totaliser 65 sur toutes les lignes, les colonnes et les deux diagonales de ce carré magique.

LUSTRE	SALERON	LOVE	NOTER	RACES	= 65
PLANE	S'ÉVANOUIR	ÉCROU	ORMET	LINO	= 65
NAVRERA	AHURIRENT	DÉPEÇAIT 11 DÉCAPITÉ	HABILETÉS	GÉNIES	= 65
ASSOCIÉS	VANOISE	ISABELLE	SOMNOLA	GRAINE	= 65
ŒIL	VIRIDES	OILLES	NIQUEZ	ADMIS	= 65
= 65	= 65	= 65	= 65	= 65	

65 = (diagonale) … = 65 (diagonale)

CA-CARRÉ

1. Ce numéro est celui du Louis dit « le Bien-Aimé ». **2.** Cette actuelle province irlandaise a connu des rois, jadis appelés « sur-rois ». **3.** Le magicien Houdini en était le roi incontesté. **4.** Leur reine est associée au succès *Libérée, délivrée.* **5.** Son roi et sa reine se nomment Charles et Judith. **6.** Ce nom de ville désigne quatre branches de la maison royale de France. **7.** La reine Inés de Castro l'est dans l'intrigue de Montherlant. **8.** Ce roi transformait tout ce qu'il touchait en or. **9.** Leur reine est la seule fertile de la ruche. **10.** Ce royaume hispanique fut rattaché à la France en 1620. **11.** Le roi Louis XVI le fut le 21 janvier 1793. **12.** Ce nom de la dame de trèfle est l'anagramme de *regina*, « la reine » en latin. **13.** Cet ancien royaume asiatique n'a plus de roi depuis 2008. **14.** Le roi siège sur ce fauteuil. **15.** Le faire pour mieux régner est une stratégie efficace. **16.** Ils ont eu Marie Stuart pour reine. **17.** Cet astre évoque le roi Louis XIV. **18.** Elle régnait sur les Anglais depuis 1952. **19.** C'est un synonyme de roi. **20.** C'est le prénom impérial du roi de carreau. **21.** On le dit « roi des animaux ». **22.** Cet adjectif dérive du nom du roi associé aux chevaliers de la Table ronde. **23.** C'est une petite reine, à roues. **24.** Le bon roi Dagobert pouvait compter sur lui. **25.** On cherche encore les mines de ce roi.

										D		
1	2	3	4	5	6	7	8	9	10	11	12	13

14	15	16	17	18	19	20	21	22	23	24	25

Le bon tuyau

À l'aide des six croisillons, recomposez l'échelle en formant des noms de lieux. Voici un bon tuyau : le dernier nom vertical est une ville de Tunisie, dans une oasis du Jérid.

	N	
M	A	N
	S	

	R	
S	I	N
	D	

	T	
D	O	U
	Z	

	M	
K	A	T
	D	

	E	
O	U	R
	R	

	S	
G	A	P
	U	

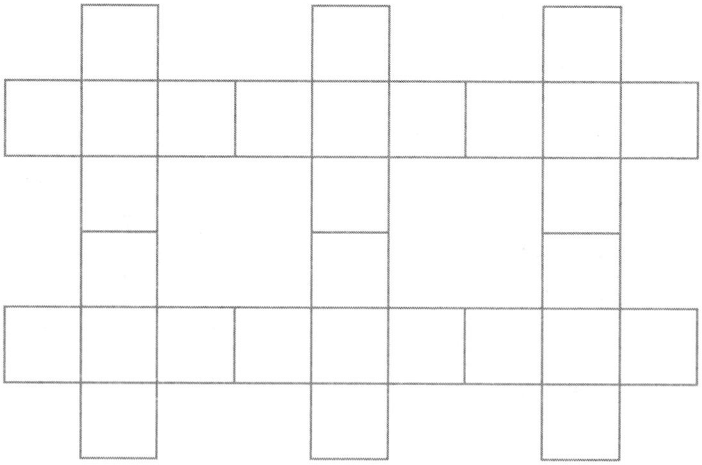

7 HORREURS

Trouvez les sept différences entre les deux illustrations.

SANDWICH

Complétez les mots horizontaux. Une seule des différentes possibilités vous permettra de trouver, dans la colonne actuellement vide, une expression que peu de gens savent orthographier.

L	I		V	R	E
E	S		R	A	N
N	A		I	N	E
D	U		T	T	O
E	N		I	V	E
M	U		N	C	E
A	N		E	A	U
I	N		T	I	T
N	I		G	A	U
D	E		S	S	E
E	N		E	N	S
F	L		R	A	L
I	M		G	E	E
E	C		O	R	E
S	A		Y	R	E
T	R		N	S	I
A	B		U	P	T

CROISILLONS OQP

Occupez-vous avec cette grille où les lettres **O, Q, P** ont déjà été positionnées, lorsqu'elles sont présentes. Attention, les définitions amusantes sont souvent à prendre au second degré.

1. Y monter, quel calvaire !

2. Coup roi de l'arène.

3. Habituée des dialogues de Sour.

4. Divine de Paradis.

5. Du Lac, l'aimant.

6. Au bénitier, en fille bien…

7. Mari de Kaunas.

8. Sans levain, mais souvent avec le vin.

9. Parmi les gens bons victimes d'un sale ami.

10. Ça se chante sur un air de musettes et de hautbois.

Graines de chia

Un mot de treize lettres sortira de ces graines de CHIA, coincées non pas dans la gorge mais dans le côlon. Trouvez-le, sans conjuguer. C'est un test, hein !

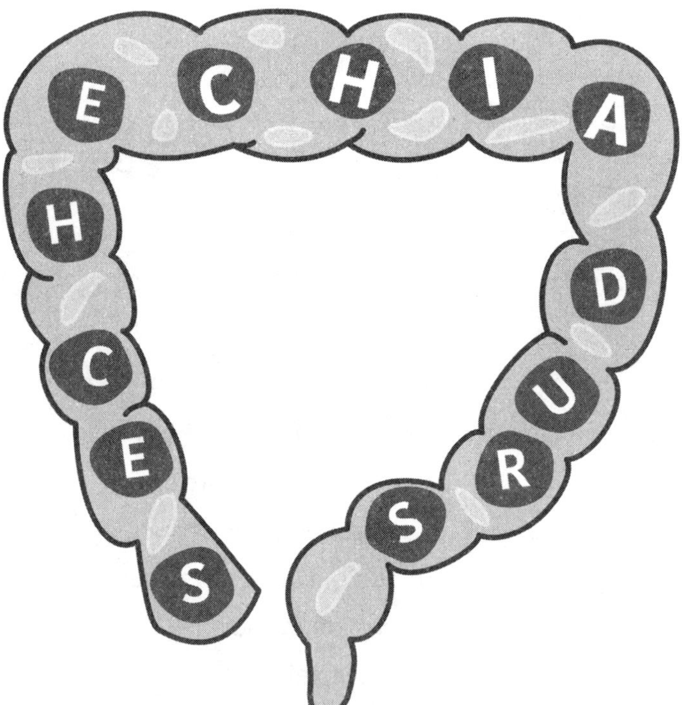

Thank poo very much

Ah! la une du *Daily Record (Scotland's Champion)* du mardi 8 août 2023. Pour £ 1.30, vous aviez droit à ce titre magistral : « *Thank poo very much* ». Si *Thank you very much* se traduit évidemment par « Merci beaucoup », le *poo* remplaçant *you* fait référence au « caca ». Le sous-titre explique mieux : « *Scots couple's lavvy helps star win* », à savoir « Le petit coin d'un couple d'Écossais aide la star à vaincre ».

Que s'était-il passé ? Cette année-là, le championnat du monde de cyclisme sur route se déroulait autour de Glasgow. Le coureur néerlandais Mathieu van der Poel fut pris d'un besoin urgent, un *number two*... En anglais, on dit *number one* (1) pour le pipi et *number two* (2) pour la grosse commission. Les locaux Shona et Davie Findlay autorisèrent le champion à se délester dans les toilettes de leur maison. « Il a été tellement sympa et extrêmement poli », préciseront-ils. Encore heureux, non ?

Toujours est-il que le cycliste reprit la course... et il l'emporta, devenant champion du monde. Il déclarera ensuite à la presse qu'il n'aurait pas été titré, sans l'extrême gentillesse de ses hôtes. En une du *Daily Record*, une seconde photo montre Davie, radieux, devant les toilettes utilisées par la star du cyclisme. Couvercle rabattu. Nous cacherait-il quelque chose ? A-t-il gardé un souvenir ? J'enquêterai pour l'an prochain, promis.

ÉVIDEMMENT

La réponse à cette énigme vous semblera probablement évidente, si vous donnez votre langue au chat et allez voir la solution. Ne serait-ce pas plus drôle de continuer à chercher, seul ou en groupe, jusqu'à ce que votre esprit s'illumine ? Évidemment que si !

En suivant la logique des quatre premières associations, quel domino sera celui de l'araignée ?

CA-CARRÉ MAGIQUE

Complétez ce ca-carré magique avec des nombres allant de 1 à 25, sachant que la somme sur chaque ligne, dans chaque colonne et sur chacune des grandes diagonales doit être égale à 65. Chaque nombre ne doit apparaître qu'une seule fois.

	3	6			17	= 65
	24		1	16		= 65
	14				12	= 65
		10	25	4		= 65
		20	8		23	= 65
65 =	= 65	= 65	= 65	= 65	= 65	= 65

FLÉCHÉS

Dans cette grille, toutes les définitions ne sont pas données dans des cases. Des chiffres indiquent la place de la première lettre de certains mots à trouver, horizontalement ou verticalement.

HORIZONTALEMENT : 1. Il préfère le cru à la cuite. **15.** Coi, quoi ! **16.** *L'Humble Vérité* de Maupassant. **18.** Érasme fit celui de la folie. **19.** S'ils disent «coucou», ils ne vous saluent pas. **20.** Dans le vent. **21.** Il jongle avec les pieds. **22.** Histoire supposée tirer des larmes. **23.** Longueur pour le Chinois. **25.** Sensibilité de pellicule. **27.** Une cause de mort passagère. **29.** Prélude à un aboutissant. **32.** Euphorbiacée à graines purgatives. **34.** Pouffé. **36.** Propriété quantique. **37.** Coup roi de l'arène. **39.** Relevé d'identité bancaire. **40.** Le marchand de sable a bien dû y passer. **41.** Influence réciproque. **42.** Argile. **44.** La scie d'Albinoni. **46.** Myrtille vosgienne. **47.** Traite sous-traitée. **49.** D'une redevance de l'ère féodale. **50.** Prise soudaine d'altitude. **51.** Résine. **55.** Déshabillé.

VERTICALEMENT : 1. Ossements d'épaules. **2.** Ébroïcienne. **3.** Sein. **4.** Le feu aux feuilles. **5.** Cri de douleur. **6.** Cadran solaire. **7.** Affluent de l'Oubangui. **8.** Ne pas rester en l'état. **9.** Réussite ou échecs. **10.** Mendiantes ou porteuses de provisions de bouche. **11.** Article de Bilbao. **12.** Passe-temps sympa. **13.** Pensée faisant fi de la science. **14.** Sorti du ventre. **17.** Prince de Kiev. **24.** Écureuil du Colorado. **26.** C'est de la bonne ! **28.** Tellement. **30.** Celui du goulag n'invite pas au repos. **31.** Révolte de chenapan. **33.** Tenter sa chance. **35.** Rendu exécutoire. **38.** Un John qui n'est ni Wayne ni Lennon. **43.** Arobase dans l'adresse. **45.** Pierre précieuse. **46.** Étoffe grossière. **48.** Vague. **52.** Pris au torchon. **53.** Argon du tableau. **54.** Pronom suivant vous.

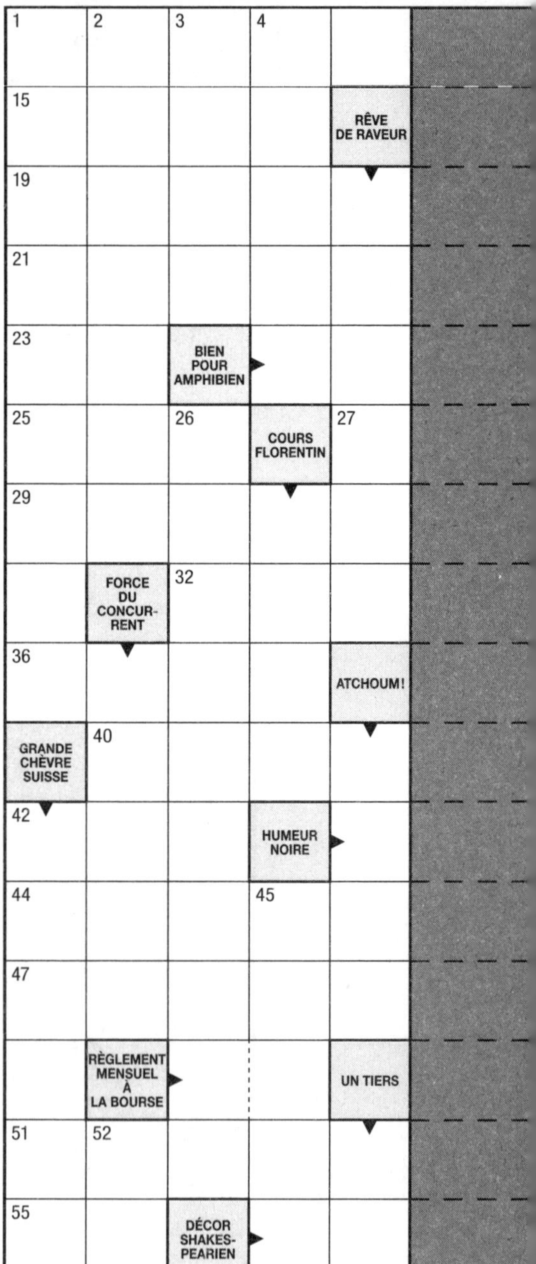

CROISÉS

5	6	7	8	ARGOT DES GUEUX ▶	9		10	11	12	13	14
16				17		SERRE LA PINCE ▼	18				
								INSTANCE PSYCHIQUE ▼	20		PERSONNE, SAUF EN MER ▼
EXPOSÉE COMME VÉNUS ▼	22				PAQUET VERT ▶						
		POUSSÉE AUX FRAISES ▶			24						
		28		CASSIUS CLAY ▶				MÉMOIRE EN BARRETTE ▶			
	LANGUE DU CHRIST ▶			30				31	SPECTACLE POUR SHOGUNS ▶		
	33		PRÉSENT EN TOUS POINTS DU GLOBE ▼	34		KIDNAPPING ▶			35		AMIS DE KEROUAC ▼
37						38		PRATIQUE L'UNION ÉTROITE ▼	39		
		FACTEUR QUI N'A QUE DEUX LETTRES ▶			PAPE ▼	41					
		43					MADAME BOVARY ▶				
	RÉPLIQUE DE GROTTE DE LA SQUAW ? ▶					MAL ÉCLAIRÉ ▼	46				
	48	FOURGON ▼	49							AUROCHS ▼	
50					LE MASSIF DES ÉCRINS ▶			ATTACHÉ D'EMBRAS-SADES ▶			
UNE SOUPE DE LENTILLES, SINON RIEN ▶				PÈRE DU KÉMALISME ▶	53			54			
						REFROIDIES ▶					

BLAGUES

Calvi, non !

- Monsieur le pharmacien, je voudrais un remède contre la calvitie.
- J'ai bien cette lotion...
- Elle est efficace, au moins ?
- Écoutez, le dernier client qui me l'a achetée était chauve comme un œuf, mais dès qu'il l'a prise en main et a vu le prix, il a commencé à s'arracher les cheveux.

***

Lutter contre la calvitie, c'est peigne perdu !

***

- Maman, c'est qui le type sur l'album photo avec les beaux cheveux blonds, les abdos en béton, les pecs impressionnants et le sourire éclatant ?
- Ben, c'est ton père, ma chérie !
- Mon père ? Mais alors, c'est qui le gros chauve devant le foot, là ?

Amenez-y…

♫ ♫ ♫ ♫ ♫

Vous révisez vos chansons françaises, pour espérer un jour gagner de l'argent à la télé. Soudain, c'est l'amnésie ! Un terme vous échappe. Observez les notes remplaçant ce « trou » et amenez-y le mot manquant.

1. « Je me suis perdue dans le Colorado, on m'a laissée en radeau, j'imaginais trouver l'♫♫♫ »

....

2. « Et le ♫♫♫ meurt sans l'eau de la rivière »

....

3. « J'ai pas ♫♫♫ tranquille sur l'eau, j'ai pas nagé le vent dans le dos »

....

4. « Si je m'endors, me ♫♫♫-vous, il fait si froid dehors, le ressentez-vous ? »

....

5. « Erreur fatale, j'aurais dû t'écouter, je ne ♫♫♫ plus le bien du mal »

....

6. « On met des bas mi-longs, on se ♫♫♫ le chignon »

....

Clés en main

Le butin du pirate est stocké dans un coffre sécurisé par un mot de passe. Notez dans chaque clé la lettre à laquelle elle est associée sur la page de droite. En trouvant le bon point de départ et le bon sens de rotation, lisez le mot de passe ouvrant la serrure. Attention aux trois clés piégeuses.

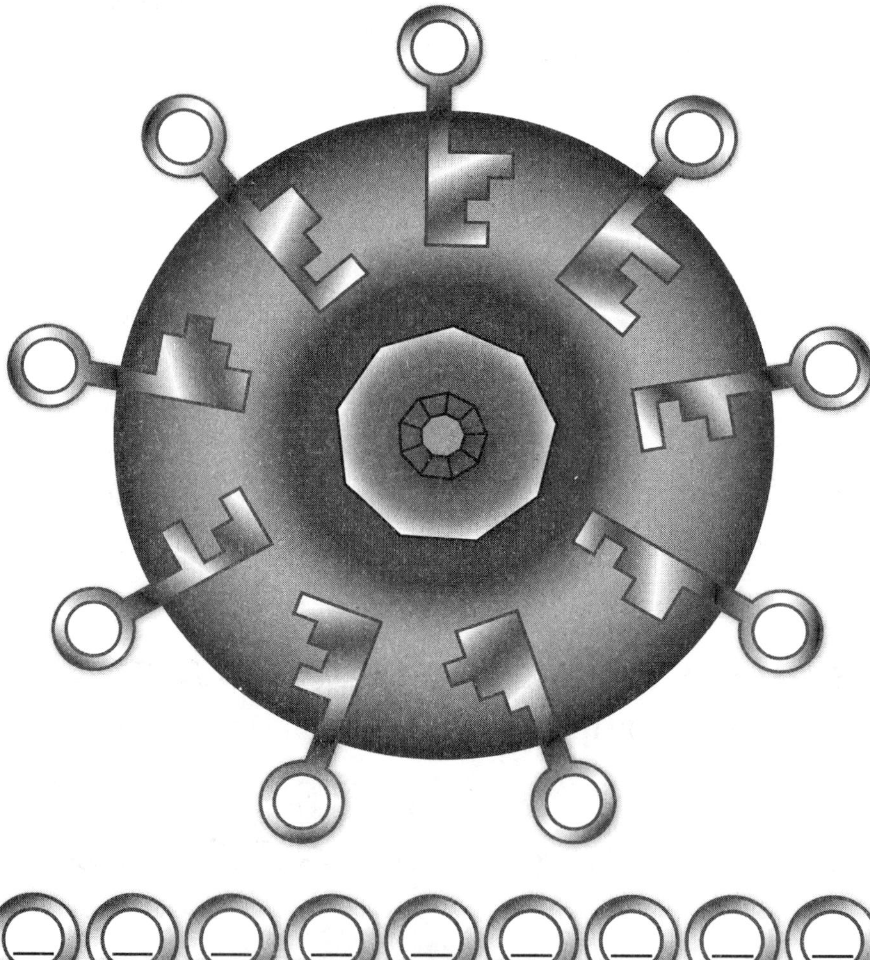

A
C
L
I
U
R
M
O
S
E
P
T

(M)OTS

CAUCHEMAR DU M'AS-TU-VU
EXCLUE, MARGINALE
PLAÇA À L'ÉCART
DÉCALAGE DU SORT
BANQUETTE
TRANSPIRE
CRAQUE SOUS LA DENT
CITÉ DU MOUCHOIR
COURS D'ALSACE
EN CE LIEU
VOLAILLE DU JEU
OISEAU DE PROIE
BIEN SURES
CHASSELAS
LÉGER
LANGUE MÉDIÉVALE
ARGENT
VOL D'IDENTITÉ
GRAISSER
ENVISAGE UNE AUTRE RÉCOLTE
APPROVI-SIONNÉE
RÉSISTIBLE ARTURO
PERSONNE QUI AIDE
CRI DE CHÈVRE
ÉBÈNE VERTE
SAPEUR-POMPIER
HUPPERT OU ADJANI
EXPOSÉ ARGUMENTÉ
SANS GRAVITÉ
FIN DE MESSE
MANUFAC-TURIER
SON ROI SE MEURT
AUSSI
DESSUS DE MAISON
DANSES
AUXILIAIRE DE VIE
STRATUS ET CIRRUS
PETITE FILLE DES *MISÉRABLES*

(F)LÉCHÉS

SECOUER LE CHEF
PUIS
ROSSIGNOL D'ORIENT
VAGUE DE LIESSE
LATRINES
DAME
UNITÉS ÉLEC-TRIQUES
DAUPHIN BLANC
RECUEIL DE CARTES
FLEUVE À TURIN
ABRÈGE UNE AGONIE
ÎLE DES SAMOA
MANCHE DE PAIRE
ÉCOLE DE SÉRUSIER
INCONNUE
AROBASE
SUFFISAM-MENT
PREMIÈRE PAGE
ÉRUPTION CUTANÉE
MODÉRERA
INFINIE

VILLE DE LA RUHR
BORNE
AMÉLIORA-TION
LETTRE GRECQUE
MÂCHOIRE D'ÉTABLI
FLOUZES
LANCER
POUFFÉ
BAIE DU JAPON
PALEFRE-NIER
EXCELLEM-MENT
EMBARCA-TION
QUAND
STRIE DU CUIR
MET EN ÉCHEC
LAMPE À LONG FIL
À CE MOMENT
QUI SENT LE BON FILON
ROI D'ISRAËL
SOUFFLE EN FORÊT
SOUVERAIN HINDOU
FEMME
BOUQUINÉ
ORNA
CLÉMENT D'*ÉOLE*
APPELÂT LA BICHE
PAPIER TOILETTE
SURFACES
VASE FUNÉRAIRE
POIDS EMBARQUÉ
TERME DE PRIÈRE
IMPORTU-NÉE
PILLAGE
CAISSE D'ALLOCS
ROCHE POREUSE
EXODE VERS LE KLONDIKE
PARTEZ!
PARTICULE EN RIEN CROCHUE
L'EUROPE
REFERMER UNE PLAIE
À ÔTER DU BOUQUET

Le saviez-vous ?

Debout pour un yaourt

On se lève tous pour Danette, c'est bien connu. C'est en 1979 que le génial Richard Gotainer, interprète du *Youki* et d'*Infinitif*, crée le slogan : « Que tous ceux qui aiment la Danette se lèvent ! » C'est le succès immédiat, pour ce produit laitier créé en 1970 par la société Danone. Les ventes quintuplent en cinq ans. Même Dracula préférera manger avec gourmandise cette crème stérilisée que boire le sang de son préparateur, selon une publicité.

Danette, Danone : d'où viennent ces noms ? Isaac Carasso, un natif de Salonique, quitte l'Empire ottoman à l'approche de la quarantaine et il s'installe à Barcelone. Il constate que les enfants de son quartier souffrent de troubles gastriques et intestinaux. Ayant vécu entouré de Bulgares, il connaît les vertus des produits à base de lait fermenté dans les Balkans. L'idée jaillit dans son esprit.

Isaac importe des ferments de Bulgarie et lance ses propres cultures, isolées à l'Institut Pasteur de Paris. Il vendra d'abord sa production de yaourts comme médicaments, en pharmacie. En 1905, Isaac avait eu un fils, prénommé Daniel. C'est pour lui qu'il nomme Danone la petite entreprise qu'il crée, en 1919. Danón est le diminutif catalan de Daniel. Aujourd'hui, le petit négoce est devenu une multinationale réalisant plus de 30 milliards d'euros de chiffre d'affaires. Raison de plus pour se lever devant cette *success story* !

BONUS

Observez les lettres bien placées sur fond noir ou mal placées sur fond gris foncé pour deviner le seul mot final possible. Attention, certaines lettres n'ont peut-être pas encore été proposées lors des cinq premiers essais.

C Noir   L Gris foncé

C	E	R	C	E	A	U
C	H	O	R	A	L	E
C	Y	M	A	I	S	E
C	L	E	B	A	R	D
C	A	R	T	O	O	N
C	___	___	___	___	___	___

Les pets de dames au clebs

Vous aviez adoré les pets du roi Arthur, dans les éditions précédentes, mais vous avez demandé le retour des pets de dames au clebs, pour celle-ci. Vos vœux sont exaucés. Rappelons le contexte, pour les nouveaux acheteurs de *L'Officiel des toilettes* : madame Bichon promène son cocker, madame Cocker balade son épagneul et madame Épagneul sort son bichon. Tous parfaitement détendus, ils émettent sans retenue des gaz de vils…

- Les dames ont pété 19 fois en tout.
- Les chiens ont pété 19 fois en tout.
- 11 pets au total émanent du bichon et de la Bichon, 7 pets en tout se sont échappés du cocker et de la Cocker, 20 pets sont sortis de l'épagneul et de dame Épagneul.
- La promenade pétaradante de madame Cocker et de son clebs a donné lieu, au total, à trois prouts de plus que celle de madame Bichon et de son toutou, mais à cinq de moins que la balade de madame Épagneul et de son cabot.

En examinant les quatre indices, comptez les prouts de chaque dame et de chaque clebs. Si vous échouez, gare à l'épée de Damoclès qui vous tombera sur le colback !

SPHINX TER

Le sphinx de Gizeh est impassible, le sphinx Bis est plutôt détendu mais le sphinx Ter est un peu contracté. Aidez-le à se détendre en trouvant le lien logique, le terme qui relie sans équivoque possible les six mots.
Ayez du nez, contrairement au sphinx...

REMISE	BULLE
COURBE	PASSAGE
CLASSE	ZÉRO

____

BRIQUES

Placez chacune des briques de deux lettres dans le mur de droite, de façon à former des mots horizontaux. Quand toutes seront posées, vous lirez dans la première colonne blanche le titre d'un roman de piraterie de Stéphane Beauverger, avec le capitaine Henri Villon en quête d'objets venus du futur, et dans la seconde deux noms de lieux où se déroule cette histoire de science-fiction récompensée par de nombreux prix.

C	I
D	R
E	N
E	A
E	A
G	T
H	B
L	C
L	C
N	Y
O	A
O	U
O	S
R	E
U	A

G		A		I	S
D		D		I	N
A		O		E	R
P		D		L	O
E		R		T	E
P		O		I	E
A		G		N	T
P		I		O	N
E		Z		M	E
R		T		R	E
B		O		U	S
C		U		R	D
A		I		E	R
B		V		N	T
F		N		E	C

BLAGUES

Méprises

Un couple arrive à l'hôtel, à Venise. Le personnel monte les bagages et demande à la dame :
- Avez-vous besoin de quelque chose ?
- Non, merci.
- Et pour votre mari ?
- Ah ! Puisque vous le proposez, apportez-moi une carte postale et un timbre.

***

Deux livreurs montent un frigo au 30e étage par les escaliers. Pour madame Lutic.
- J'ai une bonne et une mauvaise nouvelle, leur dit un type qui descend. La bonne, vous êtes déjà au 23e. La mauvaise, madame Lutic, c'est l'immeuble d'à côté.

***

- Toujours au chômage, Aurélien ?
- Bah, j'avais trouvé un job à Limoges, mais je me suis fait limoger. J'en ai retrouvé un à Vire, mais j'ai été viré. Alors, j'ai rebondi à Lourdes, mais je me suis fait lourder...
- Pas de proposition depuis ?
- Si, mais à Castres. Alors j'hésite...

L'éToilette

★★★

1
2
3
4
5
6
7
8
9
10
11
12
13
14
15
16
17
18
19
20
21
22
23
24
25
26
27
28
29
30
31
32

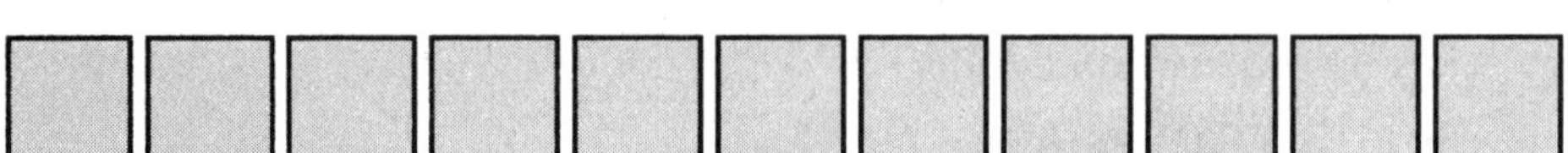

Chaque définition indique le point de départ et le point d'arrivée du mot à trouver, plus les lettres composant la solution. Remplissez la petite étoile, l'étoilette pour rester dans le thème de *L'Officiel*, puis arrangez les lettres collectées dans les cases grisées pour former le nom de l'assistant du commissaire Pichard, dans *Les vécés étaient fermés de l'intérieur*, un film culte de Patrice Leconte. Ce nom est aussi celui d'un métier.

1-5. Montrant la lune, mais pas sage pour autant (CDEELOTTU)

1-8. Une *queen* sait le créer, en réagissant à l'excès (AADMR)

2-10. Même pour un nomade, c'est dentaire... (ACEIR)

3-30. Renvoi du ballon (ABEIILNORT)

4-13. Une tarte ratée qui a fait recette (AINTT)

5-15. Femme de devoirs (EEELV)

6-7. Un soleil observable même de nuit (AABCEIORT)

8-15. Qui fait tache dans les statistiques (AABEENRRT)

9-20. Un pro touche la sienne (BEILL)

11-22. Acteur d'un remake des envahisseurs (ERSSU)

12-23. Procédé de mise, en littérature (ABEMY)

14-21. Imita le poinçonneur des Lilas (AORTU)

16-29. Ça déclenche le réflexe du bond, chez la grenouille (ABEEHLMPS)

17-31. Kevin Costner pour Whitney Houston (ABDDGORUY)

18-28. Personnages de films qui font flipper (AEENNRSTV)

19-32. Biscuit à la saveur nostalgique (ADEEEILMN)

24-25. Ce qu'elle met au panier est tout neuf (ACEEEHSTU)

26-27. Un instrument plus facile que la harpe (ABIMNORTU)

EN MER, DENTS

Tout comme «En mer, dents» laisse entendre « emmerdant », constituez un rébus phonétique évoquant un film dans lequel deux personnages, ronds comme des queues de pelles, urinent au bord de la route.

....

TAPIS C

Déterminez les valeurs relatives des pièces permettant d'affirmer qu'il y a autant d'argent à droite qu'à gauche sur les tapis A et B et répondez à la question finale concernant le tapis C.
Les amateurs de papier peint entendront « tapisser », les lecteurs rompus aux calembours de *L'Officiel des toilettes* percevront un discret parfum d'urine derrière le titre de ce jeu...

TAPIS A

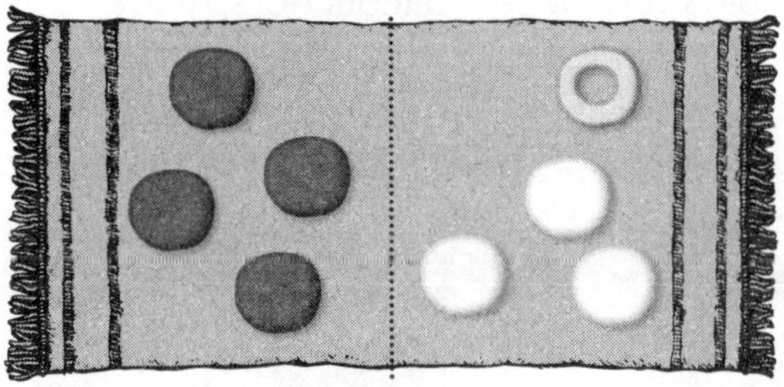

TAPIS B

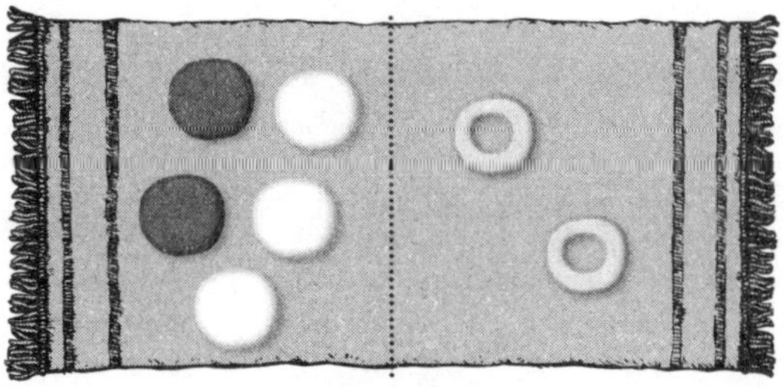

TAPIS C

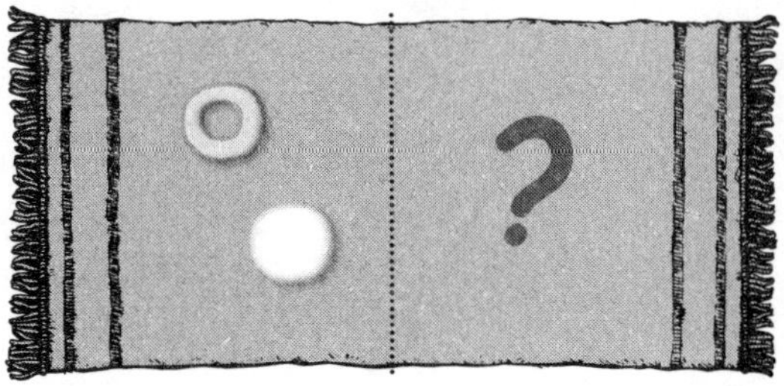

Combien faut-il de « pièces blanches » pour qu'il y ait autant d'argent à droite qu'à gauche, sur le tapis C ?

CALCULS DURS, HEIN !

Avec les quatre opérations de base (+ − × ÷) et en utilisant au maximum une fois les plaques proposées, tentez d'atteindre le nombre cible : **727.**

Il n'existe que trois façons différentes d'y parvenir.

Trouvez au moins l'un de ces calculs durs, hein !

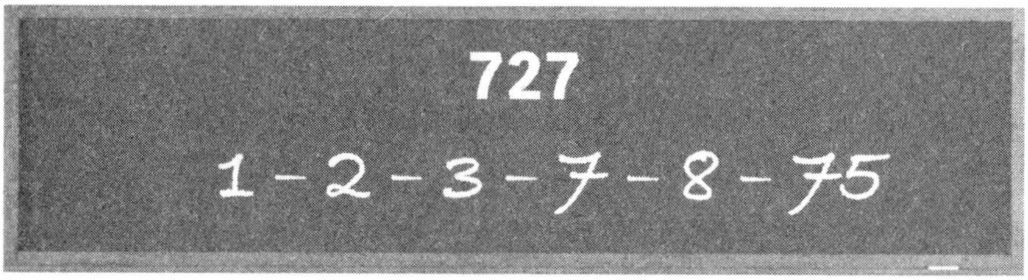

FÈCES TIME

Comme Ando

Quoi de mieux qu'un Coréen, pour vous faire visiter le Japon? Un bon ami a – saviez-vous que le bonamia était un parasite de l'huître? Tu parles d'un bon ami... – visité l'île de Naoshima et nous a conseillé le détour. En partant de Kyoto, c'est un peu avant Hiroshima : on l'a échappé belle. Naoshima est l'île où l'architecte mondialement connu, Tadao Ando, a construit trois ou quatre musées fabuleux ; l'art contemporain y fleurit comme l'acné sur le dos de mon neveu.

Cet Ando, je n'en avais jamais entendu parler, pour être franc (ou euro, désormais), mais depuis mon voyage, je suis fan : googlez, vous verrez ; l'Église de la lumière près d'Osaka, le musée Chichu et le complexe hôtel/musée Benesse House sur Naoshima, ou le bouddha enterré de Sapporo... Ça déchire ! Le caca, j'y viens. Patience, lectrice non xénophile !

Ayant déjà arpenté l'île à pied, et pas par la Chine, nous décidons de louer des vélos électriques, car Naoshima n'a rien de plat, contrairement aux pieds de Barbie (Klaus, pas la poupée). Et là, nous rencontrons Kim, un Coréen (du Sud). Cela faisait vingt-quatre heures qu'une dame très gentille parlait japonais dans une boîte traduisant ses propos (et nous faisions de même pour lui répondre) : Kim parlait le nippon, mal mais mieux que nous. Nous l'avons donc adopté, afin de gagner cinq heures de notre vie à ne plus utiliser Google Traduction et ses pairs.

Incroyable : Kim était designer et avait assisté, l'année précédente, à une conférence de Tadao Ando *himself* ! Il nous a tout montré, tout expliqué et nous en avons vu bien plus que le bon ami de la première ligne qui, lui, avait raté les six maisons traditionnelles immanquables de Honshima, n'avait pas vu le Benesse Museum, tout ça parce que sa copine et son neveu avaient voulu faire le tour complet de l'île à vélo, pour voir... des cimenteries. Ah, les cons ! Pour le caca, rendez-vous page 136.

TROIS PETITS CHATS

Trois petits chats, chapeau de paille, paillasson, somnambule, bulle, bulle… Sur ce principe, remplissez les trente bulles, bulles, bulles, en vous aidant des indices précisant chaque début et fin de mot.

1-6. Humide et sans poils, celle du chat est aussi appelée « rhinarium ». **5-9.** Le chat l'est, alors que le chien est canin. **7-14.** Ce réseau social professionnel possède un chat, mais sans chat. **12-16.** C'est le petit chat avec lequel joue Alice en songeant au pays des merveilles.

15-19. Un chat stupide a un tel regard. **18-23.** C'est le chat noir et blanc du détective Nestor Burma. **22-27.** Lui, c'est un chat que connaît bien Pinocchio. **26-30.** *Demain les chats* en est un écrit par Bernard Werber.

LOGICO

Complétez logiquement la moitié supérieure de la dernière roue.

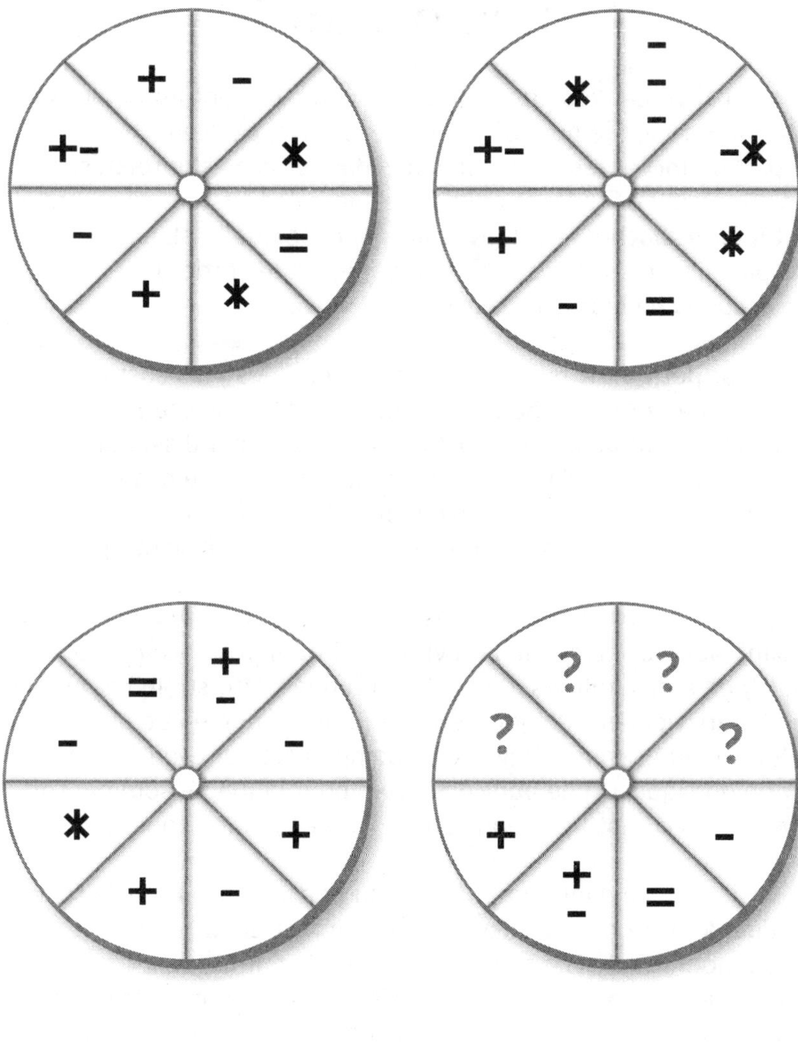

URO NEWS

Sumos, torii

Ce que j'ai vu de plus grand/gros, au Japon, ce sont les sumotoris (car « sumo » est le nom du sport, de la lutte, pas celui du pratiquant) et les torii, portiques des temples shintoïstes. Les premiers s'affrontent pour faire sortir l'adversaire d'un cercle ou lui faire toucher le sol (avec autre chose que la plante des pieds, ce ne sont pas des personnes en lévitation). Les seconds ne bougent guère.

Avec leur petit *mawashi* (enfin, petit… Celui des plus costauds pourrait me faire trois paires de rideaux, car il compte 6 à 8 m de tissu et peut peser jusqu'à 4 kg), un pagne leur dissimulant quelques poignées d'amour, le sillon glutéal (la raie des fesses) et le zizi, les sumotoris sont trognons. On dirait des bébés. Mais ils ne pissent pas n'importe quand, c'est ça l'avantage.

Les torii, eux, sont parfois isolés, mais pas au Fushimi Inari-taisha, le sanctuaire principal de la divinité shinto Inari, près de Kyoto. Là, il y en a des milliers, de couleur orange tirant sur le vermillon. La plupart viennent de donateurs qui ont déboursé quelques milliers d'euros (mais en yens, évidemment) pour avoir leur nom sur un portique. On ne peut pas avoir, pour la même somme, son nom sur un sumotori et pourtant, il y a de la place pour écrire.

J'ai visité le site d'Inari et la forme du portique m'a tout de suite évoqué la lettre π. Pour atteindre le sommet de la colline, je psalmodiais ainsi : π π π π π π π π π π π π π π π π π, répétant des milliers de fois ce pipipipipipipipipipipi… Ma première prière de l'année, mon *hatsumode* comme disent les pèlerins venus à Inari, fut d'arriver à me retenir et de ne pas faire pipi n'importe où, et surtout pas sur un sumotori. Bouddha l'exauça…

COLORIAGE

Prenez vos plus beaux crayons de couleur ou des feutres bien flashy, et enjolivez votre *Officiel* selon votre humeur du jour ou la qualité de votre digestion. Marron et jaune interdits : on parle assez de ces nuances dans tous les jeux liés aux toilettes !

LA TÊTE AU

Dans chaque carré grisé figure un mot. Trouvez-en une anagramme correspondant à l'une des définitions en page de droite (exemple au centre : CASTOR pour l'indice 21). Inscrivez ensuite, dans chaque tête, le numéro de la définition du terme recherché. Reportez alors l'initiale de chaque mot trouvé, ici un C, dans les cases numérotées de l'échelle de décodage. Celle-ci complétera une citation extraite de *L'Enfant sorcier* de Michel Berthet : « Dans le couple, il n'y a qu'une chose pire que… » En cumulant les chiffres des définitions, vous devrez totaliser 65 sur toutes les lignes, les colonnes et les deux diagonales de ce carré magique.

ÉPHORE	SILO	MEULIER	LISSE	ÉTONNAI	= 65
HANTE	BRION	GERMISTON	POREUSE	CHEMINE	= 65
FRAIE	ROSE	CORSÂT 21 CASTOR	LACIONS	ARSENICS	= 65
ROLAND	VILES	MONDANT	MINOT	LÉCHEUR	= 65
NOTES	MOINS	FORER	HÉLAIS	REMUONS	= 65
= 65	= 65	= 65	= 65	= 65	

65 = (diagonale) — = 65 (diagonale)

CA-CARRÉ

1. Elle est inséparable de Clark dans *Superman*. **2.** C'est prendre femme et constituer un couple. **3.** Avec Signoret, il forme un couple mythique du cinéma. **4.** Cette Virginie a été en couple avec le beau Mabrouk El Mechri. **5.** Son duc fait craquer la princesse de Clèves. **6.** Elle chantait et vivait même en couple avec Ringo. **7.** Pour sauver son couple, il va rechercher Eurydice aux Enfers. **8.** Écho espéra former un couple avec lui. **9.** Son couple avec Titi est comique. **10.** Identifié ici par son prénom, il n'eut qu'une femme, Priscilla Beaulieu. **11.** Au théâtre, elle finira en couple avec Don Rodrigue. **12.** Avec son opposé Thanatos, il forme un couple à la vie à la mort. **13.** Elle était en couple avec Éric Charden. **14.** Avec Pumbaa, il constitue un couple chantant *Hakuna Matata*. **15.** Prénommés Auguste et Louis, ils sont un couple important dans l'histoire du cinéma. **16.** Avec Willy, il constituait un couple d'enfants turbulents. **17.** Devant Delavega, cela évoque un duo de jeunes chanteurs, à leurs débuts. **18.** Avec Batman, il forme un couple invincible. **19.** Shakespeare conta la passion contrariée de cet empereur avec Cléopâtre. **20.** Il est en couple avec Carla et c'est du sérieux. **21.** Il forme un couple avec Pollux… et elle un autre avec Sartre. **22.** En duo avec Pif, ce chat est tordant. **23.** Elle est complémentaire de Rizzoli. **24.** Ce nom est indissociable de Garfunkel. **25.** Avec Joel, c'est le second frère Coen.

1	2	3	4	5	6	7	8	9	10	11	12	13

							C				
14	15	16	17	18	19	20	21	22	23	24	25

SUDOKU-KU

Remplissez les cases vides de ce sudoku-ku pour que tous les chiffres, de 1 à 9, soient inscrits une seule fois sur chaque ligne, dans chaque colonne et dans chaque petit carré de neuf cases sur fond gris ou blanc.

							6	8
	5				8	2		
		2	1		6			5
	3	4	8					
		7				1		
					1	8	2	
6			9		7	3		
		1	5				9	
5	4							

GLOBE-CROTTEUR

1. Dans quelle langue la brève formule « Naung anarvik ? » suffit-elle à demander l'emplacement des toilettes, ce qui est pratique quand on est pressé ?

- en breton
- en inuktitut, langue des Eskimos
- en espéranto

2. Dans quel pays demande-t-on « Hvar er klósettið ? » ou « Hvar er snyrtingin ? » pour espérer dénicher les lieux d'aisance ?

- en Croatie
- en Hongrie
- en Islande

3. Où la formule « Wasikiliya koheda thiyenne ? » vous permettra-t-elle, phonétiquement et approximativement, de localiser les gogues ?

- en Éthiopie
- au Lesotho
- au Sri Lanka

LES MUTANTS

Ces titres d'œuvres ont mystérieusement muté : chaque terme important a été remplacé soit par un synonyme, mot de même sens, soit par un antonyme, mot de sens contraire.

À vous de retrouver le titre original de chacune des trois œuvres fictives suivantes : il peut s'agir d'un film, d'un tableau, d'un roman ou d'une chanson.

1. Les Paratonnerres de Saint-Lô

……………………………………………………………………

2. Indifférence, lune couchante

……………………………………………………………………

3. Au Malheur des Messieurs

……………………………………………………………………

MAYDAY, M’AIDER !

•••/–––/•••

Saviez-vous que l’appel au secours Mayday – à répéter trois fois, en cas de détresse – venait du français « Venez m’aider » ? En utilisant l’alphabet de Samuel Morse, décryptez la citation du poète latin Publilius Syrus.

A	B	C	D	E	F	G	H	I	J	K	L	M
•–	–•••	–•–•	–••	•	••–•	––•	••••	••	•–––	–•–	•–••	––
N	O	P	Q	R	S	T	U	V	W	X	Y	Z
–•	–––	•––•	––•–	•–•	•••	–	••–	•••–	•––	–••–	–•––	––••

« –•–• // ’ // •/•••/– // –••/•/••–/–••– //

••–•/–––/••/••• //

•••/•/–•–•/–––/••–/•–•/••/•–• // ••–/–• //

––/••–/•–••/••••/•/••–/•–•/•/••–/–••– //

––•–/••–/• // –••/• // •–••/• //

•••/•/–•–•/–––/••–/•–•/••/•–• //

•––•/•–•/–––/––/•––•/–/•/––/•/–•/– // . »

(M)OTS

SUR SIÈGE ÉJECTABLE
AVEC LUI, PLUS RIEN NE MÂCHE
PARANGON DE BEAUTÉ
COMME CI, MAIS PAS COMME ÇA
PASSE À L'ORAL
COURRIER NON TIMBRÉ
IL EST SOUVENT DÉPASSÉ
DEUXIÈME FLÉAU
ALLER SANS RETOUR
PILLEUR DE TRONCS
ATTRAPE-LA SI TU PEUX
ACADÉMIE
SODIUM
PASSAGE PRÉFÉRÉ
IMITATION DE BRONZE
FIN
JALONNÉE DE RELAIS
JARDIN SUSPENDU
PLAGE DE SABLE NOIR
SUPPORTS DE BALLES
Y A VOL
ADORNÉ
AVIEN, IL DEVINT OISEAU
HOMÈRE
BORNE
TOILE DE COTON
MANTRA
HÉROS DE WESTERN
DU BLASON
ARGON
FILETS DE PÊCHE
GRANDS SOMMEILS
MINISTRE D'HENRI IV
LA FERME
DOILLON OU REED
ROMAINE
SEUL ASIMOV EN VIT LA FIN
RICHESSES
UN SOUPÇON
AUSSITÔT
LOIN DES POTEAUX

(F)LÉCHÉS

DIADÈME DE *L'ÉTOILE MYSTÉRIEUSE*
UNE BELLE, GÊNÉE, NE L'EST PAS
TRIPLE VACCIN
BUT DU SWING
RENDRE GRÂCES
PHILOSOPHE DE L'HARMONIE
À LA MODE DÉMODÉ
LAMARTINE LUI INTIME DE SUSPENDRE SON VOL
MOINS FAIBLE
DÉLICE DE MATOU
POINT FIXE
LA DAME DE FER
UNE LETTRE LE DÉSIGNE
PIONNIER DU POP ART
TENTA DES PASSES
D'OÙ LE CONDOR DORT
SOMMES POUR TOI
DE CECI
RAVI
DE VERCINGÉTORIX
ÉCORCE
FINISSANT PAR 00
CESSANT DE PARLER
IMPAYABLE
VECTEUR DU HASARD
ÉCLAT DE COURONNE
ME PROJETAI AILLEURS
PROPRIÉTÉ CHIMIQUE
INTERDIT
ANNEXES D'ÉGLISES
PRENDRE DU POIS
RAPPELANT L'IVOIRE
OUVRIR SA MAISON CLOSE
QUE D'EAU, QUE D'EAU !
VRAIE FAUX
BOUTON-D'OR
PREMIER ARMATEUR
NÉGATION
PASCAL PHYSIQUE
SAPEUR-POMPIER
ENNEMI DE BOND
MILLE MILLIARDS
ACIERS D'AIMANTS
TALENT DE POÈTE
RÉGION DES MOLOSSES
MONNAIE SERBE
POUFFÉ
TOUBIB
PORTE-FEUILLES
MAISON DE LA CULTURE
SÉJOUR SANGUIN
ME RENDRAI
UN DE TROIE
AIMÉ EN SEPTEMBRE
BIAFRAIS
IL PART EN COURANT
AMI DE LA VIEILLE DAME
SOBRIQUET DE MAFIEUX
CORROMPT PEUT-ÊTRE
POSSESSIF

TOMBEZ DANS LE PANNEAU

Observez les panneaux et leurs indications fantaisistes. Si aucune de ces communes ne se trouve à cette distance et/ou dans cette direction, l'ensemble des informations doit vous permettre d'identifier une ville secrète française en huit lettres. À vous de comprendre ce que le génie civil avait en tête lorsqu'il a commandé ces drôles de panneaux.
Ne tombez pas dedans !

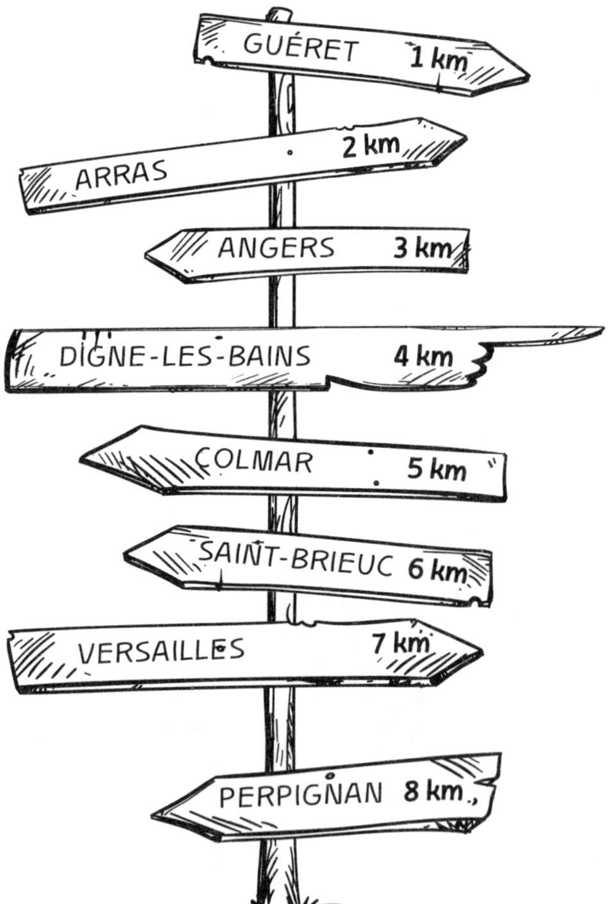

BLAGUES

Vache

Un agriculteur fait de l'autostop avec sa vache, pour monter à Paris au Salon de l'agriculture.
Un type s'arrête.
– Je veux bien vous prendre, mais pour la vache…
– Oh, pas de souci pour ma bête, j'ai une corde, je l'attache à l'arrière, elle court vite.
Le type démarre et accélère : 20 km/h, 50, 80, 100…
– Quand même, votre vache, là, elle a la langue qui pend à gauche.
– Ne vous inquiétez pas. Quand elle tire la langue, c'est qu'elle s'apprête à doubler.

***

– À la question, « Que donne la vache ? », tout le monde a bon, sauf Toto, dit la maîtresse. Il fallait répondre « Du lait », mais qu'as-tu écrit, Toto ?
– Des devoirs, madame.

***

– C'est quoi, ton nom ? demande la vache à l'âne en train de braire.
– Bob, dit l'âne.

BASIQUE INSTINCT

0 1 0 1 0 0 0 1 0 1 0 0 1 1 0 1 0 0 0 1 1 1 0

Dans ce jeu binaire, la première grille ne devra être remplie que de 0 et de 1, avec trois règles à respecter.

1. Chaque ligne (et chaque colonne) contient quatre 0 et quatre 1.

2. Il est interdit d'écrire trois chiffres identiques (ou plus) côte à côte, en ligne ou en colonne.

3. Deux lignes (ou deux colonnes) ne peuvent être identiques.

Une fois la grille terminée, regardez le second tableau constitué de lettres. En ne lisant que celles des cases où vous aurez trouvé un même chiffre (le 0 ou le 1, à vous de voir), vous compléterez la citation de bas de page.

	0		0		1	1	
		1					0
		1					
			0				
	0	0					0
				0			
1					1		

D	E	A	N	A	N	S	V
E	L	E	U	S	G	C	L
E	R	A	O	T	U	D	T
E	E	S	J	V	O	A	N
T	N	D	E	C	C	H	A
N	E	Q	T	L	U	E	E
J	T	R	E	C	O	R	T
T	A	I	O	N	I	S	R

Citation incomplète de Benjamin Constant :

« J'ÉPROUVE UN CHARME INEXPRIMABLE À MARCHER

.... »

BOUCHE-TROUS

Inscrivez une lettre par tiret pour reconstituer sept mots de la langue française. Si le squelette de PETER EASTON – un corsaire ayant vécu de 1570 à 1620 et qui écuma les eaux autour de Terre-Neuve – ne vous suffit pas, piratez l'indice du dessous. Interdiction de conjuguer !

1. P E T _ _ _ _ E _ R (2 solutions)
2. _ _ _ _ _ P E _ T _ _ E _ R
3. _ _ P E _ _ _ _ T E _ _ _ R _
4. _ E _ A S _ _ T _ O N
5. _ _ E _ _ A _ _ S _ T _ O N
6. E _ A S _ _ _ _ T _ O N (2 solutions)

INDICES :

1. Ce type a les boules, même si tous ses amis ne vessent pas de concert ! L'autre a les miches…

2. Il a probablement vu plusieurs fois *Pirates des Caraïbes.*

3. La vie de pirate est dangereuse, aucun ne l'est jamais devenu.

4. Avec l'aide (contrainte) des flottilles de pêcheurs locaux, Peter Easton la semait dans les ports ennemis, notamment espagnols.

5. La sienne était l'or et les trésors transportés par des bateaux comme le *San Sebastian.*

6. Vous risquiez la première solution si le corsaire devenu pirate atteignait un stade élevé de la seconde.

CROISÉS 3D

Cette grille est en 3D, mais inutile de chausser vos lunettes pour le cinéma ! Les mots s'y croisent dans trois directions indiquées par les flèches blanches sur fond gris. Inscrivez vos réponses en respectant les sens imposés et sans dévier : la perspective est un peu trompeuse au début, mais vous allez vite vous familiariser. Embarquez pour un fabuleux voyage dans l'espace !

HORIZONTALEMENT :

A. Est goulue de cancan. **B.** Chrétien d'Orient reconnaissant l'autorité du pape. **C.** Trois mois dont l'heure en dure six. **D.** Écrasa, battit à plate couture. Son neveu Canaan fut maudit. **E.** Il porte souvent des lunettes. Une rosse en prend l'air. **F.** Dernier acte d'une tragédie. **G.** Nourrice frappée de folie. Querelle faisant du bruit chez nos voisins anglais. Placé en quarantaine. Sobriquet de mafieux. **H.** Appareil pour cuisine à la vapeur. Pain cuit au tandoor. Habitante de Dallas. **I.** Expérimentées. Les Français les ont dans le nez.

VERTICALEMENT DE GAUCHE À DROITE :

1. Dont la valeur semble établie. Équipe venue d'ailleurs. Adversaires. **2.** Représentées en prière. Un nuage. Mangeant peut-être dans cette ville belge. **3.** Un art requérant de savoir jongler avec les échelles. Bon tirage au blackjack. **4.** Groupes de formation plus seulement religieuse aujourd'hui. **5.** Oublie avec intention. Impératrice. **6.** *Internet Protocol*. Plaque de mise en presse. Quatre pour le roi Henri. Paresseux. **7.** Pénibles, sans finesse. **8.** Provions naturellement. **9.** Mets vietnamien. Cale en forme de *V*.

VERTICALEMENT DE DROITE À GAUCHE :

I. Ordre judiciaire imposant la production de documents. Revenir sur ses déclarations au commissaire Moulin. **II.** Bételgeuse en est une étoile. Trait sur le jambage d'imprimerie. **III.** Pourcentage. Un détail qui coupe tout désir. **IV.** Vagues mortelles suivant un séisme. Moutarde à l'ancienne. **V.** Prendrais la tête... ou le collier. **VI.** Pomme proche de la reinette, en chanson. Font sortir de leurs gonds. **VII.** Mychkine pour Dostoïevski. **VIII.** Couleur obtenue en mélangeant du rouge et du bleu. **IX.** Bâtiment secondaire.

Le Pendu

Vous avez tous déjà joué au pendu. Observez bien les neuf lettres (de rang impair dans l'alphabet) des essais infructueux et déduisez-en le seul mot possible dans cette configuration, sans conjuguer. Trois lettres différentes, seulement, suffisent pour compléter le mot.

_ _ _ L _ _ _ _ _

Lettres déjà proposées, mais pas dans le mot :

A C E G I K M O Q

LE CHICHSTRAC

Dans les trois citations, un même terme a été remplacé par cet étrange **CHICHSTRAC**. Votre seule corvée sera de toiletter ces phrases pour retrouver le mot commun d'origine.

1 « Le derrière, là se trouve le siège de la **CHICHSTRAC** ! »
(CHARLIE CHAPLIN)

....

2 « Tout homme ou institution qui essaiera de me voler ma **CHICHSTRAC** perdra. »
(NELSON MANDELA)

....

3 « Mieux vaut souffrir dans la **CHICHSTRAC**, qu'accepter la ségrégation dans l'humiliation. »
(MARTIN LUTHER KING)

....

MONTCUQ & Co.

Le champignon du Fion

Les fidèles acquéreurs de *L'Officiel* connaissent déjà Le Fion, lieudit de la commune de Chevenoz, en Haute-Savoie, non loin d'Abondance dont le fromage est le meilleur du monde, objectivement. Mes centaines d'assistants imaginaires, sans lesquels je ne pourrais savoir autant de choses sur le caca, suivent la presse régionale, à l'affût de toute info croustillante.

Sous une jolie photo (enfin, je dis ça pour être gentil) d'un intérieur de chapelle où posent, bras croisés, les membres de l'Association pour l'animation culturelle du village du Fion, la légende n'est pas alarmiste : « Au Fion, la chapelle est au cœur du village et dans le cœur des habitants. » Soit !

Mais les neuf gus immortalisés par le localier lancent un appel aux dons. Pourquoi don(c) ?

La mérule, un champignon qui attaque le bois, « a fait des ravages à la chapelle du Fion » et les travaux de restauration devraient coûter aux alentours de 10 000 €. En rédigeant ces lignes, j'hésite à appeler Le Fion pour demander si la cagnotte a suffi ou pas. Mais si vous avez « des sous en trop », comme le dit élégamment un membre de l'assoce, et que vous voulez aider ces braves gens à se débarrasser du champignon rentré dans Le Fion, « À vot' bon cœur, m'sieurs dames ».

COUP DE FIL

Un pirate à crochet s'essaie aux textos ; il pense que les chiffres pressés permettront l'affichage immédiat du mot tapé.
En observant la série de chiffres et les possibilités pour chacun, devinez le mot composé par l'écumeur des mers.

2	6	7	7	2	4	7	3

SPHINX TER

Le sphinx de Gizeh est impassible, le sphinx Bis est plutôt détendu mais le sphinx Ter est un peu contracté. Aidez-le à se détendre en trouvant le lien logique, le terme qui relie sans équivoque possible les six mots.
Ayez du nez, contrairement au sphinx…

FESSES — JOIE

CEINTURE — GUERRE

LONG — CAMP

____

C'est gâchis

Parmi celles ci-dessous uniquement, quelle bouche n'apparaît pas en même quantité que les autres ?

Pipiramidal

Complétez la pyramide en inscrivant sur chaque flaque un total égal à la somme des deux nombres notés sur les deux éléments (flaque ou rouleau) immédiatement en dessous.
Le nombre 628 (314 + 314) au sommet a un petit parfum de pipi, puisque pi, c'est 314…

BLAGUES

Beau zoo, le clown

Une petite crevette dit à sa maman:
- Je crois que je suis enceinte...
- Ça, c'est le bouquet!

***

Un singe dans un labo dit à un congénère:
- Tu vois, ce type en blouse blanche. Je l'ai parfaitement dressé: à chaque fois que j'appuie sur ce bouton, il m'apporte une banane.

***

- Que se passe-t-il lorsque deux poissons se disputent?
- Le thon monte.

***

- Garçon, le lapin n'est pas assez cuit!
- Qu'est-ce qui vous fait dire ça?
- Il a mangé toute la salade en accompagnement.

LA TÊTE AU

Dans chaque carré grisé figure un mot. Trouvez-en une anagramme correspondant à l'une des définitions en page de droite (exemple au centre : NEUF pour l'indice 13). Inscrivez ensuite, dans chaque tête, le numéro de la définition du terme recherché. Reportez alors l'initiale de chaque mot trouvé, ici un N, dans les cases numérotées de l'échelle de décodage. Celle-ci complétera une citation de Jules Renard : « On peut voir votre âge à vos… » À la fin, en cumulant les chiffres des définitions, il vous faudra totaliser 65 sur toutes les lignes, toutes les colonnes et les deux diagonales de ce carré magique consacré à l'âge sous toutes ses formes.

FANENT	OINDRA	OKRAS	DENTER	ARTÉRITE	= 65
NAVRÂT	ANISÉES	GÉMINE	ADONIS	ÉTIREZ	= 65
RONGEAIENT	RENÉGATE	FUNE 13 NEUF	PETS	MINE	= 65
DIS	ENTRETUENT	ZONE	NOIRET	CANNAISES	= 65
GALLE	DOUEZ	MIS	TAINE	RENÉGAT	= 65
= 65	= 65	= 65	= 65	= 65	

65 = (diagonale) 65 = (diagonale)

CA-CARRÉ

1. Thomsen, inventeur de l'expression « âge du fer », était un … **2.** Ce mot est la première rime à *Il venait d'avoir dix-huit ans.* **3.** Cette date détermine notre âge. **4.** C'est un anglicisme pour un ado âgé de plus de dix ans. **5.** Il jouait Agecanonix au cinéma. **6.** Telle est l'histoire de Benjamin Button, un homme qui rajeunit. **7.** C'est l'âge moyen des époux qui ont l'occasion de s'y mettre. **8.** Elle chante « J'ai oublié mon âge » dans *Qu'est-ce qui fait pleurer les blondes* ? **9.** C'est le prénom du garçon figé à trois ans dans *Le Tambour.* **10.** C'est l'âge de raison selon les pédopsychiatres. **11.** S'il s'appelle Gray et son portrait vieillit à sa place. **12.** Pour l'âge du bronze, ce métal s'allie au cuivre. **13.** Pascal Jardin a écrit *La Guerre à … ans.* **14.** *Moi, Christiane F*, avais cet âge dans le livre. **15.** C'est le paresseux hilarant de *L'Âge de glace.* **16.** À cet âge, Mozart composa son premier opéra. **17.** Ce test permet d'évaluer l'âge mental des 3-12 ans. **18.** *Âge … et tête de bois* était une émission de variétés. **19.** L'âge … pour voter est de dix-huit ans. **20.** Ce privilège de l'âge fut cédé par Ésaü pour quelques lentilles. **21.** C'est l'ensemble d'une classe d'âge. **22.** L'âge du capitaine en est une insoluble. **23.** Diane Dufresne chante *J'ai … ans.* **24.** Au Moyen Age, Constantinople était sa capitale. **25.** Son âge ne cesse d'être repoussé par nos dirigeants.

												N
1	2	3	4	5	6	7	8	9	10	11	12	13

14	15	16	17	18	19	20	21	22	23	24	25

POT-POKER

Devinez pour chaque joueur la « rivière » idéale, la cinquième lettre affichée par le croupier, qui lui permettra de constituer un mot de sept lettres, avec les cinq du tapis plus les deux siennes (exemple page 59). Conjuguer est interdit. Qu'attendent fébrilement Jack, Reine, River et Chip pour remporter le pot de notre pot-poker ?

JACK

REINE

RIVER

CHIP

CROISILLONS OQP

Occupez-vous avec cette grille où les lettres **O, Q, P** ont déjà été positionnées, lorsqu'elles sont présentes. Attention, les définitions amusantes sont souvent à prendre au second degré.

1. Le cardinal des voleurs.

2. Cote à côte.

3. Ont-ils vu pleurer le Colosse ?

4. Lance Armstrong.

5. Ayant subi bien des épreuves.

6. L'aporie géométrique du cercle.

7. Il vous donne toute latitude.

8. Le plus dur, dans le morse.

9. Terre-île au Nord, sans corons.

10. Possibilités d'une île.

ANAGRAMMES

Les termes suivants n'ont qu'une anagramme, notez-la à droite.
Les initiales des dix mots trouvés formeront verticalement
un onzième terme qui, à son tour, n'en a qu'une.
Ces deux anagrammes permettent de compléter la phrase :

« En Suisse, il valait mieux pour ses clients que
le ___________, un horloger genevois du XVIIIe siècle,
ne force pas sur l' ___________, une eau-de-vie locale. »

1. TOMBAC	_	_	_	_	_	_
2. PÉAGER	_	_	_	_	_	_
3. INTUBÉ	_	_	_	_	_	_
4. SUISSE	_	_	_	_	_	_
5. COGNÉE	_	_	_	_	_	_
6. NODULE	_	_	_	_	_	_
7. FARCIT	_	_	_	_	_	_
8. RÉGION	_	_	_	_	_	_
9. RENTRA	_	_	_	_	_	_
10. VIRALE	_	_	_	_	_	_

Page 542 de l'édition 2024 de ce pavé, je vous promettais un article sur le manga *Slam Dunk*, qui se déroule dans le lycée de Shohoku. Enfin, quand je dis page 542, c'est une façon de parler – ou d'écrire – car mon éditrice n'a pas imprimé ce folio (le numéro), sous prétexte que c'était la dernière page du livret de jeux. La dernière page n'est jamais numérotée. On en apprend tous les jours. Et même la nuit.

Alors, comme vous le savez si vous dévorez *L'Officiel* de 0 à L, je suis allé au Japon. À Akihabara, dans la ville de Tokyo, c'est la folie pure : de hauts immeubles occupent tout un quartier et, dans chacun, à chaque étage, sur des centaines de mètres carrés, vous trouvez absolument tout à l'effigie des héros de mangas, des plus populaires aux moins connus.

Je me suis donc mis en quête des figurines de Hanamichi Sakuragi, l'un des héros de *Slam Dunk*, basketteur amoureux de Haruko Akagi, qui n'a d'yeux que pour Kaede Rukawa. Les deux garçons et le frère de Haruko font partie du cinq majeur de basket-ball qui visera le titre national, en représentant le lycée de Shohoku. Quand j'ai voulu acheter des figurines des principaux protagonistes, c'est moi qui ai eu chaud au cul : il fallait débourser plusieurs centaines d'euros pour chacune.

Mon amour pour vous n'a pas de limite et j'ai donc... pris quelques photos, que je vous montrerai peut-être l'année prochaine. Je vais aussi demander à mon éditrice de passer *L'Officiel* à 99 €, cela me semble raisonnable.

(M)OTS

FRAPPANTS
QUI POUSSE À L'INDIGENCE
GRAND TIMONIER
QADDICH
POURQUOI PAS?
VOISINE DE TRIESTE
RAVINÉE
NON LOIN
DROIT DE MUTATION
INVERSE DE DÉRIVÉE
IL FONCE EN VACANCES
À PIERRE DE FRANCE
DÉMONS-TRATIF
APERÇU
ÉBLOUI
TRAVERSE DEVANT LE TRAIN
FIOLE DE LABO
INFINITIF DE PREMIER GROUPE
AUTORISÉ
DIGNE DE RASTIGNAC
EXAMEN SUIVANT L'ÉCRIT
PONT AU ZOUAVE
VIVANT DANS LE SABLE
ORIENT
PARFUM D'HUÎTRE
HARAS-SANTE
BAIE DE NAGOYA
OPÉRA EN RETRAIT
MARTYR DE LYON
AVIS PAS TOUJOURS DE MARIAGE
PLACE DE MILAN
VILLE D'ARGOVIE
POINT QUI EN VAUT 15
GUILLAUME DE PRUSSE
RIEN DE TEL POUR TELL
RAB DE POULET
RAMÈNE SA FRAISE
VAPEUR D'EAU
NON BLANCHIES

(F)LÉCHÉS

RAPPORT DU CERCLE
GUEULE DE BOIS
CLUB DE NEYMAR
VEUVE ARDENTE
MORCEAUX CHOISIS
GAMINE RÊVEUSE
LE CÉSAR POUR POLANSKI
TRUIE AMIE DE SIDONIE
RÉDUIT À ZÉRO
PRONOM PLURIEL
ARME BLANCHE
FILLES DU FRÈRE
APRÈS SUP EN MATHS
FILATURE DE ROUBAIX
MILLIMÈTRE
FANÉE
ORATEUR DE L'HÉRITAGE
EN CAQUE ET SALÉ
DISJONC-TION
COURRIER NON TIMBRÉ
HOMMES QUI COMPTENT
COURS OÙ RAMENT DES ÉLÈVES
CANTONAIS
PRÉCIS
KYRIELLES
ÉQUERRE
ROI ÉTHIOPIEN
MANUFAC-TURIER
CITOYEN ATHÉNIEN
LAISSE FROID
CURIE
INSULAIRE HABITUÉE AUX AURORES BORÉALES
INTERJEC-TION
POSSESSIF À TOI
COPINE
RUMINANT NE VOLANT PAS
RACCOUR-CIES
ARRIVE PARMI NOUS
PATENTÉS
INCARNES
PIN CEMBRO
NOTE D'ACCORD
MOIS DE LIBERTÉ
DISSIPÂT LA COVID
SE SOULAGER
ULTIME ÉCHEC
MINERAI NON EXPLOITÉ
DÉGUERPI
BONNOTTE ÉCRASÉE
BOUCLANT
SAPEUR-POMPIER
HUITIÈME JOUR
CEINTURES DE KIMONOS
LE VACCIN DTP EN PROTÈGE
DEHORS!
AROBASE
GRAFFITI
DEVENIR TROP MÛR
BANDE DE PAPIER
MÛ PAR LE VENT
ENZYME
PHILO-SOPHES

SUDOKU-KU

Remplissez les cases vides de ce sudoku-ku pour que tous les chiffres, de 1 à 9, soient inscrits une seule fois sur chaque ligne, dans chaque colonne et dans chaque petit carré de neuf cases sur fond gris ou blanc.

			1				6	3
						4		
7				2	4		9	
9		3						
		4	5		7	1		
						5		6
	2		9	1				5
		1						
3	4				6			

Amenez-y...

♫ ♫ ♫ ♫ ♫

Vous révisez vos chansons françaises, pour espérer un jour gagner de l'argent à la télé. Soudain, c'est l'amnésie! Un terme vous échappe. Observez les notes remplaçant ce « trou » et amenez-y le mot manquant.

1. « Elles sont jolies, les ♫♫♫, je vais, je vais vous les présenter »

....

2. « Dans l'eau laissent une trace dont les ♫♫♫ font la beauté »

....

3. « Comme un ♫♫♫ sur mon trajet, un diamant tombé d'un coffret »

....

4. « Quand le ♫♫♫ est tombé, choqué, le café renversé, je sentais bien que la journée était mal commencée »

....

5. « Dit c'est aujourd'hui que je le perds, il parlait de son ♫♫♫, vous aviez deviné j'espère »

....

6. « La puissance du port du Havre, la culture de la ♫♫♫, du calvados pour les braves »

....

LA SUITE

Afin de ne pas avoir les boules, déterminez logiquement la lettre qui doit remplacer le point d'interrogation inscrit sur le cinquième des douze éléments de cette suite.

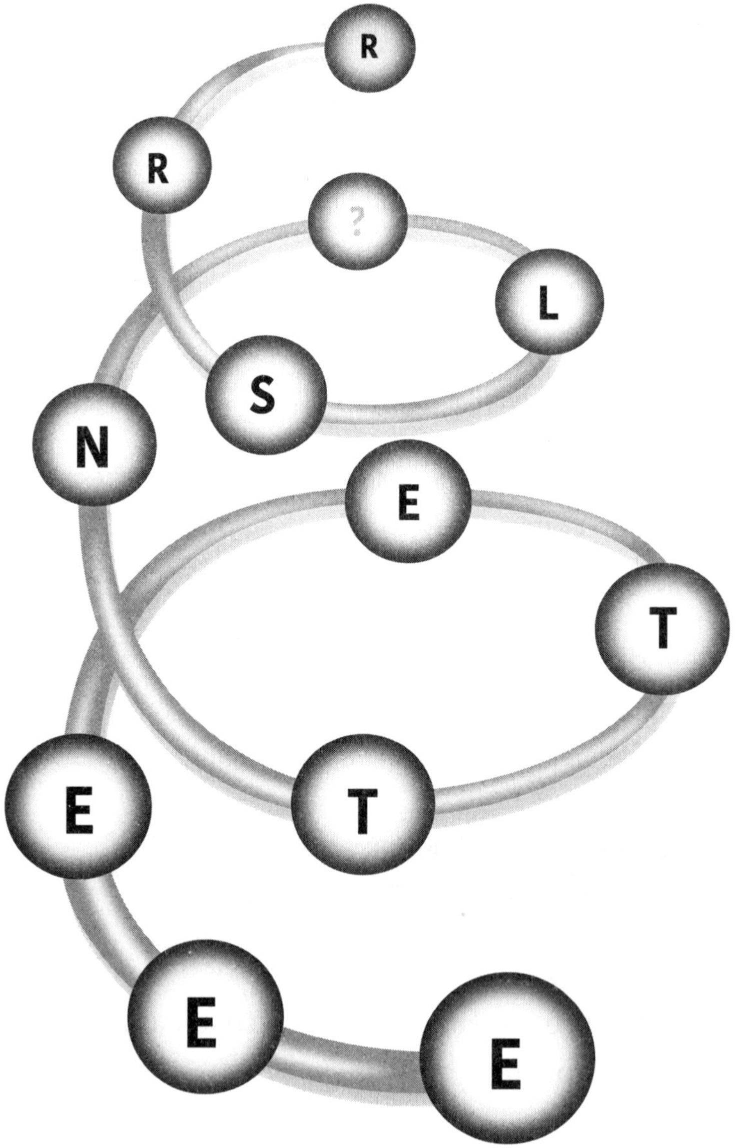

Graines de chia

Un mot de treize lettres sortira de ces graines de CHIA, coincées non pas dans la gorge mais dans le côlon. Trouvez-le, sans conjuguer. C'est un test, hein !

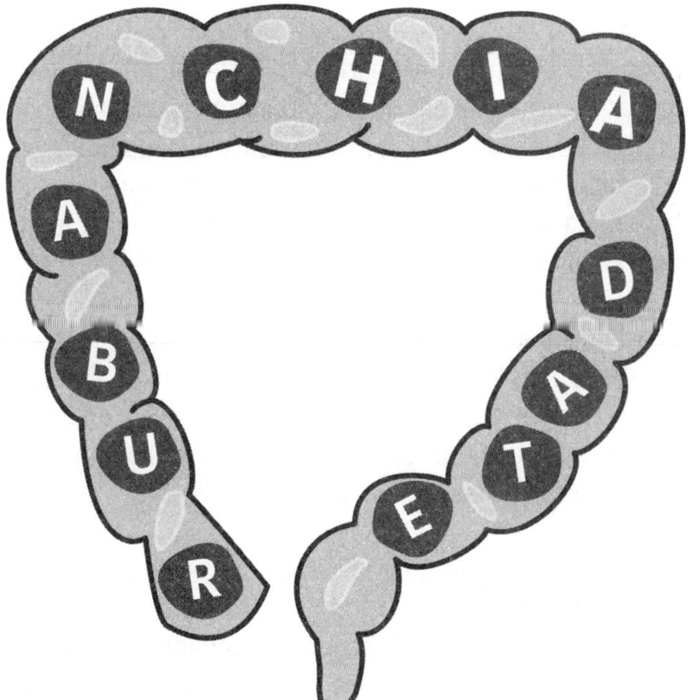

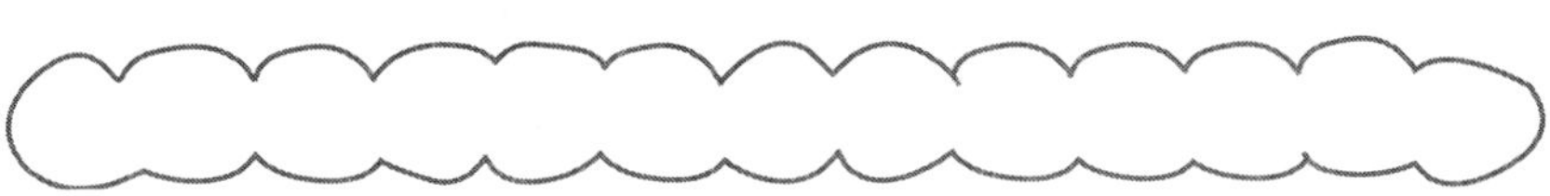

Kim wild

Le Coréen Kim, rencontré page 97, enfourche sa bicyclette et conduit comme un sauvage. Oui, *wild* signifie «sauvage» en anglais, mais pas Wilde avec un e, réservé à Oscar et à Kim, sans qui Laurent Voulzy passe de mauvaises nuits. Nous suivons notre Kim tant bien que mal et découvrons les trésors de l'île de Naoshima. Puis vient le temps du repas. Nous rentrons à notre hôtel (commun) où il n'y a que quatre chambres, avec terrasse et vue sur l'océan, et partageons la collation de midi.

Nous avions récupéré quelques spécialités locales au 7-Eleven local et tentons de les réchauffer en suivant les consignes, tout en japonais, du four tradi et du micro-ondes. Kim nous sauve d'un probable incendie ou d'une imminente électrocution et sort son condiment préféré, le kimchi (des légumes fermentés à l'ail), pour accompagner le truc gluant qu'il s'apprête à ingurgiter devant nos yeux ébahis.

Il sortira cinq ou six autres mets, alors que nous étions déjà prêts à nous remettre en selle. Puis Kim disparaît. J'en profite pour relire Oscar Wilde. Le temps passe, la petite dame japonaise se pointe avec son traducteur infernal. Elle débite cent mots seconde, appuie sur le bouton «traduire» et la machine nous éructe un: «Tout va bien?»

Signe de tête affirmatif, puis nous lui demandons – via la pénible interface – «Où est Kim?»
Après vingt-sept secondes de syllabes correspondant à une bonne centaine de kanjis, la délicieuse dame appuie sur le bouton magique: «Kim chie!» Tu m'étonnes, avec tout ce qu'il avait bouffé, avec ou sans kimchi... Je me demande encore si, dans la traduction de «se mettre en selle», notre ami coréen n'avait pas compris «se mettre en selles».

Le bon tuyau

À l'aide des six croisillons, recomposez l'échelle en formant des noms de lieux. Voici un bon tuyau : le site horizontal du haut et le dernier vertical voient défiler différents surfeurs.

	O	
G	U	A
	L	

	K	
P	O	L
	W	

	E	
N	I	C
	T	

	R	
S	I	E
	S	

	A	
Y	N	E
	K	

	A	
A	R	A
	A	

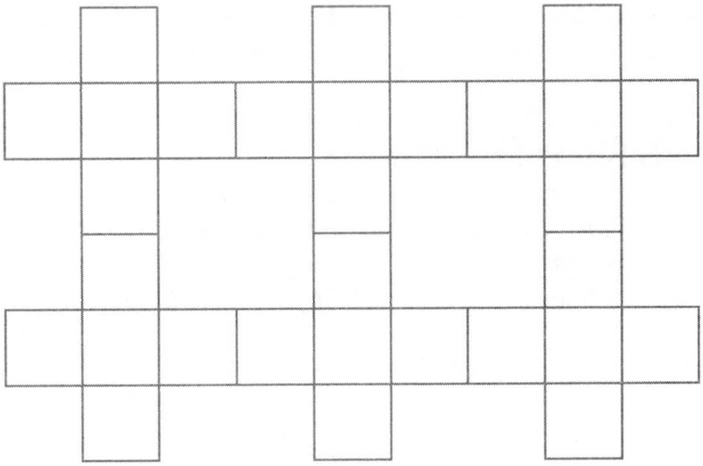

QUI FAIT QUOI ?

Cinq serins vivent heureux en liberté chez Sofia, une amie des oiseaux. À l'aide des indices ci-dessous, trouvez le nom de chacun, sa couleur dominante, le nombre d'heures qu'il passe chaque jour à siffler pour manifester sa joie et le nombre de vocalises différentes qu'il entonne lors de ces chants. Si vous coincez, deux indices supplémentaires figurent en bas de page : ce sont des aides, pas des informations nécessaires à la résolution.

SERINS SEREINS

1. Piaf Édith, qui n'est pas de couleur verte, chante une heure de moins chaque jour que le splendide Moineau Bruno, friand des doubitchous de Sofia.

2. L'oiseau complètement jaune vocalise quotidiennement une heure de plus que celui aux 35 variations, mais une de moins que Pierrot Lefou.

3. Le volatile sifflant 13 heures par jour utilise cinq vocalises de plus que Serin Gapiké, mais cinq de moins que l'oiseau bleu.

4. Khan Harry siffle une heure de moins chaque jour que son congénère orange, mais une de plus que l'oiseau développant son chant sur précisément 30 vocalises différentes.

INDICES SUPPLÉMENTAIRES

5. L'oiseau qui chante le moins fait partie du duo utilisant le plus de vocalises ; celui qui chante le plus connaît moins de 22 vocalises.

6. L'oiseau rose n'est pas Pierrot Lefou, ne chante pas exactement 12 heures par jour, et n'utilise pas précisément 30 vocalises.

GRILLE DE RÉSOLUTION

		COULEURS					HEURES DE CHANT					VOCALISES				
		BLEU	JAUNE	ORANGE	ROSE	VERT	10	11	12	13	14	15	20	25	30	35
OISEAUX	KHAN HARRY															
	MOINEAU BRUNO															
	PIAF ÉDITH															
	PIERROT LEFOU															
	SERIN GAPIKÉ															
VOCALISES	15															
	20															
	25															
	30															
	35															
HEURES DE CHANT	10															
	11															
	12															
	13															
	14															

TABLEAU DES RÉPONSES

OISEAUX	COULEURS	HEURES DE CHANT	VOCALISES

GRANDES

HORIZONTALEMENT : A. Objectif vert. Cube de porc pour omelette. **B.** Bouts de chandelles. Travaille comme acteur. Sac se gonflant en cas d'accident de voiture. Pendant méridional d'oïl. **C.** Grimpette. Parfumées comme les *Sucettes* de France Gall. Frotter de saintes huiles. Qui chante *Jeanneton* prononce cette parole. **D.** Île des huîtres Marennes. Toutes taxes étant déduites. Pourvu d'un pas de vis. Tremper son pain dans la béarnaise. Petit impair. **E.** Article de sport. Aperçu. Préparation pour la sole. On y décolle de Charles-de-Gaulle. Une arme à la patte du coq. **F.** Le druide l'utilise pour couper le gui. Lépreux ou avare. Titane chimique. Plus qu'utile, indispensable. **G.** Celle que chante Ouvrard se dilate. Division au théâtre. Clint d'œil cinématographique. Longue période géologique. Un tour bien abrégé. **H.** Distraire. Chambre du Parlement. Promeneur sur les sentiers. Monnaie danoise. **I.** Titre interbancaire de paiement. Capitale du Pérou. Posé sur un satellite. Fonction de matheux. Fluette. **J.** Percée du soleil un jour nuageux. Organisation mondiale de la santé. Amoureux de comédie italienne. Point de passage facile d'un cours. **K.** Proposition. Démentisse. Appréciés. Spectacle d'Offenbach. **L.** Tue par immersion. Ville où naquit Christophe Colomb. Fit pipi. Chargé électriquement. Second rappel. **M.** Qui apaise. Engins de levage. Possessif. **N.** *Post meridiem*, après midi. Pronom réfléchi. Carte. Venu au monde. Soigné. Sans gaz. Démonstratif. **O.** Une bombe polluante. Débauche littéraire. César, en version romaine. Sort *jacta* devant le Rubicon. **P.** Partagée par tous. Supports pour tables. Barrière de protection. **Q.** Situé. Révolte de marins. Milliseconde. Lettre grecque. Purée à la tomme. **R.** Disciple. Dans. Prisonnier. Oiseaux du bord de mer. Chauffeur du Nil.

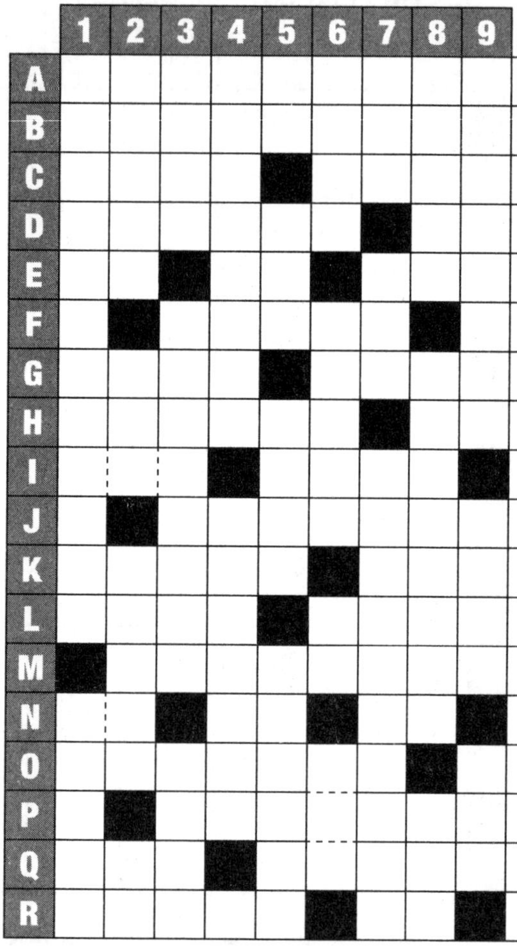

VERTICALEMENT : 1. Étape parfois nécessaire avant une teinture. Temps révolu. **2.** Endroit où apprendre. Vieille branche. Bonne santé physique. Troisième personne. **3.** Glisse un bulletin dans l'urne. Laissa baba. Finesse de Sioux. **4.** Sorties de leurs gonds. Plante pour soupe verte. **5.** Saint normand. Cité sumérienne. Une femme. Formule magique d'ouverture. **6.** Son sultan Qabus vient de mourir. Intouchable en Inde. Gaïa, la Terre. Organisation de paix. **7.** Conifère. Type d'une histoire. Qualité d'eau. **8.** Chagrin. Impératrices. Minimum ou minute. **9.** Privée de compagnie. Une ville aux cent

VACANCES

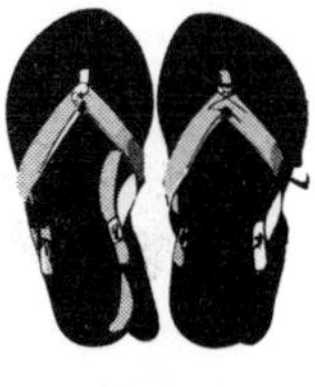

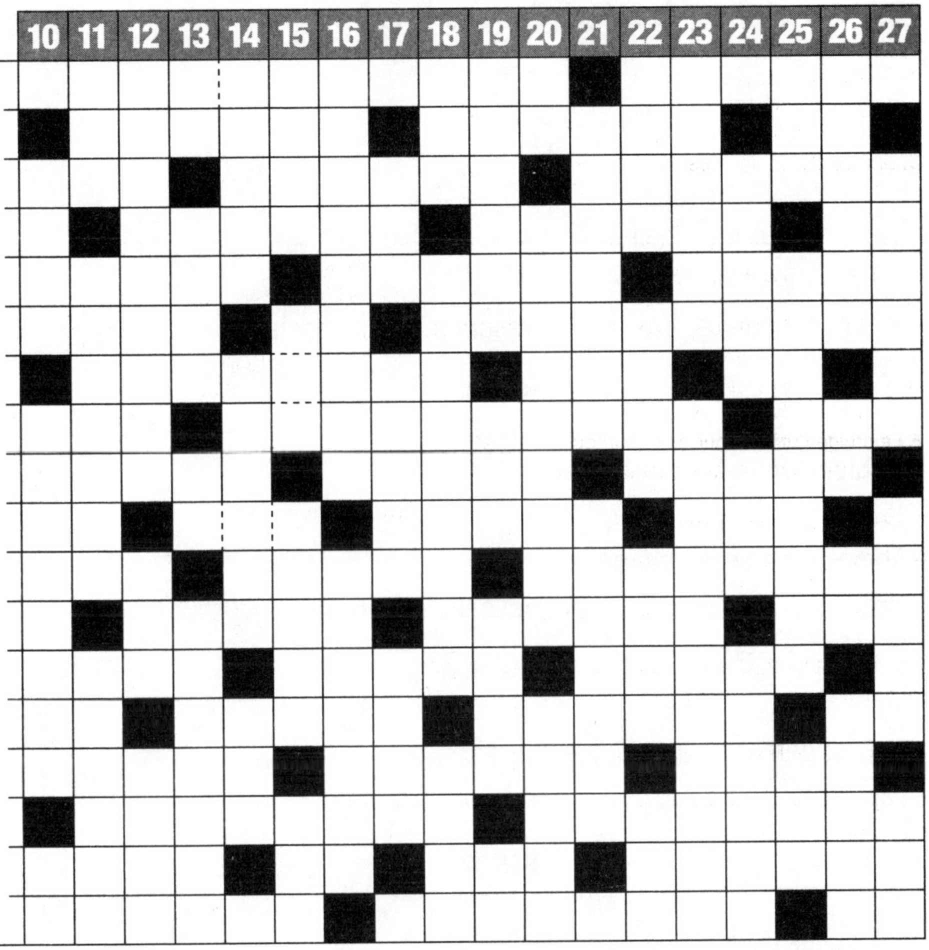

clochers. Piécette circulant en Asie. **10.** Volcan sicilien. Qui vient d'éclore. Diminutif d'Edward. **11.** Saison de la canicule. Parfaites. Ne prenant jamais parti. **12.** Vieux vampire de film muet hollywoodien. Posséda. Ramassa. **13.** Après vous. Colères de nos ancêtres. Drame japonais. Réinventée. **14.** Rigolo. Bossai dur. Service à rejouer. **15.** Monochrome. Trans World Airlines. Orang-outan. Bouleversé. **16.** Revenions au bercail. Instruments de percussion. **17.** La pierre d'alun en est un naturel. Sainte patronne révérée en Alsace. Paresseux d'Hoffmann. **18.** Poisson. Pays de Jakarta. Sortie au musée. **19.** Joie collective. Incompétent. Risqués. Retenu. **20.** Erbium de labo. Élévation. Prend différentes valeurs. **21.** Le violet de la lande bretonne. Secouera la tête. **22.** Ne relevant pas du clergé. Dégoût d'ado. Père rajeuni de Jason. Fin de partie aux échecs. **23.** Acceptes en bas de lettre. Déplorable, malencontreuse. **24.** Parcourût une aire sans but. Déshabillée. Course avec passage de témoin. **25.** Apport de noces. Coq au vent. Désert constitué de dunes. **26.** Formation de huit interprètes. Note. Règle pour le dessinateur. Caïd. **27.** Obstiné, borné. Ersatz moins prisé que la grive. H d'Athènes.

BLAGUES

Laisse, cabot !

- Garçon, pourquoi ce chien regarde-t-il fixement dans ma direction ?
- Ne vous inquiétez pas, il a dû reconnaître son assiette.

***

Un chien confie à un autre :
- Je vais voir un psy.
- Ah bon, t'as un problème ?
- Non, mais au moins, ce type me laisse monter sur son canapé.

***

Un chiot demande à son père :
- Papa, mon vrai nom, c'est « Assis » ou « Couché » ?

***

Deux puces discutent :
- On rentre à pied ou on prend un chien ?

MOTOCROTTE

Chaque chiffre en début de ligne ou haut de colonne indique le nombre de déjections qui s'y trouvent. Localisez et représentez par un cercle les crottes laissées par les 36 cabots de la grille, pour permettre à la motocrotte de passer. Un chien ne laisse une crotte que dans une case libre touchant la sienne et jamais en diagonale. Commencez par marquer d'un point les cases sans excrément, comme ci-dessous (0 en début de ligne ou en haut de colonne). La case où veille l'agent de police est sans crotte.

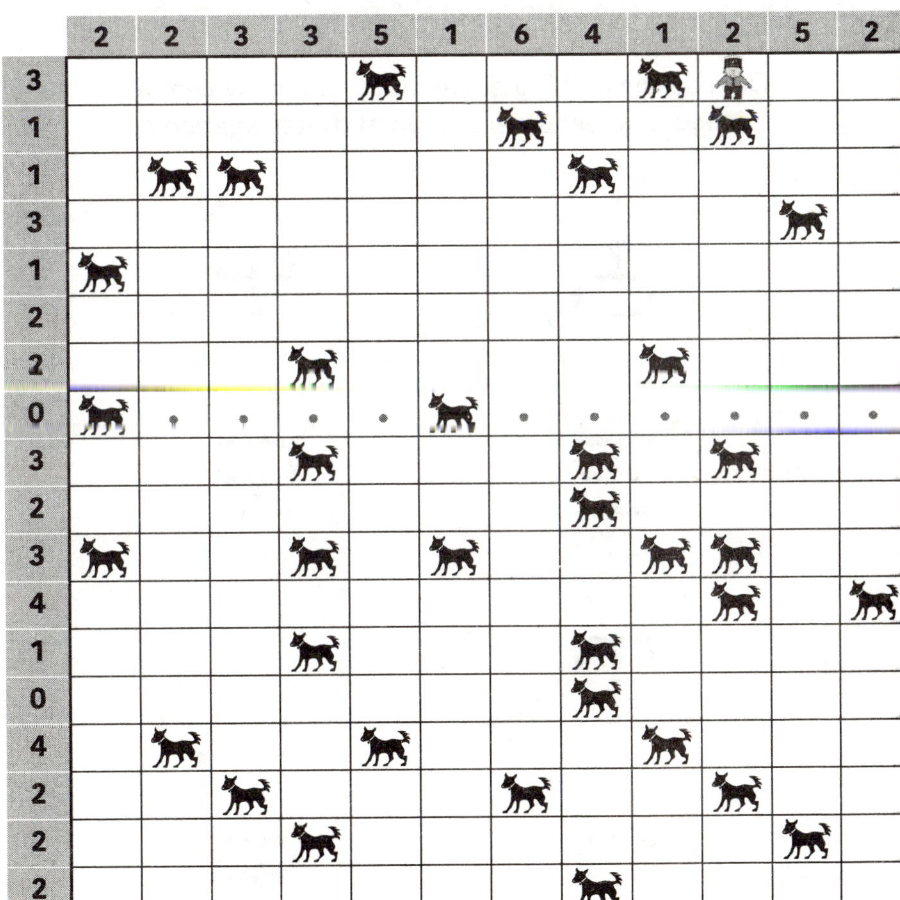

ÉVIDEMMENT

La réponse à cette énigme vous semblera probablement évidente, si vous donnez votre langue au chat et allez voir la solution. Ne serait-ce pas plus drôle de continuer à chercher, seul ou en groupe, jusqu'à ce que votre esprit s'illumine ? Évidemment que si !

Quel dessin doit logiquement compléter le cercle où figure actuellement un point d'interrogation ?

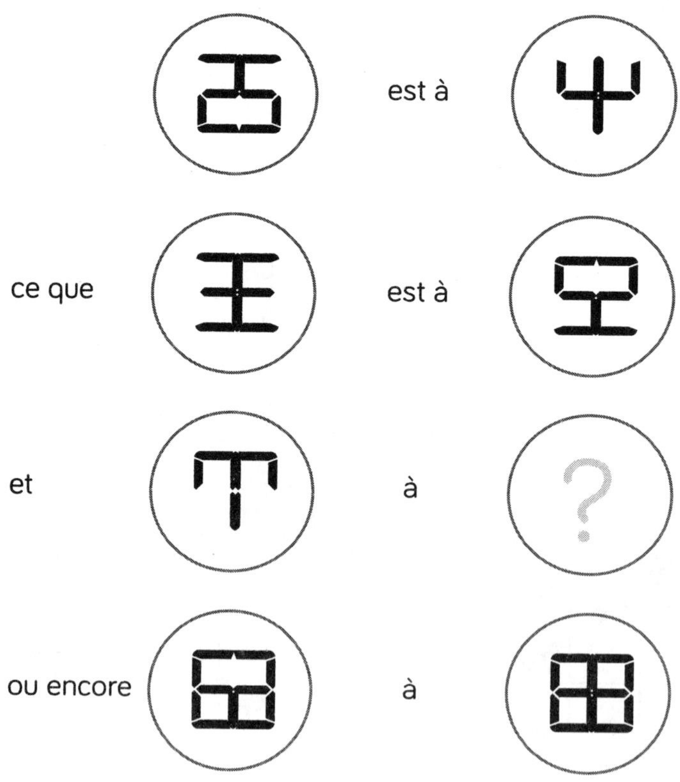

CRYPTOGRAMME

Remplacez chaque symbole par la lettre qu'il crypte pour découvrir un phénomène pseudo-scientifique et une œuvre dans laquelle cette résonance est évoquée.

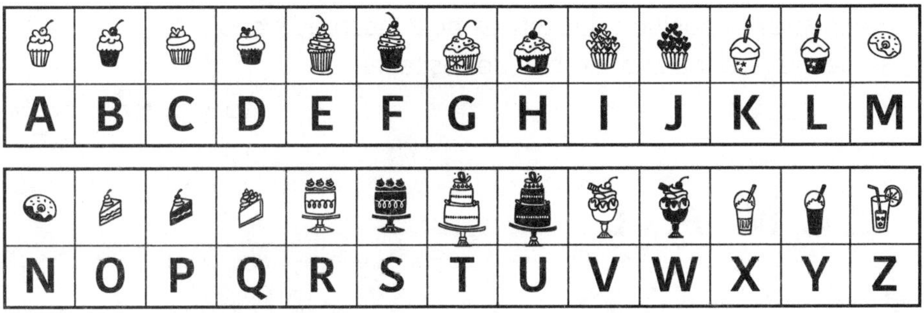

....

....

....

....

ESCALETTRES

Sans utiliser de noms propres et sans conjuguer, à part infinitif et participe présent ou passé, ajoutez les lettres une à une, dans l'ordre imposé, pour former un mot sur chaque ligne. Respectez la position des lettres déjà inscrites jusqu'à la découverte du mot en bas de l'escalier.

↓	M	A	L							
+S			A							
+I		S								
+E					L					
+C				A						
+O				I						
+L					L					
+U			U							

7 HORREURS

Trouvez les sept différences entre les deux illustrations.

TOMBEZ DANS LE PANNEAU

Observez les panneaux et leurs indications fantaisistes. Si aucune de ces communes ne se trouve à cette distance et/ou dans cette direction, l'ensemble des informations doit vous permettre d'identifier une ville secrète française en huit lettres. À vous de comprendre ce que le génie civil avait en tête lorsqu'il a commandé ces drôles de panneaux.
Ne tombez pas dedans !

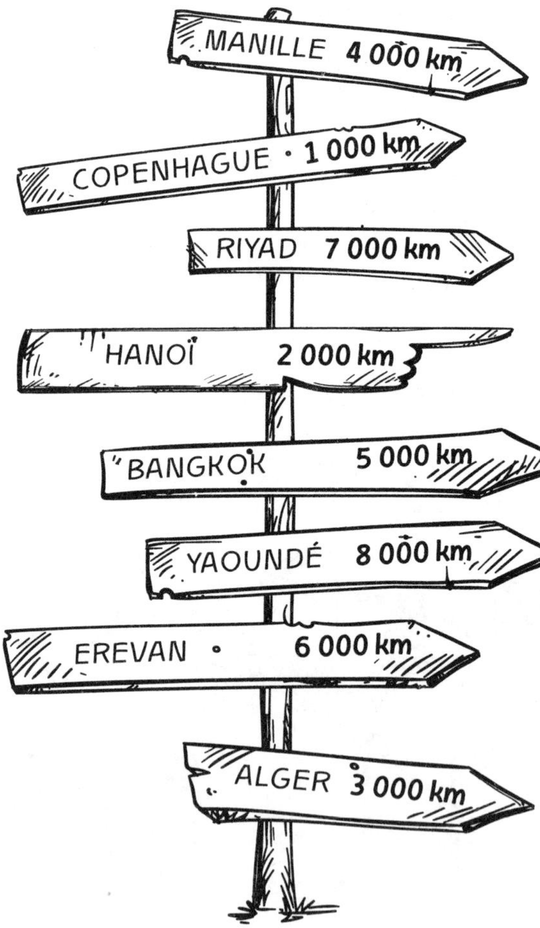

Le saviez-vous ?

La mairie, que la mairie !

Paris compte actuellement vingt arrondissements, mais ce ne fut pas toujours le cas. La ville n'en avait à l'origine que douze, depuis leur création en 1795 jusqu'au nouveau découpage de 1859. Les quartiers de 1 à 9 s'étendaient jadis au nord de la Seine, d'ouest en est. Ceux portant les numéros 10, 11 et 12 occupaient le sud du fleuve.

La curieuse expression « Être marié à la mairie du 13e » était alors en vogue. Elle s'utilisait pour les gens vivant en concubinage ou simplement « à la colle », sans être mariés donc, puisque cette mairie n'existait pas. Au moment de passer aux vingt arrondissements, le baron Haussmann reprend l'ancien principe de numérotation : nord de la Seine d'abord, sud ensuite, toujours d'ouest en est.

Il prévoit douze départements rive droite et huit rive gauche. Le beau quartier englobant Passy et Auteuil recevrait ainsi le numéro 13, puisqu'il est le plus à l'ouest au sud de la Seine. Les bourgeois s'offusquent : ils devraient alors se coltiner la fameuse « mairie du 13e » associée à de vils gens, selon leurs standards. Haussmann cédera à leur maire et adoptera la numérotation « en escargot », attribuant le numéro 1 à l'arrondissement au centre de Paris et tournant en spirale dans le sens des aiguilles d'une montre. Le 13e sera ainsi un secteur populaire et les habitants des appartement cossus auront le 16e.

SANDWICH

Complétez les mots horizontaux. Une seule des différentes possibilités vous permettra de trouver, dans la colonne actuellement vide, une expression dont le dernier terme est parfois mal compris.

D	E		R	U	E
E	M		T	I	F
L	O		P	E	R
A	G		A	F	E
I	B		D	E	M
S	B		I	N	Z
S	I		L	O	N
E	D		N	T	E
R	I		I	D	E
L	O		L	O	U
E	X		G	E	R
M	I		O	R	D
E	O		I	E	N
N	I		C	E	S
A	R		E	N	T
G	R		O	V	E
E	C		M	E	R

BONUS

Observez les lettres bien placées sur fond noir ou mal placées sur fond gris foncé pour deviner le seul mot final possible.

E Noir L Gris foncé

E	T	O	I	L	E	S
E	R	I	N	O	S	E
E	C	R	O	U	I	T
E	P	I	S	S	E	R
E	O	L	I	E	N	S
E	___	___	___	___	___	___

(M)OTS

JAC-QUOUILLE

NATIVE DE VADUZ

APLATI

ET AINSI DE SUITE

TURC

MANQUE D'ORTHO-DOXIE

ÉTIREMENT

MISÉRABLE DE ROMAN

DU RÈGNE VERT

PARAÎT

VAUGELAS ET CONSORTS

SITE FOUILLÉ

PIÈCE DU FONDS

DIVINITÉ MARINE

SORTE DE FILLE

BORNAI

PLUS D'UN

EXPLICATIF EN IMAGE

PUISSANTS RAYONS

HABITUDES

BITUME

ANGLAIS ANOBLI

AUROCHS

DERRIÈRE NU

PRIVILÈGE DIVIN

DEMEURER

MON SEMBLABLE

DÉPARTE-MENT

ON Y ACHÈTE UN SANDWICH

POMPETTE

PIÈCE DE VAISSELLE

DO

TÉLÉ

SCIENCE-FICTION

AFFLUENT DU RHÔNE

LOUER UN AVION

(F)LÉCHÉS

RESPIRE
PRO DU BILAN
VOLCAN SICILIEN
TRISTE INDIVIDU
3,14159
BOUCLIER DE ZEUS
TENUE ROMAINE
BIENTÔT CENTENAIRE
L'ÉGAL DES GRECS
ORIGINAL
SÉPIA
RÉFORMÉ QUI FAIT PLEURER
ALCOOL
SI ELLE FILE, ELLE NE FILE PAS
RÉFLEXES DE PETITS
ÉPOPÉE DE VIRGILE
À GAUCHE !
BONUS FINAL
RÉCITE MAL SA LEÇON
RITOURNELLE
MANCHE DE PINCEAU
JEU DE SOCIÉTÉ
POIDS EMBARQUÉ DANS LE BALLON

VILLE JAPONAISE OÙ SE PLAÎT LE CERF SIKA
UN TIERS
VENUES DU PACIFIQUE
ÉLECTRODE
AVEC ELLES, HOMARD A TUÉ
INABORDABLE
INVERSE DE [illegible]
D'UNE PARTIE D'INTESTIN GRÊLE
BRAME
FLEUR DE HOLLANDE
DRAME NIPPON
MILLÉSIME
FAUX TRONCS
PRESSION DU FUD
PÉRIODE
PARI
ATTRAPÉ
BOIS EXOTIQUE
HAUTAIN
RECOMMENÇANT
CHEZ LUI À TOMBOUCTOU
LA PART BELLE FAITE AU GRATIN
DIX FOIS DIX
TONUS
ODEUR DU MUSÉE GRÉVIN
ARGON
FOYER
SEIGLE OU ORGE
NOUVEAU RAPPEL
FLAIRÉ
PUIS
VIN PÉTILLANT
À LA MODE
GAMMA DU DOSAGE SANGUIN
DE MÊME MATRICE
DÉSERT DE PIERRES
REPARTENT AU BERCAIL

BLAGUES

Confesse, en un mot

Un ivrogne rentre dans un confessionnal. Au bout de quelques minutes sans paroles, le prêtre lui demande :
- Comment puis-je vous aider, mon fils ?
- Euh, y a du papier de votre côté ?

***

Un prêtre discute avec un patron.
- Dieu, c'était l'efficacité même, il a créé le monde en six jours.
- Je parie qu'avec un syndicat sur les bras, il aurait bien mis six mois.

***

- Mon père, j'ai péché. Cette nuit, j'ai fait sept fois l'amour avec ma femme.
- Mais ce n'est pas un péché, vous êtes marié, mon fils.
- Je sais, mon père. Mais sept fois, il fallait bien que je le dise à quelqu'un !

Les enfants terribles

Cinq couples à l'humour douteux annoncent à des amis que leur famille s'agrandit. Sachant que Chris, Douglas, Édith, Jean, Jean, Jean, Jean et Omer sont arrivés à la maternité, inscrivez les prénoms complétant les faire-part. Attention, une famille a eu des quadruplés.

Monsieur et Madame Talu
ont le plaisir de vous annoncer
la naissance de

....
....
....
....

Monsieur et Madame Alavani
ont le plaisir de vous annoncer
la naissance de

....
....
....
....

Monsieur et Madame Dilplen
ont le plaisir de vous annoncer
la naissance de

....
....
....
....

Monsieur et Madame Apassambal
ont le plaisir de vous annoncer
la naissance de

....
....
....
....

Monsieur et Madame Trident
ont le plaisir de vous annoncer
la naissance de

....
....
....
....

CALCULS DURS, HEIN !

Avec les quatre opérations de base (+ − × ÷) et en utilisant au maximum une fois les plaques proposées, tentez d'atteindre le nombre cible : **947.**
Il n'existe qu'une façon d'y parvenir.

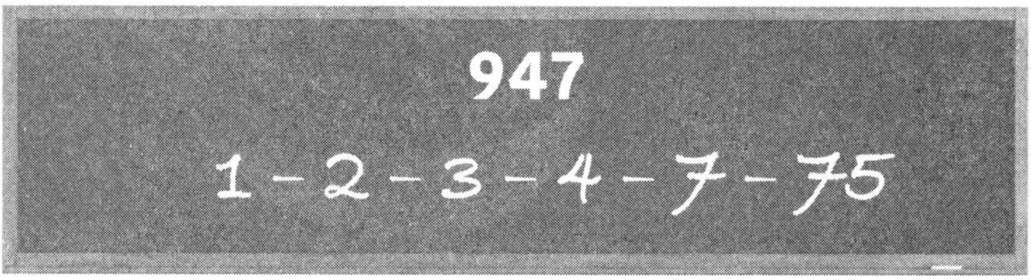

LA CIBLE

Partez de la lettre sur fond blanc. Choisissez le bon sens de rotation et sautez un certain nombre de lettres (toujours le même pour cette cible), lisez la suivante, puis continuez ainsi pour compléter un proverbe dont l'origine semble être italienne : « Tel affiche la paix sur son front, qui… »

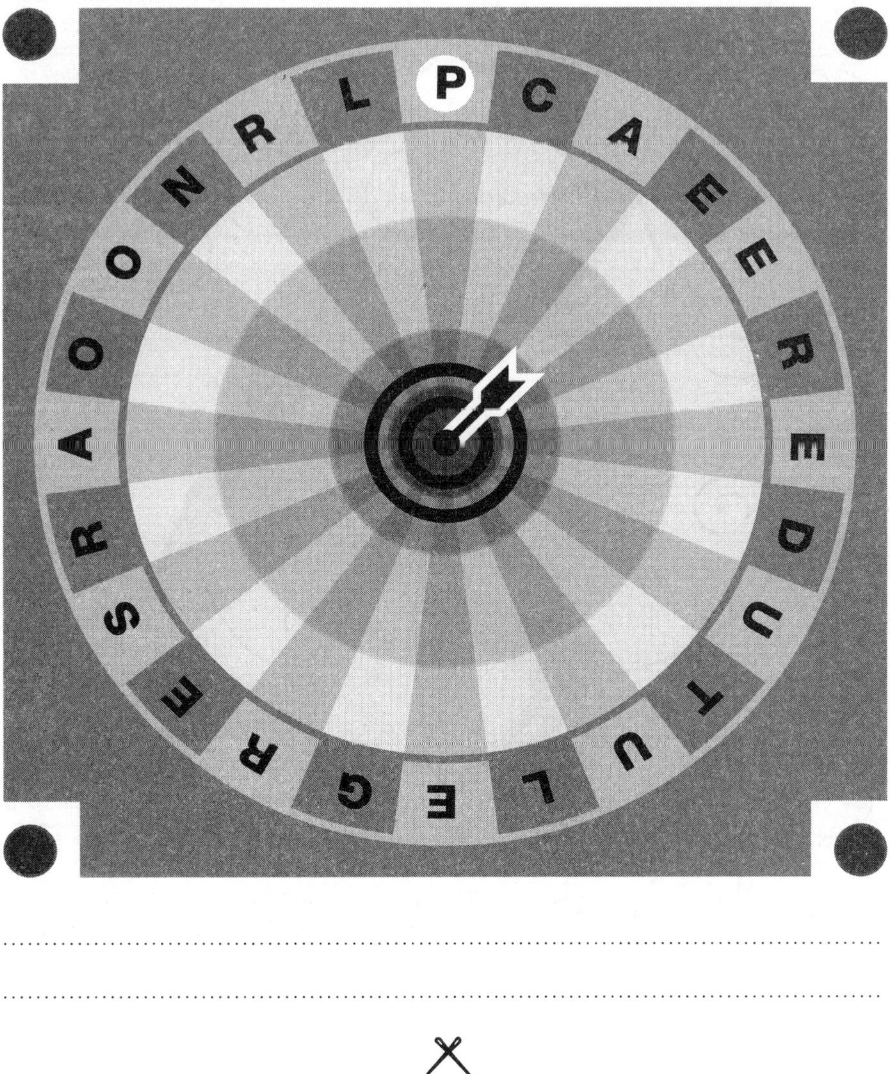

TROIS PETITS CHATS

Trois petits chats, chapeau de paille, paillasson, somnambule, bulle, bulle… Sur ce principe, remplissez les trente bulles, bulles, bulles, en vous aidant des indices précisant chaque début et fin de mot.

1-9. Ce couturier prénommé Karl a légué quelques millions à sa chatte Choupette. **7-14.** L'arbre à chats n'est pas celui que croient offrir les hommes à leur petit compagnon. **12-17.** En 2009, dans *L'Odyssée d'Homère*, ce dernier est un tel chat, adoré de sa maîtresse Gwen.

16-24. Dans *La Trilogie Nikopol*, Gogol est un tel chat, qui lit dans les pensées. **23-27.** Ce bonjour précède Kitty, dans une marque avec un chat. **26-30.** Des chats illustrent ceux de la pâtée Felix et de la lessive Le Chat.

URO NEWS

Oh, torii, t'es utile !

Si je vous ai parlé page 100 des portiques des temples shintoïstes, dans leur dimension religieuse, un autre ami ayant visité le Japon leur a découvert une autre utilité, insoupçonnable. La question est la suivante : « Savez-vous pourquoi, au pied de certains murs en ville, on trouve de petits torii ? »
Je rappelle que « torii » n'est pas le pluriel de « taureau », pour éviter les réponses absurdes.

J'ai tout tenté, personnellement : c'est l'équivalent de la maison des esprits que l'on trouve partout en Thaïlande ; le propriétaire des murs a financé un torii à Inari ; c'est l'endroit où sont morts plusieurs taureaux dans des arènes espagnoles ; c'est un personnage religieux important qui vit là – ou qui y est passé et a « béni » le lieu... Faux, faux et re-faux ! Grrr, j'enrage.
Mais alors, diantre ! À quoi sert ce portique miniature ?

La réponse est étonnante : les habitants de certaines maisons – notamment celles situées non loin de bars où le Japonais épuisé s'enivre parfois après le travail – placent devant leur mur ce symbole sacré pour ne pas que lesdits poivrots urinent sur leur façade ! Même complètement cuit, l'ivrogne se déboutonnant aura un réflexe de respect et remballera Popaul avant d'inonder le torii. Pour aller se soulager plus loin, contre le mur de celui qui n'aura pas eu la prudence de prémunir le sien.

De proche en proche, le voisin imite celui dont le mur est protégé et certaines rues se retrouvent donc « inondées » de torii.
Étonnant, non ?

LOGICO

Complétez logiquement le seul pétale actuellement sans chiffre de la dernière fleur.

LES MUTANTS

Ces titres d'œuvres ont mystérieusement muté : chaque terme important a été remplacé soit par un synonyme, mot de même sens, soit par un antonyme, mot de sens contraire.

À vous de retrouver le titre original de chacune des trois œuvres fictives suivantes : il peut s'agir d'un film, d'un tableau, d'un roman ou d'une chanson.

1. La Vulgarité clinquante de la populace

………………………………………………………………

2. La trotteuse est bloquée

………………………………………………………………

3. La Mort d'Aphrodite

………………………………………………………………

LA TÊTE AU

Dans chaque carré grisé figure un mot. Trouvez-en une anagramme correspondant à l'une des définitions en page de droite (exemple au centre : DATCHAS pour l'indice 12). Inscrivez ensuite, dans chaque tête, le numéro de la définition du terme recherché. Reportez alors l'initiale de chaque mot trouvé, ici un D, dans les cases numérotées de l'échelle de décodage. Celle-ci complétera une phrase d'Honoré de Balzac : « Quand il y a une vieille fille dans une maison, les… » À la fin, en additionnant les chiffres des définitions, vous devrez totaliser 65 sur toutes les lignes, les colonnes et les deux diagonales de ce carré magique fait maison.

GÉO	TITO	AUDITS	MEMBRUE	SALIE	= 65
DISCERNÉE	SE REPENTIR	DIN	GÉNIE	BAIS	= 65
HURES	TEES	SCHADÂT 12 **D**ATCHAS	KARST	INVESTI	= 65
DÉMOTIQUES	ACES	TALIONS	OILLES	QUARTETS	= 65
LASER	SALERON	TIGE	HERBAIT	CLONIE	= 65
= 65	= 65	= 65	= 65	= 65	

Diagonales : = 65 ; = 65

CA-CARRÉ

1. C'était la maison de l'oncle Tom. **2.** Cet infinitif signifie occuper (une maison). **3.** On les accueille en sa maison. **4.** En astrologie, c'est la maison I, la personnalité. **5.** Cette maison est pour l'oiseau. **6.** Dans *Games of Throne*, c'est la maison d'Arya. **7.** Il fait partie des gens de maison. **8.** Dans les affaires, c'est un synonyme de «maison» précédant un nom de famille. **9.** C'est la maison du lièvre ou un lieu où l'homme cherche le couvert. **10.** C'est un havre de paix ou une maison de fous. **11.** Ce synonyme de maison s'emploie devant secondaire. **12.** Ce sont des maisons de campagne russes. **13.** Après que Le Forestier chante «C'est une maison bleue», ce verbe rime avec allume. **14.** C'est occuper une maison illégalement. **15.** C'est une maison royale, comme Bourbon. **16.** Grisoni, elle a ajouté TTA à son prénom et a chanté *Ma maison est un jardin*. **17.** Celui de la maison nous abrite. **18.** Laine ou liège, il préserve la maison du froid. **19.** La *Cabane au Canada* de Line Renaud attend engourdie sous la … **20.** Edgar Allan Poe a écrit la chute de cette maison. **21.** C'est une maison sale et misérable. **22.** Cette maison russe est en bois. **23.** Ces esprits protègent la maison. **24.** Cette maison princière est italienne. **25.** Il est doré comme un citron mûr dans *La Maison du bonheur* de Francis Lalanne.

											D	
1	2	3	4	5	6	7	8	9	10	11	12	13

14	15	16	17	18	19	20	21	22	23	24	25

GLOBE-CROTTEUR

1. Dans quelle langue « Choo kiko wapi ? » permet-il de demander l'emplacement des toilettes ?
   - en coréen
   - en swahili
   - en chinois mandarin

....

2. « Toire wa doko desu ka ? » vous permettra de savoir où poser votre pêche. Oui, mais où ?
   - au Japon
   - en Mongolie
   - au Burkina Faso

....

3. Dans quelle langue la phrase « Gde nahoditsya tualet ? » permet-elle d'obtenir une indication sur la direction à suivre pour mettre la main sur les WC ?
   - en polonais
   - en russe
   - en indonésien

....

SUDOKU-KU

Remplissez les cases vides de ce sudoku-ku pour que tous les chiffres, de 1 à 9, soient inscrits une seule fois sur chaque ligne, dans chaque colonne et dans chaque petit carré de neuf cases sur fond gris ou blanc.

	3	8	5					
			2	1		8		
5						4		2
8			1					
	9						4	
					3			7
9		7						4
		4		3	6			
					5	1	2	

EN MER, DENTS

Tout comme « En mer, dents » laisse entendre « emmerdant », constituez un rébus phonétique évoquant un film dans lequel deux gamins interpellés à l'intérieur d'un jardin répondent : « Nous ? On chie ! »

....

Les pets de dames au clebs

Madame Bichon promène son cocker, madame Cocker balade son épagneul et madame Épagneul sort son bichon. Tous parfaitement détendus, ils émettent sans retenue des gaz de vils…

- Les dames ont pété 26 fois en tout.

- Les chiens ont pété 10 fois en tout.

- 9 pets au total émanent du bichon et de la Bichon, 14 pets en tout se sont échappés du cocker et de la Cocker, 13 pets sont sortis de l'épagneul et de dame Épagneul.

- La promenade de madame Bichon et de son clebs a donné lieu à six prouts de moins que celle de madame Cocker et de son toutou, mais à six de plus qu'un suiveur n'en aurait pris dans le pif lors de la balade de madame Épagneul et de son cabot.

En examinant les quatre indices, comptez les prouts de chaque dame et de chaque clebs. Si vous échouez, gare à l'épée de Damoclès qui vous tombera sur le colback !

Larée

Après Montcuq et Le Fion, comment passer à côté de Larée ? Dans mon fichier ODT 2025 (Officiel des Toilettes, vous aviez compris) que j'alimente depuis août 2023, je retrouve une capture d'écran et me dis que j'ai encore dû appuyer sur trois touches simultanément, en m'endormant pendant que je crée mes énièmes mots croisés du jour ou en lisant de l'indo-européen, ma passion avec la bataille de pouces et l'omelette aux gorilles (beaucoup plus nourrissante que celle aux girolles, essayez).

En zoomant, non sur l'omelette mais sur la capture d'écran, un peu au nord d'Ayzieu, j'aperçois Larée, juste en dessous de Barbotan-les-Thermes. Déjà, notez qu'au nord des yeux, il peut y avoir la raie, au milieu ou sur le côté – des cheveux. Mais il y a aussi Larée, dans le Gers, en Bas-Armagnac même. Hips ! Larée est drainée par la Douze (non, pas l'autoroute, la rivière).

Ce que je trouve cool, c'est que Larée est dans l'arrondissement de Condom. Je repense à Dechavanne et ses « Sortez couverts », dont ma grand-mère pense encore que c'est l'heure de mettre couteaux et fourchettes sur la table, aux années SIDA et aux *Nuits fauves* de Cyril Collard. Quelle délicatesse il a eue, le mec qui a décidé de protéger Larée et ses Laréens d'un Condom. Je descends dans une semaine dans le Pays basque, ce n'est pas trop loin de Larée. Si d'aventure j'ai le temps, j'irai prendre des photos, rien que pour vous.

MAYDAY, M'AIDER !

•••/–––/•••

Saviez-vous que l'appel au secours Mayday – à répéter trois fois, en cas de détresse – venait du français « Venez m'aider » ? En utilisant l'alphabet de Samuel Morse, décryptez la citation du fabuliste François-Joseph Desbillons.

A	B	C	D	E	F	G	H	I	J	K	L	M
•–	–•••	–•–•	–••	•	••–•	––•	••••	••	•–––	–•–	•–••	––
N	**O**	**P**	**Q**	**R**	**S**	**T**	**U**	**V**	**W**	**X**	**Y**	**Z**
–•	–––	•––•	––•–	•–•	•••	–	••–	•••–	•––	–••–	–•––	––••

« –•–• // ' // •/•••/– // •–••/• //

••–•/•–/••/–•••/•–••/• // ––•–/••–/•• //

••• // ' // –––/•––•/•––•/•–•/• // •–••/• //

•––•/•–••/••–/••• // •••/–––/••–/•••–/•/–•/– //

•– // •••/•/–•–•/–––/••–/•–•/••/•–• //

•–••/• // ••–•/•–/••/–•••/•–••/• // . »

BOUCHE-TROUS

Inscrivez une lettre par tiret pour reconstituer six mots de la langue française. Si le squelette de chaque nom en lien avec ANNE BONNY – une pirate qui navigua avec Jack « Calico » Rackham et Mary Read au début du XVIIIe siècle – ne vous suffit pas, reportez-vous à l'indice du bas. Interdiction de conjuguer !

1. C O _ _ R _ M A _ C _ _
2. C O R _ _ _ _ K _ _
3. _ _ _ C _ _ O R K
4. _ C R _ _ I _ S E
5. _ _ C _ _ R I _ _ S E
6. _ R A N _ _ C _ _ O N

INDICES :

1. Anne était née Cormac et a bien dû heurter cette partie d'un escalier dans sa vie.

2. Ayant vécu à Cork, en Irlande, elle en a probablement mangé.

3. Elle a pu dormir sous un tel assemblage de tissus, dans son pays natal.

4. Dans *Crise* de Kathy Reichs, Anne Bonny est au centre de l'intrigue… qui ne progresse pas de la même façon que ce crustacé.

5. Si elle le fut de plusieurs combats, elle finit par se faire prendre en 1720 et n'échappa à la pendaison qu'en plaidant la grossesse.

6. Aucun document officiel n'a trace de celle-ci, mais on raconte que le père d'Anne Bonny paya une rançon pour faire libérer sa fille et qu'elle mourut libre à plus de 80 ans.

TAPIS C

Déterminez les valeurs relatives des pièces permettant d'affirmer qu'il y a autant d'argent à droite qu'à gauche sur les tapis A et B et répondez à la question finale concernant le tapis C.

TAPIS A

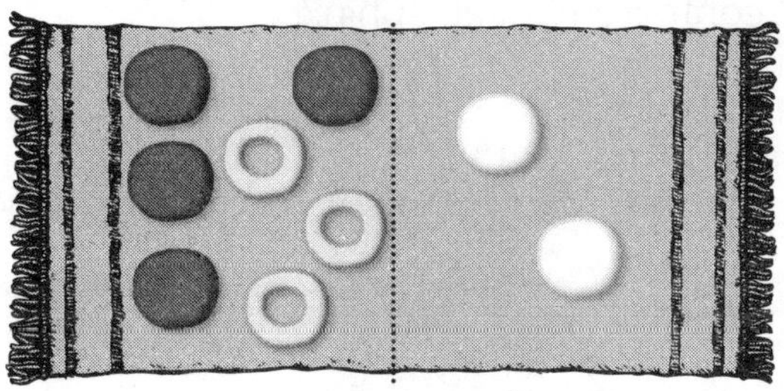

TAPIS B

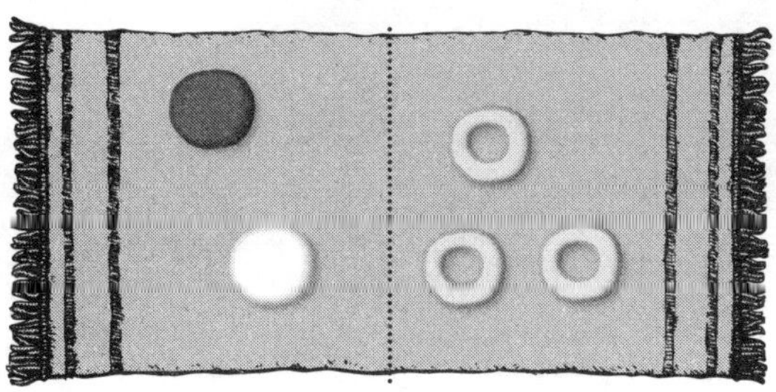

TAPIS C

Combien faut-il de « pièces trouées » pour qu'il y ait autant d'argent à droite qu'à gauche, sur le tapis C ?

SPHINX TER

Le sphinx de Gizeh est impassible, le sphinx Bis est plutôt détendu mais le sphinx Ter est un peu contracté. Aidez-le à se détendre en trouvant le lien logique, le terme qui relie sans équivoque possible les six mots.
Ayez du nez, contrairement au sphinx...

POUDRE	COCHON
PAIN	POULE
DENT	COCO

____

W.-C., c'est féminin

C'est ce que m'a affirmé mon neveu. Je lui réponds que non et il me dit : « Ben si, on dit bien l'AVC ! » Étant curieusement entouré de gens qui n'arrêtent pas de me dire que je travaille trop et que je vais finir par en faire un, d'AVC, alors qu'ils me grillent généralement la politesse en plus de quelques millions de neurones en en faisant un eux-mêmes, je n'ai pu m'empêcher de rire, pour dédramatiser.

« Mais bien sûr, l'AVC, nom féminin ; pluriel, les W.-C. », lui dis-je. Il était déjà passé à autre chose, car il est HPI, TDAH et OQPHIÉ, comme tous les enfants de son âge, selon des psys eux-mêmes au bord de la crise existentielle. En parlant tout seul, je me suis alors demandé si le verbe « vesser », un synonyme de « laisser échapper un pet malodorant », était par hasard ou non un homophone de W.-C. Passionnant, non ? Bienvenue dans mon monde !

Il semblerait que ce soit un pur hasard, car « vesser » vient de l'ancien français « vessir », issu du latin vulgaire *vissire*, lui-même tiré du classique *visire*, de même sens (le *vissire* à la place du *visire*, ça viendrait de là, même si après on a parlé de qualif et de calife). Et ce sens, dans sa variante *vescier* issue de *vesicare*, c'était « crever, pour quelque chose de gonflé » mais aussi « gonfler, en forme de vessie ». On tourne autour du pot mais les W.-C., initiales de l'importé *water-closet*, ne collent pas. Sauf s'ils sont mal nettoyés. Je vous gonfle ? Crevez donc !

BASIQUE INSTINCT

01010001010011010001110

Dans ce jeu binaire, la première grille ne devra être remplie que de 0 et de 1, avec trois règles à respecter.
1. Chaque ligne (et chaque colonne) contient quatre 0 et quatre 1.
2. Il est interdit d'écrire trois chiffres identiques (ou plus) côte à côte, en ligne ou en colonne.
3. Deux lignes (ou deux colonnes) ne peuvent être identiques.

Une fois la grille terminée, regardez le second tableau constitué de lettres. En ne lisant que celles des cases où vous aurez trouvé un même chiffre (le 0 ou le 1, à vous de voir), vous compléterez la citation de bas de page.

1				0			
						1	
	1				1	1	
0			1				
				0			
			0	0		1	
1							

C	P	I	O	L	N	L	Q
U	E	I	L	S	E	L	M
O	E	N	A	D	U	S	E
O	E	N	S	O	T	C	N
T	O	J	M	M	E	E	T
N	E	C	S	S	E	U	A
S	R	L	E	N	A	B	N
I	U	E	Y	R	E	R	E

Citation incomplète de Cioran, issue de *Des larmes et des saints* :

« LES ANGLAIS SONT UN PEUPLE DE PIRATES QUI, APRÈS AVOIR .... »

CROISILLONS OQP

Occupez-vous avec cette grille où les lettres **O, Q, P** ont déjà été positionnées, lorsqu'elles sont présentes. Attention, les définitions amusantes sont souvent à prendre au second degré.

1. Plus la liaison est mauvaise, mieux on l'entend.

2. Réduit le feu.

3. C'était un art de chimiste, c'en est devenu un de politicien.

4. Contrée de la tête de More.

5. Qui rayonne, mais pas forcément de bonheur.

6. On y sait l'importance de garder de belles dents.

7. Produire un son d'oignon.

8. Notre Terre, qui aide aux cieux.

9. Imams, muftis et cadis.

10. Telle une loi réprouvée par Jaurès.

(M)OTS

- ÉMISSION DE M6
- PRÉNOM DE L'ANIMATRICE
- ÉCRASÉE COMME LA GLACE
- CORRIGÉ
- SEREIN
- RACONTER
- TRISTESSE DU REGRET
- FAIRE BOMBANCE
- DE MÊME MATRICE
- HURLEMENT
- PLAT ENTRE RÔTI ET DESSERT
- INTERSTICES
- FRAYEUR
- CONTINENT
- CUBE À POINTS
- ON SE LÈVE TOUS POUR ELLE
- CORDON TOUCHANT L'OS
- BANDE DESSINÉE
- ALBI EST SON CHEF-LIEU
- TRÈS COURT
- APPORTÉE
- RAPPELANT LE PASTIS
- ÉTAIN CHIMIQUE
- COURS D'ÉCOLE
- MAMELLE DE TRUIE
- ISSUE DU RHIN
- HABILITÉ, CAPABLE
- ARBRE POUR ÉBÉNISTE
- VIEILLE VOITURE
- CONDITION AGRICOLE
- CENTIMÈTRE
- PRIX POUR LIBÉRER UN OTAGE
- DÉGUERPIR
- PARIS DES GAULOIS
- C'EST QUELQU'UN QUI M'A DIT
- PLACÉE EN QUARANTAINE

(F)LÉCHÉS

- CRÉER UN DOUBLE GÉNÉTIQUE
- COPAIN / VAINQUEUR DU SCRUTIN
- MÉTAL D'ALLIANCE / OFFERTE AUX VENTS
- TOMBÉES / BARBIER, COLOMB OU MAÉ
- COMPLET / AROBASE OU ASTATE
- QUI A LE CAFARD, DES IDÉES NOIRES
- NOM DE L'ANIMATRICE / RENFERMENT
- CABANE / DOMAINE DE MUSE
- NATIONS UNIES / SANS PARFUM
- PEU FRÉQUENT / MESSIEURS
- *INTERNET PROTOCOL* / NE SAVAIENT PAS
- CERISIER SAUVAGE
- CONVENANCE / MYGALES

- ÉCORCE DE CHÊNE / CHERCHONS DU PÉTROLE
- THÉÂTRE JAPONAIS
- SURFACE DE GROTTE / GRAINE À LA MODE
- DIVINITÉS
- MANGEA TARD / CHÉRIR
- DÉMONSTRATIF / GLISSANTE EN HIVER
- BOUCLIER D'ATHÉNA / SAINT
- CRÉDULES / BLESSÉ À UN MEMBRE
- VENUE AU MONDE / BAGUES FINES
- BÂTIMENT D'ORLY
- VER SOLITAIRE / DÉBUTER
- ÉPOUX / CARACTÈRES NORDIQUES
- PRÉCISE / ENLEVÉS
- COUPS / *ANTE MERIDIEM*
- ERBIUM / LE 38, EN GÉO
- PRÉFIXE D'ÉGALITÉ / CASSIUS CLAY
- COUCHE ÉPAISSE DE COUCH / RENVOI
- DE CHAUSSÉE, IL EST FACILE D'ACCÈS
- DÉCOUPERA FINEMENT / BOUQUINÉ
- ENVOYER LA BALLE
- ZIGOUILLERAS
- VILLAGE D'UN COL PRÈS DE NICE

BLAGUES

Pas manchot

– Je reviens du pôle Nord.
– C'est dépaysant ?
– Non, c'est des Esquimaux.

***

– À la question, « Comment appelle-t-on la maison des Esquimaux ? », tout le monde a bon sauf Toto, résume la maîtresse. Il fallait répondre « Un igloo », mais qu'as-tu écrit, Toto ?
– Le congélateur, madame.

***

– Le refroidissement climatique commence, dit un Esquimau à un autre, j'ai claqué des dents toute la nuit. Pas toi ?
– Ah non, moi j'avais mis mon dentier hier soir dans un verre et l'eau a gelé rapidement.

***

– Quel bruit fait un Esquimau qui boit sur la banquise ?
– Igloo, igloo, igloo...

COLORIAGE

Prenez vos plus beaux crayons de couleur ou des feutres bien flashy, et enjolivez votre *Officiel* selon votre humeur du jour ou la qualité de votre digestion. Marron et jaune interdits : on parle assez de ces nuances dans tous les jeux liés aux toilettes !

ALPHAKU-KU

Remplissez cette grille logiquement pour que chacune des lettres
« D, E, I, L, N, R, T, U et X »
figure une seule fois sur chaque ligne, dans chaque colonne et dans chaque petit carré de neuf cases aux contours renforcés. Découvrez sur la ligne du bas le nom d'un chanteur du Pays basque espagnol prénommé Benito. Personne n'est parfait !

D				T	X			N
T		E	R			X		
E			L	I		D		
		I				U		
		L		U	R			T
		T			D	R		L
I			N	R				E

LE CHICHSTRAC

Dans les trois citations, un même terme a été remplacé par cet étrange **CHICHSTRAC**. Votre seule corvée sera de toiletter ces phrases pour retrouver le mot commun d'origine.

1

« Le calembour est la **CHICHSTRAC** de l'esprit qui vole. »

(ÉMILE ZOLA)

....

2

« Et c'est la riposte immédiate ! bafouages, brimades, férocités, tractations démones, déversages de torrents de **CHICHSTRAC** pour que je crève hagard, englouti, sous les opprobres… »

(LOUIS-FERDINAND CÉLINE)

....

3

« Mo croyait ferme qu'en matière de pigeon, il fallait s'attaquer directement à la racine du mal, laquelle n'était pas la **CHICHSTRAC**, mais le pigeon lui-même. L'ennui, c'est pas la merde, c'est le pigeon semeur de merde, tel était son mantra favori. »

(ZADIE SMITH)

....

FLÉCHÉS

Dans cette grille, toutes les définitions ne sont pas données dans des cases. Des chiffres indiquent la place de la première lettre de certains mots à trouver, horizontalement ou verticalement.

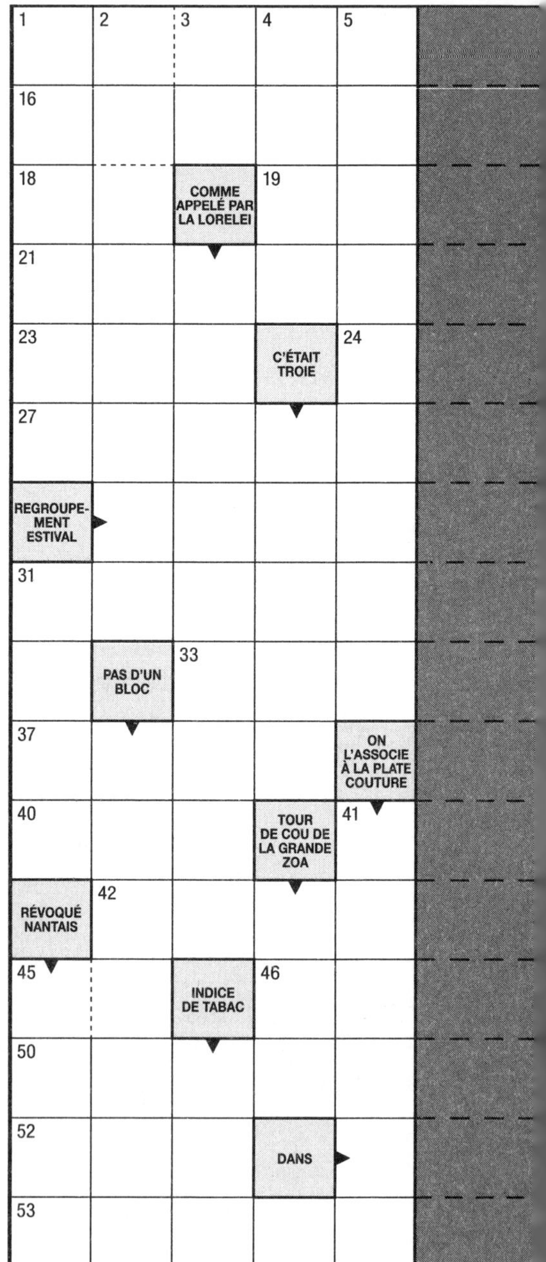

HORIZONTALEMENT : 1. Pas d'âme, pas d'âme, pas d'âme. **16.** En état de décomposition. **18.** Renfort affirmatif. **19.** Quinze points pour le bon serveur. **21.** Qui a croisé Jack ? **23.** Dialecte chinois. **24.** Remplace, dans le meilleur des cas. **26.** Chance pour le *gamer*. **27.** Machine agricole. **30.** Bien mal dit. **31.** Voyage loin d'être de tout repos. **33.** Rouges de table. **35.** Façonnez à la machine-outil. **37.** Approbation par des fidèles. **38.** Emprunter. **39.** Gaulois astronome. **40.** Tel Charles VI. **41.** Argumenter à en donner des migraines. **42.** Réédifié. **43.** Baie de Nagoya. **45.** Expert en bons comptes. **46.** Accord caduc. **47.** Parole de mariage. **49.** S'arrêta en douane. **50.** Affûtera le foret. **51.** Coup. **52.** Possibilité de Houellebecq. **53.** Salie de boue.

VERTICALEMENT : 1. Prénom féminin slave qui signifie « espérance ». **2.** Chanson progressiste d'Alain Souchon. **3.** Une des Dalton. **4.** Turing ou Parker. **5.** Voyant comme le hibou. **6.** Oiseau marin. **7.** Longueur de marche. **8.** Contenant de l'eau. **9.** Résultat équilibré de match. **10.** Ardoise effaçable. **11.** À Pépin. **12.** Préparée à certains rites. **13.** Couper le sommet. **14.** Tourbillons destructeurs. **15.** Porteuses de futures récoltes. **17.** Lieu de vacances. **20.** Parrain dans le chou-fleur. **22.** On sait quand elle commence, pas quand elle finit. **25.** Poids embarqué. **28.** Île des Baléares. **29.** Secret journalistique. **31.** Elle, c'est *Padam, padam, padam*. **32.** Bouchât avec un enduit. **34.** Voile triangulaire d'avant. **36.** Déshabillée. **44.** En vie. **48.** Rassemblée.

CROISÉS

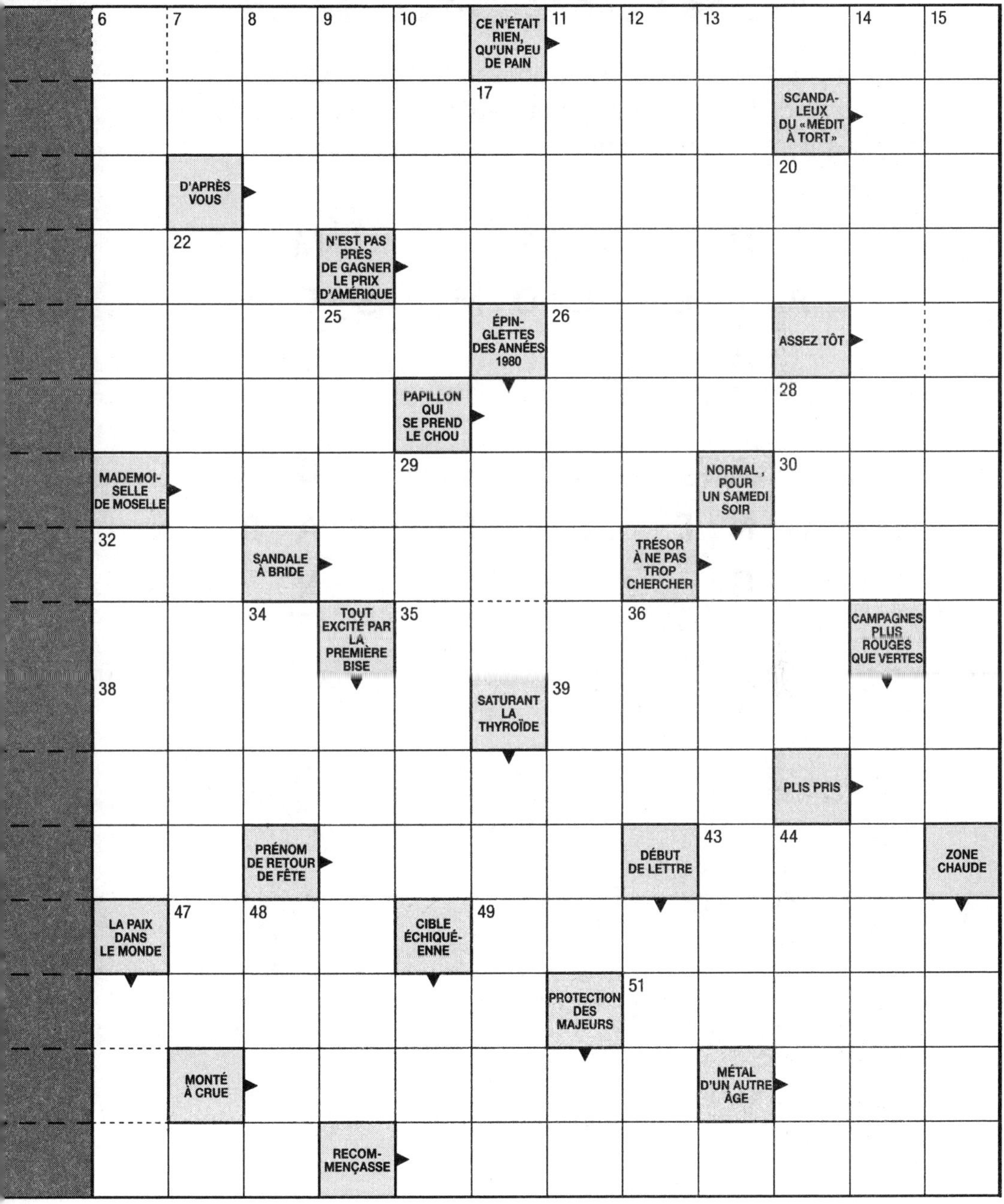
CE N'ÉTAIT RIEN, QU'UN PEU DE PAIN
SCANDALEUX DU «MÉDIT À TORT»
D'APRÈS VOUS
N'EST PAS PRÈS DE GAGNER LE PRIX D'AMÉRIQUE
ÉPINGLETTES DES ANNÉES 1980
ASSEZ TÔT
PAPILLON QUI SE PREND LE CHOU
MADEMOISELLE DE MOSELLE
NORMAL, POUR UN SAMEDI SOIR
SANDALE À BRIDE
TRÉSOR À NE PAS TROP CHERCHER
TOUT EXCITÉ PAR LA PREMIÈRE BISE
CAMPAGNES PLUS ROUGES QUE VERTES
SATURANT LA THYROÏDE
PLIS PRIS
PRÉNOM DE RETOUR DE FÊTE
DÉBUT DE LETTRE
ZONE CHAUDE
LA PAIX DANS LE MONDE
CIBLE ÉCHIQUÉENNE
PROTECTION DES MAJEURS
MONTÉ À CRUE
MÉTAL D'UN AUTRE ÂGE
RECOMMENÇASSE

Le bon tuyau

À l'aide des six croisillons, recomposez l'échelle en formant des noms de lieux. Voici un bon tuyau : tous les noms verticaux sont sur le même continent.

	N	
P	I	E
	A	

	S	
C	OM	
	U	

	M	
S	E	I
	Y	

	A	
G	N	E
	G	

	O	
L	L	E
	A	

	D	
M	A	R
	N	

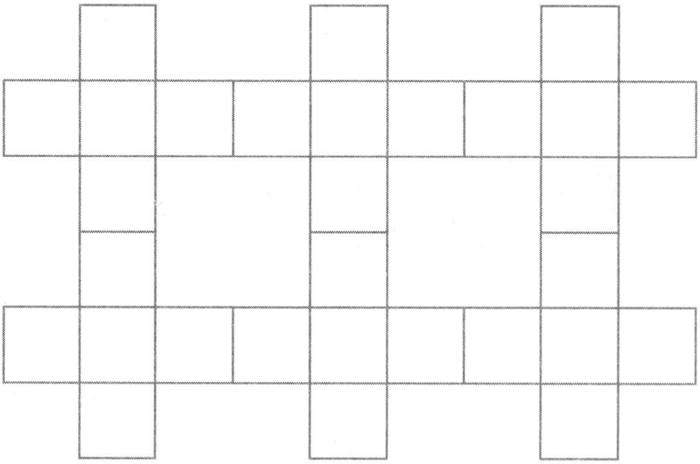

ALPHABÊTE

Chacune des lettres de l'alphabet doit être utilisée une et une seule fois pour compléter les douze noms d'animaux visibles lors d'un safari en Namibie, dont cinq antilopes. Biffez les lettres employées au fur et à mesure, mais attention aux pistes multiples : TOUTOU, LOULOU, COUCOU ou un autre animal ? N'oubliez pas de vous demander si une lettre comme le W ou le K peut être placée à différents endroits.

1	_	O	U	_	O	U				
2	_	_	U	T	O	U	R			
3	_	U	E	L	_	A				
4	E	L	E	_	_	A	N	_		
5	G	_	R	A	_	E				
6	_	A	_	E	L	L	E			
7	_	A	T	E	R	_	_	C	K	
8	O	T	_	_	Y	O	N			
9	_	A	_	A						
10	I	_	P	A	_	A				
11	O	R	_	_						
12	_	H	I	N	O	C	E	R	O	_

A	B	C	D	E	F	G	H	I	J	K	L	M
N	O	P	Q	R	S	T	U	V	W	X	Y	Z

Clés en main

Le butin du pirate est stocké dans un coffre sécurisé par un mot de passe. Notez dans chaque clé la lettre à laquelle elle est associée sur la page de droite. En trouvant le bon point de départ et le bon sens de rotation, lisez le mot de passe ouvrant la serrure. Attention aux trois clés piégeuses.

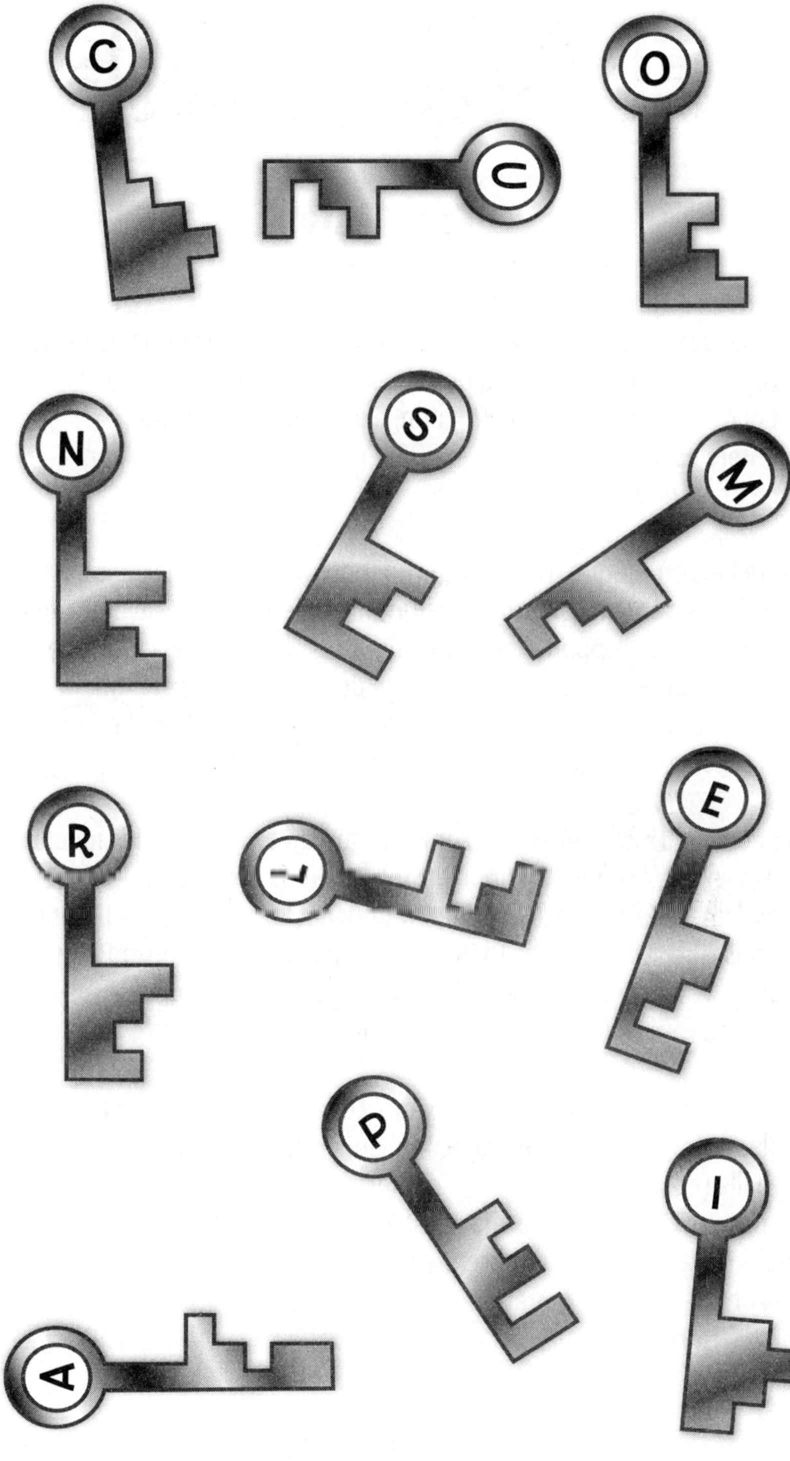
C
U
O
N
S
M
R
L
E
P
I
A

FÈCES TIME

Face Time

Kim nous a appelés, par Face Time : vous connaissez, non ? C'est un appel en visio développé par Apple : les utilisateurs de smartphones peuvent se regarder, tout en se disant des banalités. « T'as voté pour qui, toi ? », « Et ta mère, elle va bien ? », « Ah non, elle est toujours morte... »
Ma mère est morte le 26 janvier 2024, mais des gens continuent à me demander de ses nouvelles.

Notre Coréen préféré (l'autre est la boss du pote avec qui j'étais au Japon, donc le classement est facile à établir) nous demande ce qu'on a préféré de notre séjour nippon. Nara, Naoshima, les torii dont je vous parle page 100 dans Uronews, la gentillesse des gens, le respect supérieur à celui qui règne dans notre Assemblée nationale (ou dans la sienne, c'est aussi le bordel en Corée)...

« Que nenni ! », intervient mon ami. « Le top du top, ce sont les toilettes. » Il est vrai que les gogues japonais ont plusieurs avantages : le siège est chauffant, car augmenter la température derchale permet de faciliter le poussage ; vous pouvez mettre de la musique sans utiliser Bluetooth (dont je vous parle dans Le saviez-vous ?, page 239) ; enfin, cerise sur le gâteau (ou sur la cerise), il y a le jet privé...

Non, non, on ne fait pas caca en avion. Les toilettes disposent d'un jet réglable, en intensité et en direction, qui vient vous asperger le trou de balle (et lavant l'avant de ces dames, également) pour le laisser immaculé. On s'y habitue vite : c'est amusant et peut même être hygiénique, quand on l'utilise bien. Quand on maîtrise mal, en revanche, cela oblige parfois à reprendre une douche après chaque passage aux wawas. Non, vraiment, sur Face Time, on parle de choses essentielles...

Graines de chia

Un mot de treize lettres sortira de ces graines de CHIA, coincées non pas dans la gorge mais dans le côlon. Trouvez-le, sans conjuguer. C'est un test, hein !

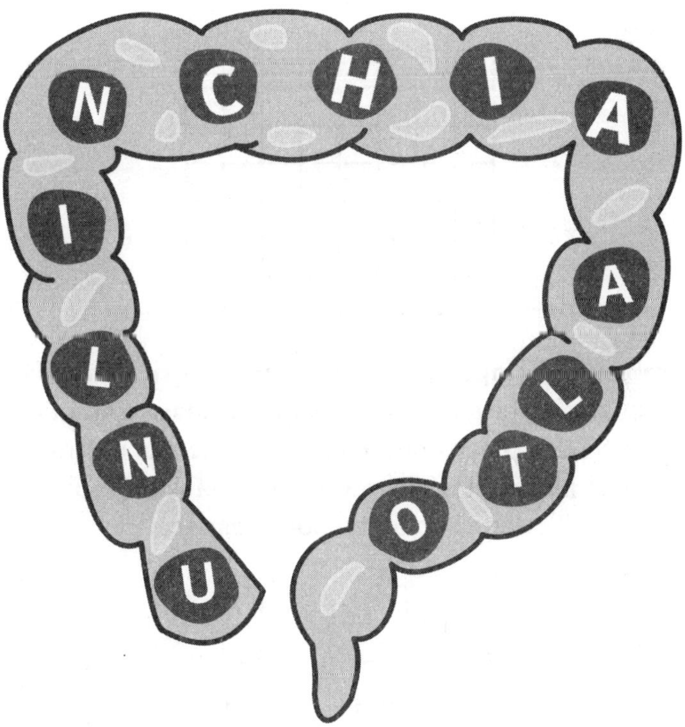

ÉVIDEMMENT

La réponse à cette énigme vous semblera probablement évidente, si vous donnez votre langue au chat et allez voir la solution. Ne serait-ce pas plus drôle de continuer à chercher, seul ou en groupe, jusqu'à ce que votre esprit s'illumine ? Évidemment que si !

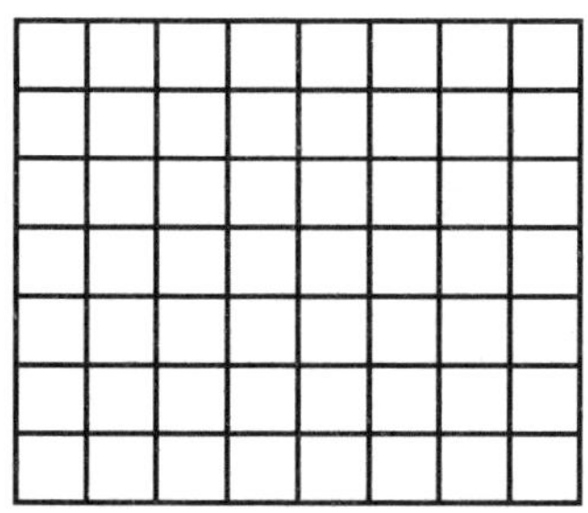

Combien de temps mettrez-vous pour remplir, à la façon d'un puzzle, la totalité du rectangle ci-dessus, en utilisant tout ou partie des pièces dessinées plus bas à la même échelle ? Vous pouvez les pivoter autant que vous voulez, dans le plan ou dans l'espace.

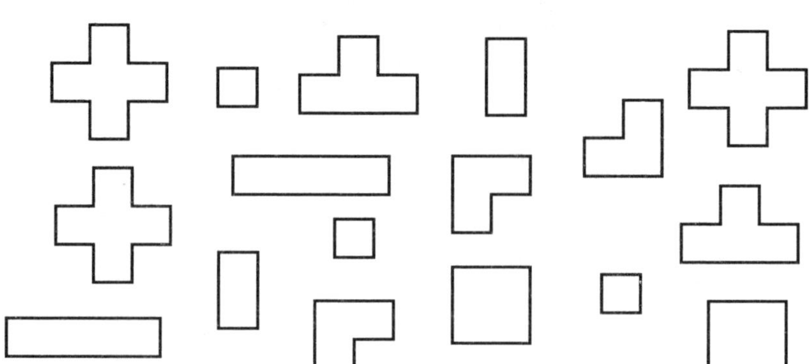

CA-CARRÉ MAGIQUE

Complétez ce ca-carré magique avec des nombres allant de 1 à 25, sachant que la somme sur chaque ligne, dans chaque colonne et sur chacune des grandes diagonales doit être égale à 65. Chaque nombre ne doit apparaître qu'une seule fois.

	25		11	8	= 65
		3		20	= 65
23			7		= 65
10		21		14	= 65
		9	5		= 65
= 65	= 65	= 65	= 65	= 65	

65 = (diagonale gauche) · 65 = (diagonale droite)

Amenez-y…

♫ ♫ ♫ ♫ ♫

Vous révisez vos chansons françaises, pour espérer un jour gagner de l'argent à la télé. Soudain, c'est l'amnésie ! Un terme vous échappe. Observez les notes remplaçant ce « trou » et amenez-y le mot manquant.

1. « J'avais des boots ♫♫♫, un gros ceinturon, une chemise ouverte sur un médaillon »

....

2. « Je suis ♫♫♫ d'avoir si peu de mots à t'offrir en cadeau »

....

3. « T'es tellement seul derrière ton ♫♫♫, tu penses à c'que vont penser les gens »

....

4. « Ça me prend, ça me rend fou, c'est comme un ♫♫♫ dans ma tête »

....

5. « Ne fais pas ces yeux ♫♫♫, oui tu l'auras, ta revanche »

....

6. « Une à une, les gouttes d'eau me ♫♫♫ dans le dos »

....

Le saviez-vous ?

De premier ordre

Pourquoi récite-t-on ABCDEFGHIJKLMNOPQRSTUVWXYZ et pas FSWGPTCHOUAMENIBDXRYZLVJQK ? Il paraît que ça vient des Phéniciens : pour aider les leurs à retenir les différentes lettres, ils les rangèrent dans un ordre précis, lié au sens des mots.
Leur alphabet commençait par l'alef (notre A) qui, si vous le retournez, évoque une tête de bœuf avec des cornes. Et l'A d'alef signifiait bien « bœuf », un animal essentiel pour la vie agricole.

Ils enchaînent ainsi vingt-deux symboles acrophoniques – la première lettre du nom de la lettre est cette lettre elle-même : beth (la maison), gimel (le chameau), daleth (la porte), he (le battant), waw (le clou), zayin (l'arme), heth (le mur), teth (la roue), yodh (la main), kaf (la paume), lamedh (le bâton), mem (l'eau), nun (le serpent), samekh (le pilier), ayin (l'œil), pe (la bouche), sade (l'hameçon), qop (la nuque), res (la tête), sin (la dent) et taw (ici, maintenant). Je vous épargne les écritures savantes, car vous avez déjà arrêté de lire depuis une minute.

Probablement que certains enchaînements étaient logiques à l'époque : le bœuf devant la maison, le chameau devant la porte et son battant, le bâton dans la paume de la main... Les Grecs s'inspirèrent directement de cet alphabet, alors que l'alphabet latin dérive de l'étrusque, lui-même adapté de l'eubéen, variante du grec antique, donc pas étonnant que le phénicien propose déjà des initiales identiques à celles de notre alphabet (AB d'alef/beth, KLM, QRST...)

Si le Z vous semble mal placé, c'est simplement parce que les Romains n'en avaient pas besoin et l'avaient viré de l'alphabet... avant que nos ancêtres ne le réintègrent. Tout à la fin ! Zzzz. On se réveille.

TOMBEZ DANS LE PANNEAU

Observez les panneaux et leurs indications fantaisistes.
Si aucune de ces communes ne se trouve à cette distance et/ou dans cette direction, l'ensemble des informations doit vous permettre d'identifier une ville secrète étrangère en huit lettres. À vous de comprendre ce que le génie civil avait en tête lorsqu'il a commandé ces drôles de panneaux.
Ne tombez pas dedans !

ROSACE

Remplissez les pétales de rose en ordonnant ces séries de lettres. Écrivez les mots de l'extérieur de la rosace vers le centre, comme dans les exemples FLEUR et AMOUR. Attention aux anagrammes, il n'y a qu'une seule façon de compléter la grille.

Dans le sens des aiguilles d'une montre (repères lettres)

A. ELUVX	G. EEOPT	M. DDEIN
B. FLOSU	H. CEINS	N. EELOP
C. AEEMN	I. ELOSV	O. EIMUX
D. AEMOR	J. AEOPR	P. EORTU
E. ACEMP	K. ACENN	Q. **EFLRU**
F. LOPSU	L. ADERU	R. CEIRR

Dans le sens inverse (repères chiffres)

1. EIUVX	7. EMMOP	13. DENSU
2. EEFRU	8. CEOPU	14. AINOP
3. AELLR	9. EEILV	15. DEMNO
4. **AMORU**	10. NOPST	16. DEEIT
5. CERUX	11. ACEEL	17. EEFLR
6. ANOPS	12. AERRS	18. CELOU

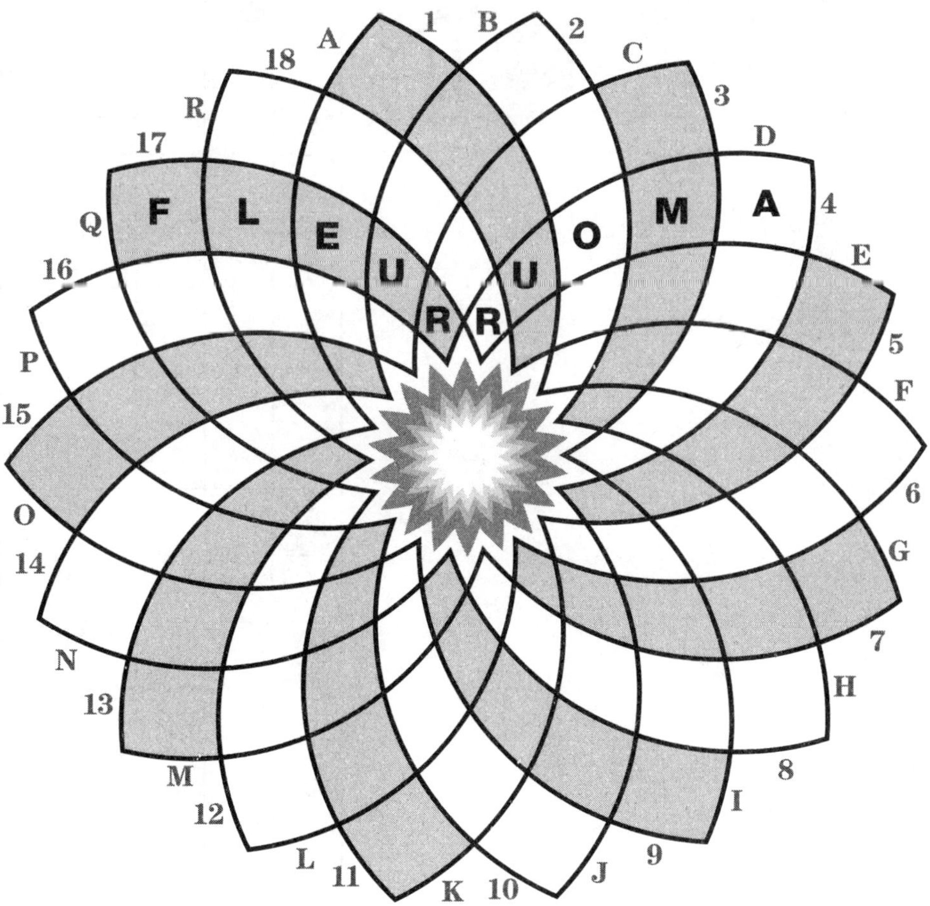

(M)OTS

PAQUETS DE MINUTES
ON Y A DÉCOUVERT LA BOCCIA
ENVOYÉ AILLEURS
IL SAIT SUR QUEL PIED DANSER
GRAND ESPRIT
FLEUVE ITALIEN
LIEN CONJUGAL
USTENSILE DE CUISINE
PARFAIT
SOMMET DE LA VAGUE
EXPULSÉ
SENSIBILITÉ PHOTO
BÛCHE AU CHOCOLAT
PRÊTRESSE D'HÉRA
NAVIGA-TEUR VÉNITIEN
ENNEMI DU BIEN
RÉSULTAT
MA MOITIÉ
PUBLICA-TION SUR UN BLOG
MADAME SANS GÊNE
PINCEMENT
MANTRA TIBÉTAIN
FRUITS DE MER
DOUX RÊVE
VOLUMES DE BOIS
IMPRESSION D'ÊTRE ENTOURÉ DE TAUPES
EXCITANT
NUANCE
COLLINE DE JÉRUSALEM
LE TEMPS D'UN FILM
MANGA-NÈSE
PIERRE À CRISTAUX
SATELLITES
COMPLICE DE BLANCHE
IMITATION DE MARBRE
VINS PÉTILLANTS
DOMI-NANTES

(F)LÉCHÉS

GEMME VERTE OU CANDIDATE DE *KOH-LANTA*
ENGIN À PÉDALES
CORDE À SINGE
SUR-PRENDRE
MÉDECIN TRAITANT
UN ATOUT AU TRAPÈZE
CONGÉ DU MINISTRE
JUNON ET VÉNUS
ERSATZ DE BIÈRE
NAZI
RÉGIMES STRICTS
MÉDAILLE D'ARGENT
FAIS UNE COLORA-TION
VERSION ORIGINALE
EXPLICA-TIONS POSSIBLES
TÊTE DE GLACIER
IL TOMBE À L'ASCEN-SION
POINT SÛR
BÉCANE
INTERJEC-TION
ALLER AU PROCÈS

DENSE DU VENTRE
TYPE BOURRU
DES PARAGES
MORDUE
VOULOIR PIS
AILLEURS QUE LÀ
CET ÉTÉ, IL FINIRA FAUCHÉ
SOUFFLE EN FORÊT
ORGANE DU VOL
ABEILLE
TRAIN
POSSESSIF
RACONTE
PEINTRE DE LA BUTTE
LE MÉTAL DU SUPPO
STATION ORBITALE
EST LONDONIEN
OSANT
CITÉ RHÉTAISE
HABITANT
COUCHÂTES SUR DES FEUILLES
DE TÉHÉRAN
COULÉE LAVIQUE
POUFFÉ
ROULÉ
GOUFFRES
BAIE DE HONSHU
PRÉNOM D'UN TUBE DE 1965
TORD-BOYAUX
A CHEZ RIMBAUD
ARBUSTE D'ARABIE
JEUNE OBSTINÉ
SENSU LATO
NOBLE PORTUGAIS
VESTIBULE ROMAIN
WHISKY CANADIEN
COURANT ALTERNATIF
TRAVAUX PRATIQUES
PARAIT
DÉBUT DU SONGE
MAUVAIS POINT DE CHUTE
ZONE DE TONNERRE

LA SUITE

Si vous ne trouvez pas le nombre continuant logiquement cette spirale mathématique, il est à peu près certain que vous aurez... les boules !

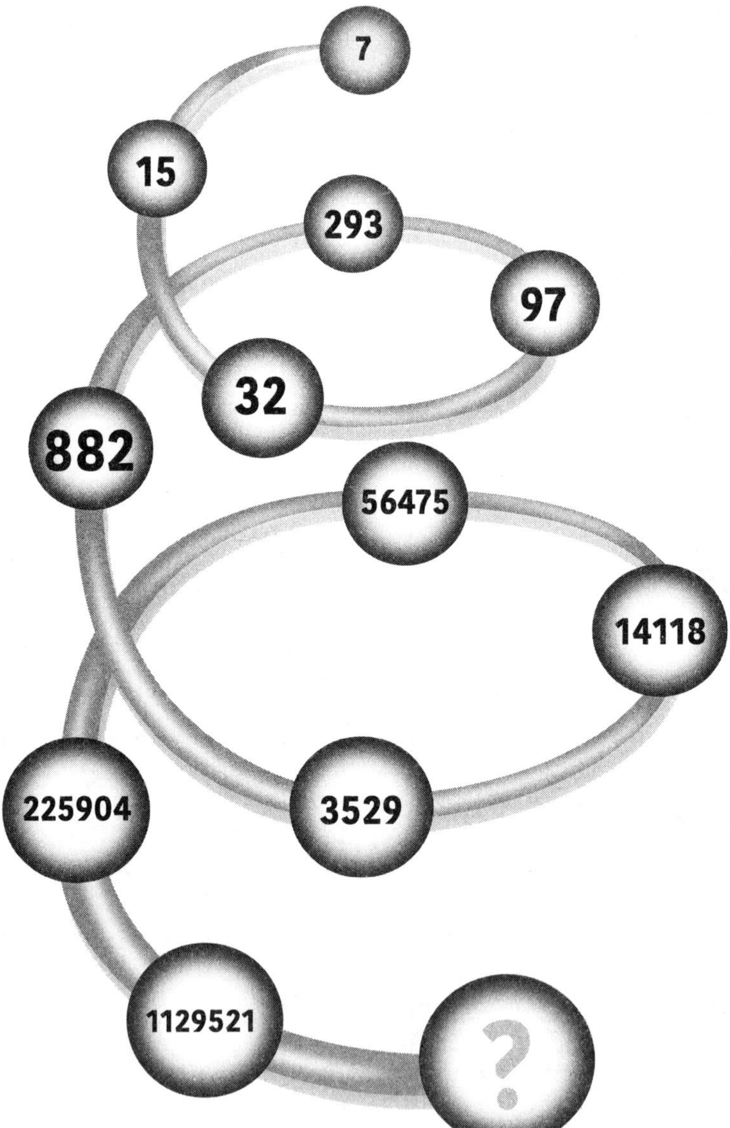

Trois petits chats

Trois petits chats, chapeau de paille, paillasson, somnambule, bulle, bulle... Sur ce principe, remplissez les trente bulles, bulles, bulles, en vous aidant des indices précisant chaque début et fin de mot.

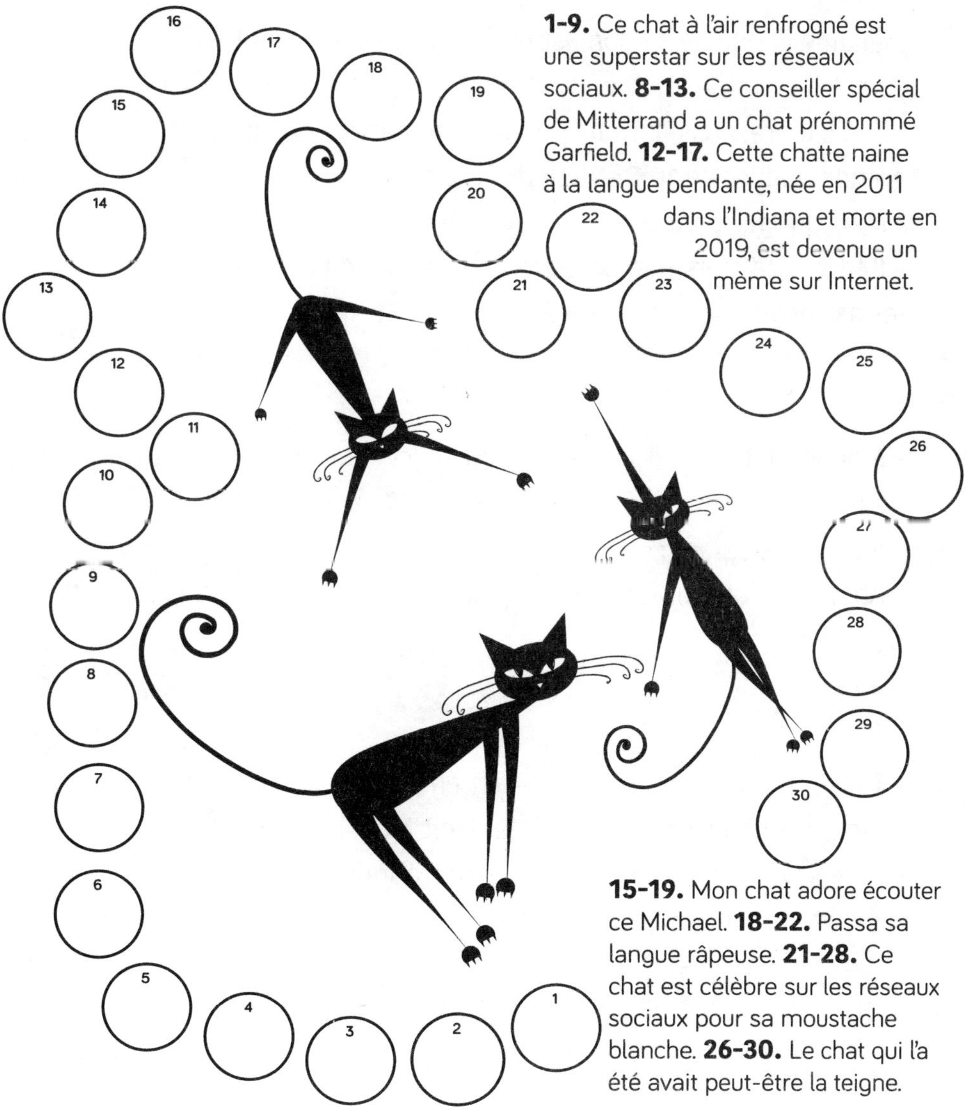

1-9. Ce chat à l'air renfrogné est une superstar sur les réseaux sociaux. **8-13.** Ce conseiller spécial de Mitterrand a un chat prénommé Garfield. **12-17.** Cette chatte naine à la langue pendante, née en 2011 dans l'Indiana et morte en 2019, est devenue un mème sur Internet.

15-19. Mon chat adore écouter ce Michael. **18-22.** Passa sa langue râpeuse. **21-28.** Ce chat est célèbre sur les réseaux sociaux pour sa moustache blanche. **26-30.** Le chat qui l'a été avait peut-être la teigne.

BLAGUES

Y a plus de petit personnel

Madame congédie sa domestique et lui paie en liquide ce qu'elle estime lui devoir : 140 €.
La cuisinière, aussi femme de ménage et bonne à tout faire, prend un billet de 10 € et le jette au chien.
- Mais que faites-vous ?
- Il le mérite bien. Depuis un mois, c'est lui qui nettoie les assiettes avec sa langue.

***

- Mon mari a cru voir un cafard dans la cuisine. Il a tout nettoyé de fond en comble.
- Il l'a eu, le cafard ?
- Ah non, c'était un faux. Aujourd'hui, je vais le mettre dans la salle de bains.

***

- Tu vois, si tu savais te débrouiller en cuisine, on n'aurait pas besoin d'embaucher une cuisinière, dit Monsieur à Madame.
- Si tu savais te débrouiller au lit, on n'aurait pas besoin d'un jardinier non plus...

7 HORREURS

Trouvez les sept différences entre les deux illustrations.

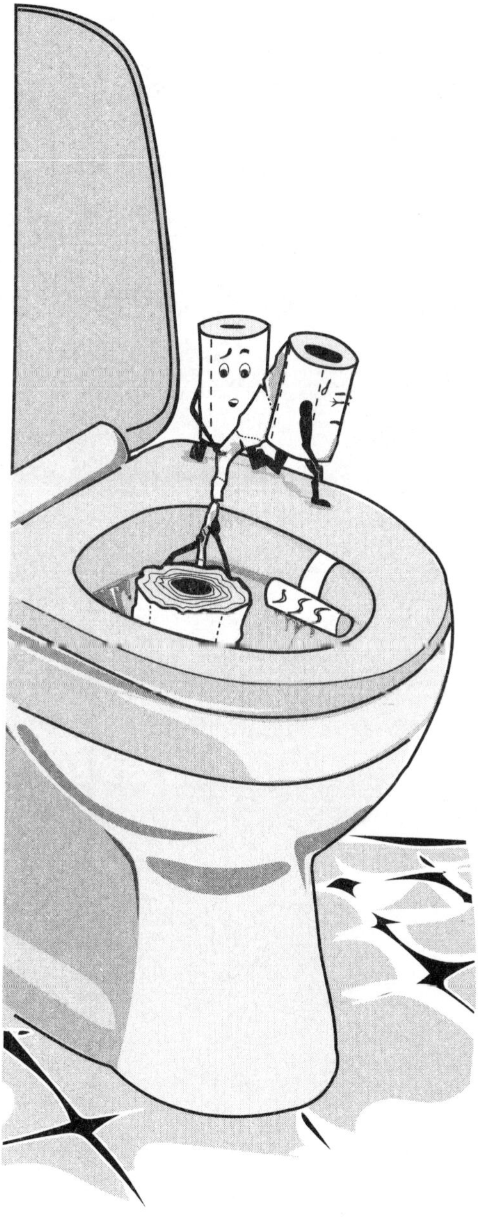

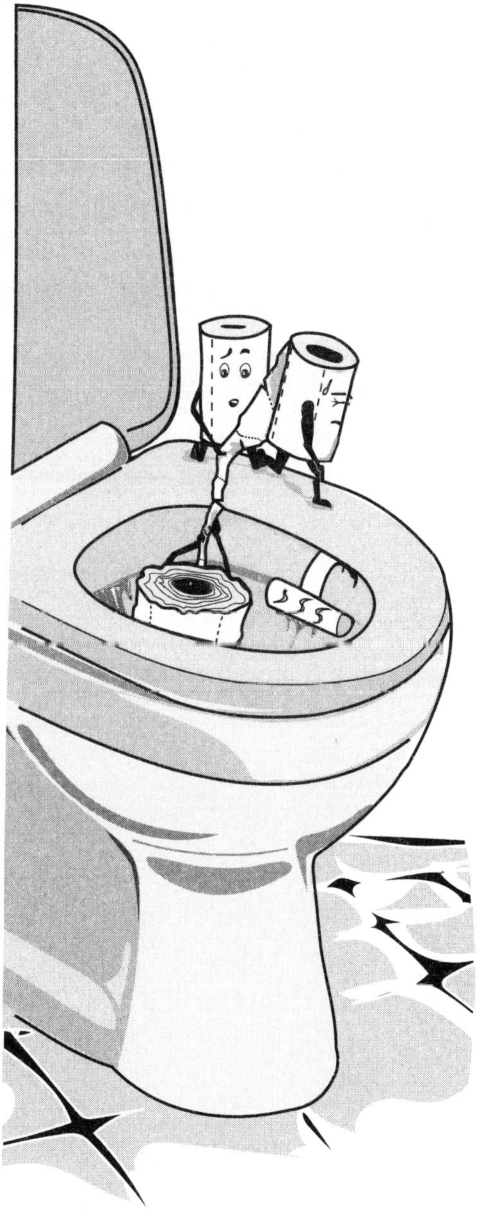

CALCULS DURS, HEIN !

Avec les quatre opérations de base **(+ − × ÷)** et en utilisant au maximum une fois les plaques proposées, tentez d'atteindre le nombre cible : **939.**
Il existe deux approches différentes pour y parvenir, avec quelques variantes pour l'obtention des nombres intermédiaires.

939

1 - 2 - 3 - 4 - 7 - 50

SUDOKU-KU

Remplissez les cases vides de ce sudoku-ku pour que tous les chiffres, de 1 à 9, soient inscrits une seule fois sur chaque ligne, dans chaque colonne et dans chaque petit carré de neuf cases sur fond gris ou blanc.

		5					1	4
		3		8		2		5
	8			7			9	3
		8	2					7
		7		4		5		
3					5	9		
4	3			5			6	
2		6		1		7		
8	7					4		

LA TÊTE AU

Dans chaque carré grisé figure un mot. Trouvez-en une anagramme correspondant à l'une des définitions en page de droite (exemple au centre : INVASION pour l'indice 10). Inscrivez ensuite, à l'intérieur de chaque tête, le numéro de la définition du terme recherché. Reportez alors l'initiale de chaque mot trouvé, ici un I, dans les cases numérotées de l'échelle de décodage. Celle-ci complétera une citation de Napoléon Ier : « La guerre a été dans mes… » À la fin, en additionnant les chiffres des définitions, il vous faudra totaliser 65 sur toutes les lignes, toutes les colonnes et les deux diagonales de ce carré magique.

FUNE	AIGRETTES	DÉTERRES	MARE	HILOTES	= 65
BILAN	TOMBAC	ÉTARQUÂT	AMIDONNER	PÉTARD	= 65
AÎNÉ	RECOUCHÂMES	VISIONNA 10 INVASION	RÉUSSI	CÂBLER	= 65
NAÏVE	OISELET	ESCRIMAIT	ORTIE	ACQUITTÉ	= 65
TROUVÉE	EN AVAL	RAKI	À L'AISE	LIMITERAI	= 65
= 65	= 65	= 65	= 65	= 65	

65 = (diagonale) ; = 65 (diagonale)

CA-CARRÉ

1. Son métier, c'est la guerre. **2.** Il est signé à la fin de la guerre. **3.** C'est une victoire de Napoléon en 1806. **4.** Cette bataille débute avec le débarquement, le 6 juin 1944. **5.** C'est l'art d'établir des plans de bataille. **6.** Ce pays entre la Syrie et Israël fut en guerre de 1975 à 1990. **7.** Qu'elle soit de destruction massive ou pas, elle tue. **8.** Une telle bataille peut se faire sur papier, hors de l'eau. **9.** C'est l'art de mener la bataille, même pour un gendarme. **10.** Elle marque l'arrivée belliqueuse d'un ennemi en territoire conquis. **11.** C'est quitter l'armée et refuser de faire la guerre. **12.** La guerre l'est lorsqu'elle est déclarée. **13.** Sa guerre n'aura pas lieu, titrait Jean Giraudoux. **14.** C'est un bref affrontement, un accrochage entre deux camps. **15.** Son chant exhorte les soldats à partir à la guerre, la fleur au fusil. **16.** Leur guerre a inspiré George Lucas depuis 1977. **17.** C'est l'ado héros de *La Guerre des boutons*. **18.** C'est le meilleur moyen de se défendre. **19.** C'est le nombre d'années que dura la guerre de la Ligue d'Augsbourg. **20.** Cet oppidum fut pris à Vercingétorix par César. **21.** *Guerre et Paix* conte l'histoire de ce pays. **22.** C'est un synonyme de lutte. **23.** Cet adjectif caractérise l'ennemi. **24.** Ce pays fut en guerre contre l'Iran de 1980 à 1988. **25.** Ces accords mirent fin à la guerre d'Algérie.

									I			
1	2	3	4	5	6	7	8	9	10	11	12	13

14	15	16	17	18	19	20	21	22	23	24	25

LES MUTANTS

Ces titres d'œuvres ont mystérieusement muté : chaque terme important a été remplacé soit par un synonyme, mot de même sens, soit par un antonyme, mot de sens contraire.

À vous de retrouver le titre original de chacune des trois œuvres fictives suivantes : il peut s'agir d'un film, d'un tableau, d'un roman ou d'une chanson.

1. Tramontane de loser

....

2. Un gros machin en moins

....

3. Feu à volonté sur le volatile goguenard

....

URO NEWS

Jujube, sans Nanar et Piette

Lecteur de moins de 90 ans, il y en a, je te dois une explication. *Nanar, Jujube et Piette* (ou, à l'origine, *Nanar et Jujube*, puis *Nanar, Jujube et Cie*) est une série de BD de Marcel Gottlieb, créée en 1962. Le renard Jujube eut du succès, jusqu'à ce qu'un personnage secondaire, le chien apathique Gai-Luron, prenne toute la lumière et devienne le vrai héros, aux côtés duquel vivotera Jujube.

Maintenant que le titre est expliqué, il est temps de vous parler du véritable objet de cette page : le nom savant du jujubier sauvage est… *Ziziphus lotus*. N'est-ce pas dingue ? Le nom *lotus* lui a été donné en référence aux Lotophages, ce peuple imaginé par Homère dans *L'Odyssée*. Ils consommaient un fruit au goût de miel qui rendait amnésique. Les éclaireurs qu'Ulysse envoie sur l'île en consomment et oublient qui ils sont et d'où ils viennent. Le héros devra les ramener de force à Ithaque. Ce fruit serait la baie du jujubier sauvage.

Ziziphus peut puiser l'eau jusqu'à 50 m de profondeur et mesurer jusqu'à 8 m de haut, mais il reste le plus souvent à l'état de buisson, avec des tiges à écorce grise épaisse. Les extraits de *Ziziphus* sont utilisés en phytothérapie pour favoriser la digestion, le sommeil et la détente. Rien à voir avec le zizi non *phus*, donc… Sauf pour l'histoire de la taille qui n'est pas toujours aussi impressionnante que son propriétaire ne le clame.

Précision étymologique : *Ziziphus* viendrait du grec *zizuphon* désignant la « datte chinoise ». Vous avez le choix, mais je vous assure que ce n'est pas une contrepèterie…

Le Pendu

Vous avez tous déjà joué au pendu. Observez bien les neuf lettres (de rang pair dans l'alphabet) des essais infructueux et déduisez-en le seul mot possible dans cette configuration, sans conjuguer. En moyenne, 27 % des gens trouvent dans la minute et 42 % râlent parce que l'andouille qui a proposé les lettres n'a pas cité de voyelles.

_ T _ T _ _ T _ _ _ _

Lettres déjà proposées, mais pas dans le mot :

B D F H J L N P R

BONUS

Observez les lettres bien placées sur fond noir ou mal placées sur fond gris foncé pour deviner le seul mot final possible.

I Noir A Gris foncé

I	N	C	L	I	N	E
I	M	M	O	N	D	E
I	R	I	D	I	U	M
I	R	R	A	D	I	E
I	M	A	N	A	T	S
I	___	___	___	___	___	___

LA CIBLE

Partez de la lettre sur fond blanc. Choisissez le bon sens de rotation et sautez un certain nombre de lettres (toujours le même pour cette cible), lisez la suivante, puis continuez ainsi pour compléter une pensée de Commerson, l'auteur de la « mayonnaise d'éphémérides » du quotidien *Le Siècle*:
« À son lit de mort, l'homme songe plutôt à... »

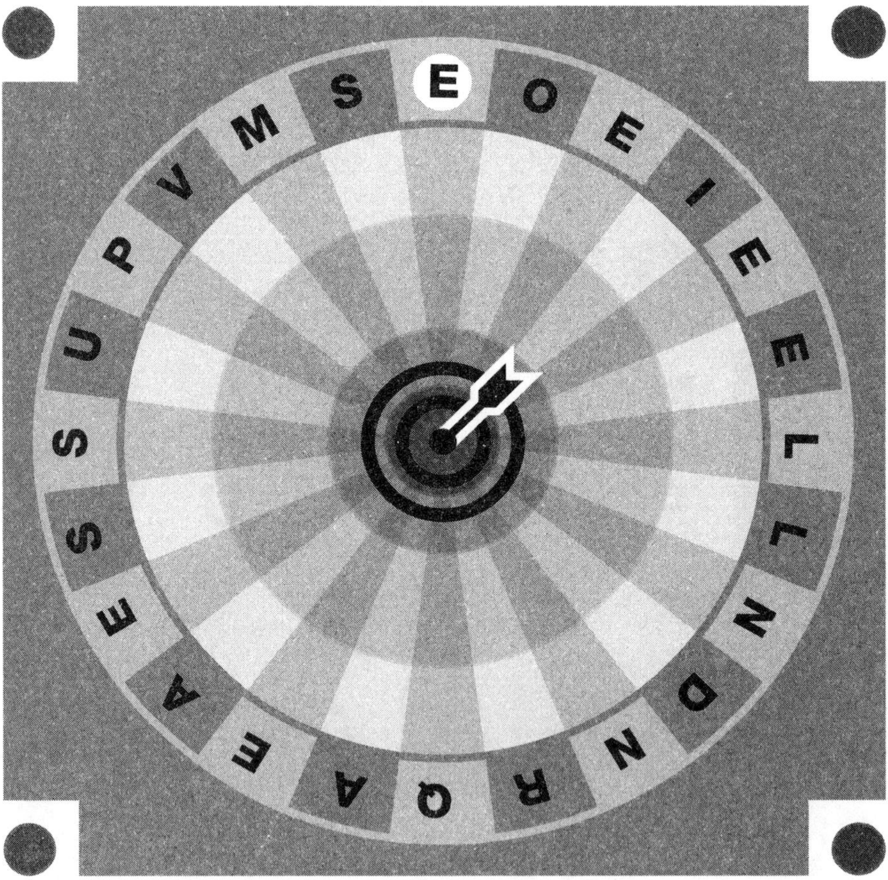

En mer, dents

Tout comme « En mer, dents » laisse entendre « emmerdant », constituez un rébus phonétique évoquant un film dans lequel Jean-Pierre Mocky, réalisateur et acteur, se fait pisser dessus par un voyou.

....

L'éToilette

★★★

1
2
3
4
5
6
7
8
9
10
11
12
13
14
15
16
17
18
19
20
21
22
23
24
25
26
27
28
29
30
31
32

Remplissez la petite étoile, puis arrangez les lettres collectées dans les cases grisées pour former le nom de la ville où se déroule le film *Trainspotting* et notamment la scène inoubliable des toilettes.

1-5. Lanceur d'alerte, qui ne craint aucun procès (AEEHMOPRS)

1-8. Le grand sommeil, rimant avec « je dors » (OOPRS)

2-10. Mâles nécessaires ? (AIMRS)

3-30. Un cache-sexe virtuel et potentiel (DEEMNOPSUY)

4-13. Dense du ventre (BEEOS)

5-15. Paradis pas uniquement pour Vanessa (DEENS)

6-7. S'attend donc à céder à Satan (EEEEPRRSV)

8-15. Comme tous les trucs qui restent (DEEILRSSU)

9-20. Un djinn tonique en territoire arabe (EFIRT)

11-22. Point de sortie ! (EISSU)

12-23. Bronzes au champ (ENRSU)

14-21. Quantité d'espoir relativement faible (ELRUU)

16-29. Riche en vitamine C, pauvre au ciné (EEGILLORS)

17-31. Depuis le temps, elle en a coupé, des joncs ! (AEEJNNNOT)

18-28. Ce n'est pas encore la grande dépendance... (AACEENNTT)

19-32. Le médecin le fait pour soigner, le juge pour enterrer (CEEIPRRRS)

24-25. Il n'arrête pas de faire coucou (AEINNORUV)

26-27. Jeu de mots laid dont cet *Officiel* est truffé (ABCELMORU)

GLOBE-CROTTEUR

1. Sur quelle île demanderez-vous « E vei na valelailai ? » pour localiser les toilettes ?

- Tahiti
- Fidji
- Australie

2. Dans quelle langue la formule « Kuliyalarai engai ullathu ? » vous servira-t-elle à localiser les goguenots ?

- en afrikaans
- en tamil
- en groenlandais

3. Là-bas, « Horng naam you tii naï ? » permet de demander où se trouvent les WC. Où êtes-vous ?

- au Kosovo
- sur l'Île de Pâques
- en Thaïlande

CRYPTOGRAMME

Remplacez chaque symbole par la lettre qu'il crypte pour découvrir un graffiti relevé dans des toilettes publiques.

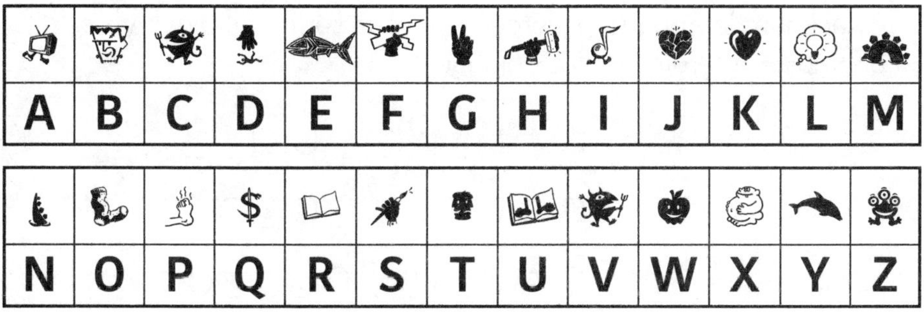

....

....

....

....

....

BOUCHE-TROUS

Inscrivez une lettre par tiret pour reconstituer six mots de la langue française. Si le squelette de John Rackham alias « CALICO JACK » – un pirate qui vécut de 1682 à 1720 et qui inspira « Rackham le Rouge » à Hergé – ne vous suffit pas, aidez-vous de l'indice. Interdiction de conjuguer !

1. C A L _ I _ _ _ C O _ _
2. C A L I _ _ _ _ C _ O _
3. C A L _ I _ _ C _ _ _ O _
4. _ _ _ _ _ J A C K
5. J A C K _ _
6. J A C K _ _ _ _

INDICES :

1. On en découvre parfois un en regardant dans une longue-vue comme celle des pirates.

2. Anne Bonny s'y trouva plusieurs fois sur les cuisses de Rackham… et même sur celles de Mary Read.

3. C'est une façon de faire de vieux os, mais pas de bonnes articulations.

4. Ce jeu du valet noir, appelé jadis «21», est apparu à la fin du XVIIe siècle sous sa forme moderne.

5. Vous prendrez une veste, si vous croyez que c'en est une en français, car cela désigne une couronne dentaire, couronne à laquelle étaient fidèles les corsaires !

6. En tombant sur des galions remplis d'or, les pirates les touchaient.

Pipiramidal

Complétez la pyramide en inscrivant sur chaque flaque un total égal à la somme des deux nombres notés sur les deux éléments (flaque ou rouleau) immédiatement en dessous.
Le nombre 628 (314 + 314) au sommet a un petit parfum de pipi, puisque pi, c'est 314…

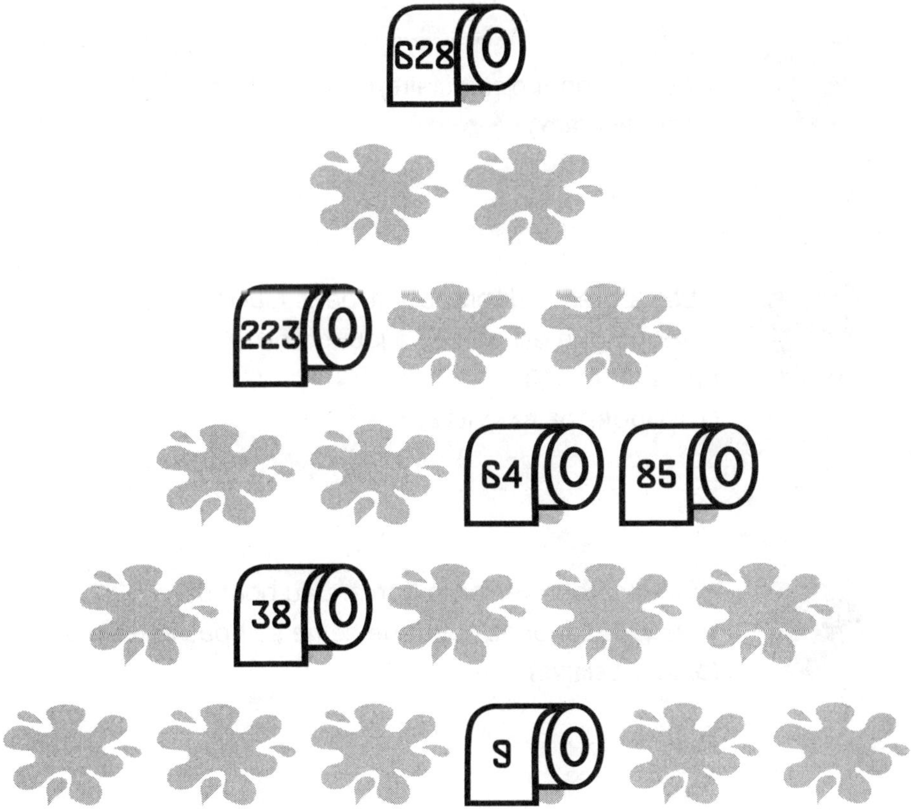

LE CHICHSTRAC

Dans les trois citations, un même terme a été remplacé par cet étrange **CHICHSTRAC**. Votre seule corvée sera de toiletter ces phrases pour retrouver le mot commun d'origine.

1

« Le rêve est un **CHICHSTRAC** qui passe sous la réalité. C'est un égout d'eau claire, mais c'est un égout. »

(PIERRE REVERDY)

....

2

« Les arbres sont orange, et, dans *Guillaume Tell*, la montagne est percée à jour comme un **CHICHSTRAC**. »

(THÉODORE DE BANVILLE)

....

3

« Quand vous verrez la lumière au bout du **CHICHSTRAC**, priez pour que ce ne soit pas le train. »

(DANIEL LEMIRE)

....

BLAGUES

Mouillé

Un type rentre dans un bar, dégoulinant de la tête aux pieds.
Le patron lui demande :
– Ben, vous venez d'où comme ça ?
– Je suis allé chercher du bois dans le lac, entend le patron.
Un autre homme entre, tout aussi trempé. Même question, même réponse :
– Je suis allé chercher du bois dans le lac.
Trois, quatre, cinq hommes arrivent, tout mouillés.
– On est allés chercher du bois dans le lac.
Arrive un dernier type. Le patron :
– Vous êtes allé chercher du bois dans le lac, je suppose ?
– Non, moi c'est Dubois.

***

– Maman, maman, ma petite sœur, elle a mouillé le fond de sa culotte.
– C'est une catastrophe !
– Non, m'man. C'est juste une pipistrophe.

***

À Londres, trois hommes sortent d'un immeuble : le premier porte un parapluie, le deuxième un sombrero et le troisième est en maillot de bain. Lequel sera le plus mouillé ?
Aucun, personne n'a dit qu'il pleuvait !

(M)OTS

ÉTAT D'ALARME
MONUMENT AUSTRALIEN
CAPTIVANTS
D'ABORD
GARANTS DE DETTES
REBONDIT SUR LE LIT
MAL RENDU
ANIMAL DE JEANNE
AUSSI
DEMEURE DES ANGES
SURFACES DE JEUX
DU MENTON
PRONOM PERSONNEL
ABSORBÉ
CONSOM-MATRICE
CHUTA DE PRESSION
ENVOYAS À ELBE
COMMUNE DU VAUCLUSE
TOTE BAG
VASTES PLACES
PUISSANT MANTRA
REPAIRE DE PEINTRE
C'EST LOUIS XIV
IMPAYÉ
PREMIÈRE POSITION
OBSESSION DU CHEF
POSSIBLE, MÊME SANS GÉNIE
HORIZON
SOLEIL ANDIN
AUTHEN-TIQUE
SUPPLIQUE
MONNAIE DANOISE
CHARLES OU MAN
COUP DE PUB
GAINE DES FIBRES NERVEUSES
ÉCOUTÉ

(F)LÉCHÉS

LES POINTS SUR LES I
BÂTIR
LANGAGE DE GEEK
LÉZARD ANTILLAIS
CORPS CÉLESTE
ÉPRISES
BANDE DESSINÉE
LOUP DU ROMAN DE RENART
ANCIEN MAFIEUX
RUBAN BLEU ET BLANC
CHANSON D'HIER, DES BEATLES
ÉBÈNE VERTE
ENLEVA
CERCLES INTIMES
GLISSER UN ŒIL
LA FIN DU COMMENCEMENT
COL SAVOYARD
NOURRICE DE DIONYSOS
LÉGENDE NORDIQUE
JOIE
CENTRE DU QUÉBEC
REFROIDIR
GANTELET DE PUGILISTE
MONSIEUR ANGLAIS
ZONE GLISSANTE
MAUVAISE HUMEUR
SAVANT RECUEIL
AUTEUR DES *REVENANTS*
MACHINE D'IRRIGATION
MÈTRE CUBE
VIS
SUITE DE MARCHES
DEMI-DOSE DE WHISKY
QUÊTE DE PAIX
ESSAYIONS
BAS DE GAMME
RÊVE DE CYCLOPE
TRAVAIL DE FOURMI
FLEUVE POLONAIS
PSYCHIATRE FRANÇAIS
HÔPITAL
SIGNAL DE DÉPART
SOUTIEN DE QUILLE
POISSON DES LACS
CITIZEN BAND
SERRURE MOBILE
FACILE
ON LE TROUVE PARFOIS MOYEN
OPPOSÉ DE L'INFO
SON ARMAGNAC EST FAMEUX
FUREURS
FAIT LA PLANCHE
MÉTAL D'ALLIANCE
LEGOLAS OU DOBBY
CRUS
L'ARAIGNÉE S'Y SUSPEND
CHEVALIER ET ESPION
CONVOITISE DE SATAN
JAMAIS
GÉNISSE DIVINE
PAPE
LÉSIONS GUÉRIES PAR LE ROI
CRI CAPRIN
NOUVELLE-ZÉLANDE
SUBTILE
SURPLUS

BRIQUES

Placez chacune des briques de deux lettres dans le mur de droite, de façon à former des mots horizontaux. Quand toutes seront posées, vous lirez verticalement le titre d'un roman et le nom de celle qui l'a écrit. Cette écrivaine affirme dans un autre livre avoir fini dame-pipi de l'entreprise qui l'employait, au Japon, pour avoir méconnu les us et coutumes de la vie locale.

D	T
E	B
E	H
E	O
E	E
F	L
I	M
M	N
N	M
O	I
R	E
U	A
V	O

C		R		R	E
A		I		A	L
R		V		U	R
A		F		U	X
L		L		T	A
P		I		R	E
A		A		D	E
R		V		L	U
E		I		E	R
M		N		I	R
E		Z		N	E
B		R		A	N
M		M		R	E

C'est gâchis

Parmi celles ci-dessous uniquement, quelle paire de lunettes n'apparaît pas en même quantité que les autres ?

SPHINX TER

Le sphinx de Gizeh est impassible, le sphinx Bis est plutôt détendu mais le sphinx Ter est un peu contracté. Aidez-le à se détendre en trouvant le lien logique, le terme qui relie sans équivoque possible les six mots.
Ayez du nez, contrairement au sphinx...

GRUE	DÉPART
NOTRE-DAME	GRIMPER
POINTE	ZOO

____

Le sapotillier

C'est un arbre, bravo ! Camembert vert. Et son fruit se nomme... la sapotille. Voilà, c'est simple. Les ébénistes utilisent son bois, réputé « de haute qualité », et les industriels en tirèrent naguère le chiclé, une sorte de latex blanchâtre, pour constituer de la pâte à mâcher. Je suis certain que papy ou mamy vous a déjà dit de « cracher votre chiclet de chewing-gum », surtout si vous vivez près de la frontière belge. Et que vous mâchez du chewing-gum. Et que vous avez eu un papy ou une mamy. Ça en fait, des conditions.

Quel rapport avec la choucroute ? Aucun, jusque-là. Mais un autre nom de la sapotille est – roulement de tambour – le chiku. Écrit comme ça, impossible de rater le « chie-cul ». L'autre graphie est chikoo mais, bon, elle ne nous arrange pas, alors on va faire comme si on ne l'avait pas vue. Le chiku est juteux, à chair fondante et au goût de caramel. Il est riche en antioxydants, mais pas anti-occident. La preuve, on l'y importe.

Au Japon, *chiku* désignerait plutôt une région ; au Chili, ça veut dire « hameçon » ; en swahili, ce nom est utilisé pour une fille qui parle beaucoup. Quant à chikungunya, c'est du makondé et ça signifie littéralement « qui se courbe, se recroqueville ». D'où mon explication imparable : si vous mangez trop de sapotilles, vous allez mordre à l'hameçon d'une Japonaise qui parle trop et allez choper une maladie exotique, qui vous fera tordre de douleur le temps d'avoir chié tout votre chiku. C'est scientifique. Et crachez-moi votre chiclet ! On se concentre pendant la lecture de ces pages...

QUI FAIT QUOI ?

Le cor des alpes permet de jouer toutes les harmoniques d'une gamme. Un corniste s'exerce avec cinq instruments auxquels il a donné un surnom. À l'aide des indices ci-dessous, trouvez le nom et la longueur de chaque cor, l'accord qu'il décompose et la distance à laquelle s'entend le son ainsi produit. Si vous coincez, utilisez les deux indices supplémentaires donnés en bas de page.

CORS, ACCORDS

1. Le cor jouant en *do* majeur s'entend moins loin que celui mesurant 4 m, mais plus loin que le cor Cerf, constitué dit-on à partir de bois de cet animal. Ce cor Cerf, qui décompose un accord mineur, porte deux fois plus loin que le cor de 12 m.

2. Le cor de 5 m s'entend plus loin que le cor Fou, qui ne joue pas en *ré* majeur.

3. Le cor Morand, imitant le bruit d'un oiseau de mer pressé, est moins long que l'instrument qui se fait entendre à 4 km, mais plus long que celui qui décompose une progression harmonique en *la* majeur.

4. Le cor Nu, sans fioritures, est plus long que celui jouant en *si* mineur, mais plus court que celui dont le son porte à 5 km.

INDICES SUPPLÉMENTAIRES

5. Le cor Fou, difficile à maîtriser, est plus court que l'instrument audible à 20 km, mais il porte plus loin que l'harmonie en *do* majeur.

6. Le cor Beau, bien qu'il soit plus long que le cor Cerf, envoie des sons – anonymes, évidemment – moins loin que lui.

GRILLE DE RÉSOLUTION

		LONGUEURS					ACCORDS					DISTANCES				
		4 M	5 M	7 M	8 M	12 M	*DO* MAJEUR	*FA* MINEUR	*LA* MAJEUR	*RÉ* MAJEUR	*SI* MINEUR	2 KM	4 KM	5 KM	10 KM	20 KM
CORS	LE COR BEAU															
	LE COR CERF															
	LE COR FOU															
	LE COR MORAND															
	LE COR NU															
DISTANCES	2 KM															
	4 KM															
	5 KM															
	10 KM															
	20 KM															
ACCORDS	*DO* MAJEUR															
	FA MINEUR															
	LA MAJEUR															
	RÉ MAJEUR															
	SI MINEUR															

TABLEAU DES RÉPONSES

CORS	LONGUEURS	ACCORDS	DISTANCES
LE COR BEAU			
LE COR CERF			
LE COR FOU			
LE COR MORAND			
LE COR NU			

Larré, variante bretonne

Commençons par une con-fesse-ion: j'adore la Bretagne et les Bretons qui ont des chapeaux ronds, apprend-on aux enfants, bien que je n'aie encore jamais rencontré de local ainsi coiffé. Les Bretons n'ont pas Larré au milieu, mais plutôt au sud, puisque cette charmante commune d'un bon millier de Larréens se trouve dans le Morbihan, où l'on aime Vannes et les vannes.

Les Morbihannais, avec deux n, ne m'en voudront pas de noter que le bourg dénommé Allurit Pons au IXe siècle et Lesnaré au XVe, a désormais repris son nom du XIVe: Lare en breton ou Larré en français. Entrer dans Larré n'est pas si compliqué: par la D139, par exemple, c'est un jeu d'enfant, sauf quand elle est bouclée, évidemment.

La température moyenne de Larré est de 11,6 °C, avec une amplitude thermique d'une douzaine de degrés, alors que la mienne oscille beaucoup moins, mais autour de 37,2. Attention aux précipitations dans Larré, qui peuvent occasionner quelques dégâts. Les statistiques sur les gaz, à effet de serre et de soulagement intestinal, sont consultables sur différents sites. Monsieur Le Brun fut maire de Larré pendant trente ans: sa couleur politique importe peu.

À voir dans la ville: la croix de Saint-Christophe, à l'emplacement de l'ancien cimetière. Après, vous pouvez ressortir, non sans avoir fait escale chez un agriculteur qui vend des légumes et du pain à l'ancienne: son commerce s'appelle «Les Miches de Larré». Bravo pour l'auto-dérision. Et c'est très bon, paraît-il.

CROISILLONS OQP

Occupez-vous avec cette grille où les lettres **O, Q, P** ont déjà été positionnées, lorsqu'elles sont présentes. Attention, les définitions amusantes sont souvent à prendre au second degré.

1. Elle fut avant, mais c'était avant.

2. *Forbidden, for* Biden.

3. Un bouvier d'autrefois, qui n'oserait plus…

4. Ouverts, ils flottent ; s'il flotte, on les ferme.

5. Qui résulte de nombreux bulletins blancs.

6. Fournisseur de pièces détachées.

7. De Camelot, le roi, Merlin…

8. En 68-69, il dit à la pipe « hourra ! »

9. Sentant carrément le varech.

10. Il a choisi son camp.

SANDWICH

Complétez les mots horizontaux. Une seule des différentes possibilités vous permettra de trouver, dans la colonne actuellement vide, une expression pas vague pour qui divague.

J	O		E	U	X
E	C		L	O	S
U	L		S	S	E
D	R		L	E	T
E	X		A	S	E
M	I		V	R	E
I	V		A	I	E
G	A		O	U	E
R	E		S	S	I
A	L		U	M	S
T	O		T	O	U
I	L		I	C	O
O	M		R	E	S
N	A		V	U	S

Graines de chia

Un mot de treize lettres sortira de ces graines de CHIA, coincées non pas dans la gorge mais dans le côlon. Trouvez-le, sans conjuguer. C'est un test, hein !

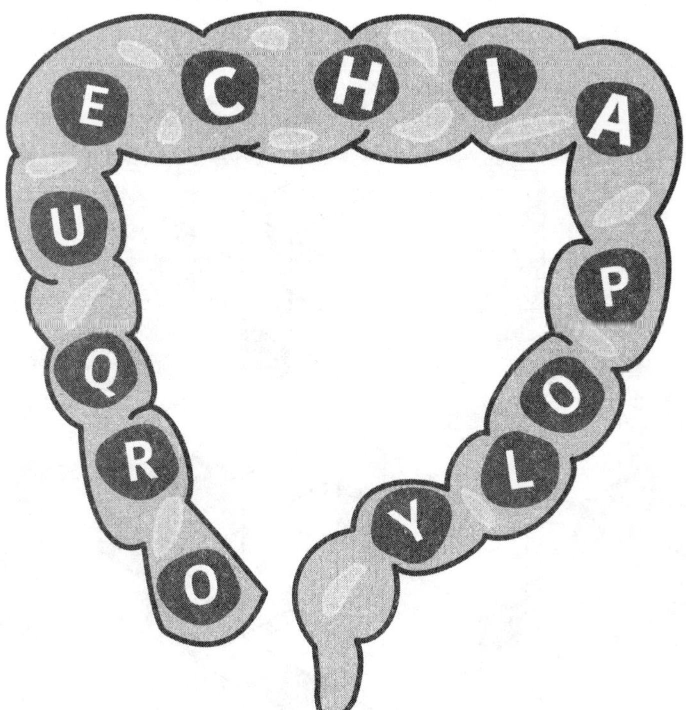

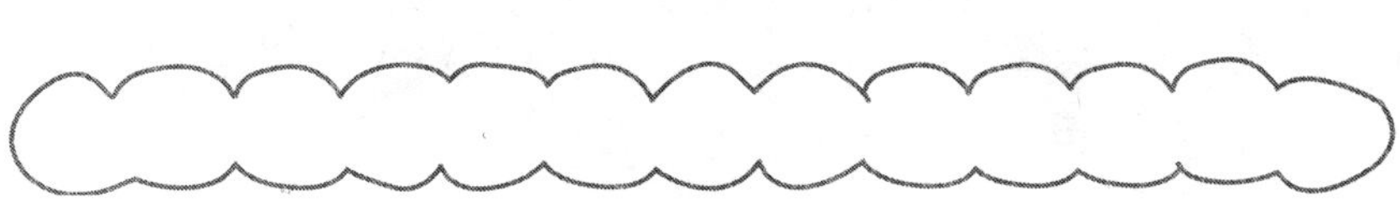

CROISÉS 3D

Cette grille est en 3D, mais inutile de chausser vos lunettes pour le cinéma ! Les mots s'y croisent dans trois directions indiquées par les flèches blanches sur fond gris. Inscrivez vos réponses en respectant les sens imposés et sans dévier : la perspective est un peu trompeuse au début, mais vous allez vite vous familiariser. Embarquez pour un fabuleux voyage dans l'espace !

HORIZONTALEMENT :

A. Même un jardinier respectueux de ses pieds marche dessus. **B.** L'épandre participe au cycle de l'azote. **C.** Famille d'Hercule. **D.** Comparatif introduisant un rapprochement familial. Apaisée en buvant. **E.** Poisson ou éclairage d'aquarium. Motif de condamnation sur croix. **F.** Protection du majeur. Battis comme plâtre. Son premier suit un dernier. **G.** Récipient où cuire le pâté. Jeune cheval présenté aux ventes de Deauville. **H.** Enlevât. Ainsi Annie paie-t-elle ses sucettes. Pied de biche. **I.** Courroie. Bien dimensionnée. Écimé.

VERTICALEMENT DE GAUCHE À DROITE :

1. Telle une révolution concernant notre propre révolution. Sans lambiner. **2.** Prêtre gaulois. Propulse la galère. Palmier d'Amazonie. Variante de *do*. **3.** Carrière calcaire. Début d'hilarité. Catapulte de siège romain. **4.** Orifice de conduit. Étoffe produite par le canut. **5.** Pièces de bois s'encastrant dans les mortaises. Cancre à bonnet. **6.** Ligue américaine de basket-ball. Décoration. **7.** Divulgua ce qui aurait dû rester secret. **8.** Écrivit tout comme son voisin d'examen. **9.** Signal sonore avertissant d'un danger.

VERTICALEMENT DE DROITE À GAUCHE :

I. Alimentaire ou de retraite, on prend ! Perdre de sa fraîcheur. **II.** Empêché de tourner rond. Infirmant que toute peine mérite salaire. **III.** Semi-publique en Belgique. Étoile au talon du cow-boy. **IV.** Qui ne procède pas de la réflexion. **V.** Calvadosienne ne manquant pas de tripes. Mangé à ras du sol. **VI.** Infarctus du myocarde. S'exprime en montant le volume. Mollusques bivalves des sables. **VII.** Lieu d'enseignement. **VIII.** Aromatisé comme un bonbon de Flavigny. **IX.** Auteur de *L'Automne à Pékin*.

BLAGUES

Progéniturbi et orbi

Un prêtre rencontre une dame, qu'il a mariée quelques années auparavant.
- Avez-vous des enfants ?
- Malheureusement non. Dieu ne nous a pas donné ce bonheur.
- Je me rends à Rome demain, j'allumerai un cierge pour vous.

Sept ans plus tard, la dame rencontre à nouveau l'homme d'église, devenu évêque.
- Alors, chère amie, des enfants ? Toujours mariée, j'espère ?
- Oui. Des triplés, deux paires de jumeaux, plus quatre autres...
- Bravo. Et comment va votre époux ?
- Il est en voyage. Il est parti à Rome éteindre votre fichu cierge !

***

- Mais qu'est-ce qui explique que nous ayons encore eu des triplés, ma chérie ?
- Oh, tu sais, c'est à cause de plusieurs facteurs...
- La prochaine fois qu'un de ces types s'approche de la maison, je lui casse la gueule !

COUP DE FIL

Un pirate à crochet s'essaie aux textos ; il pense que les chiffres pressés permettront l'affichage immédiat du mot tapé.
En observant la série de chiffres et les possibilités pour chacun, devinez le verbe à l'infinitif qu'il a tapoté.

2	6	8	2	2	6	3	7

COLORIAGE

Prenez vos plus beaux crayons de couleur ou des feutres bien flashy, et enjolivez votre *Officiel* selon votre humeur du jour ou la qualité de votre digestion. Marron et jaune interdits : on parle assez de ces nuances dans tous les jeux liés aux toilettes !

ÉVIDEMMENT

La réponse à cette énigme vous semblera probablement évidente, si vous donnez votre langue au chat et allez voir la solution. Ne serait-ce pas plus drôle de continuer à chercher, seul ou en groupe, jusqu'à ce que votre esprit s'illumine ? Évidemment que si !

Un professeur demande à sa meilleure élève combien elle a de doigts. Elle note sa réponse à la craie sur son ardoise et toute la classe peut lire qu'elle en a cinq cent neuf ! Pourquoi ne sera-t-elle pas punie ?

SUDOKU-KU

Remplissez les cases vides de ce sudoku-ku pour que tous les chiffres, de 1 à 9, soient inscrits une seule fois sur chaque ligne, dans chaque colonne et dans chaque petit carré de neuf cases sur fond gris ou blanc.

							6	8
	5				8	2		
		2	1		6			5
	3	4	8					
		7				1		
					1	8	2	
6			9		7	3		
		1	5				9	
5	4							

Le saviez-vous ?

La dent bleue

Si vous avez des moins de 40 ans autour de vous, vous les avez déjà entendus prononcer – généralement mal – « Bluetooth ». Je dis « mal », car le Français a tendance à remplacer les [th] anglais par des [f] et « blue touffe » pourrait tout au plus désigner la foufoune de la Schtroumpfette, mais en aucun cas la norme de télécommunication permettant d'échanger des données à courte distance.

Par Bluetooth, vous pouvez envoyer des photos de votre téléphone à votre ordi, par exemple, mais le système permet également de supprimer les câbles faisant fonctionner des imprimantes, des manettes de jeux vidéo, des souris et autres poisons de la vie moderne ultra-conne(ctée). Mais là n'est point mon propos. Pourquoi avoir pris ce nom signifiant « dent bleue » chez les Rosbifs ?

Il se trouve qu'un roi viking, Harald Ier, réussit au xe siècle à unifier les différentes tribus danoises et il permit également le rapprochement du Danemark et de la Norvège. Harald avait les dents pourries, comme tout bon viking, et son surnom était « Harald à la dent bleue » ou « à la dent sombre », l'adjectif *blár* ayant ces deux significations. J'ai fait viking première langue.

Un ingénieur, qui travaillait sur ce qui deviendra Bluetooth, venait d'avoir vent (prout !) d'un roman se déroulant sous le règne de notre Harald : il proposa le surnom d'icelui pour établir un parallèle avec le système qui permettrait d'unifier les communications entre téléphones et ordinateurs. Ça vient de loin, non ? C'est vrai que « dent pourrie », c'était moins vendeur...

ANAGRAMMES

Les termes suivants n'ont qu'une anagramme, notez-la à droite.
Les initiales des dix mots trouvés formeront verticalement
un onzième terme qui, à son tour, n'en a qu'une.
Ces deux anagrammes permettent de compléter la phrase :

« Son _ _ _ _ _ _ _ _ _ _ _ gauche, qu'il porte jour et nuit depuis le début de l'été, commence à dégager la même odeur que la _ _ _ _ _ _ _ _ _ _ _ que je lui sers quotidiennement avec ses cuisses de grenouilles. »

1. DÉTENTE	_	_	_	_	_	_	_
2. ROUPIES	_	_	_	_	_	_	_
3. OPPRIMÉ	_	_	_	_	_	_	_
4. CHAVIRE	_	_	_	_	_	_	_
5. GRANDES	_	_	_	_	_	_	_
6. CULIÈRE	_	_	_	_	_	_	_
7. PROMISE	_	_	_	_	_	_	_
8. VANDALE	_	_	_	_	_	_	_
9. BÉLÎTRE	_	_	_	_	_	_	_
10. MEMBRUE	_	_	_	_	_	_	_

Amenez-y...

♫ ♫ ♫ ♫ ♫

Vous révisez vos chansons françaises, pour espérer un jour gagner de l'argent à la télé. Soudain, c'est l'amnésie ! Un terme vous échappe. Observez les notes remplaçant ce « trou » et amenez-y le mot manquant.

1. « Un dernier client sucrait son café, à la télé y avait un match de ♫♫♫ »

....

2. « Je ferai nos bagages pour d'♫♫♫ vendanges »

....

3. « Si la ♫♫♫ emporte tes rêves de lumière, je serai ta lune, ton repère »

....

4. « Je veux le passer sur ta peau, à ♫♫♫ comme un coquelicot »

....

5. « Cache tes ♫♫♫, n'en parle pas, fais attention, le secret survivra »

....

6. « Moi, je m'imagine que ce sont deux ♫♫♫ bleus »

....

(M)OTS

UN JEU EN PLEINE MER
POSSIBILITÉ DE MATCH
REPAS DE POILU
FOYER
HERBE DITE FINE
JEUNE CHANTEUR DE PINÈDE
PAYS DE BAMAKO
PRENDRE DU GALON
DU MYANMAR
DOMINANCE D'UN CÔTÉ
TECHNICIEN DE SURFACE
LA ISLA DE MADONNA L'EST
HABITUDES ANCRÉES
MEUBLE ROYAL
SOLITAIRES
AUROCHS
DIVAGUA
PUIS
UNE DAME DÉJÀ CITÉE
NON SANS PANACHE
RÈGLE DE DESSIN
SCIENCES DU SANG
DEUX À ROME
LAC SALÉ
SOIRÉE EXIGEANT DE LA TENUE
COIN DE VERDURE
SUPPRIMÉ
FROMAGES DU COMTÉ
ACCORD PERDU
BUCCIN
COMPLICE DE JERRY
COMPOR-TER
BERCEAU D'ABRAHAM
ARGENT ROUMAIN
3,141592
CARACTÈRE ENFANTIN
TIENT BON COMME FRANCE GALL

(F)LÉCHÉS

SE DÉCIDER
PEINTURE À L'EAU
ÉCRIT PAR SCHÖNBERG
XÉNARTHRE
PROBLÈME DE PLOMB
TELS LES OBJETS DE LAMARTINE
CLOUÉ AU PIEU
BAIE DE NAGOYA
SURLIGNEUR
FLEUVE DU GOËLO
MARIA EVA DUARTE DE PERÓN
PLACEMENT
COUREUR DE FONDS
MAUVAIS FILM
LES CARPENTIER
BISMUTH
MAUDITE
OUKASE
DÉNOUEMENT
VALÉRIE LEMERCIER EN 2021
PAS BON À RIEN
ROI D'ISRAËL
DÉCHET AZOTÉ
CAPITALE MOZAMBICAINE
LIMITÉ
SPOLIÉ
PETIT COCHON
ÉQUIVALENT
SOUTIEN DE PLANT
ALOURDI
FONCTION DE CLAVIER
ANCIEN EMBRYON
AFFLUENT DE LA DORDOGNE
RÉUNION D'ATHLÉ
CHANTEUSE POP
ON L'ATTEND NEUF MOIS
INCONTESTABLE
LENTILLES
PASSÉS DE PLATON
TUNIQUE DE L'ŒIL
LOUP DE ROMAN
DROIT D'ENTRÉE
LOCAL D'ARTISAN
BALLE À REJOUER
RAYON NOCIF
COIFFE BASQUE
LIEU COUVERT
GRECQUE
IRLANDE
PANNEAUX ROUTIERS
GUETTE
CŒUR DE CYCLONE
COUPA DES SIENS
ESTUAIRE BRETON
BLEU DU JURON
ANTIMOINE
CAUSÉ DU TORT
PUISSANTS BOUCLIERS
DÉMENT
MIS AU POINT
COURS ÉBROÏCIEN
BOUILLIE DE MIL
LARGEUR DE TISSU
SPÉCIALITÉ DE MONTÉLIMAR

POT-POKER

Devinez pour chaque joueur la « rivière » idéale, la cinquième lettre affichée par le croupier, qui lui permettra de constituer un mot de sept lettres, avec les cinq du tapis plus les deux siennes (exemple page 59). Conjuguer est interdit. Qu'attendent fébrilement Jack, Reine, River et Chip pour remporter le pot de notre pot-poker ?

TROIS PETITS CHATS

Trois petits chats, chapeau de paille, paillasson, somnambule, bulle, bulle… Sur ce principe, remplissez les trente bulles, bulles, bulles, en vous aidant des indices précisant chaque début et fin de mot.

1-7. C'est, dans *Alice au pays des merveilles*, la VF du Cheshire pour le chat. **5-9.** C'est le prénom du Pratchett connu pour ses chats Maurice et Gredin. **8-13.** Cardiaque, celui du chaton est de 180 battements par minute. **12-19.** Hiro Arikawa a écrit ceux d'un chat.

17-21. Le chat errant n'y va pas, mais il en fait les poubelles. **20-27.** Comme Berlioz, c'est un chaton du film *Les Aristochats*. **26-30.** *Friends* en est une, dans laquelle Lisa Kudrow alias Phoebe chante l'hilarant «Smelly Cat».

FÈCES TIME

L'alphabet « prout »

Pour m'endormir, j'aime imaginer des listes de choses débiles commençant par chacune des lettres de l'alphabet (ou ayant cette lettre en deuxième, troisième ou avant-dernière position) : bref, chacun sa méthode. Je ne prends jamais de somnifère, moi ! Et il m'est soudain apparu que le mot « prout » était constitué de lettres assez proches les unes des autres : O, P, Q, R, S, T, U suffisent à le composer.

À bien y regarder – et je scrute le prout pour vous depuis huit ans rien que chez l'éditeur actuel et pendant autant d'années auparavant chez d'autres, raison pour laquelle je suis LE spécialiste français du pipi et du caca ludiques –, je constate que la séquence OPQR peut être transcrite en « eau, pet, cul, air ». Et là, je me dis, nom d'une pipe (autre façon de bien dormir, mais ce n'est pas le sujet) ! Le mec qui a inventé l'ordre des lettres est un de mes ancêtres : je l'imagine goguenard, rassemblant ces quatre lettres à double sens...

Eau : le pipi ; pet : le prout ; cul : le vecteur du prout ; air : le gaz qui sort du précédent. Trop pipi-caca pour être totalement le fruit du hasard. Bon, les sach(i)ants diront que c'est en fait l'alphabet phénicien qui aurait décidé de l'ordre des lettres, un classement sémantique (ayant trait au sens) pour en faciliter l'apprentissage. Je vous en dis plus page 193 dans *Le saviez-vous ?*, mais je n'en démords pas : « pipi, prout, cul, gaz », cela me semble tout aussi sémantiquement logique que les élucubrations des spécialistes de l'alphabet phénicien. ABC clair !

MOTOCROTTE

Chaque chiffre en début de ligne ou haut de colonne indique le nombre de déjections qui s'y trouvent. Localisez et représentez par un cercle les crottes laissées par les 36 cabots de la grille, pour permettre à la motocrotte de passer. Un chien ne laisse une crotte que dans une case libre touchant la sienne et jamais en diagonale. Commencez par marquer d'un point les cases sans excrément, comme ci-dessous (0 en début de ligne ou en haut de colonne). La case où veille l'agent de police est sans crotte.

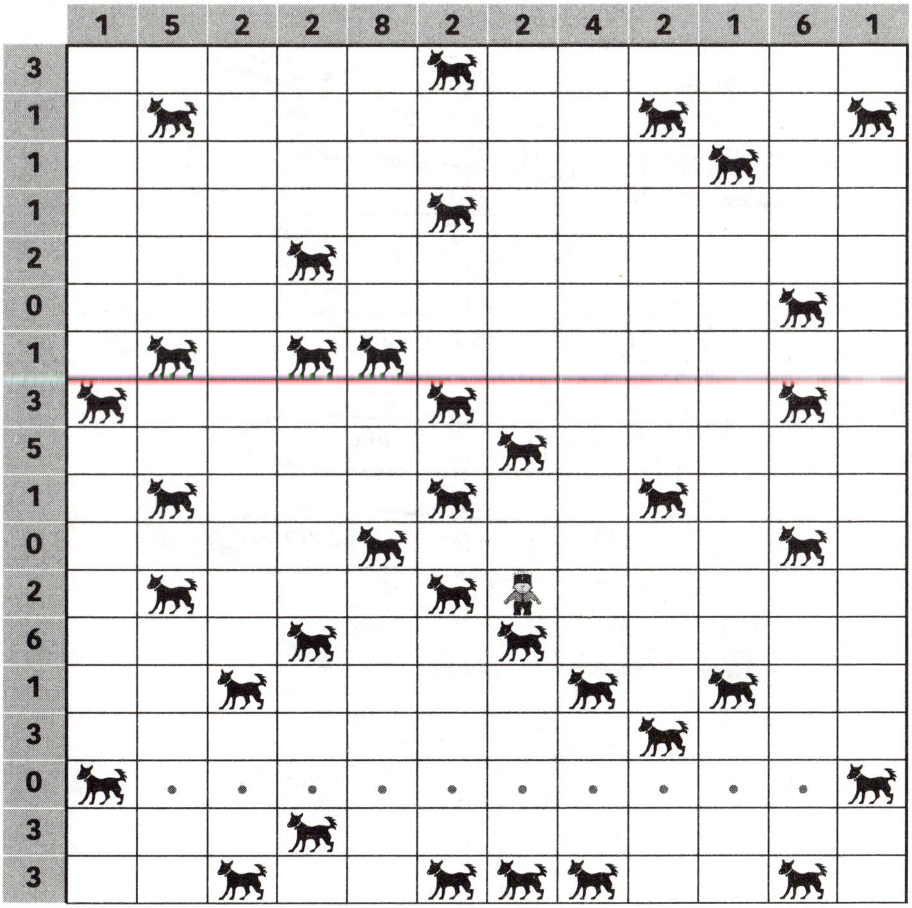

TOMBEZ DANS LE PANNEAU

Observez les panneaux et leurs indications fantaisistes. Si aucune de ces communes ne se trouve à cette distance et/ou dans cette direction, l'ensemble des informations doit vous permettre d'identifier une ville secrète française. À vous de comprendre ce que le génie civil avait en tête lorsqu'il a commandé ces drôles de panneaux. Ne tombez pas dedans !

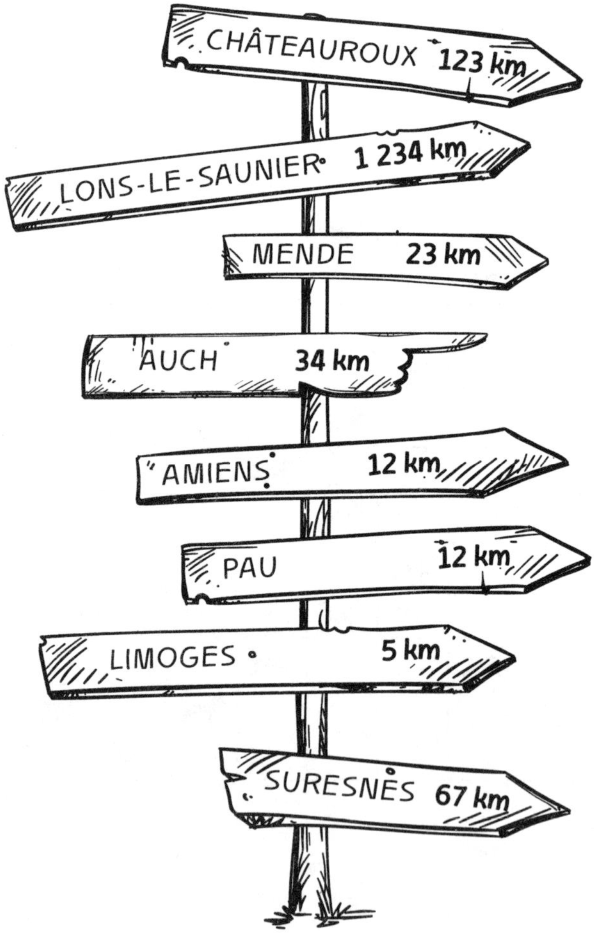

. . . .

Les enfants terribles

Cinq couples à l'humour douteux annoncent à des amis que leur famille s'agrandit. Sachant qu'Alain, Alonso, Barbie, Gina, Lara, Laurent et Sara sont arrivés à la maternité, inscrivez les prénoms complétant les faire-part. Attention, une famille a eu des triplés.

Monsieur et Madame Leuze
ont le plaisir de vous annoncer
la naissance de

....
....
....

Monsieur et Madame Resto
ont le plaisir de vous annoncer
la naissance de

....
....
....

Monsieur et Madame Fréchi
ont le plaisir de vous annoncer
la naissance de

....
....
....

Monsieur et Madame d'Yssoire
ont le plaisir de vous annoncer
la naissance de

....
....
....

Monsieur et Madame Chette
ont le plaisir de vous annoncer
la naissance de

....
....
....

LA TÊTE AU

Dans chaque carré grisé figure un mot. Trouvez-en une anagramme correspondant à l'une des définitions en page de droite (exemple au centre : JORDAN pour l'indice 14). Inscrivez ensuite, dans chaque tête, le numéro de la définition du terme recherché. Reportez alors l'initiale de chaque mot trouvé, ici un J, dans les cases numérotées de l'échelle de décodage. Celle-ci complétera une citation de Pierre Dac : « J'ai toujours été surpris qu'un record… »
À la fin, en cumulant les chiffres des définitions, il vous faudra totaliser 65 sur toutes les lignes, toutes les colonnes et les deux diagonales de ce carré magique de tous les records.

NUAIS	GÉNIE	SUSTENTAI	ROUAIS	DÎNÉ	= 65
ÉLIAIT	SEMIS	INCITÂT	TEILLA	CALÉES	= 65
LANDIER	PERTES	JARDON 14 JORDAN	NAVRÉS	IBÈRE	= 65
LOUÉS	HANTÉES	RAVEL	PORTS	PANÉE	= 65
TÂTONNAI	KYOTO	PÊCHER	ARRIMANT	GÉRANT	= 65
= 65	= 65	= 65	= 65	= 65	

65 = (diagonale) 65 = (diagonale)

CA-CARRÉ

1. La marque liée au *Livre des records* en est une. **2.** En 2004, Phelps y améliore le record de médailles de Spitz. **3.** Ce film codétient le record d'Oscars. **4.** C'est sur ce bateau que Coville bat ses records à la voile. **5.** Bolt, recordman du sprint, porte ce prénom. **6.** C'est dans ce sport que Manaudou a détenu le record du 50 m. **7.** Cette nation a le record de médailles d'or olympiques : 1166 avant Paris 2024. **8.** *Record*, quotidien portugais, s'y intéresse. **9.** Pour battre le record du Vendée Globe, aucune n'est autorisée. **10.** Elle a le record de nominations aux Oscars. **11.** Seul ce cheval a quatre victoires dans le prix d'Amérique **12.** Ce pays détient au foot le record de matchs d'affilée sans défaite : 37. **13.** Mike Powell y a battu le record du monde de Beamon. **14.** Avec 63, il détient le record de points marqués lors d'un match de playoffs. **15.** Statique, son record est de 11 min 35 s. **16.** Il détient le record en une saison, au foot, avec 91 buts. **17.** En 1920, la Belgique y gagne 14 médailles d'or, son record. **18.** En 2016, ce pays d'Asie détient le record de morts par selfie ! **19.** Florence Griffith-Joyner y a battu les records du 100 et du 200 m. **20.** Lavillenie en a utilisé une pour battre le record de Bubka. **21.** Cet Australien est le dernier homme ayant réussi le Grand Chelem calendaire au tennis. **22.** On ne bat pas le record en finale avec cette médaille. **23.** Ce pays a stoppé la série victorieuse record des All Blacks. **24.** Il en est tombé 198 cm en Alaska en 1963. **25.** 2 m 72, c'était celle toujours inégalée de Robert Wadlow.

1	2	3	4	5	6	7	8	9	10	11	12	13

J											
14	15	16	17	18	19	20	21	22	23	24	25

BLAGUES

Allemand

- Il s'appelle comment, déjà, cet Allemand qui me rend folle depuis l'été dernier ?
- Alzheimer, mamy ! Alzheimer.

***

Un Allemand est au restaurant avec un Français et un Italien. Face à eux, un type aux cheveux longs mange tranquillement.
- Vous ressemblez beaucoup à Jésus, lui dit l'Allemand.
- Je suis Jésus. Je peux vous aider ?
- J'ai très mal au crâne depuis une semaine...

Jésus lui touche la tête et la migraine disparaît.

L'Anglais montre son membre en écharpe, Jésus lui touche le bras et la fracture est réparée.
- Et pour vous, que puis-je faire, demande-t-il au Français.
- Ne me touchez pas ! Je suis en arrêt maladie.

***

- Fritz, où a été signé le traité de paix, en 1806 ?
- En bas à droite.

7 HORREURS

Trouvez les sept différences entre les deux illustrations.

Les pets de dames au clebs

Madame Bichon promène son cocker, madame Cocker balade son épagneul et madame Épagneul sort son bichon. Tous parfaitement détendus, ils émettent sans retenue des gaz de vils…

- Les dames ont pété 20 fois en tout.

- Les chiens ont pété 13 fois en tout.

- 3 pets au total émanent du bichon et de la Bichon, 20 pets en tout se sont échappés du cocker et de la Cocker, 10 pets sont sortis de l'épagneul et de dame Épagneul.

- La promenade de madame Épagneul et de son clebs a donné lieu à trois prouts de moins que celle de madame Bichon et de son toutou, mais à trois de plus qu'un suiveur n'en aurait pris dans le pif lors de la balade de madame Cocker et de son cabot.

En examinant les quatre indices, comptez les prouts de chaque dame et de chaque clebs. Si vous échouez, gare à l'épée de Damoclès qui vous tombera sur le colback !

LES MUTANTS

Ces titres d'œuvres ont mystérieusement muté : chaque terme important a été remplacé soit par un synonyme, mot de même sens, soit par un antonyme, mot de sens contraire.

À vous de retrouver le titre original de chacune des trois œuvres fictives suivantes : il peut s'agir d'un film, d'un tableau, d'un roman ou d'une chanson.

1. Le jour je dis la vérité

………………………………………………………………

2. Rave de la minoterie de la Crêpe

………………………………………………………………

3. Dès qu'il n'y aura plus de femmes

………………………………………………………………

MAYDAY, M'AIDER !

•••/–––/•••

Saviez-vous que l'appel au secours Mayday – à répéter trois fois, en cas de détresse – venait du français « Venez m'aider » ? En utilisant l'alphabet de Samuel Morse, décryptez la citation de Julien Green.

A	B	C	D	E	F	G	H	I	J	K	L	M
•–	–•••	–•–•	–••	•	••–•	––•	••••	••	•–––	–•–	•–••	––
N	**O**	**P**	**Q**	**R**	**S**	**T**	**U**	**V**	**W**	**X**	**Y**	**Z**
–•	–––	•––•	––•–	•–•	•••	–	••–	•••–	•––	–••–	–•––	––••

« •–••/•– // •••/–––/•–•/–/••/• // –••/• //

•••/•/–•–•/–––/••–/•–•/••• // •/•••/– // •– //

•–•• // ’ // ••/–•/–/•/•–•/••/•/••–/•–• //

–••/• // –•/–––/••–/••• // – //

––/•/––/•/••• // . »

Le bon tuyau

À l'aide des six croisillons, recomposez l'échelle en formant des noms de lieux. Voici un bon tuyau : le nom horizontal du haut est celui de la ville qui a créé, en 2000, les Rencontres internationales du dessin de presse.

	B	
N	A	N
	Y	

	Z	
C	A	R
	G	

	R	
P	E	R
	B	

	B	
F	O	U
	M	

	L	
P	I	G
	N	

	D	
Q	U	E
	B	

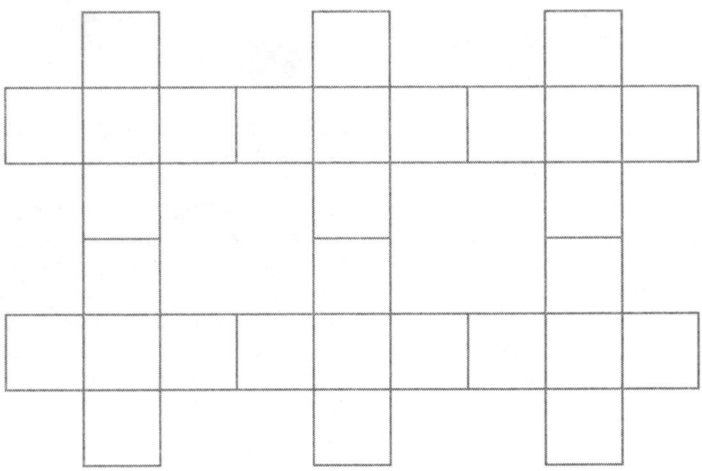

GRANDES

HORIZONTALEMENT : A. Le meilleur moyen d'arrêter de partager des *fake news*. Que l'on n'aurait jamais cru coupable. **B.** Sortir du tournoi. Heure verte. Abri de cour d'école. Pays dont le magicien est un imposteur. Un tiers. **C.** De la marine de guerre. Mise à un endroit convenable. Coupe du monde. Substances alimentaires ajoutées. **D.** Vit ses dernières minutes. Change d'atmosphère. Non fondée. Poilues. **E.** Ligne de défense d'André. Colore. De qualité supérieure. Inscription en croix. **F.** Jardin paradisiaque. Enfileriez. Crié comme un fauve. Produit un son de carillon. Dans. **G.** Dictateur de Brecht. Grecque. Imitant un chat à plumes. Factures détaillées. Jamais. **H.** Adhésif auquel n'adhère pas Haddock. Diminué de taille, plus connu allongé d'un R initial. Roulé. Écorce de chêne. Première dame. **I.** Chevalier espion de Tonnerre. Préférable. Toutes taxes comprises. Tombereau à bras. **J.** Rompit. Vexante. Blé des Gaulois. Longueur à Pékin. **K.** Omar incarnant Lupin. Exprimée de vive voix. Règle pour le dessinateur industriel. Dépasser sur la route. Ruisseau. Un signe du zodiaque. **L.** De même mère. Elle ne trouva pas ça beau de trouver sabots. Diverses parties de la maison. Fabricant de fonds de sièges. **M.** Qui va de mal en pis. Première marque du temps. Poète latin des *Métamorphoses*. **N.** Organe de la vue. Empereurs. Note d'infamie. Branche de l'Oubangui. Thomas qui fonda *General Electric*. **O.** Transport parisien. Tribune pour orateur. Déguerpis. Dieu égyptien à sceptre et fouet. Renseignements généraux. **P.** Capitale du pays d'Oran. Éclat d'hilarité. Élargir obliquement. Risquer. Fente de la corne du pied. **Q.** Chant rhénan. Daron vert. À un seul mode. Enfantillage. **R.** Médaillés de bronze. Oiseau-lyre australien. Plus épanoui. Légumineuses.

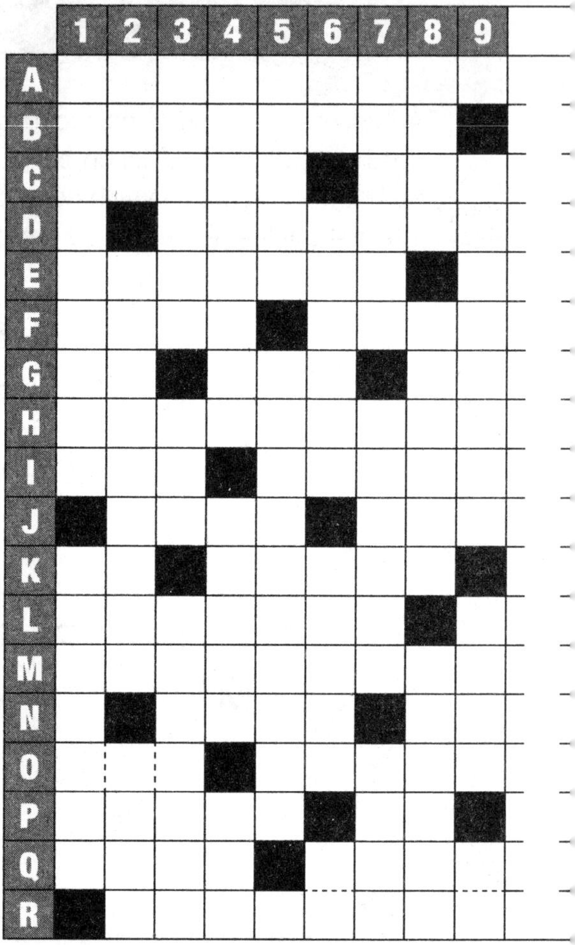

VERTICALEMENT : 1. Capable de vous injecter un poison. À la transpiration propre. **2.** Roi d'Israël. Cellule du tissu graisseux. Porte à la présidence. **3.** Zone située en bordure de mer. Catherine Deneuve eut sa peau. Trancher le cou. **4.** Voir dans sa tête. Luxueuse pour une prison. Tokyo des shoguns. **5.** Veine génératrice de profit. Arbre sacré des Malgaches. **6.** Dans le coup. Personne non sédentarisée. Anneaux de tenaille de forgeron. Ajout après signature. **7.** État de privation d'un sens. Aiguiser une meule. Langue du Bangkokien. **8.** Psittacidés aux couleurs vives. Appareil végétatif des

VACANCES

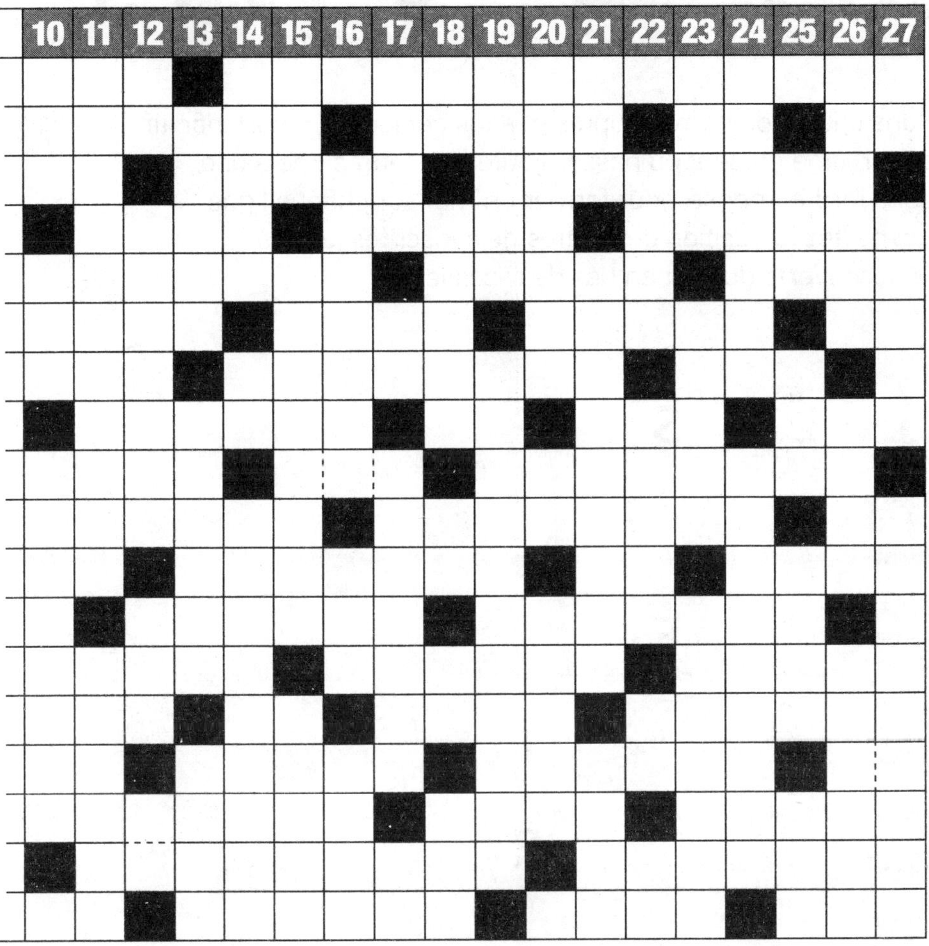

lichens. Vidé de ses entrailles. **9.** Multiplie par un nombre impair. Voisin de l'Afar. *Ante meridiem*, le matin. **10.** Ébène. Conviendra. Coup mortel en tauromachie. **11.** Contenant de l'huile. Volcan d'Antarctique. **12.** Théâtre japonais. Diffusera. Unités d'âge. Route nationale. **13.** Regardez. Restitua. Sensation poussant à manger. **14.** Auteur de *Peer Gynt*. Fer chimique. Culte de l'animal fétiche. **15.** Préfixe novateur. Véhicule pour agriculteur. Segment d'intestin. **16.** Adresse de néorural. Charpente maritime. Difficile. **17.** Compétition ouverte. Gaïa. Degré de température. Argon. **18.** Ville sur l'Euphrate. Être surnaturel. Saint pyrénéen. Cube à jouer. Cri d'encouragement. **19.** Cuirs. Maladie conduisant au sanatorium. **20.** Venant après l'aînée. Soleil du Caire. Drap pour incontinent. **21.** Luth. Rabais. La Douce au ciné. **22.** Tsar redoutable. Commune de Saône-et-Loire. Fin d'infinitif. Mauvaise langue. **23.** Appréciation. Poudre pour impression laser. Intoxication par l'élément I. **24.** Faciès de l'Épipaléolithique. Retransmise. **25.** Plaisir. Démonstratif. Fleur de Van Gogh. Colère. **26.** Ruban. Bicyclette. Pioncer. **27.** Article espagnol. Chimpanzé. Non réparées.

ESCALETTRES

Sans utiliser de noms propres et sans conjuguer, à part infinitif et participe présent ou passé, ajoutez les lettres une à une, dans l'ordre imposé, pour former un mot sur chaque ligne. Respectez la position des lettres déjà inscrites jusqu'à la découverte du mot en bas de l'escalier.

↓	L	E	S							
+F										
+U			E							
+I					I					
+R					R					
+I										
+B					I					
+T										

CALCULS DURS, HEIN !

Avec les quatre opérations de base **(+ – × ÷)** et en utilisant au maximum une fois les plaques proposées, tentez d'atteindre le nombre cible : **933.**
Il n'existe que deux approches pour parvenir au résultat.

933

2 - 3 - 4 - 7 - 8 - 25

BLAGUES

Rêve, Herbert

Herbert se réveille mal fichu, alors que son épouse rayonne.
- J'ai rêvé toute la nuit que je faisais du vélo. Je suis crevé.
- Moi, j'ai rêvé que je faisais l'amour toute la nuit.
- Avec moi ?
- Ben non, tu étais parti faire du vélo.

***

- Herbert, j'ai fait un rêve incroyable. Tu sais que c'est la Saint-Valentin, aujourd'hui. Eh bien, j'ai rêvé que tu m'offrais un collier de perles. Tu crois que ça veut dire quelque chose ?
- Tu le sauras ce soir, chérie.

Le soir, madame ouvre fébrilement son paquet, à peu près de la taille d'un écrin. À l'intérieur, elle découvre *L'Interprétation des rêves*, de Sigmund Freud.

***

- Chérie, c'est qui ce type dont tu as confié à ta meilleure amie que tu rêverais qu'il te fasse des avances ? Je t'ai entendue dire ça au téléphone.
- Ben, notre banquier, évidemment.

SUDOKU-KU

Remplissez les cases vides de ce sudoku-ku pour que tous les chiffres, de 1 à 9, soient inscrits une seule fois sur chaque ligne, dans chaque colonne et dans chaque petit carré de neuf cases sur fond gris ou blanc.

1					5		3	9
2								
9	7			4		6		
		2		9				3
			5	3	1			
3				2		8		
		3		7			2	4
								5
8	1		3					6

BONUS

Observez les lettres bien placées sur fond noir ou mal placées sur fond gris foncé pour deviner le seul mot final possible.

A Noir   I Gris foncé

A	R	C	H	I	D	U	C
A	N	T	I	C	H	O	C
A	R	E	C	A	C	E	E
A	I	G	U	I	S	E	R
A	E	R	O	B	I	C	S
A	___	___	___	___	___	___	___

TAPIS C

Déterminez les valeurs relatives des pièces permettant d'affirmer qu'il y a autant d'argent à droite qu'à gauche sur les tapis A et B et répondez à la question finale concernant le tapis C.

TAPIS A

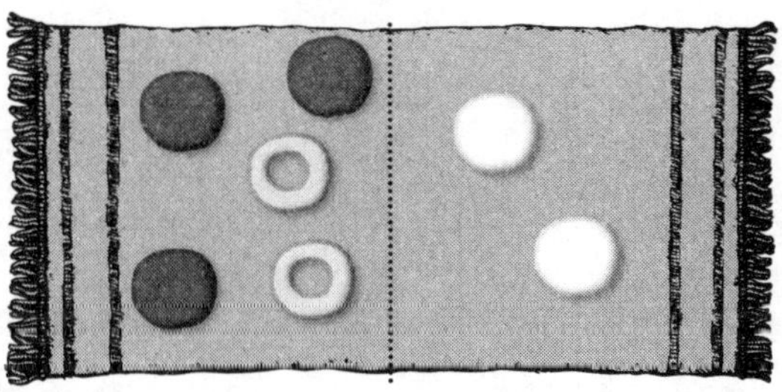

TAPIS B

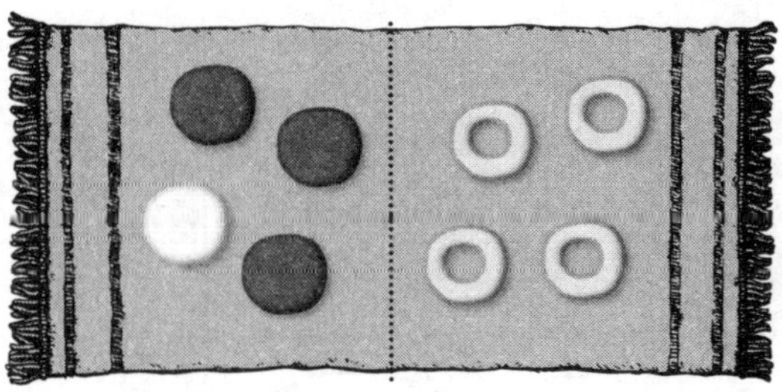

TAPIS C

Combien faut-il de « pièces noires » pour qu'il y ait autant d'argent à droite qu'à gauche, sur le tapis C ?

(M)OTS

CAPTIF / SOUVENIR DE VACANCES		SUR SON 31 / CATAPULTE		DIRECT DE BOXEUR / SEREIN
EN PLACE POUR LONGTEMPS / MISTER BOLT				
UN GÉNIE L'A TRANSFORMÉ / IMPLANTATIONS				HARPE-LUTH / DISSIMULÉ
SIBÉRIEN / 3,14				
		SOLUTION / INGRÉDIENTS DU CHILI		
SANCTUAIRE D'ARTÉMIS / HURLE				
				MOITIÉ DE DEUX / COUCHE RÉFLÉCHISSANTE
POISSON ROUGE	LONGUEUR STANDARD / *POWER-POINT*			
			PAYS DE KANDAHAR / CRI DE CHASSE	
SOLEIL ANDIN / ILS FONT SABBAT				
FREUD OU JUNG / ALLEZ-Y!				LA TERRE MÈRE / TROIE
		DE CETTE FAÇON / PARLÉ		
DUPE / INCOMPLÈTE				
POSSESSIF / FAIBLESSE D'ACHILLE			EXPLOITATION NÉCESSAIRE AU VANNIER	

(F)LÉCHÉS

APPÂT
SERVANTES NÉGLIGÉES
JAPPEMENT SINGULIER
HEMINGWAY OU DUMONT
NAGUÈRE
« DU GRIS QU'ON ROULE »
ET VOILÀ !
MÉTHODE DE TRAITEMENT
TREILLAGE
INCARNES
OIE
CHANTEUSE DE *PETITE SŒUR*
SAVANT OUVRAGE
SPORT D'AIR ET D'EAU
RIVIÈRE DE SUISSE
MOUVEMENTS DE PENDULE
MANIÈRENT LE FER
INADAPTÉ À LA VIE EN GROUPE
INFLORESCENCE
PORT DU CAMEROUN

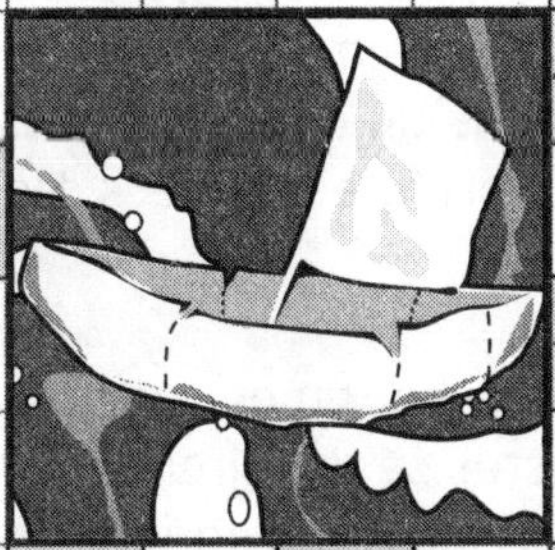

DISQUE
DIPÔLES
EST LONDONIEN
QUI A LIEU DIX FOIS PAR SIÈCLE
INTERPRÉTATIONS BIBLIQUES
BOUQUINÉE
REFROIDIR
DANS
FLÉTRIS
TUBE
PLUS MUSICAL
DE LA TRUFFE
POINÇON
SANS-LOGIS
GUÈRE ADEPTE DES MOTS FLÉCHÉS
ÉDITEUR ITALIEN
ARDENTES
UNITÉ DE LUMINANCE
NUBUCK
RELATIF AU FOYER
DILATATION VEINEUSE
JOURS DU TOUR
SERVICE APRÈS-VENTE
MILLE-PATTES
ÉGALE À ZÉRO
SERRE DES MAINS
BOISSON INDIENNE
ENGAGE
PUIS
PROJECTILE
ABÎMERA
ATTACHA
ÉRUCTA
UN TIERS
COURS KAZAKH
IRIDIUM
QUAND IL VA, TOUT VA
TANTALE
LA JUSTICE DE L'ÂGE D'OR
ANCIENS ENNEMIS DES VANES

URO NEWS

Le dieu latin Consus

Je vous vois venir. Certains et certaines ont déjà sur la bouche, pour patienter, les noms de Julio ou Enrique Iglesias (selon la génération et/ou les goûts), Ricky Martin, Bad Bunny, Maluma, Pedro Capó et font pipi dans leur… *Calma, calma !* « J'suis pas une bombe latine, une blonde platine », je suis un dieu latin, c'est écrit. De l'Olympe, me souffle mon neveu qui préfère les grecs. Non, sans majuscule, au kébab.

Consus, selon les dernières découvertes – car on en sait à vrai dire assez peu sur lui et même les spécialistes se déchirent –, aurait été le dieu des semailles associé à Cérès, déesse de l'agriculture. Son truc : les courses de chars, comme Poséidon Hippios (le Grec, avec majuscule) auquel certains le comparent. Mais pas moi, car j'ai autre chose à foutre.

Je vous la fais courte, pour savoir si son nom dérive de *consilium*, « le conseil », ou de *consero*, « je plante », car la seconde option tient la corde. Des latinistes, grands amateurs de jeux sur le caca, me précisent que son autel (non, pas son hôtel !) était couvert de terre toute l'année. Tiens, le petit personnel était déjà mélenchoniste ? Que nenni !

Cette terre symbolisait l'action « mystérieuse et souterraine » du dieu, s'échinant à faire fleurir les moissons, après avoir fait germer la semence. « Consus, semence ! C'est dégueu », tranche mon neveu. Et encore, je ne lui ai pas dit que pendant les fêtes rendues en l'honneur de Consus, on s'amusait à courir sur des peaux de bœuf frottées d'huile. Ils étaient fous, ces Romains !

EN MER, DENTS

Tout comme « En mer, dents » laisse entendre « emmerdant », constituez un rébus phonétique évoquant un film dans lequel deux acteurs commentent le bruit que fait un jeune homme en urinant.

....

LES ENFANTS TERRIBLES

Cinq couples à l'humour douteux annoncent à des amis que leur famille s'agrandit. Sachant que Guy, Kelly, Laure, Maguy, Malo et Robbie sont arrivés à la maternité, inscrivez les prénoms complétant les faire-part. Attention, une famille a eu des jumeaux.

Monsieur et Madame Nédochode ont le plaisir de vous annoncer la naissance de

....

....

....

Monsieur et Madame Tare ont le plaisir de vous annoncer la naissance de

....

....

....

Monsieur et Madame Diotte ont le plaisir de vous annoncer la naissance de

....

....

....

Monsieur et Madame Jesse ont le plaisir de vous annoncer la naissance de

....

....

....

Monsieur et Madame Loge ont le plaisir de vous annoncer la naissance de

....

....

....

BOUCHE-TROUS

Inscrivez une lettre par tiret pour reconstituer six mots de la langue française. Si le squelette de MARY READ – une pirate anglaise qui se travestissait et se faisait aussi appeler « Willy » – ne vous suffit pas, aidez-vous de l'indice.
Interdiction de conjuguer !

1. M A R _ Y _
2. _ M A R Y _ _ _ _
3. _ _ R _ E _ A D _
4. _ _ _ _ R E _ A _ D _ _ _ _ _
5. _ R _ _ _ E _ A _ D
6. _ _ _ _ _ R E _ _ _ _ A _ D

INDICES :

1. Mary Read aurait pu mourir ainsi face aux troupes du capitaine Barnet, mais c'est la fièvre jaune qui l'emporta à 36 ans.

2. Sa grande fleur rouge aurait plu à Rackham, celui qui enrôla Mary en pensant que c'était un homme.

3. Cette Lady née à Londres a dû en tartiner sur son pain.

4. De telles femmes avaient toute leur place dans la piraterie.

5. Les victimes des pirates tombaient souvent dans ce type de piège.

6. Il aurait été impossible de l'être à l'époque, puisque l'affaire démarra en 1894.

LOGICO

Complétez logiquement le seul pétale sans chiffre
de la dernière fleur.

GLOBE-CROTTEUR

1. Comment demande-t-on « Où sont les toilettes ? », en Finlande ?

- « Mitä kuuluu ? »
- « Missä on vessa ? »
- « Saanko laskun ? »

....

2. En Hongrie, comment crie-t-on qu'on cherche les pissotières ?

- « Yónápot kivanók ? »
- « Hol van a mosdó ? »
- « Kellemes Ünnepeket ? »

....

3. Sur quelle île l'expression « Aia i Hea ka lua ? » permet-elle de demander l'emplacement des commodités ?

- Haïti
- Hawaii
- Maurice

....

Pipiramidal

Complétez la pyramide en inscrivant sur chaque flaque un total égal à la somme des deux nombres notés sur les deux éléments (flaque ou rouleau) immédiatement en dessous.
Le nombre 628 (314 + 314) au sommet a un petit parfum de pipi, puisque pi, c'est 314…

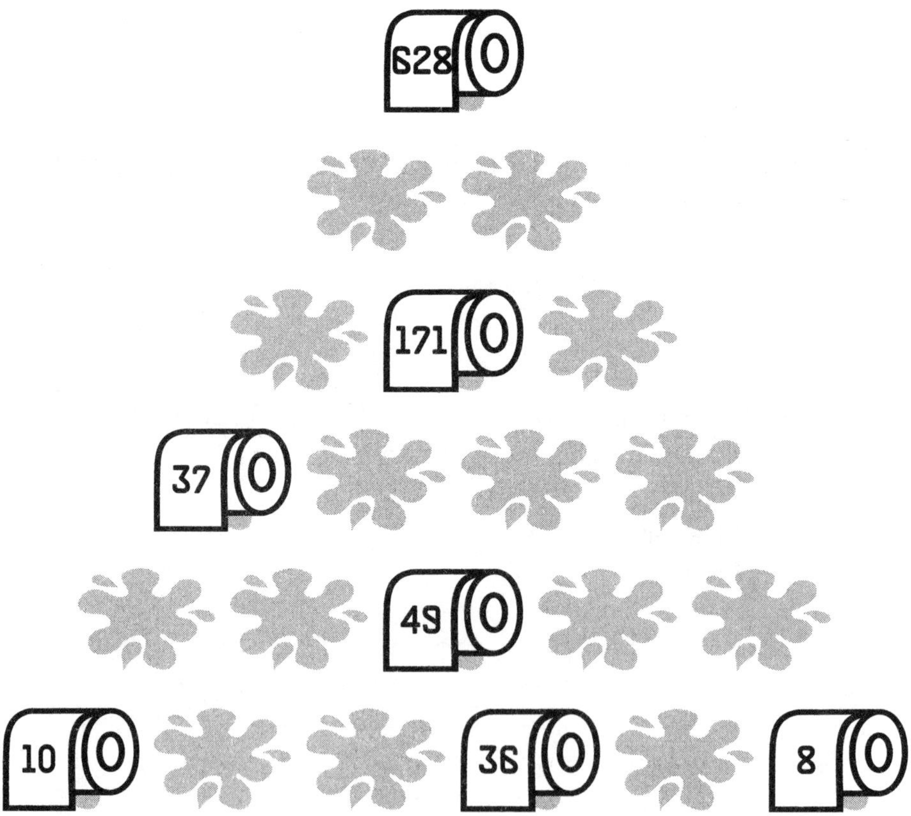

LE CHICHSTRAC

Dans les trois citations, un même terme a été remplacé par cet étrange **CHICHSTRAC**. Votre seule corvée sera de toiletter ces phrases pour retrouver le mot commun d'origine.

1 « Les vagues ont repeint au **CHICHSTRAC** une mer d'huile. »

(SYLVAIN TESSON)

....

2 « Ils crachent, ils cancanent, ils bafouillent, rabougris, chauves, édentés, baveux, sourdingues. C'est le bout de la vie, le bout du **CHICHSTRAC** de la misère. Ça sent l'urine, ça sent le sapin, la fosse commune, le Dieu gourmand qui guette les âmes. »

(ALPHONSE BOUDARD)

....

3 « Les sans-papiers, par définition, ils sont au bout du **CHICHSTRAC**. »

(LAURENT RUQUIER)

....

ALPHAKU-KU

Remplissez cette grille logiquement pour que chacune des lettres
« C, E, H, I, N, O, R, T et U »
figure une seule fois sur chaque ligne, dans chaque colonne et dans chaque petit carré de neuf cases aux contours renforcés. Sur la première ligne s'inscrira le nom d'un athlète de haut niveau, vu dans *Vestiaires*, *Plus belle la vie* et *Le Magazine de la santé*.

U	N		I			C		
I		R		N	E			T
R			N	U			H	
E								I
	T			I	C			U
O			C	R		H		E
		H			I		T	R

MONTCUQ & Co.

Des Ornais

À peine avais-je fini de vous présenter Larée dans le Gers et Larré dans le Morbihan que mon téléphone sonne : Big Brother me regarde ! Ouiiiii, vous allez parler de Larré des Bretons et pas de celle des Ornais. Me voici désormais obligé de faire un détour par l'Orne pour explorer Larré d'autres personnes. Quel job de merde, que d'être auteur. Je n'en peux plus de Larré... Et je ne suis pas au bout de mes peines.

Selon une Miss Météo, Larré est humide : il y pleut beaucoup (850 mm – soit 85 cm – par an dans Larré, tout de même... ça fait beaucoup) et l'été est frais et venté. Prout ! Zut, alors. Les Larrétois sont moins nombreux que les Larréens : 500 tout au plus. Un type prétend que le nom de la ville viendrait de *larus* qui, chez les Romains, ne désignait pas une copine de Vlad Poutine l'Empaleur mais la mouette (d'où le nom de leur famille, les laridés). Un autre parle de Larriacus, un domaine gaulois. Bref, Larré tient à son intimité et garde le secret de ses origines.

Le principal intérêt de la ville est la stèle en hommage aux aviateurs morts, suite au crash d'un bombardier Halifax LL129 de la Royal Air Force, en juillet 1944, qui fut abattu par les batteries antiaériennes allemandes. Se crasher dans Larré, quelle mort atroce ! Il paraît qu'il y a une fête communale annuelle de Larré... Si ça vous dit. Mais n'y allez pas en avion, c'est dangereux.

LA TÊTE AU

Dans chaque carré grisé figure un mot. Trouvez une anagramme de ce mot correspondant à l'une des définitions en page de droite (exemple au centre : URSS pour l'indice 15). Inscrivez ensuite, dans chaque tête, le numéro de la définition du terme recherché. Reportez alors l'initiale de chaque mot trouvé, ici un U, dans les cases numérotées de l'échelle de décodage. Celle-ci complétera un proverbe chinois : « On ne fond pas une… » À la fin, en additionnant les chiffres des définitions, il vous faudra totaliser 65 sur toutes les lignes, toutes les colonnes et les deux diagonales de ce carré magique.

EMPÂTE	FRÊNE	NOIR	EFFILÉ	HAUT	= 65
VACHER	CRAIE	PEINARD	SCONE	PARESSER	= 65
MEURON	LACERIES	SURS 15 URSS	SQUAME	PRIÈRE	= 65
RÉGALÈRENT	PIÉTÉES	ORGANE	FRITTÉES	DRU	= 65
BASTOS	ACARIENS	SURVOLE	IMANAT	ÉTABLI	= 65
= 65	= 65	= 65	= 65	= 65	

65 = (diagonale) · 65 = (diagonale)

CA-CARRÉ

1. Les cow-boys marquaient le leur au fer rouge. **2.** En boire le jus aide à fixer le fer dans l'organisme. **3.** Celui appelé « atomique » du fer est le 26. **4.** On fête celles de fer à 41 ans de mariage. **5.** Qui dit « croix de bois, croix de fer » risque d'y finir. **6.** Il croise le fer, comme le fleurettiste. **7.** Son âge est bien antérieur à celui du fer. **8.** Popeye croit à tort faire le plein de fer en le mangeant. **9.** Cet instrument permet de percer les trous du fer à cheval. **10.** Il a la propriété d'attirer le fer. **11.** Ce mélange d'algues est une bonne source de fer et d'iode. **12.** Sa tour est surnommée « la dame de fer ». **13.** Parmi ces îles espagnoles figure El Hierro, l'île de Fer. **14.** Comme fer, c'est une façon de croire sans douter. **15.** Ce bloc avait une influence majeure d'un côté du rideau de fer. **16.** Un mystérieux prisonnier, mort en 1703, en portait un de fer. **17.** C'est un alliage de fer et de carbone. **18.** Un chemin de fer transcontinental fut achevé dans cet État américain en 1869. **19.** Une main de fer peut se cacher dans un gant de cette matière. **20.** Une Dame de fer y est née en 1925. **21.** Devant *Maiden* pour un groupe, c'est le fer anglais. **22.** On y fixe les fers des chevaux. **23.** Le fer à onduler permet de la faire apparaître. **24.** Il était de fer dans un roman de Simenon. **25.** Le fer permet de… le faire !

1	2	3	4	5	6	7	8	9	10	11	12	13

	U										
14	15	16	17	18	19	20	21	22	23	24	25

ÉVIDEMMENT

La réponse à cette énigme vous semblera probablement évidente, si vous donnez votre langue au chat et allez voir la solution. Ne serait-ce pas plus drôle de continuer à chercher, seul ou en groupe, jusqu'à ce que votre esprit s'illumine ? Évidemment que si !

Quelle est la seule information dont on puisse affirmer qu'elle est à coup sûr fausse, sur la coupure de presse ci-dessous qui daterait de 1925 et serait dans la famille du lecteur le plus fidèle de *L'Officiel des toilettes*, depuis le tout premier numéro ?

« Monsieur Walter Cosimo, héros emblématique de la Première Guerre mondiale, inventeur du seau auto-nettoyant faisant office de toilettes dans les tranchées, est mort hier, le 28 février 1925, en testant un nouveau prototype avec bras rotatif entraîné par un moteur de Ford, Model T. Conformément à ses dernières volontés, ses amis, poilus ou non, sont invités à lui rendre un dernier hommage, même merdique, au 2, rue de la Torche, à Barjouville, dans l'Eure-et-Loir. Obsèques sans fleurs ni couronnes: le défunt ne souhaitait pas que son cercueil sentît la rose. »

C'est gâchis

Parmi celles ci-dessous uniquement, quelle couronne n'apparaît pas en même quantité que les autres ?

Ordre national du Québec

René Angélil, OQ. Quand j'ai lu cette ligne sur son CV, je me suis dit que Céline Dion était vraiment trop en souffrance, physique et mentale, d'avoir perdu son René. Comment ça, OQ ? Après de courtes investigations, je découvre que cet ambigu « au cul » ne signifie rien d'autre que « Officier du Québec ». Ahhhhhhhhh ! Ouf.

Je décide illico de me renseigner plus avant (et un peu derrière) et découvre l'Ordre national du Québec, dont on peut être chevalier (CQ) ou grand officier (GOQ). Je n'invente rien : GOQ. C'est écrit noir sur blanc. Sont « j'ai au cul », mais pas trop : Leonard Cohen, François Hollande, Félix Leclerc, l'abbé Pierre – du moins, à l'heure où j'écris ces lignes et qu'on en apprend de belles sur lui –, Gilles Vigneault ou encore Alban D'Amours, que je ne connaissais ni Dave ni d'Alban, mais dont c'est le vrai nom : j'ai d'abord pensé que c'était un acteur porno ou un pote à Pierrot. Non, non, il a créé une coopérative, les caisses populaires Desjardins, qui sont parmi les cent meilleurs employeurs au monde, selon Forbes.

Jacques Chirac n'était qu'officier (OQ), comme Charles Aznavour, Céline Dion, Michel Drucker ou l'inoubliable Joséphine Bacon, qui dansait presque nue avec du lard à la place des bananes autour de la taille dans les années... Ah non, pardon ! Il s'agit d'une poétesse d'origine innue, les Algonquiens qui occupent le Labrador depuis 8 000 ans. Ce chien, quelle patience et quelle longévité, tout de même.

SPHINX TER

Le sphinx de Gizeh est impassible, le sphinx Bis est plutôt détendu mais le sphinx Ter est un peu contracté. Aidez-le à se détendre en trouvant le lien logique, le terme qui relie sans équivoque possible les six mots.
Ayez du nez, contrairement au sphinx...

CUL

ROUE

CRIME

BOUT

SOUPIR

BOUCHON

____

LA SUITE

Trouvez la séquence de deux lettres qui orne la dernière boule dans cette spirale, le cachet de la Poste faisant foi. On creuse jusqu'à ce que l'illumination vienne, pour toucher le gros lot !

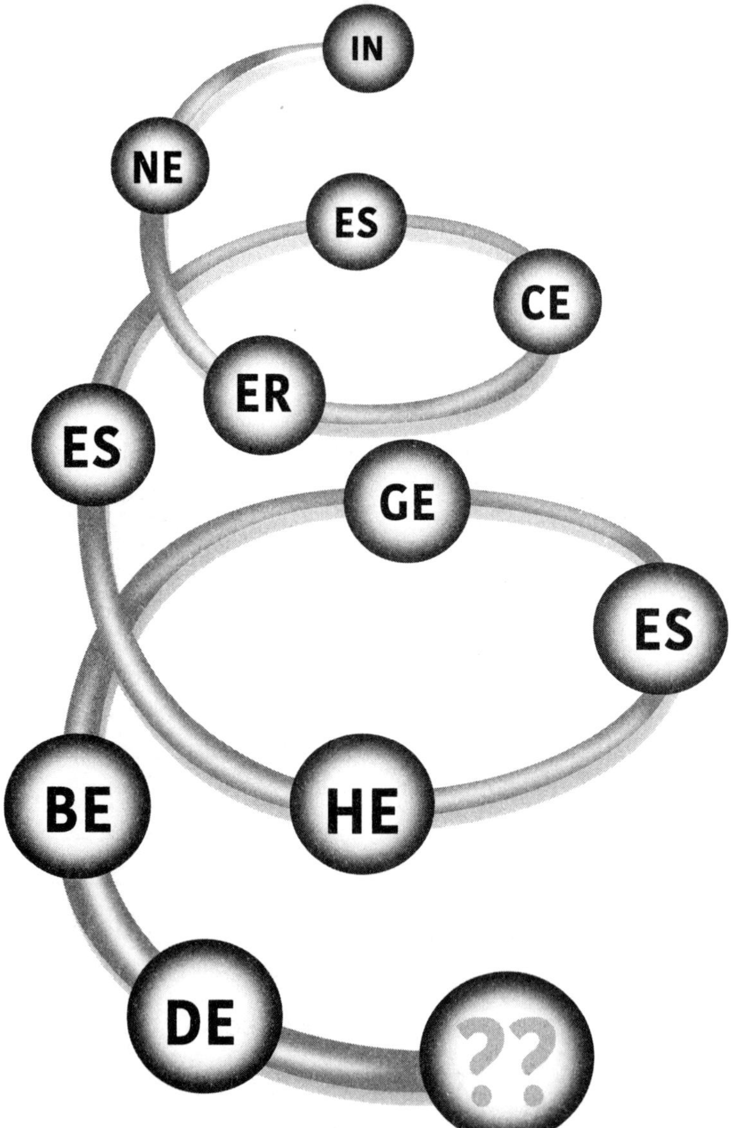

CROISILLONS OQP

Occupez-vous avec cette grille où les lettres **O, Q, P** ont déjà été positionnées, lorsqu'elles sont présentes. Attention, les définitions amusantes sont souvent à prendre au second degré.

1. Plus belle la vue.

2. Sa défense se combine avec celle de la veuve.

3. Qui l'aime l'a dans la peau.

4. La promesse de l'aube.

5. Finis dans le peloton.

6. Habituée des transports commerciaux.

7. Je veux… mon neveu !

8. L'accent de Düsseldorf.

9. Mit la tête dans l'épaule.

10. Revenant à chaque révolution.

BASIQUE INSTINCT

01010001010011010001110

Dans ce jeu binaire, la première grille ne devra être remplie que de 0 et de 1, avec trois règles à respecter.
1. Chaque ligne (et chaque colonne) contient quatre 0 et quatre 1.
2. Il est interdit d'écrire trois chiffres identiques (ou plus) côte à côte, en ligne ou en colonne.
3. Deux lignes (ou deux colonnes) ne peuvent être identiques.

Une fois la grille terminée, regardez le second tableau constitué de lettres. En ne lisant que celles des cases où vous aurez trouvé un même chiffre (le 0 ou le 1, à vous de voir), vous compléterez la citation de bas de page.

1				0	0		
					1	1	
1		0					
				0			
			1				
	0	0				1	

H	M	A	B	A	N	I	I
E	T	D	E	U	D	S	E
A	D	E	U	T	F	R	E
A	U	R	P	P	S	D	E
R	C	E	T	E	E	S	N
I	C	O	R	A	U	L	P
E	U	S	D	R	E	T	B
A	E	X	T	O	T	N	E

Citation incomplète de Tristan Bernard :

« AU THÉÂTRE, NI LE DIRECTEUR NI LES ACTEURS NE COMPRENNENT LA RIDICULE...
.. »

BLAGUES

Histoire de totaux

– Zéro partout ! Comment expliques-tu ça, Toto ?
– J'hésite : hérédité ou environnement familial...

***

– J'ai encore eu zéro en math, mais de conduite cette fois. Le prof m'a désigné avec sa règle et a dit « Au bout de cette règle, il y a un imbécile ! »
– Et tu as répondu quoi ?
– J'ai demandé de quel bout de la règle il parlait...

***

– Toto, cite moi un mot qui soit à la fois un pronom et un chiffre...
– Euh, « il » !
– Non, il fallait répondre « un ». « Il » n'est pas un chiffre. Zéro !
– Mais monsieur, le nombre « il », ça existe, non ?

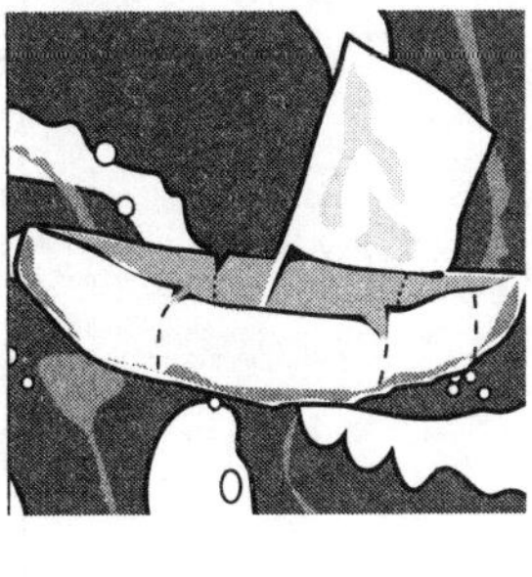

(M)OTS

DANSE DE L'ÉTÉ 96
QUI EFFACE QUELQUES RIDES
VILLE SUISSE
RAVISSANT
SUPERFLU
COUTUMES
VISITE CHEZ LE MÉDECIN
MALADIE DE PEAU
RAPPEL
COLLÉS
APLATIS LA POINTE D'UN CLOU
CUBE
ROSE SAUVAGE
LIVREUR DE MENHIRS
THÉÂTRE JAPONAIS
SA TOUR VISAIT LE CIEL
ENKIKINA
ERBIUM
SOIRÉE DANSANTE
CALÉE
FILLES DE NEW YORK
ASSASSINÉE
BONAPARTE
CRÉATURE JAUNE DE CINÉMA
DE DALLAS OU D'AUSTIN
ELLE NE RÉSISTE PAS À LA CIRE
MADAME LE PDG
BOUTEILLES DE PINARD
POIL DU VISAGE
TOILETTES
PARFUM
ROUTE NATIONALE
MANIANT LE SECOND DEGRÉ
COUP
FLEUVE ITALIEN
VERSUS
DANS
INSTALLÉE SUR SON BANC
ÉCHANGÉ CONTRE DE L'ARGENT

(F)LÉCHÉS

THOMAS PESQUET
TERRE D'ESCALE
ÉQUIPEMENT
POSSESSIF
DANSEUR OU ASTRE
REFUGE D'OISILLON
GREFFE

RÉVOQUÉ NANTAIS
CLÉ MUSICALE
SITE SUMÉRIEN
EXPÉRIENCE D'EMPLOYÉ
ARTICLE
INCAPABLES
GARÇON D'ÉCURIE
MAGICIENNES
RÉCUPÈRE L'ARGENT D'UN MORT
DE QUEUE
SANS SAVEUR
HURLE
ATTRAPÉ
ID EST
ROMPRE
MATHEUX SUISSE
COUVERT DE TABLE
GROUPE DE DEUX
MONTRÉ LES CROCS
COUP DE FIL
BRILLANT COMME UN VER
CAILLOU
FOOTBALLEUR BRÉSILIEN
NOMBRE D'ANS
OISEAU OU PAPE
QUARTIER DE RIO
FACILE
CARNET DE RENDEZ-VOUS
ÉBÈNE VERTE
DOPANT SANGUIN
ESQUIVÉE
PRATIQUE LE CRAWL
INATTENTIVE OU DISPARUE
VU DE LOIN
LIQUIDES VITAUX
SUPPLICE
MULTIPLIÉ PAR TROIS
ZEUS L'A CHANGÉE EN GÉNISSE
RACOON, S'IL EST LAVEUR
SANS LAINE
DEUX À L'HEURE
MILIEU
PART À PAYER
DISCIPLE
BAS DE GAMME
BRUIT IDENTIFIÉ
DE RANG IMPRÉCIS
TOUR ABRÉGÉ
COUCHE RÉFLÉCHISSANTE DU MIROIR
DU VERT À LA MAISON
OTORHINO
AMUSANT
DOCTEUR
À TOI
EN VILLE
PUIS
ELLE NOUS LAISSE SONGEURS
AUTHENTIQUE
ORIFICE NASAL DE DAUPHIN

LA CIBLE

Partez de la lettre sur fond blanc. Choisissez le bon sens de rotation et sautez un certain nombre de lettres (toujours le même pour cette cible), lisez la suivante, puis continuez ainsi pour compléter une interprétation théologique de Philippe Geluck, le dessinateur du Chat :

« Dieu a créé l'homme. Et ensuite, pour le... »

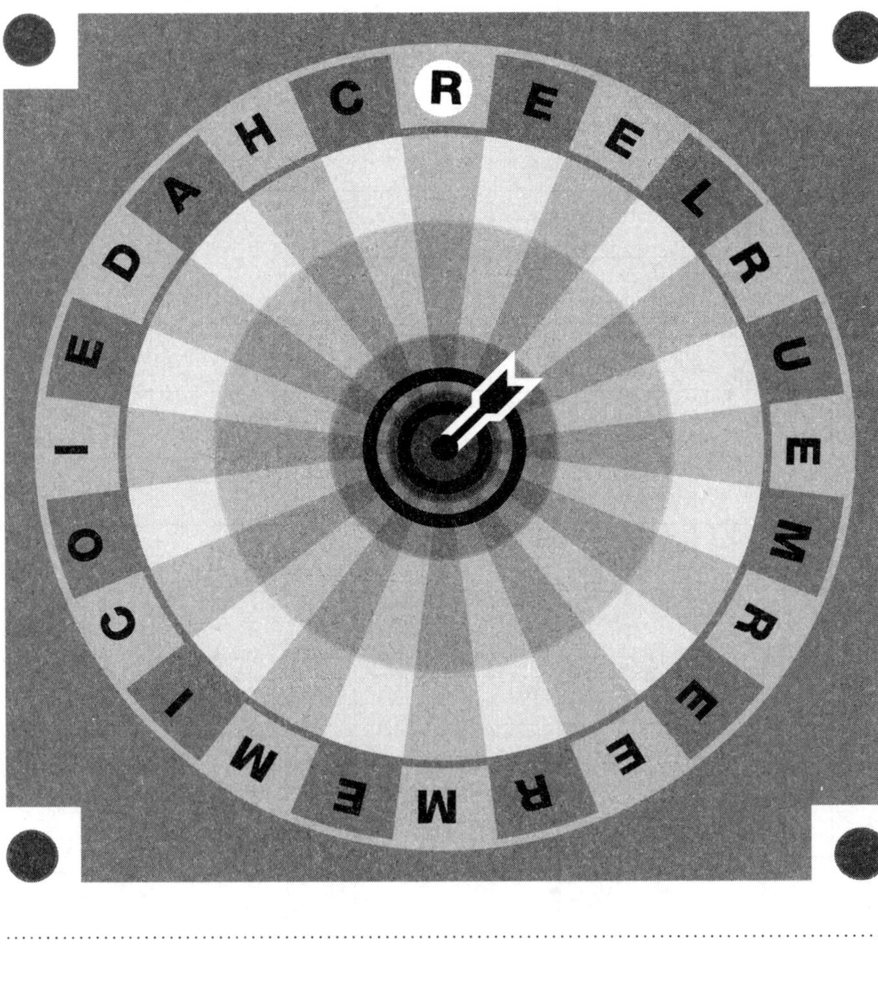

....

....

Graines de chia

Un mot de treize lettres sortira de ces graines de CHIA, coincées non pas dans la gorge mais dans le côlon. Trouvez-le, sans conjuguer. C’est un test, hein !

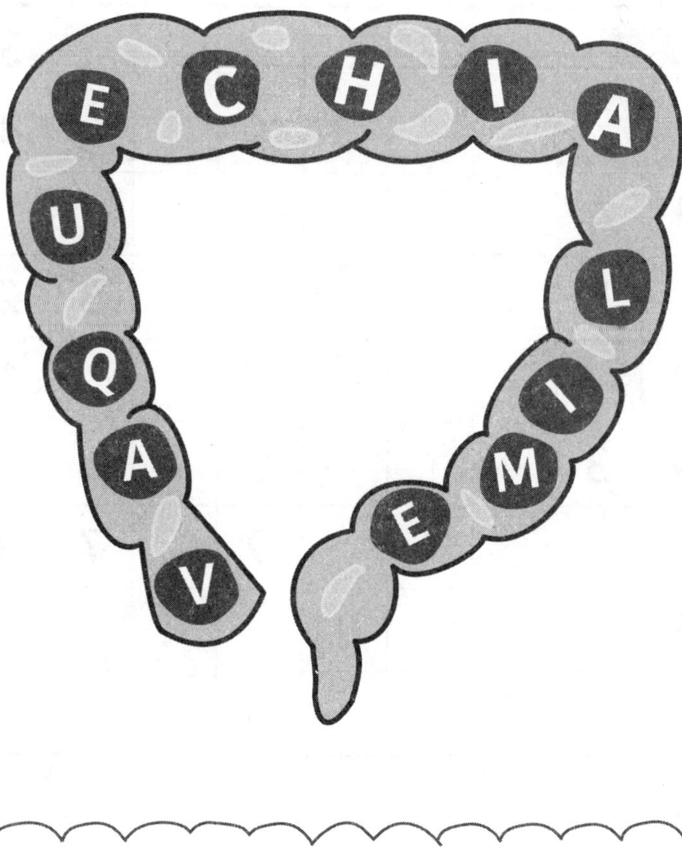

SUDOKU-KU

Remplissez les cases vides de ce sudoku-ku pour que tous les chiffres, de 1 à 9, soient inscrits une seule fois sur chaque ligne, dans chaque colonne et dans chaque petit carré de neuf cases sur fond gris ou blanc.

			2			9		3
				3				4
1	4		9					
	5		4				3	2
4								1
9	3				5		6	
					9		7	8
5				1				
2		6			8			

Le saviez-vous ?

189 819 lettres

Depuis qu'un pinpin a décidé de recenser les records, il ne se passe pas un jour sans qu'un imbécile n'essaie d'en battre un, afin d'avoir son moment warholien de célébrité : « solveur » de Rubik's Cube en apnée sous l'eau, cracheur de petit pois, dévoreuse de 363 ailes de poulets en une demi-heure, record de frappe au clavier en n'utilisant que le nez...

Des parents suédois, refusant par principe de donner un prénom à leur enfant, ont fini par proposer à l'administration le totalement surréaliste Brfxxccxxmnpcccclllmmnprxvclmnckssqlbb11116 (qui se prononce Albin, précisent-ils) : refusé ! Mais ces 43 symboles ne sont rien par rapport à un composé chimique, qui affiche pas moins de 189 819 lettres dans sa version anglaise.

Methionylthreonylthreonylglutaminylalanylprolylthreonylphenylalanyl-threonylglutaminylprolyllucylglutaminylserylvalylvalylvalylleucyl... isoleucine est l'intitulé complet de la molécule, mais son petit nom est « titine » (*titin* en anglais). Ça, c'est du diminutif record : comment réduire 30 000 fois la longueur d'un mot ?

La titine régule l'élasticité du sarcomère. Rien à voir avec la maman de Nicolas Sarkozy, ne vous méprenez pas. Si je vous donnais le nom entier de la titine ou connectine (vous le trouverez très facilement sur Internet), il me faudrait 120 pages de *L'Officiel* pour l'écrire. J'y songerai pour une année où je serai moins inspiré.

Amenez-y…

♫ ♫ ♫ ♫ ♫

Vous révisez vos chansons françaises, pour espérer un jour gagner de l'argent à la télé. Soudain, c'est l'amnésie ! Un terme vous échappe. Observez les notes remplaçant ce « trou » et amenez-y le mot manquant.

1. « J'ai mon ♫♫♫, mon vieux chapeau, ma robe à fleurs et mon mégot »

....

2. « Je ne veux voir aucune ♫♫♫ glisser sur cette gueule héroïque »

....

3. « Fendre la lune, baisers d'épine et de plume, bercée par un petit ♫♫♫, je déambule »

....

4. « On découvrait le rock'n'roll, Elvis Presley et les idoles, ♫♫♫ cassés dans tous les music-halls »

....

5. « Des rumeurs ♫♫♫ disent que je ne suis pas un homme à femmes »

....

6. « Tu m'♫♫♫ et m'embryonnes, et tu me gardes à vue »

....

CRYPTOGRAMME

Remplacez chaque symbole par la lettre qu'il crypte pour découvrir une citation du génie loufoque trop tôt disparu Roland Topor, satrape du Collège de 'Pataphysique à titre posthume.

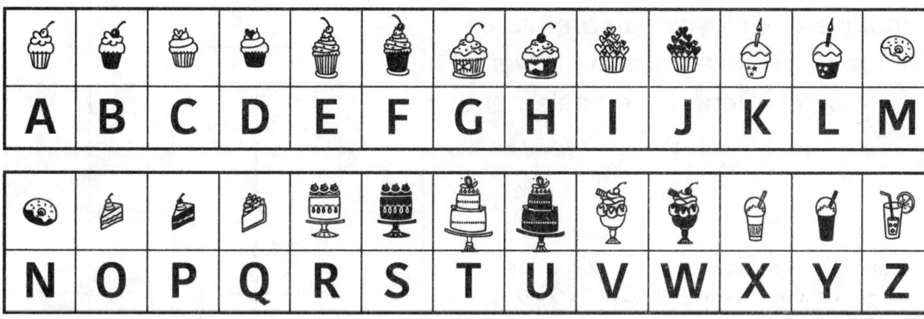

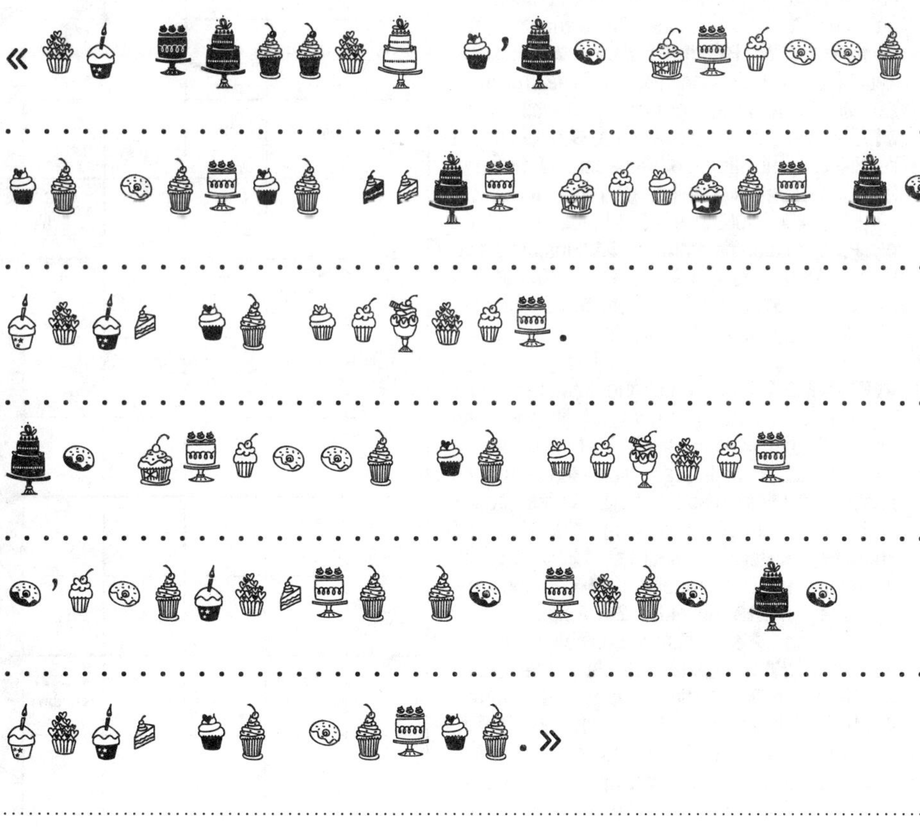

FLÉCHÉS

Dans cette grille, toutes les définitions ne sont pas données dans des cases. Des chiffres indiquent la place de la première lettre de certains mots à trouver, horizontalement ou verticalement.

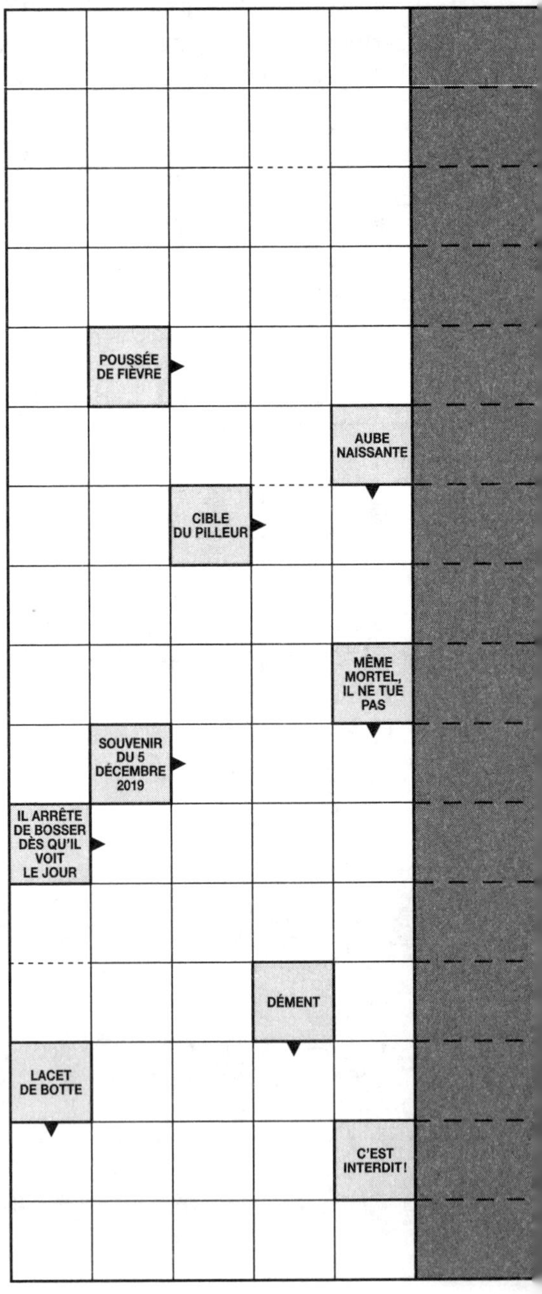

HORIZONTALEMENT : 1. On y brade les cowpers, en septembre. **6.** On y vit Bradley Cooper, en octobre 2018. **16.** Qui sort d'un bidon pour entrer dans le nôtre. **17.** Guère épais. **19.** Une cétone et un alcool. **21.** Un de pique. **23.** S'énerve après les nervures. **24.** Piécette du Japon. **26.** École de Xénophane de Colophon. **28.** Gamin de Provence. **29.** Manifestation aux arènes. **30.** Soleil du Nil. **31.** Commandement stratégique. **32.** Aisance à l'oral. **34.** Préposition. **36.** Cri caprin. **37.** Sodium. **38.** Coureur ailé australien. **39.** Des juges et des sergents. **40.** Hypothèse. **43.** Objectif de golfeur. **45.** Proclamation de mariage. **46.** Einstein y a vu le jour. **48.** Impossible à améliorer. **49.** Facile à manœuvrer. **51.** Condition et note. **52.** Succombé. **54.** Gonflement pathologique diffus.

VERTICALEMENT : 1. Langue indiquée pour tailler une bavette. **2.** Cours au lit avec une Vilaine. **3.** Une sur vingt-six. **4.** Fortuna décide de votre destin. **5.** Fait aussi bien. **6.** Parfum de tomate. **7.** Elles résonnent dans les cours. **8.** Pronom. **9.** Régénération-star. **10.** Pile à cet endroit. **11.** Boisson sucrée. **12.** S'offre en bouquets. **13.** Encouragement. **14.** Abandonne. **15.** Amer loch. **18.** Accoutre. **20.** Auteur du *Nom de la rose*. **22.** À corde sensible vibrante. **25.** Dans. **27.** La chanteuse de *Petite Sœur*. **33.** Narquois. **35.** Partie en fugue. **41.** Ourdie. **42.** Rivière bretonne. **43.** Plaque *very* british. **44.** Authentifiée. **47.** Serre très fort un corset. **48.** Peinture de Vincent Van Gogh. **50.** Cage pour enfant. **53.** Toujours pas effacé de l'ardoise.

CROISÉS

- ÉGOUTTOIR À BOUTEILLES
- DÉFAITE À LA BATAILLE NAVALE
- DU POÈTE DES *MÉTAMORPHOSES*
- COUVRE-FEU
- ENTAMÉE ET PROCHE DE LA FIN
- REPAS DU MÂTIN
- BRANCHÉ
- ÎLE DU RÉTAIS
- SE TROUVE FACE À PILE
- SON ÉCLAT TOUCHA APOLLINAIRE
- ACTRICE ITALIENNE
- NULLE
- LOTUS D'ORIENT
- INCARNERAI LE BOSSU
- GESTE RÉPÉTITIF
- UN PEU DE BOUILLABAISSE
- HINDOU SAINT
- MANTEAU DE LAINE FEUTRÉE
- OUVRAGE EN COURS
- *DO-DO* IMPÉRIAL
- JAMAIS
- AU MARCHÉ, NOIR...
- PASSAGE AU PAS
- PLANTE DE JACHÈRE
- BASE AÉRIENNE
- UN TIERS
- ÉLÈVE AU NIVEAU DU MAÎTRE
- SUIVANT LE BATEAU-TREUIL
- PIÈCE D'IONESCO

CA-CARRÉ MAGIQUE

Complétez ce ca-carré magique avec des nombres allant de 1 à 25, sachant que la somme sur chaque ligne, dans chaque colonne et sur chacune des grandes diagonales doit être égale à 65. Chaque nombre ne doit apparaître qu'une seule fois.

	11			20	= 65
3	17	10			= 65
15		1	18		= 65
	8			4	= 65
22		19	6		= 65
= 65	= 65	= 65	= 65	= 65	

65 = 65 = 65

Le bon tuyau

À l'aide des six croisillons, recomposez l'échelle en formant des noms de lieux. Voici un bon tuyau : le nom horizontal du haut est celui d'un village dont le château a appartenu à la famille d'un acteur de *Fais pas ci, fais pas ça*.

	N				N				S	
T	O	N		L	E	M		U	S	A
	U				S				E	

	S				M				R	
Q	U	E		J	E	R		D	E	C
	I				A				N	

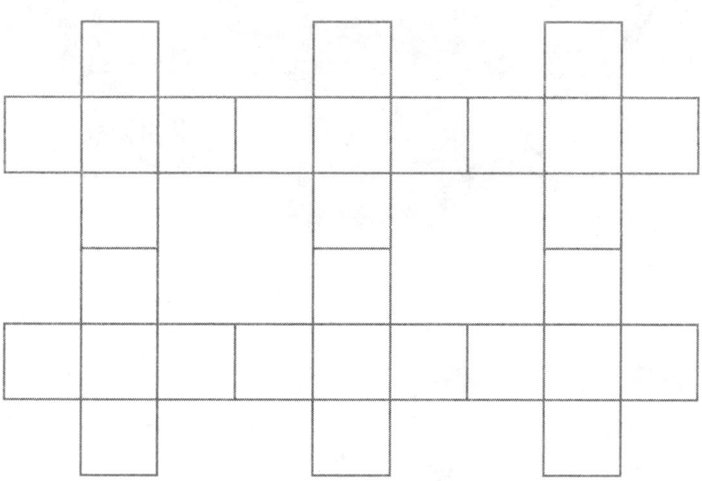

Clés en main

Le butin du pirate est stocké dans un coffre sécurisé par un mot de passe. Notez dans chaque clé la lettre à laquelle elle est associée sur la page de droite. En trouvant le bon point de départ et le bon sens de rotation, lisez le mot de passe ouvrant la serrure. Attention aux trois clés piégeuses.

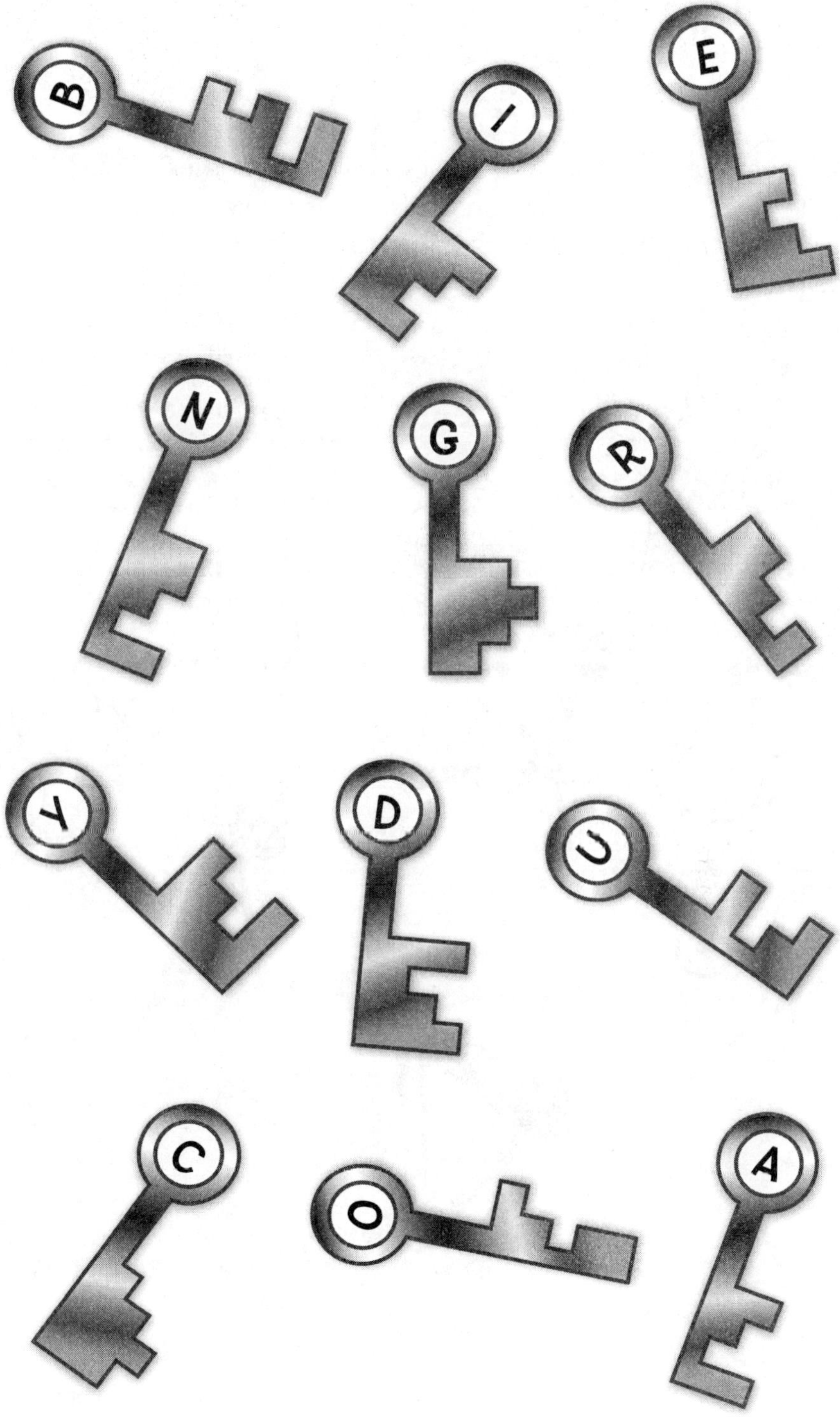
B
I
E
N
G
R
Y
D
U
C
O
A

TROIS PETITS CHATS

Trois petits chats, chapeau de paille, paillasson, somnambule, bulle, bulle... Sur ce principe, remplissez les trente bulles, bulles, bulles, en vous aidant des indices précisant chaque début et fin de mot.

1-4. Les millions de followers de ce chat lui ont rapporté plus de cent millions de dollars. **3-7.** C'est boire comme un chat. **5-12.** Ce Charles a écrit *Le Maître chat ou le Chat botté*. **10-17.** L'oreille du chat perçoit cette fréquence, pas nous. **15-19.** Big The Cat côtoie ce hérisson de jeu vidéo. **18-22.** Cette image sacrée prend parfois les traits d'un chat. **21-28.** C'est un personnage de jeune fille-chat, dans les mangas. **26-30.** Miaule et ronronne pour faire comme s'il était un chat.

BLAGUES

Docteur

– Docteur, j'ai mal quand j'avale et je tousse.
– Attendez, je regarde vos radios. Ah oui, vous avez l'œsophage décalé. Je vous opère tout de suite et ça ira mieux.
Un mois plus tard, le type revient.
– Je ne tousse plus, mais alors j'ai souvent chaud. C'est normal.
– Tout à fait. Depuis que vous avez l'œsophage central...

***

– Mon père était prof. Il est allé chez l'ophtalmo et depuis il a changé de métier.
– Pourquoi ? Il fait quoi maintenant.
– Il est serveur. L'ophtalmo lui a dit qu'il ferait mieux de porter des verres.

***

– Tu es malade ? Hier, j'ai vu le médecin sortir de chez toi en pleine nuit...
– Ben non ! J'ai bien vu un militaire sortir de chez toi la nuit précédente, et on n'est pas en guerre.

TOMBEZ DANS LE PANNEAU

Observez les panneaux et leurs indications fantaisistes. Si aucune de ces communes d'outre-mer ne se trouve à cette distance et/ou dans cette direction, l'ensemble des informations doit vous permettre d'identifier une ville secrète. À vous de comprendre ce que le génie civil avait en tête lorsqu'il a commandé ces drôles de panneaux. Ne tombez pas dedans !

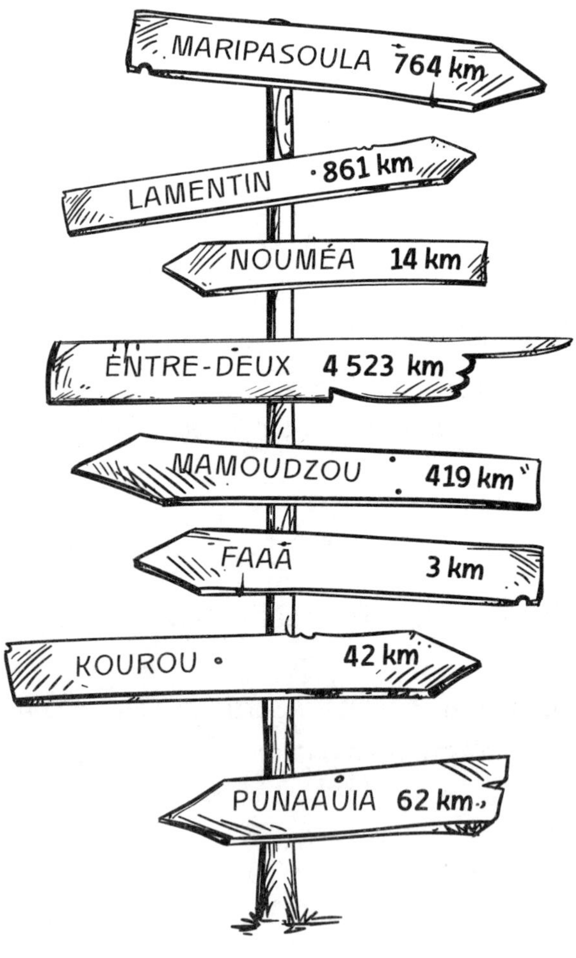

. . . .

ROSACE

Remplissez les pétales de rose en ordonnant ces séries de lettres. Écrivez les mots de l'extérieur de la rosace vers le centre, comme dans les exemples HAUTE et BASSE. Attention aux anagrammes, il n'y a qu'une seule façon de compléter la grille.

Dans le sens des aiguilles d'une montre (repères lettres)			Dans le sens inverse (repères chiffres)		
A. BOSUS	G. CEORT	M. CEGIU	1. BEMRU	7. AIRSV	13. CCORS
B. AEJRS	H. EIMNS	N. ABELL	2. EJOTU	8. EELMR	14. BEIMO
C. ACESV	I. ACFRS	O. BCEIL	3. ACEST	9. CFISU	15. ACGOU
D. BEINR	J. CEEIP	P. AEMPU	4. **ABESS**	10. EPRST	16. ILMPU
E. EENSV	K. MOPRU	Q. **AEHTU**	5. EENUV	11. AINOP	17. ABEHL
F. ALMSU	L. GMOOR	R. EGRTU	6. EEMNR	12. CEGRS	18. AEGLU

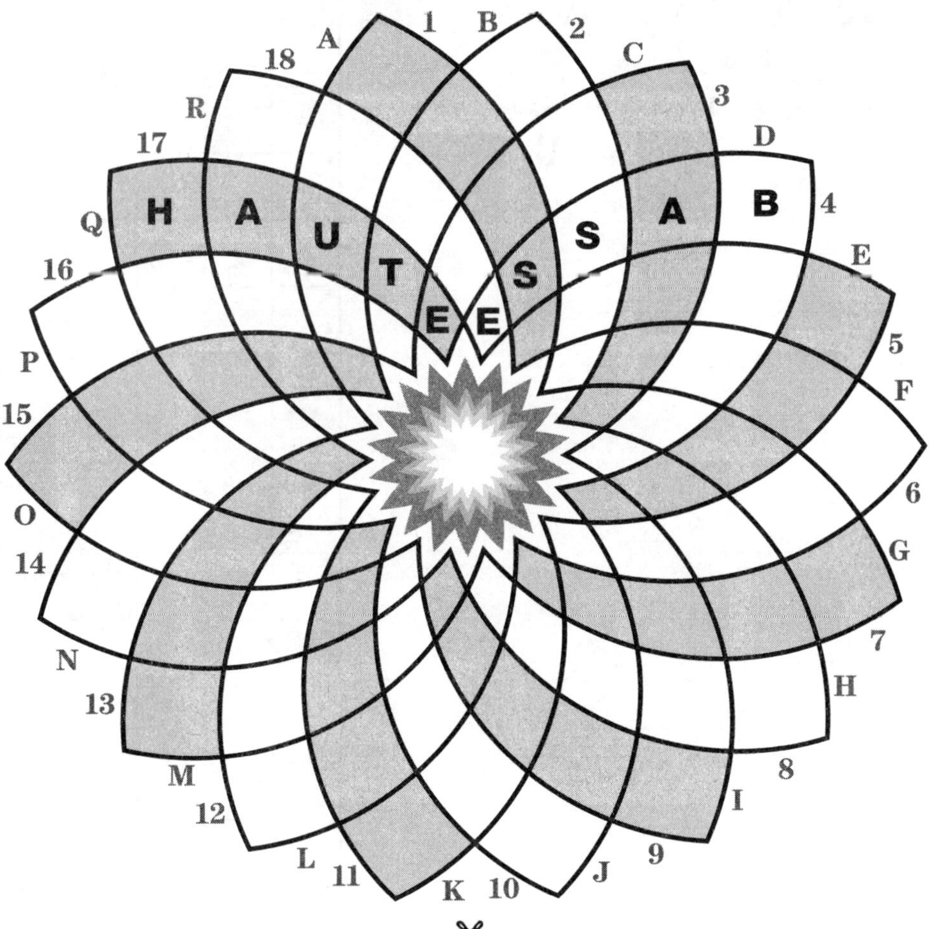

(M)OTS

- SPORT DE DANSEUSE
- GÉNIES DES EAUX
- IL ENNUIE, ELLE RAVIT
- BARQUES SUR LE NIL
- AMOUREUX DE NARCISSE
- BATAILLE DE CRIMÉE
- COAGULÉE
- LA ROUGE ANDALOUSE
- IOWA
- RETRAITE DE RUSSIE
- HIPPO-DROME ANGLAIS
- BALAI
- CÉRIUM
- GASCON DU VAL D'ARAN
- MAÎTRE MITIS
- SAINT-PIERRE
- MA CAISSE OU MA MUSE ?
- SUBIS
- COLLEY DE KNIGHT
- BAR OUBLIÉ
- FLIPPANTS POUR SAMSON
- MARQUE AU CARREAU
- BABA
- DU PAYS DE LOSAIL
- BOULE, MICHE
- UN JOUR AVEC TATI
- KEUF
- VICTIME D'UNE BOMBE
- CHOISIE PAR LA PROD
- CONTENU DE BALLON
- PÂTRE DES ALPAGES
- SERPENT À LUNETTES
- DYNASTIE CHINOISE
- À RÉGLER
- MIT BAS
- NAURU
- POULE AU POT
- PROCHES D'ACRE

(F)LÉCHÉS

FORTIN DE SOUSSE
PRÈS D'ARGOS, ON Y BALISE
PRISE AU SENS PROPRE
COURT À GAUCHE
JAUGE AU BÂT
LA ROUTE DE L'ŒILLET
IL Y FAIT CHAUD, SÛR!

PLUS À MOI
L'ITALIENNE À ALGER
ENRICHIE
DOUZE CHANTS
CHEMINS DE L'ÉTISIE
BLESSÉ
VIANNEY FUT CELUI D'ARS
SUPERBE MOCHE
AMPLIATION
ATTRAPE-MOUCHES
SATELLITE DE JUPITER
DOUÉ EN DIVISIONS
CHÉTIF, EN ARGOT
ON L'ENVOIE FAIRE AU RASEUR
COURBÉ
AGITÉ DU BOCAL
ASSORTIT LES TONS
MARGARET D'*AUTANT EN EMPORTE LE VENT*
TENDANCE
SA MAJESTÉ DE L'ALMAGESTE
BLÉ D'OURAL
AKHENATON ET KHEOPS
MONOCHROME
ABRAHAM Y EST NÉ
SON PRÊT, RESTEZ-EN LOIN
RÉSISTIBLE DICTATEUR
PRÉCISA LA GRAPHIE
PRÉPARAIENT LE CANARD
GLOUSSÉ
PRIÈRE
MATÉRIAU POUR MASQUE
LAVANDE MÂLE
BIEN RETENU
DUPASSE
TOUCHE DE CLAVIER
DERNIER REMPART MOBILE
RIRE BREF
IL RESTE EN RADE, À BREST
DÉCOUPE DU PÂTÉ
INFÉODÉ
PROMENADE
QUANTITÉ DE MODERNA
EUROPIUM
0
GUÈRE FROIDE
LE COIN D'IZIEU
BARIL
APPORT DE MOITIÉ
EST PRÈS D'ÉCLATER
PAR RAPPORT À
DANS
TORRENT DES PYRÉNÉES
PANNEAU MOBILE
UN TIERS D'UN COMPLET

Le Pendu

Vous avez tous déjà joué au pendu. Observez bien les neuf lettres des essais infructueux et déduisez-en le seul mot possible dans cette configuration, sans conjuguer. Effacez les obstacles qui se présentent à vous : cette fois-ci, les voyelles A, E, I et O ont été proposées, pour contenter les 42 % de cocos râleurs recensés à la page 208.

C _ O _ _ C O _ _ _ _ _

Lettres déjà proposées, mais pas dans le mot :

A B E H I J K Q V

7 HORREURS

Trouvez les sept différences entre les deux illustrations.

BLAGUES

Y a une c* dans le potager

Un escargot dit à son pote :
- Si nous allions manger des fraises au potager !
- Mais nous sommes en plein hiver...
- Justement, le temps de faire la route.

***

Une femme écrit à son mari en prison.
- Je dois les planter quand, les tomates et les aubergines ?
Son mari lui répond, sachant que le directeur de l'établissement surveille son courrier.
- Ne retourne surtout pas la terre du jardin. J'y ai planqué le butin de mon hold-up.
Une semaine plus tard, sa femme lui écrit à nouveau.
- Une brigade de gendarmes est venue et ils ont retourné tout le jardin.
Son mari lui répond :
- Ben maintenant, tu peux planter les tomates et les aubergines.

***

Au potager, une groseille soupire au sortir de l'été :
- Ouf ! Fini les gelées.

LES MUTANTS

Ces titres d'œuvres ont mystérieusement muté : chaque terme important a été remplacé soit par un synonyme, mot de même sens, soit par un antonyme, mot de sens contraire.

À vous de retrouver le titre original de chacune des trois œuvres fictives suivantes : il peut s'agir d'un film, d'un tableau, d'un roman ou d'une chanson.

1. Les Chênes apprivoisés

....

2. Le Chuchotement

....

3. La Contemptrice du claveciniste

....

POT-POKER

Devinez pour chaque joueur la « rivière » idéale, la cinquième lettre affichée par le croupier, qui lui permettra de constituer un mot de sept lettres, avec les cinq du tapis plus les deux siennes (exemple page 59). Conjuguer est interdit. Qu'attendent fébrilement Jack, Reine, River et Chip pour remporter le pot de notre pot-poker ?

JACK

REINE

RIVER

CHIP

BONUS

Observez les lettres bien placées sur fond noir ou mal placées sur fond gris foncé pour deviner le seul mot final possible.

E Noir R Gris foncé

E	U	R	O	P	E	E	N
E	G	R	E	N	A	N	T
E	M	E	U	T	I	E	R
E	P	I	A	I	R	E	S
E	O	N	I	S	M	E	S
E	___	___	___	___	___	___	___

ALPHABÊTE

Chacune des lettres de l'alphabet doit être utilisée une et une seule fois pour compléter dix noms d'animaux. Biffez les lettres employées au fur et à mesure, mais attention aux pistes multiples : la LANGOUSTE est-elle vraiment au menu ? Vous pouvez aussi raisonner en vous demandant, par exemple, quel est le seul endroit où placer le W, par exemple.

1	_	A	C	_	E				
2	_	A	B	_	R	U			
3	_	O	U	_	_	O	N		
4	_	A	N	_	O	U	_	_	_
5	_	U	E	T	_	A	L		
6	_	A	L	L	A	_	_		
7	_	E	R	_	R	I	_		
8	D	_	U	P	H	I	_		
9	C	A	N	I	_	H	_		
10	_	U	R	I	C	A	_	E	

A	B	C	D	E	F	G	H	I	J	K	L	M
N	O	P	Q	R	S	T	U	V	W	X	Y	Z

FÈCES TIME

Le cacaspiste

Chaque année, au moment d'écrire ces lignes, je me demande comment je vais réussir à remplir cinquante ou soixante pages parlant de pipi et de caca, sans ressasser les infos données dans les sept dernières éditions de *L'Officiel*. Des concurrents ne se posent pas tant de questions, ils recopient ce qu'ils ont déjà moult fois écrit… ou pompent mes articles. Qu'ils brûlent en enfer, si celui-ci existe !

Ou qu'ils croisent la route d'un cacaspiste. Comment cette bestiole a-t-elle pu passer entre les mailles du filet de recherche que je lance chaque année sur les termes contenant le mot caca – sans compter la syllabe [pis] ? Le cacaspiste est un serpent venimeux possédant une sorte de bouclier d'écailles. C'est d'ailleurs l'étymologie : *kakos* (mauvais, malfaisant) et *aspis* (bouclier).

Il y a donc bien un rapport avec le caca, ne serait-ce qu'étymologique. D'ailleurs, si vous tapez « cacaspiste photo » dans un moteur de recherche (je voulais savoir à quoi ressemblait le reptile), vous tomberez sur des photos de caca ou de cacatoès, mais guère de serpent. Idem si vous désirez une citation parlant de cacaspiste, vous n'en trouverez que générée par l'intelligence artificielle.

Que tous les cacaspistes du monde fassent crever les développeurs d'IA et les plagiaires d'articulets sur le caca, dans d'immenses souffrances ! « Le caca se piste à l'odeur » : ça, c'est de moi.

LA TÊTE AU

Dans chaque carré grisé figure un mot. Trouvez-en une anagramme correspondant à l'une des définitions en page de droite (exemple au centre : ARMÉES pour l'indice 8). Inscrivez ensuite, dans chaque tête, le numéro de la définition du terme recherché. Reportez alors l'initiale de chaque mot trouvé, ici un A, dans les cases numérotées de l'échelle de décodage. Celle-ci complétera une plaisanterie ayant inspiré Coluche : « Les chefs, c'est comme les étagères : plus ils sont… »
À la fin, en cumulant les chiffres des définitions, il vous faudra totaliser 65 sur toutes les lignes, toutes les colonnes et les deux diagonales de ce carré magique du chef.

DEALER	SINUE	VERMEILLES	TALAIT	POT	= 65
DÎNER	DÉCORNAS	LEVÂT	RÉGENTS	PRISEURS	= 65
ROTIN	LIAIENT	MARÉES 8 ARMÉES	FOIS	OVULER	= 65
BRUITS	TORCHÈRES	INCISURE	ORNE	MÂCHES	= 65
TARPON	TÂTE	SEIGLE	UTAH	PLANE	= 65
= 65	= 65	= 65	= 65	= 65	

65 = (diagonale) — 65 = (diagonale)

CA-CARRÉ

1. C'est le chef, de presse ou de café. **2.** On y admire des chefs-d'œuvre comme *La Joconde.* **3.** C'était le chef respecté des Huns. **4.** Un chef étoilé sait le faire. **5.** Le chef de cette division de régiment peut être appelé commandant. **6.** Celle du chef étonne encore plus. **7.** De-forme, c'est un couvre-chef chic. **8.** Le président de la République française en est le chef. **9.** Le chef d'équipe y est souvent appelé contremaître. **10.** Cochise et Geronimo étaient les chefs des leurs. **11.** Ces chefs-d'œuvre étaient au nombre de sept. **12.** Son chef se fait appeler maestro. **13.** Ce département a pour chef-lieu Châteauroux. **14.** Le film *Himalaya, l'enfance d'un chef* s'y déroule. **15.** Cela complète la chanson : « Chef, un petit verre, on a … » **16.** Dans cette langue, *capo* signifie « chef ». **17.** Meneur anglais, c'est un synonyme de chef. **18.** Ce chef indien rime avec totem. **19.** Chef, il se situe juste au-dessous de l'adjudant. **20.** Son chef sur Terre est le pape. **21.** Dans le film *Comme un chef*, il donne la réplique à Michaël Youn. **22.** Ce chef pâtissier-traiteur s'est suicidé lors d'une réception royale en 1671. **23.** Son chef est président, monarque, sultan voire empereur. **24.** C'est le chef-lieu des Deux-Sèvres. **25.** Devant « chef », ce mot renvoie à une émission de télévision prisée des gourmets.

							A					
1	2	3	4	5	6	7	8	9	10	11	12	13

14	15	16	17	18	19	20	21	22	23	24	25

CALCULS DURS, HEIN !

Avec les quatre opérations de base (+ − × ÷) et en utilisant au maximum une fois les plaques proposées, tentez d'atteindre le nombre cible : **999.**
Il n'existe qu'une façon d'y parvenir.

999

4 - 5 - 6 - 7 - 8 - 9

ANAGRAMMES

Les termes suivants n'ont qu'une anagramme, notez-la à droite.
Les initiales des dix mots trouvés formeront verticalement
un onzième terme qui, à son tour, n'en a qu'une.
Ces deux anagrammes permettent de compléter la phrase :

« Un moine passionné de navigation à vapeur prétend
avoir retrouvé des manuscrits de la mer Morte
dans un ___________. Vu l'endroit de leur découverte,
l'Église les juge ___________. »

1. VOCALES	_	_	_	_	_	_	_
2. REPOLIT	_	_	_	_	_	_	_
3. EMBARGO	_	_	_	_	_	_	_
4. TRICOLÉ	_	_	_	_	_	_	_
5. MAUGRÉÉ	_	_	_	_	_	_	_
6. YOUTSER	_	_	_	_	_	_	_
7. SALOPER	_	_	_	_	_	_	_
8. HUÎTRES	_	_	_	_	_	_	_
9. HIRCINE	_	_	_	_	_	_	_
10. FAUCRES	_	_	_	_	_	_	_

BOUCHE-TROUS

Inscrivez une lettre par tiret pour reconstituer six mots de la langue française. Si le squelette des deux pirates HENRY EVERY et BART ROBERTS ne vous suffit pas, aidez-vous de l'indice. Interdiction de conjuguer !

1. _ _ E V E R _ Y
2. _ B _ A _ _ _ _ _ R _ _ T
3. _ B A _ _ _ R _ _ _ _ _ _ T
4. _ B _ _ _ A _ _ _ R _ _ _ _ T
5. _ R O _ _ B E R _ _ T S
6. R O B _ _ _ _ E _ R _ _ T _ S

INDICES :

1. Henry Every n'a ni visité ce château ni bu ce vin du Loir-et-Cher.

2. Pour Bartholomew Roberts, dit « Black Bart », ne pas réussir à capturer un navire l'aurait été.

3. Le bruit que faisaient les canons, durant chaque bataille, l'était.

4. La carrière de Roberts devait ainsi se terminer et ce fut le cas en 1722 : les canons du *Swallow* lui brisèrent le cou et les os.

5. Les roberts de Roberts ne l'étaient pas…

6. Ces partisans du plus célèbre guillotiné naissaient peut-être quand Roberts mourut.

URO NEWS

100 écus

Ah, la monnaie commune. Les Allemands ne voulurent pas de l'écu, car le mot sonnait un peu trop comme leur vache (*Kuh*). Le regretté Giscard avait pourtant trouvé l'acronyme parfait : *European Currency Unit*, « unité monétaire européenne ». L'Allemagne a dit « *Nein* », on cherche autre chose, à commencer par florin, ducat, couronne... puis viendra la proposition de l'euro.

Les Grecs sont contre ce choix. Dans leur langue, « euro » se prononcera de façon très proche de « *oura* », qui désigne... l'urine. L'argent n'a pas d'odeur, mais pour les Athéniens, la devise aura pourtant celle du pipi. Ils exigeront que le mot EURO soit aussi noté sur les billets en utilisant l'alphabet grec et Chirac soutiendra leur raisonnable requête.

Moi, j'aurais bien aimé l'écu. Cent euros, ça ne fait penser qu'à un tennisman freluquet qui faisait tourner chacun de ses adversaires en bourrique, mais « cent écus », ça nous aurait quand même permis de rire encore plus que les Grecs avec leur homophonie urinaire. « Sentez cul, sentez cul », auraient pu crier les sympathiques participants aux festivals de *heavy metal* qui nous présentent si facilement leur postérieur. Même pour 100 écus, je n'y aurais pas mis mon nez. Ni autre chose, a priori.

SANDWICH

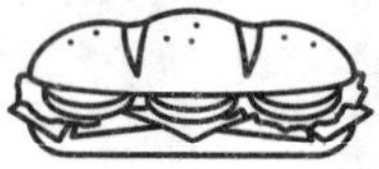

Complétez les mots horizontaux. Une seule des différentes possibilités vous permettra de trouver, dans la colonne actuellement vide, une expression à ne pas reproduire aux toilettes.

S	A		H	E	M
E	C		A	R	S
M	O		T	I	E
E	P		R	D	U
T	A		P	O	N
T	A		D	E	R
R	E		T	E	R
E	L		G	I	R
E	M		A	N	S
N	O		M	E	S
R	A		C	I	O
O	N		U	L	E
G	O		L	E	S
N	Y		O	N	S
E	X		M	P	T

EN MER, DENTS

Tout comme « En mer, dents » laisse entendre « emmerdant », constituez un rébus phonétique évoquant un film dans lequel des élèves de CM1, à l'humour très pipi-caca, hypnotisent leur proviseur pour lui donner d'étranges pouvoirs.

SUDOKU-KU

Remplissez les cases vides de ce sudoku-ku pour que tous les chiffres, de 1 à 9, soient inscrits une seule fois sur chaque ligne, dans chaque colonne et dans chaque petit carré de neuf cases sur fond gris ou blanc.

			1				6	3
						4		
7				2	4		9	
9		3						
		4	5		7	1		
						5		6
	2		9	1				5
		1						
3	4				6			

GLOBE-CROTTEUR

1. Qui demande « Likuphi Itholethe ? » pour savoir où se trouvent les toilettes ?

- un Uzbek
- un Zoulou
- un Sioux

2. Dans quel pays êtes-vous si l'on vous demande « Pelec'h emañ ar privezioù ? » pour déterminer où sont les waters ?

- en Irlande
- en France
- en Australie

3. En polonais, comment demande-t-on la localisation des lieux d'aisance ?

- « Malutka kapusta ? »
- « Gdzie jest toaleta ? »
- « Przyterminowana kanapka ? »

L'éToilette

★★★

1 2 3 4 5 6 7 8 9 10 11 12 13 14 15 16 17 18 19 20 21 22 23 24 25 26 27 28 29 30 31 32

Remplissez la petite étoile, puis arrangez les lettres collectées dans les cases grisées pour reconstituer le métier du héros de *Holy Shit!*, un film débutant avec ce personnage qui se réveille ensanglanté sur les toilettes d'un chantier.

1-5. C'est la façon la plus commune de tomber dans l'oubli (AEEHILMRZ)
1-8. La capitale du Ghana, à ne pas confondre avec le beignet de morue (AACCR)
2-10. Des bulles qui peuvent se transformer en savon (EORSZ)
3-30. Susceptible d'appartenir à la nouvelle vague (DEEEIIMPQU)
4-13. Polynésien semblant affirmer qu'un Chinois se marre (AIMOR)
5-15. Partie d'énoncé informant sur le thème (EEHMR)
6-7. Il court sur le haricot, mais uniquement celui de mouton (ACEINORRV)
8-15. Politique de réduction des déficits qui ne séduit que l'ascète (AEEIRSTTU)
9-20. L'or du rein, dont votre *Officiel* vous parle sans cesse (EINRU)
11-22. Barrit-on dans ce registre ? (FNORT)
12-23. Dépression longue dans laquelle on ne doit pas tomber (AINRV)
14-21. Un synonyme évité par Cyrano, dans sa tirade (AINRT)
16-29. L'État américain où l'on sème avec bonheur la zizanie (AEIMNNOST)
17-31. Si Mistral souffle, c'est ce qu'on entend (ACELNOPRV)
18-28. Il laisse des galettes, dont les Bretons se passeraient bien (EEILOPRRT)
19-32. Absence de curiosité pour un sujet (EEIINNRTT)
24-25. Elle se baigne dans la mer Égée : ne jugez pas ça faux ! (BEEEILNNS)
26-27. Une seule enceinte ou toute la famille et les amis (AEEGNORTU)

Les pets de dames au clebs

Madame Bichon promène son cocker, madame Cocker balade son épagneul et madame Épagneul sort son bichon. Tous parfaitement détendus, ils émettent sans retenue des gaz de vils…

- Les dames ont pété 36 fois en tout.

- Les chiens ont pété 45 fois en tout.

- 29 pets au total émanent du bichon et de la Bichon,
  14 pets en tout se sont échappés du cocker et de la Cocker,
  38 pets sont sortis de l'épagneul et de dame Épagneul.

- La promenade de madame Cocker et de son clebs a donné lieu à six prouts de moins que celle de madame Épagneul et de son toutou, mais à trois de plus qu'un suiveur n'en aurait pris dans le pif lors de la balade de madame Bichon et de son cabot.

En examinant les quatre indices, comptez les prouts de chaque dame et chaque clebs. Si vous échouez, gare à l'épée de Damoclès qui vous tombera sur le colback!

CROISILLONS OQP

Occupez-vous avec cette grille où les lettres **O, Q, P** ont déjà été positionnées, lorsqu'elles sont présentes. Attention, les définitions amusantes sont souvent à prendre au second degré.

1. Le maçon n'en prévoit pas pour son mur.

2. Plus il est haut, moins on y cuisine.

3. Un de Carné ou de Poiré.

4. Ma mère aimait sa *Mer*.

5. Information lue sur une carte.

6. L'esprit d'Éloi.

7. Filet d'eau suffisant pour contenir un bouquet.

8. Fin de mois en Italie.

9. Ça limite la fuite des capiteux.

10. Un emploi de théâtre à dépoussiérer.

MAYDAY, M'AIDER !

•••/–––/•••

Saviez-vous que l'appel au secours Mayday – à répéter trois fois, en cas de détresse – venait du français « Venez m'aider » ? En utilisant l'alphabet de Samuel Morse, décryptez la citation de Jean Cocteau.

A •–	B –•••	C –•–•	D –••	E •	F ••–•	G ––•	H ••••	I ••	J •–––	K –•–	L •–••	M ––
N –•	O –––	P •––•	Q ––•–	R •–•	S •••	T –	U ••–	V •••–	W •––	X –••–	Y –•––	Z ––••

« ––/••/•/••–/–••– // •••–/•–/••–/– //

....

–••/–––/–•/–•/•/•–• // •– // ••–/–• //

....

••–•/•–/••–/–••– // •––•/•–/••–/•••–/•–•/• //

....

––•–/••–/• // •–•/•/••–•/••–/•••/•/•–• //

....

•••/–––/–• // •–/•••/•••/••/•••/–/•–/–•/–•–•/• //

....

•– // ••–/–• // •••–/•–•/•–/•• // . »

....

Al c'est É ou c'est È

J'ai une amie qui s'appelle Geay : elle prononce [gé], je prononce [gè]. C'est normal : elle dit aussi Pierre Perr[é] avant de chanter *Le Zizi* pour faire rougir ses tomates (nous partageons un potager urbain, nous sommes NU-culteurs mais restons habillés car NU signifie Nature Urbaine). Ma prof de français du siècle dernier, coucou Mademoiselle Zoute, prononçait « je chantai » comme « je chantais » pour nous faire réfléchir au temps qui convenait le mieux, dans le contexte (ou le texte con, parfois, de ses dictées déjantées).

Bref, si j'introduis ce distinguo [é/è] avant d'entrer dans le vif du sujet, c'est pour vous parler du nom Larrey. Dans les Ardennes d'où je viens, on prononce « la r[é] du cul », comme mon amie de la première ligne, sauf qu'elle ne dit jamais de gros mot ; ailleurs, on dit souvent « la r[è] du cul », comme l'arrêt de bus. Attention, « avoir la raie du cul comme un arrêt de bus » n'est pas une expression qui existe.

Larrey est une commune française de la Côte-d'Or, qui a donné son nom à un Val, à un château, à un quartier de Dijon et aussi au pékinois hideux d'une NU-cultrice répondant au prénom de Francesca. Enfin, qui répondrait à ce prénom si on l'appelait, mais on ne l'appelle pas. Elle est chiante, et son cabot presque autant.

L'intérêt de Larrey et de ses cent Larréens, c'est l'étang artificiel créé par les moines de l'abbaye de Molesme pour s'adonner à la pisciculture. Ce n'est pas la culture de la pisse, cela s'écrirait autrement, mais l'élevage de poissons. Ce serait drôle qu'ils y élèvent des raies, non ?

ESCALETTRES

Sans utiliser de noms propres et sans conjuguer, à part infinitif et participe présent ou passé, ajoutez les lettres une à une, dans l'ordre imposé, pour former un mot sur chaque ligne. Respectez la position des lettres déjà inscrites jusqu'à la découverte du mot en bas de l'escalier.

↓	R	O	T							
+P		R								
+S			O							
+I										
+E							E			
+E			S							
+S			T							
+I										

COLORIAGE

Prenez vos plus beaux crayons de couleur ou des feutres bien flashy, et enjolivez votre *Officiel* selon votre humeur du jour ou la qualité de votre digestion. Marron et jaune interdits : on parle assez de ces nuances dans tous les jeux liés aux toilettes !

BRIQUES

Placez chacune des briques de deux lettres dans le mur de droite, de façon à former des mots horizontaux. Quand toutes seront posées, vous lirez verticalement le titre d'une œuvre inachevée et l'identité de son auteur dont le nom, privé de sa cinquième lettre, prête à rire...

A	L
A	R
E	O
E	A
I	S
J	M
L	T
N	P
N	C
S	E
T	R
U	U

D		E		B	L
R		P		R	U
M		G		E	T
K		A		K	S
O		S		U	X
B		L		O	T
I		A		T	E
U		E		U	S
S		J		U	R
G		E		L	E
P		N		O	N
E		Y		R	E

LE CHICHSTRAC

Dans les trois citations, un même terme a été remplacé par cet étrange **CHICHSTRAC**. Votre seule corvée sera de toiletter ces phrases pour retrouver le mot commun d'origine.

1

« Je tiens le flot de la rivière comme un **CHICHSTRAC**. »
(PAUL ÉLUARD)

....

2

« Avec le **CHICHSTRAC**, il faut choisir : ou bien tu joues juste, ou bien tu joues tzigane. »
(BOBY LAPOINTE)

....

3

« Les amis sont comme les cordes de **CHICHSTRAC** : il ne faut pas trop les tendre. »
(PROVERBE ANGLAIS)

....

(M)OTS

ROBOTISATION
CHANSON D'AUTOMNE
AMINCI
CHAUFFÉ PAR PANNEAUX
TRAITEMENT MÉDICAL
GOMMER
TIRELIRE D'ADULTE
JOB VISÉ PAR IZNOGOUD
HÉROÏNE DE ZOLA
SANS DÉTOURS
CONDITION
BÂTIMENT DES POMPIERS
CHEVALIER ESPION
CROCHET
ÉQUERRES
3,14
DEVANT LE PATRON
IL ATTIRE LE FER
FUMÉ COMME UN HARENG
ALLEMANDE
ÉCOUTERA SA MAMAN
CANCRE AU BONNET
TROMPEUR
ON JOUE SA *CANTATRICE CHAUVE*
ACCESSOIRE POUR SE GRANDIR
VALLÉE ENGLOUTIE
INDIENS
MESURE DE TAVERNE
FLÉTRI
CEINTURES DU JAPON
ASPIRATEUR OU ASPIRANT ?
MAFIA SICILIENNE
ÉLÉGANTS
FABULISTE PHRYGIEN
DÉTÉRIORÉ
SANS VIE, ÉTEINTS

(F)LÉCHÉS

PERSONNAGES DE TOLKIEN
ID EST
MÉDITERRANÉE
CÉDÉE AVEC BAIL
KILOMÈTRE
ENCEINTE D'UN FOOTEUX
PHASE INITIALE
RISQUA
ARBUSTE À BALAIS
ANNONCES EN UNE
CHANTS ENTONNÉS EN SOIRÉE
L'EAU DE PARIS
OFFRANDE
OBTENU
VIVE, PERSPICACE
TRANSPOSER
RAYON À FILTRER
NOM D'EMPRUNT
COUPE DE MOINE
CHAÎNE DE TÉLÉ
PLONGER DANS L'EAU
TUÉ PAR JACK À LONDRES
PÂTISSERIES INDIVIDUELLES

JAMAÏCAIN AMATEUR DE REGGAE
LANCER
VERS LATIN
PAYS D'ATHÈNES
CHANGE D'HORIZON
CURLING ET KARATÉ
S'OPPOSANT
BÊTISIER
NOMBRE D'ANS
REFUSER LA VÉRITÉ
HÉROS TROYEN
COMMUNE DE LA RUHR
A PERDU LA BOUSSOLE
ÉLÉMENT DE TROUSSEAU
RIGOLÉ
HAUTEURS MUSICALES
TUBE LUMINEUX
BRAMER
RELATIF AU FRÈRE D'ISIS
SA PROPRE PERSONNE
ASSORTIT LES TONS
TOUR RAPIDE
SORTIES
PEU BRILLANTS
CHANCE
FIN DE MESSE
TRANSPIRE
MARIE, JOIGNE
BORD DE FLEUVE
SURVEILLE
MOSCOVITE
CUBE
ATTACHAI
PENDANT L'ANNÉE
CRÉATEUR
CITÉ SUR LA TILLE
POST-SCRIPTUM
JALOUSÉE
DU BLÉ SUR QUELQUES CENTIMES
PANIER EN OSIER DU PÊCHEUR

BLAGUES

Qui la voit rit

– Ça fait bien deux ans qu'on a mis ce panneau « Trous en formation » sur cette route, non ?
– Au moins ! Hier, après l'orage, j'ai ajouté la mention « Baignade dangereuse ».

***

Deux types sautent en parachute. L'un demande à l'autre :
– C'est quoi les trucs jaunes en bas ?
– Si ça bouge, c'est probablement le vent dans un champ de tournesols.
– Et si ça ne bouge pas ?
– C'est certainement des employés de la voirie, en habit de sécurité, accoudés sur leur camionnette.

***

Un type est embauché à la voirie pour repeindre les lignes pointillées au milieu de la route communale. Le premier jour, il a repeint 350 m. Son chef le félicite.
Le lendemain, il termine 250 m et le jour d'après, seulement 100.
– Alors, Benoît, la motivation baisse ?
– C'est pas ça, patron, mais le pot de peinture est de plus en plus loin !

SPHINX TER

Le sphinx de Gizeh est impassible, le sphinx Bis est plutôt détendu mais le sphinx Ter est un peu contracté. Aidez-le à se détendre en trouvant le lien logique, le terme qui relie sans équivoque possible les six mots.
Ayez du nez, contrairement au sphinx...

AVOCAT

CHEVAL

GARDE

NOBLESSE

CHAMBRE

VIN

____

QUI FAIT QUOI ?

Cinq élégantes peaufinent leur tenue pour une garden-party extrêmement sélecte, où les gants sont obligatoires. À l'aide des indices ci-dessous, trouvez l'identité de chacune, le cuir choisi pour les gants, ainsi que la couleur et le prix. Si vous ne progressez plus, deux indices supplémentaires vous attendent en bas de page.

ET LES GANTS ÉLÉGANTS

1. Les gants rouges, dont le prix n'est pas exactement de 500 €, valent cent euros de plus que ceux de Lou Kvalidé. Celle-ci a dépensé cent euros de plus que la dame gantée de chevreau, mais cent de moins que Nicole Chique qui, dans les prés, se dit que c'est bientôt la fin de l'été.
2. Soizic Onik, icône de mode allergique à l'agneau, a dépensé cent euros de plus que l'élégante dont la main est couverte de pécari, le cuir chic à trois poils.
3. Les gants orange sont cent euros moins chers que ceux acquis par Hermine Audier, mais les gants bleus sont cent euros plus chers que les roses.
4. Les gants en cuir de vachette coûtent plus cher que le choix pourtant raffiné de Raphie Neuman, mais moins cher que la paire de gants de couleur violette.

INDICES SUPPLÉMENTAIRES

5. Les gants en galuchat ne sont pas portés par Raphie Neuman, ne sont pas de couleur orange et ne coûtent pas exactement 400 €.
6. Les gants en cuir d'agneau, qui ne sont pas portés par Lou Kvalidé, sont moins chers que ceux en chevreau, qui ne sont pas bleus.

GRILLE DE RÉSOLUTION

		CUIRS					COULEURS					PRIX				
		AGNEAU	CHEVREAU	GALUCHAT	PÉCARI	VACHETTE	BLEU	ORANGE	ROSE	ROUGE	VIOLET	300 €	400 €	500 €	600 €	700 €
ÉLÉGANTES	HERMINE AUDIER															
	LOU KVALIDÉ															
	NICOLE CHIQUE															
	RAPHIE NEUMAN															
	SOIZIC ONIK															
PRIX	300 €															
	400 €															
	500 €															
	600 €															
	700 €															
COULEURS	BLEU															
	ORANGE															
	ROSE															
	ROUGE															
	VIOLET															

TABLEAU DES RÉPONSES

ÉLÉGANTES	CUIRS	COULEURS	PRIX

URO NEWS

Vous êtes filmés

La pandémie de covid nous avait valu quelques vidéos cocasses de politiciens censés être au boulot et se baladant en caleçon chez eux, voire sans... Les Belges ne sont peut-être pas encore conscients d'être filmés, de plus en plus, dans leur vie quotidienne. En tout cas pas l'ex-ministre de la Justice belge Vincent Van Quickenborne.

Cet homme était placé sous protection policière, après avoir fait l'objet de menaces de mort. En août 2023, il célèbre son cinquantième anniversaire en compagnie d'amis (le premier ministre belge était présent) qui, totalement éméchés, sortent du lieu de la fête et vont à plusieurs reprises pendant la soirée se soulager sur le fourgon de police, vide, innocemment garé juste en face de la maison.

De 10 h 30 à 4 heures du matin, divers invités pissent sur le combi, sans se douter qu'ils sont filmés par des caméras de surveillance. VVQ lui-même entreprendra le voyage au bout de la nuit pour faire semblant d'uriner sur le véhicule de police, totalement hilare, puis il se filmera jouant avec la porte du fourgon. Malgré ses dénégations (il dit ne pas avoir été au courant de ce qui s'était passé avant), ce « pipigate » l'éclabousse...

Il ne démissionnera qu'un mois plus tard, pour « faute individuelle », mais dans le cadre d'une attaque terroriste islamiste : la fusillade du 16 octobre 2023, à Bruxelles. Il n'avait pas jugé utile de traiter, quatorze mois plus tôt, la demande d'expulsion du territoire du Tunisien qui perpétra l'attentat. Là, c'était bien pire qu'une éclaboussure, pour sûr.

TAPIS C

Déterminez les valeurs relatives des pièces permettant d'affirmer qu'il y a autant d'argent à droite qu'à gauche sur les tapis A et B et répondez à la question finale concernant le tapis C.

TAPIS A

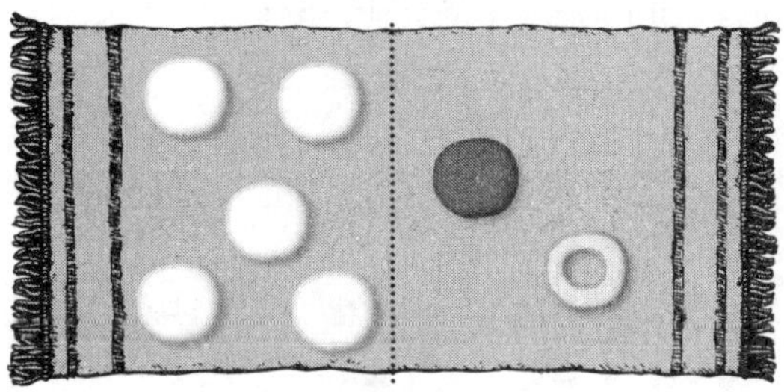

TAPIS B

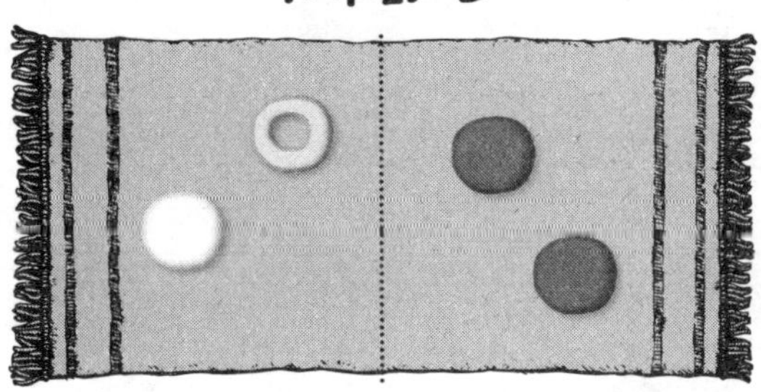

TAPIS C

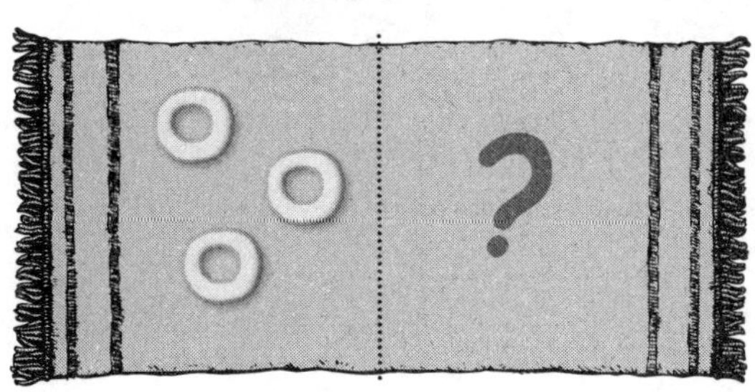

Combien faut-il de « pièces blanches » pour qu'il y ait autant d'argent à droite qu'à gauche, sur le tapis C ?

Graines de chia

Un mot de treize lettres sortira de ces graines de CHIA, coincées non pas dans la gorge mais dans le côlon. Trouvez-le, sans conjuguer. C'est un test, hein !

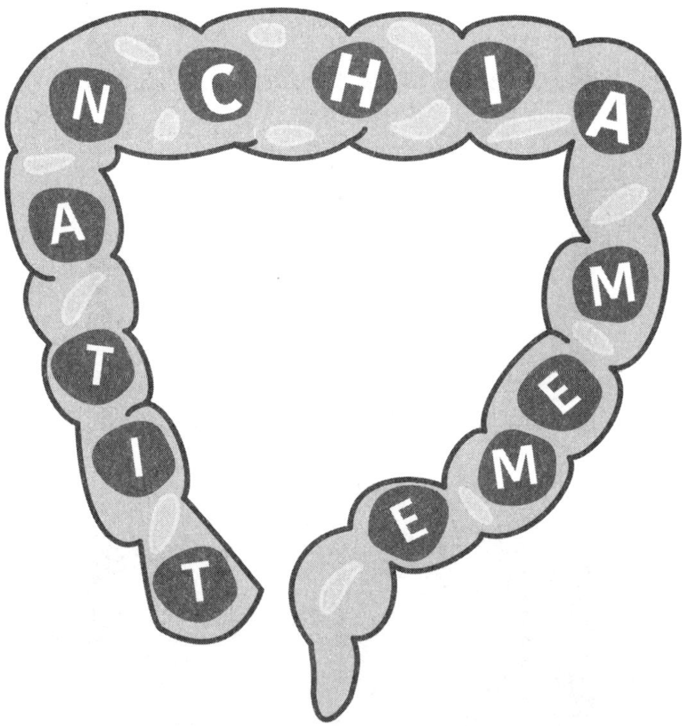

LOGICO

Quelle lettre doit logiquement être inscrite
dans la tête du dernier bonhomme ?

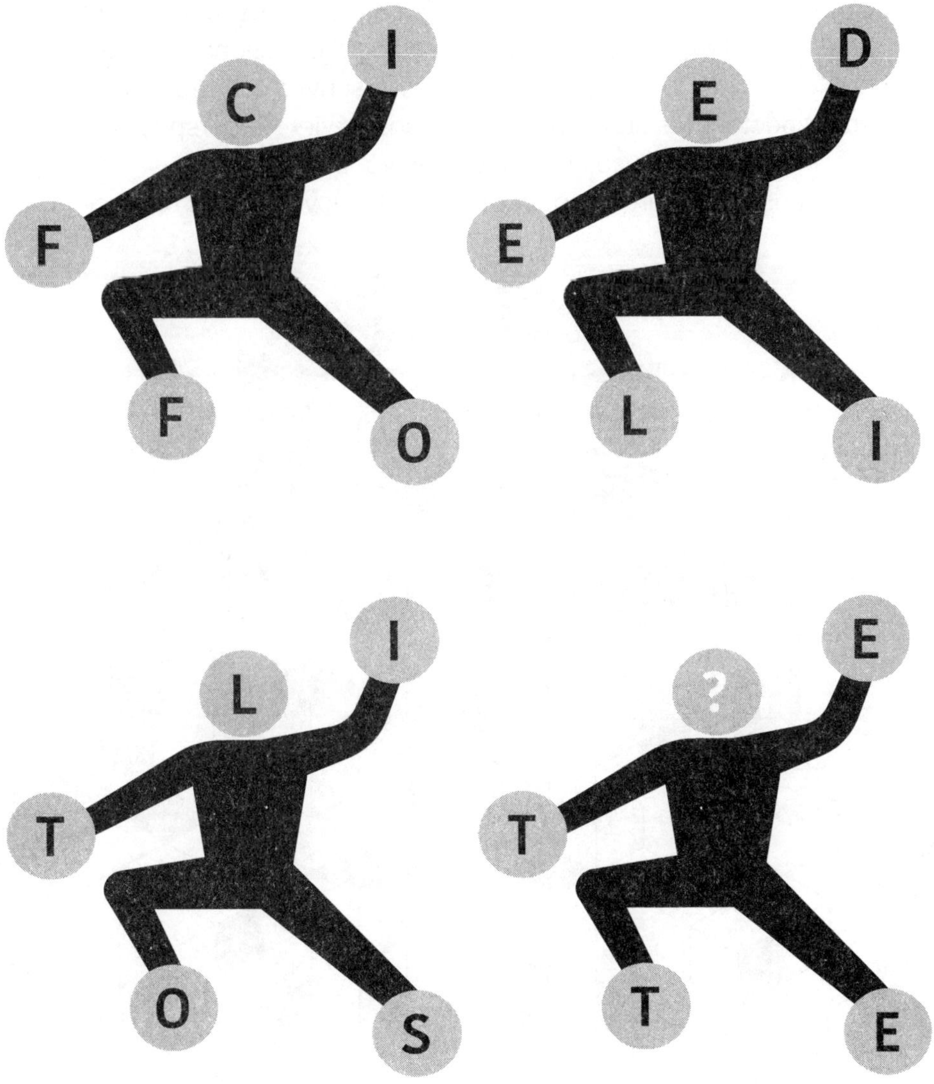

CROISÉS 3D

Cette grille est en 3D, mais inutile de chausser vos lunettes pour le cinéma ! Les mots s'y croisent dans trois directions indiquées par les flèches blanches sur fond gris. Inscrivez vos réponses en respectant les sens imposés et sans dévier : la perspective est un peu trompeuse au début, mais vous allez vite vous familiariser. Embarquez pour un fabuleux voyage dans l'espace !

HORIZONTALEMENT :

A. Ce cratère sur la lune est une vraie plaie ! **B.** Schubert en fit de gentils tout en les appelant « mes chants ». **C.** Pendant l'année. Prouva sa témérité. **D.** Réécriture de réécritures. **E.** Et tienne, et tienne. On le ramasse en hiver au pied d'un arbre. **F.** Le roi n'est pas celui de l'homme heureux. Qui sent un peu le varech. **G.** Olympique lyonnais. Seras persévérant ou lourdingue. Bonne à remplacer. **H.** Balles de pelote basque. État-major. Chanteur de raï. Francium. **I.** Village du col éponyme. Avant de la coque. Paie ou répand.

VERTICALEMENT DE GAUCHE À DROITE :

1. Menace orchestrée par un hacker. Contente d'elle. **2.** Révélés exacts. Source polluée. Objets volants bien identifiés. **3.** Qui ne l'a pas appelé une fois « mon poulet » ? N'ayant pas su résister aux charmes. **4.** Ce n'est pas rien. Serpent bicolore d'Afrique. Engagement récompensé. **5.** Parafer un document sans écrire son nom complet. **6.** L'un des quadruplés de Nout. Bonne poire pour la portugaise. **7.** Ville de l'Oklahoma, sur la Route 66. **8.** Désormais sans gaz. **9.** Faisiez disparaître tout poil de barbe.

VERTICALEMENT DE DROITE À GAUCHE :

I. Famille corroborant l'adage selon lequel les histoires d'amour finissent mal, en général. Cochon de terre dont Seth a la tête. **II.** Versailles lui est conté depuis toute petite. La dépression du géographe. **III.** Tente de confier à Morphée. Qui n'ont qu'une tige. Largeur de papier. **IV.** Souverain pas toujours rapace. Intelligence artificielle. Baie de Nagoya. **V.** Étuves de dessiccation des grains d'orge. **VI.** Millésime. Tokyo d'antan. Greffer. **VII.** Afflux soudain de gens. **VIII.** Croyance. Adresse urbaine. **IX.** Ventilé mécaniquement.

Le bon tuyau

À l'aide des six croisillons, recomposez l'échelle en formant des noms de lieux. Voici un bon tuyau : non loin de la première ville verticale, vous pourrez visiter le château de Dracula.

	A	
T	R	E
	E	

	B	
T	R	E
	A	

	S	
M	O	N
	V	

	B	
T	E	L
	R	

	H	
G	A	S
	R	

	L	
U	I	L
	N	

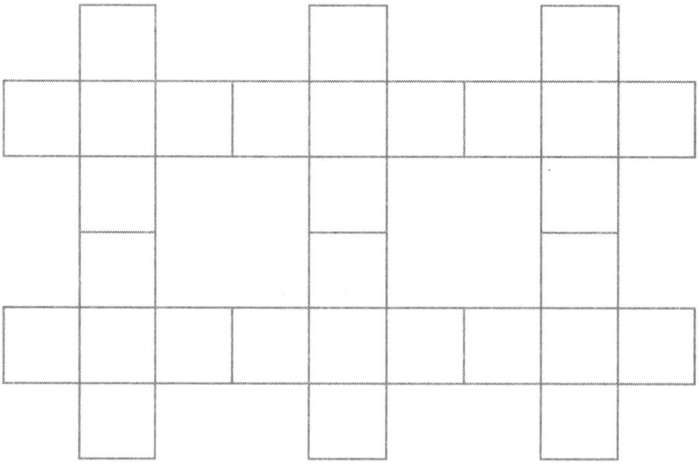

BASIQUE INSTINCT

01010001010011010001110

Dans ce jeu binaire, la première grille ne devra être remplie que de 0 et de 1, avec trois règles à respecter.

1. Chaque ligne (et chaque colonne) contient quatre 0 et quatre 1.

2. Il est interdit d'écrire trois chiffres identiques (ou plus) côte à côte, en ligne ou en colonne.

3. Deux lignes (ou deux colonnes) ne peuvent être identiques.

Une fois la grille terminée, regardez le second tableau constitué de lettres. En ne lisant que celles des cases où vous aurez trouvé un même chiffre (le 0 ou le 1, à vous de voir), vous compléterez la citation de bas de page.

1				0			
	1				1		
				1			
		0					0
1				0	0		
			0	0			
						1	1

H	T	Y	G	O	I	I	L
E	E	T	N	T	I	E	Q
L	E	U	P	E	A	O	N
E	N	R	F	T	I	U	M
R	F	E	U	I	N	N	A
L	I	L	N	A	E	R	N
V	I	E	I	E	N	N	D
E	T	B	O	D	N	I	X

Citation incomplète de Woody Allen :

« LES ENNUIS, C'EST COMME LE PAPIER

.... »

ÉVIDEMMENT

La réponse à cette énigme vous semblera probablement évidente, si vous donnez votre langue au chat et allez voir la solution. Ne serait-ce pas plus drôle de continuer à chercher, seul ou en groupe, jusqu'à ce que votre esprit s'illumine ? Évidemment que si !

Dans quel pays vivent les N majuscules ?

_ _ _ _ _ _ _ _ _

C’est gâchis

Parmi celles ci-dessous uniquement, quelle paire de chaussures n’apparaît pas en même quantité que les autres ?

COUP DE FIL

Un pirate à crochet s'essaie aux textos ; il pense que les chiffres pressés permettront l'affichage immédiat du mot tapé.
En observant la série de chiffres et les possibilités pour chacun, devinez le mot composé par le flibustier.

6	2	8	4	8	7	4	6

Le saviez-vous ?

Pas piqué des hannetons

Il est des expressions qui vivent mal autrement qu'à la forme négative. Les hannetons, que quelques savants qui n'en sont pas piqués appellent couramment *Melolonthinae* – à répéter trois fois avec un criquet dans la bouche –, sont des insectes phyllophages (mangeurs de feuilles) et, partant, considérés comme nuisibles.

En 1479, le pullulement du hanneton a provoqué une famine en Suisse, ce qui vaudra à l'insecte une excommunication, prononcée par le tribunal ecclésiastique, qui sait parfois être radical pour des cas qu'il juge dignes d'intérêt... Les procès d'animaux, très en vogue au Moyen Âge, envoyèrent ainsi quelques porcs au bûcher, moult truies à la potence et pléthore de hannetons à l'errance hors du royaume de Dieu.

Un champ de céréales « pas piqué des hannetons », c'était une culture intacte, non ravagée. On dira plus tard, pour un bois, « pas piqué des vers » : le ver blanc est d'ailleurs la larve du hanneton ; elle porte aussi le nom de « man », ce qui la rend presque humaine pour l'anglophone et éligible à l'exil... fiscal, cette fois, pour l'îlien. Le sanglier se gave de mans, ce gourmand.

Le sens de « pas piqué des hannetons » a lentement évolué pour signifier « pas mauvais », puis par une exagération bien française, « d'une qualité particulière, remarquable ». Étonnant, non ?

(M)OTS

ANNÉE D'ARMISTICE
DESSERT ITALIEN
UN JURÉ DE *THE VOICE*
AUSSI VRAI QUE NATURE
CONGÉDIERA
ENFILER
SANS PESER
METTRE PIED À TERRE
AILES CORNÉES
MONOCHROME
UTILISE DES SELS
DAMNÉS DE LA TERRE
L'ARAIGNÉE S'Y SUSPEND
ENVOYÉ AILLEURS
MILLISECONDE
SE FERA ENTENDRE
BÂTIMENTS DE CAMPAGNE
ACCORD
N'AYANT PLUS COURS
MOUILLAIT LE MAILLOT
FORCE OUVRIÈRES
CASQUES BLEUS
POUR NE PAS LA NOMMER
DE MÊME MATRICE
LA CABANE DU PÊCHEUR
PUBLIÉ
RÉPÉTANT UN PROCESSUS
ANCIEN PARTI
SOUCI DE NUQUE
GRAND FRÈRE
DÉTESTÉ
CINQUIÈME COMME CHARLES
BAS DE GAMME
OPÉRATION POSTALE
BRANCHÉ
BONNE À CONSERVER
AVANCE SUR LE LAC

(F)LÉCHÉS

DAUPHIN BLANC
COMME SON ALTESSE
N'A PAS L'INFO
MATÉRIAU D'ORFÈVRE
COIN CHAUD
NOM D'UN CHIEN
CONSIGNES
LA VOIX DE *DUMBO*
NÉGATION
ALLONGÉ
LA FLEUR DE BILLIE HOLIDAY
PUIS
RÊVÉ
DEUXIÈME PERSONNE
FAN DE VÉRONIQUE
CONDITION
NICKEL
UNE JOURNÉE PARTICULIÈRE
HONORANT
EXPERT-COMPTABLE
ARRIVÉE
POINT DE VUE
PETITE FILLE MODÈLE POUR VÉLASQUEZ
ESTANGUET OU PARKER
LOGIS DE SQUAW
INDIVIDUALISTES

PASSAGE ÉTROIT
FAIRE SON TEMPS
LEADER
BRIQUE DE JEU
GUÈRE ORIGINAL, RIDICULE
UN TIERS
LA BELLE GANSE
ROIS
TROUPES EN PRÉSENCE
CHRISTIANIA
VOISINE DE MARTIGUES
OPÉRÉ
ASSOUPI
RARES TERMINAUX
ÇA, LE CLOWN
QUI USENT LENTEMENT
FÊTE DU MOUTON
ID EST
CONTINENT
LICHENS
S'ATTAQUER AU SOMMET
CANTON SUISSE
COURROIE DE LAD
SANS PITIÉ
TRAVAUX FORCÉS
DEMEURER
POSSESSIF
MAUVAISE LANGUE
FLEUVE AFRICAIN
REVENU MINIMAL
CAPONE
REMUE LA BRAISE
CRI DE CHÈVRE
COMMENTAIRE SANS ENTHOUSIASME
COMPREND
PIERRES TOMBALES

LA SUITE

Si vous ne trouvez pas la lettre terminant de manière logique cette spirale alphabétique, il est à peu près certain que vous aurez les boules. Allez, on avance !

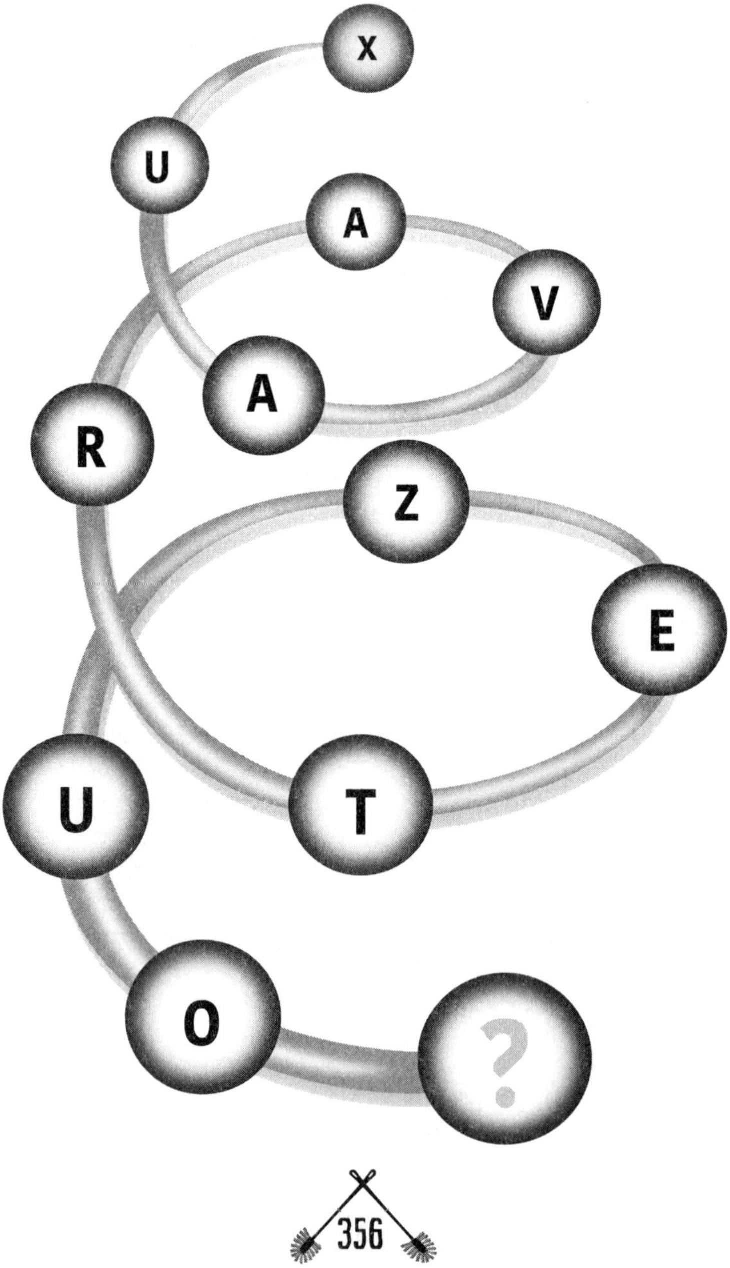

EN MER, DENTS

Tout comme « En mer, dents » laisse entendre « emmerdant », constituez un rébus phonétique évoquant un film dans lequel des ados renversent par accident un inconnu et se débarrassent du corps. Ensuite, ils vont tous se faire (métaphoriquement) pipi dessus en recevant de terrifiants messages...

....

BLAGUES

Old soul

- Mon mari n’arrête pas de se ronger les ongles. Impossible de lui faire passer cette sale manie.
- Tu as essayé de cacher son dentier?

***

Deux petites vieilles sont amies depuis belle lurette.
- Tu te rappelles, quand on était jeunes, on voulait ressembler à Brigitte Bardot?
- Oui.
- Eh bien, ça y est.

***

- Maman, il y a quelqu’un à la porte qui fait une collecte pour la maison de retraite. Je peux lui donner grand-père?

***

- C’est quoi, le secret de votre longévité, demande un journaliste au doyen de l’Ehpad.
- Une vie bien réglée: le matin, je fais pipi, je fais caca.
- Ah? D’accord. Et après?
- Ben après, je me lève.

SUDOKU-KU

Remplissez les cases vides de ce sudoku-ku pour que tous les chiffres, de 1 à 9, soient inscrits une seule fois sur chaque ligne, dans chaque colonne et dans chaque petit carré de neuf cases sur fond gris ou blanc.

						3		1
		3	4				2	
2	9				1		8	
4	2	7		6		8		
		8		7		1	3	6
	1		5				7	3
	6				2	4		
7		9						

Amenez-y...

♫ ♫ ♫ ♫ ♫

Vous révisez vos chansons françaises, pour espérer un jour gagner de l'argent à la télé. Soudain, c'est l'amnésie ! Un terme vous échappe. Observez les notes remplaçant ce « trou » et amenez-y le mot manquant.

1. « Alors, même en amour, j'aimerai chaque ♫♫♫ comme si c'était la dernière »

....

2. « Le ♫♫♫ ouvert, tout en couleurs, mourir sans la moindre peine au dernier rendez-vous »

....

3. « Ivre et ♫♫♫, elle m'entraîne vers l'angoisse et la rengaine »

....

4. « J'pensais les arbres ♫♫♫ et les gueules-de-loup boutonnent »

....

5. « Bientôt, j'ai fait connaissance d'un groupe d'amis vivant en ♫♫♫ dans le même lit »

....

6. « Ta prairie, ça sent bon, fais-en ♫♫♫ aux amis »

....

CRYPTOGRAMME

Remplacez chaque symbole par l'une des deux lettres qu'il crypte pour découvrir une citation de Henry Miller.

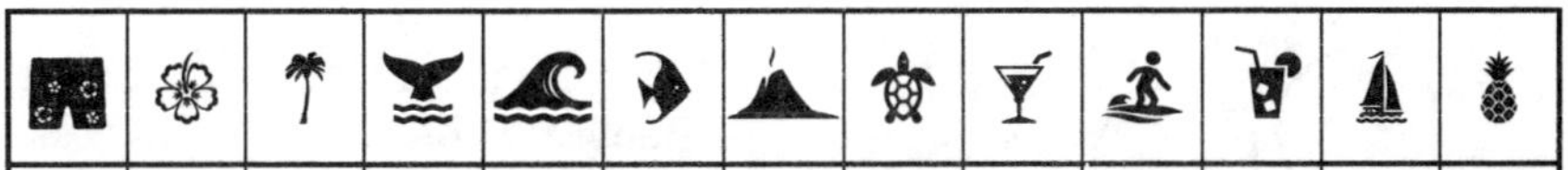

A	B	C	D	E	F	G	H	I	J	K	L	M
N	O	P	Q	R	S	T	U	V	W	X	Y	Z

TROIS PETITS CHATS

Trois petits chats, chapeau de paille, paillasson, somnambule, bulle, bulle… Sur ce principe, remplissez les trente bulles, bulles, bulles, en vous aidant des indices précisant chaque début et fin de mot.

1-7. Les chats font partie de cette famille. **5-10.** Celui d'un chat est présent six fois sur cette page. **8-13.** Les vervets en sont qui ont adopté des chatons errants dans un sanctuaire sud-africain. **9-17.** Celle de boules de poil peut mettre en péril la santé d'un chat.

16-19. Cette panthère vit en Asie centrale. **18-23.** Cette race de chat est originaire du Sri Lanka. **21-26.** On donne la sienne au chat, quand on ignore la réponse. **24-30.** Ce coureur rapide est bien plus gros qu'un chat.

FÈCES TIME

Le cacao est-il caca ?

En tentant d'obtenir des infos sur le cacaspiste (voir page 315), une question philosophique m'a sauté au visage, ce qui est moins dangereux qu'une grenade ou un pitbull, mais tout de même. Quel rapport entre le délicieux cacao, que tout le monde aime lécher, et le caca, pour lequel moins de monde se précipite ?

Ni une ni deux, je fonce sur mes sources de travail : des dictionnaires anciens, des précis d'étymologie – en anglais, en français –, des sommes d'indo-européen, et je tapote cacao, caca, cacahuète, cacao, cocoa… Ben oui, les Angliches disent *cocoa* pour cacao : ils se sont emmêlé les pinceaux dans les voyelles vers 1800, dans leur dictionnaire, influencés par le nom coco ! Et ils n'ont jamais rectifié depuis, l'usage faisant loi.

Alors, « cacao » comme « cacahuète » vient du nahuatl, la langue des Aztèques : *cacahuatl* désigne le premier et *tlalcacahuatl* la seconde, qui est selon eux un « cacao de la terre ». J'ai foncé sur le dictionnaire nahuatl de Molina, imprimé à Mexico en 1571, pour en savoir plus. Après deux mois de fouilles et cinq barres de Bounty, j'ai trouvé l'origine de ces noms : le verbe *cacaua*, fréquentatif de *caua*.

Si je n'ai pas réussi à tout comprendre sur ce verbe, je peux toutefois affirmer que le cacao n'a rien à voir avec le mauvais *kakos* grec à l'origine de notre caca, puisque l'origine est ce *caua* et que le redoublement initial du [ca] indique seulement une fréquence d'action. Promis, j'irai plus en profondeur l'an prochain : je risque de trouver des cacahuètes, en creusant, tiens !

LA TÊTE AU

Dans chaque carré grisé figure un mot. Trouvez-en une anagramme correspondant à l'une des définitions en page de droite (exemple au centre : INSECTES pour l'indice 9). Inscrivez ensuite, dans chaque tête, le numéro de la définition du terme recherché. Reportez alors l'initiale de chaque mot trouvé, ici un I, dans les cases numérotées de l'échelle de décodage. Celle-ci complétera une citation de Pierre Dac : « Si la matière grise était plus rose, le monde... » À la fin, en additionnant les chiffres des définitions, il vous faudra totaliser 65 sur toutes les lignes, toutes les colonnes et les deux diagonales de ce carré magique.

ENDURA	CHANTERAIT	DÉVALÉ	ORIN	MALICE	= 65
STAMINAL	LANDIER	ÉLIAIT	ROCHERIONS	LES	= 65
RÉSIDUS	TERNE	SI CE N'EST 9 INSECTES	ROUSSI	OILLES	= 65
OURSE	BROME	VIRE	TIMORÉES	ORANGE	= 65
UNIT	MIEN	RÂLE	CENNES	DOSERAI	= 65
= 65	= 65	= 65	= 65	= 65	

65 = (diagonale) 65 = (diagonale)

CA-CARRÉ

1. Cette nuance bleutée de gris couvre nombre de nos toits.
2. Le grizzli, ours grisâtre, fait partie de cette famille.
3. Ce mastodonte à corne est gris, qu'on le dise noir ou blanc !
4. Cette variété de charbon donne son nom à une nuance de gris.
5. C'est un synonyme de gris, dans le sens de saoul. **6.** Cet objet porte-bonheur est un grigri parmi les gris-gris. **7.** La faire grise, c'est montrer sa contrariété. **8.** Cet âne sauvage, aussi appelé hémione, a une robe grise. **9.** Les poissons d'argent en sont d'inoffensifs, gris. **10.** On le mélange au blanc pour obtenir du gris.
11. Ce rongeur définit une nuance de gris. **12.** *Limax maximus* en est une grande, grise. **13.** Devant *grey*, « gris » en anglais, c'est une variété de thé. **14.** Grise, c'est une religieuse de Montréal.
15. C'est le pays de Greystones et de ses landes de pierre grise.
16. Un vêtement noir devenu gris l'est. **17.** *Cinquantes Nuances de Grey* figure à ce rayon de bibliothèque. **18.** Ce mot précède « gris clair et gris foncé » chez J.-J. Goldman. **19.** Mêlé à poivre, c'est du gris aux cheveux. **20.** À ce moment, tous les chats sont gris. **21.** Grise, elle nous suit le jour et disparaît la nuit.
22. Dans ce pays, gris se dit *grigio*. **23.** Ce chanteur nommé Séchan a repris *Du gris* de Fréhel. **24.** Brûlé à l'église, il dégage une fumée grise. **25.** On ne le voit guère par temps gris.

								I				
1	2	3	4	5	6	7	8	9	10	11	12	13

14	15	16	17	18	19	20	21	22	23	24	25

MOTOCROTTE

Chaque chiffre en début de ligne ou haut de colonne indique le nombre de déjections qui s'y trouvent. Localisez et représentez par un cercle les crottes laissées par les 36 cabots de la grille, pour permettre à la motocrotte de passer. Un chien ne laisse une crotte que dans une case libre touchant la sienne et jamais en diagonale. Commencez par marquer d'un point les cases sans excrément, comme ci-dessous (0 en début de ligne ou en haut de colonne). La case où veille l'agent de police est sans crotte.

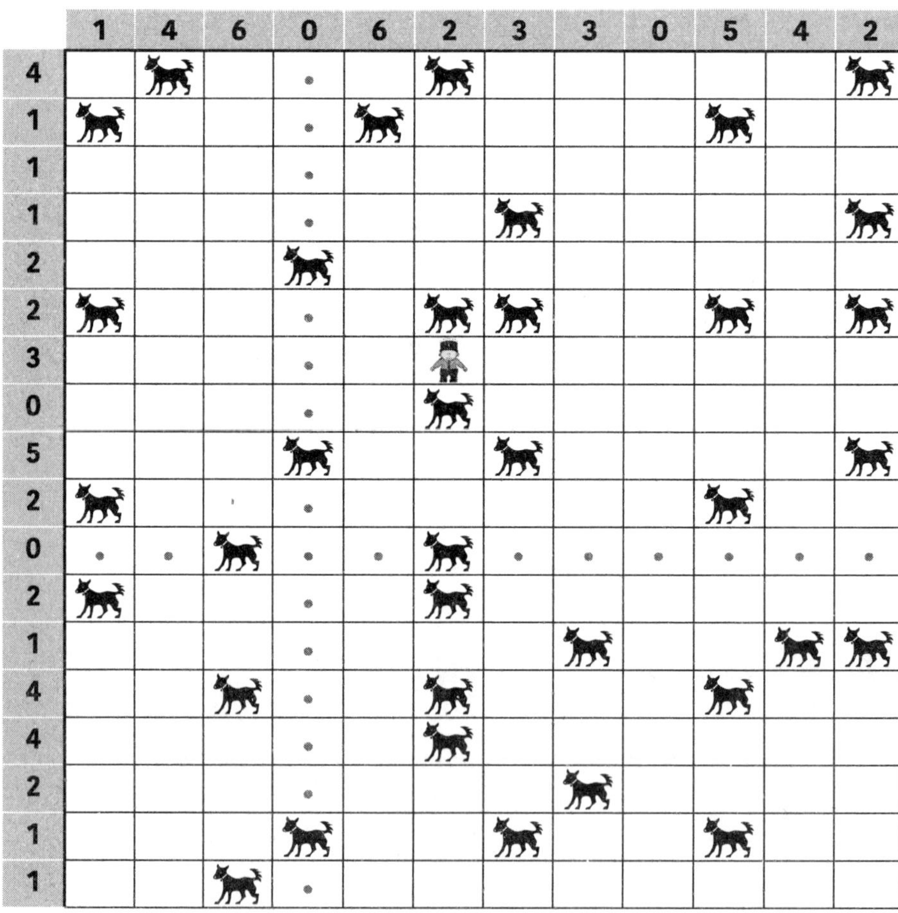

TOMBEZ DANS LE PANNEAU

Observez les panneaux et leurs indications fantaisistes.
Si aucune de ces communes ne se trouve à cette distance et/ou dans cette direction, l'ensemble des informations doit vous permettre, en faisant les bons choix comme à T**oulou**se, d'identifier deux villes secrètes françaises en huit lettres.
À vous de comprendre ce que le génie civil avait en tête lorsqu'il a commandé ces drôles de panneaux. Ne tombez pas dedans !

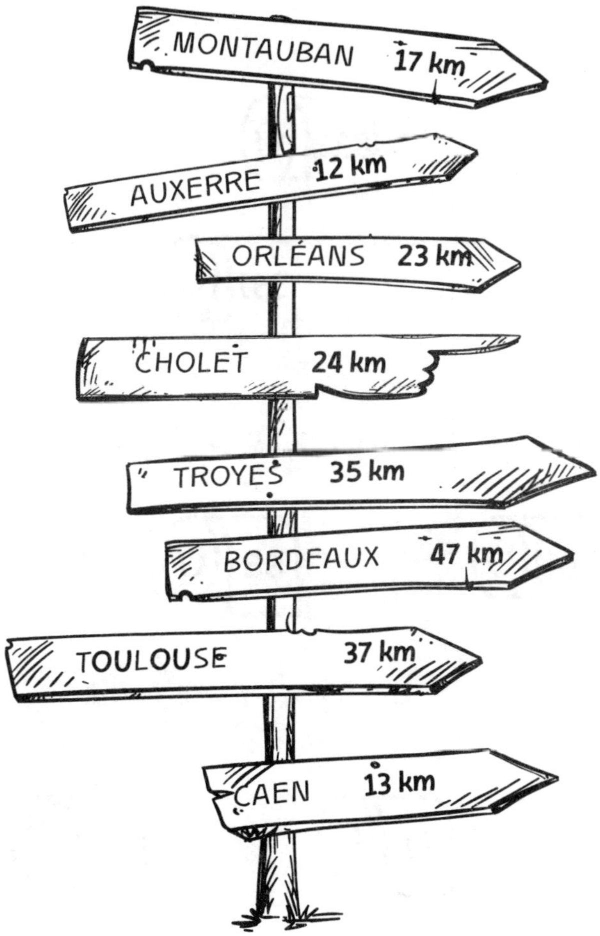

Pipiramidal

Complétez la pyramide en inscrivant sur chaque flaque un total égal à la somme des deux nombres notés sur les deux éléments (flaque ou rouleau) immédiatement en dessous.
Le nombre 628 (314 + 314) au sommet a un petit parfum de pipi, puisque pi, c'est 314…

Et on se tiiiiire ailleurs

Je vous le conseille, de vous tirer ailleurs, si un tirailleur approche de vous ou si les élections tournent mal. C'est une évidence, me diront certains lecteurs râleurs, qui me harcèlent et me tiraillent depuis bientôt huit ans, tout en rachetant cet ouvrage, le seul qui contienne 540 pages de jeux pour le prix d'un magazine pourri, fait par ordinateur, dans lequel vous n'en trouverez qu'une centaine, et encore, de piètre qualité. Rogntudjuù !!

Je ne parle pas du tirailleur nord-africain ou sénégalais, multi-médaillé lorsqu'il parvint à survivre, mais d'un coléoptère dont j'ai trouvé trace en feuilletant un vieux Littré. Non, pas un « lettré » : je n'effeuille ni ne feuillette les khâgneux. Le Littré, le vieux dico d'Émile. Sous les sens de « chasseur qui tire mal » et « soldat qui tiraille et combat en avant d'une troupe », un adjectif masculin me remplit d'émoi. M'enfin !

« Tirailleur. Adj. m. Terme de zoologie. Se dit de plusieurs coléoptères qui ont la faculté d'émettre avec explosion, par l'anus, une fumée blanchâtre servant à écarter leurs ennemis. » Je précise, pour clore ce chapitre, que c'est bien le soldat qui a inspiré le nom du coléoptère et non l'inverse. Même si les soldats bouffaient régulièrement des rations de fayots, il n'a jamais été écrit par aucun historien que la troupe pétait à l'envi en montant à l'assaut. Ou alors on nous cache des choses. Amis complotistes...

Le Pendu

Vous avez tous déjà joué au pendu. Observez bien les neuf lettres des essais infructueux et déduisez-en le seul mot possible dans cette configuration, sans conjuguer. Le mauvais est un ennemi, paraît-il.

_ _ _ _ E S _ E _ _ _

Lettres déjà proposées, mais pas dans le mot :

A B D F I M P U V

7 HORREURS

Trouvez les sept différences entre les deux illustrations.

LES MUTANTS

Ces titres d'œuvres ont mystérieusement muté : chaque terme important a été remplacé soit par un synonyme, mot de même sens, soit par un antonyme, mot de sens contraire.

À vous de retrouver le titre original de chacune des trois œuvres fictives suivantes : il peut s'agir d'un film, d'un tableau, d'un roman ou d'une chanson.

1. La Mort en bleu

....

2. Le Tintamarre des loups

....

3. Mika dans le RER

....

Les enfants terribles

Cinq couples à l'humour douteux annoncent à des amis que leur famille s'agrandit. Sachant qu'Ella, Fanny, Hillary, Jeanne, Nicole et Simon sont arrivés à la maternité, inscrivez les prénoms complétant les faire-part. Attention, une famille a eu des jumeaux.

Monsieur et Madame Niscotch
ont le plaisir de vous annoncer
la naissance de

....
....
....

Monsieur et Madame Ultou
ont le plaisir de vous annoncer
la naissance de

....
....
....

Monsieur et Madame Épi
ont le plaisir de vous annoncer
la naissance de

....
....
....

Monsieur et Madame Golé
ont le plaisir de vous annoncer
la naissance de

....
....
....

Monsieur et Madame Stralamézon
ont le plaisir de vous annoncer
la naissance de

....
....
....

(M)OTS

REPTILES À LARGE MUSEAU / L'ACQUIS DE LINNÉ		MASSIF DE PROVENCE / APPRÉCIÉ		NATUREL / SIÈGE D'APPOINT
BORD DE MER / IMITER SANS PARLER				
FLEURS AU BALCON / ACCORD MOSCOVITE				
		INFLORES-CENCE / DÉCALÉ, D'UN AUTRE ÂGE		
ÇA LUI FAIT UNE BELLE JAMBE ! / SUCCULENT				
			DÉMENT TOUT / DESSERT VITAMINÉ	
DESCENTE AGITÉE EN CANOT / SPORT OLYMPIQUE				
GAGEURE DE PASCAL	POSTES DE VIGIES / SUPPRES-SION			
				TYPE DE TEST / HOUSSE D'OREILLER
PAQUET DE RADIS / OFFRANDE				
			BORGNE EN MER / SUPPORT VÉGÉTAL	
CONTES-TABLE / SPIRITUEUX				
PASSA SOUS SILENCE / NOUÉES				SOUFFLE DIVIN / ÉTAIN CHIMIQUE
REBELLE SANS MAÎTRE		PARTAGÉS PAR TOUS		
				SON BASSIN EST LARGE

(F)LÉCHÉS

RENCONTRE DE VOYELLES
PONTE DES ŒUFS
COULÉE DE LAVE
PORTEUSES DE NOTES DE FRAIS
MUSCLE
BOIS TROPICAL
AFFAIBLIE
SURPRISE EXPRIMÉE
DÉSIR D'AGIR RESTANT SANS EFFET
DISCIPLINE SCOLAIRE
PAR EXEMPLE
REVÊTEMENT DE SOL
ELLE VOUS EMMÈNERA HAUT
VIS
SEMOULE DE MANIOC
PEAU D'CHIEN
ON Y TROUVA UNE VÉNUS
COSMÉTOLOGUES
CHAGRIN
COULEUR DE COQUELICOT
NAZI
LOMBARDE CONTAMINÉE
INSTALLER SUR UN BANC

PILOTE DE LIGNE
LA SUISSE
TÉRAOCTET
TROU DE LA PEAU
GUÈRE
LE POISSON D'AQUARIUM LA DÉVORE
DANSE ANTILLAISE
TOKYO
JONGLEUSE À MOUSTACHE
EN CE LIEU
SANS COMPAGNIE
PEU FRÉQUENT
ÉTAT AMÉRICAIN
COURS PRÉPARATOIRE
VOMITIF
TRUQUÉ
ÇA, DE S. KING
PRÉNOM DE JOHN
CACHET CONTRE LA FIÈVRE
VERMOULU
FILLE DE SAINT-CIRQ-LAPOPIE
ESGOURDE
ONZE
PIC PYRÉNÉEN
OUBLIÉE À DESSEIN
PORTANT UNE PETITE POIGNÉE
ANIMAUX ROIS
MOCHE
ENLEVA
ADMINISTRA
MILLIGRAMME
GAZ DE VIL
COUP
PUISQUE
ET VOILÀ !
ANTE MERIDIEM
SOU
NOTE
BOUT DE BOIS
DERNIER EN DATE
APLANIT

BLAGUES

Super-zéro

Un homme appelle les pompiers.
- Venez vite, ma maison brûle.
- Vous connaissez l'origine du feu?
- Ouais, un truc de silex à la Préhistoire, mais honnêtement, on s'en fiche. Venez vite!

***

- Noham, tu es un super-héros? Alors, range ta chambre, Superman!
- Ah, mais je ne suis pas Superman aujourd'hui!
- Alors tu es super quoi?
- Aujourd'hui, je suis Super-Fatigué.

***

- Qui sont les parents de l'Homme invisible?
- Des transparents, sans aucun doute.

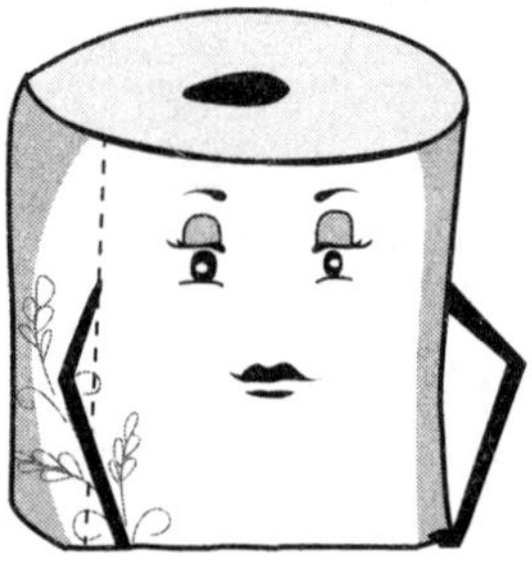

ALPHABÊTE

Chacune des lettres de l'alphabet doit être utilisée une et une seule fois pour compléter dix noms d'animaux. Biffez les lettres employées au fur et à mesure, mais attention aux pistes multiples. Vous pouvez aussi raisonner en vous demandant où caser les lettres chères du Scrabble® : J, K, Q, W, X, Y et Z.

1	_	_	_	N	E						
2	_	E	L	_	H		C	_	R	G	I
3	_	A	_	U	A	_					
4	_	E	_	R	E						
5	_	E	C	_	E	_					
6	_	A	S	I	_	_	E				
7	_	A	C	_	R	E	U	_			
8	_	I	_	E	R	T					
9	_	E	R	_							
10	R	A	G	O	N	_	_	N			

A	B	C	D	E	F	G	H	I	J	K	L	M
N	O	P	Q	R	S	T	U	V	W	X	Y	Z

BONUS

Observez les lettres bien placées sur fond noir ou mal placées sur fond gris foncé pour deviner le seul mot final possible.

U Noir   E Gris foncé

U	L	T	R	A	S	O	N
U	P	P	E	R	C	U	T
U	T	I	L	I	S	E	R
U	N	I	M	O	D	A	L
U	B	E	R	I	S	E	R
U	___	___	___	___	___	___	___

SANDWICH

Complétez les mots horizontaux. Une seule des différentes possibilités vous permettra de trouver, dans la colonne actuellement vide, une expression dont le dernier terme est souvent mal compris.

F	E		A	L	E
R	A		E	T	E
A	M		U	R	S
P	O		U	E	T
P	O		L	E	T
E	M		U	T	E
R	U		A	U	X
E	P		O	Y	E
T	H		I	E	R
E	U		E	N	E
N	U		N	C	E
T	A		D	I	F
R	A		A	N	T
E	R		S	I	F
R	A		I	T	E

CALCULS DURS, HEIN !

Avec les quatre opérations de base **(+ − × ÷)** et en utilisant au maximum une fois les plaques proposées, tentez d'atteindre le nombre cible : **764.**
Il n'existe que deux approches pour y parvenir.

764

2 - 3 - 5 - 6 - 8 - 9

ANAGRAMMES

Les termes suivants n'ont qu'une anagramme, notez-la à droite. Les initiales des mots trouvés formeront verticalement un onzième terme. Celui-ci a deux anagrammes, dont une non conjuguée qui permettra de compléter la phrase :

« La force de _ _ _ _ _ _ _ _ _ _ du _ _ _ _ _ _ _ _ _ _ était légendaire dans le monde animal. D'ailleurs, personne ne conteste aujourd'hui les décisions du crocodile, son descendant ! »

1. RÉPULSIVE	_	_	_	_	_	_	_	_	_
2. DÉPRIMÉE	_	_	_	_	_	_	_	_	
3. SCÉLÉRAT	_	_	_	_	_	_	_	_	
4. NAVIGUONS	_	_	_	_	_	_	_	_	_
5. ROULANTS	_	_	_	_	_	_	_	_	
6. FRISAGES	_	_	_	_	_	_	_	_	
7. OFFUSQUE	_	_	_	_	_	_	_	_	
8. CANTINES	_	_	_	_	_	_	_	_	
9. EFFONDRA	_	_	_	_	_	_	_	_	
10. VENIMEUSE	_	_	_	_	_	_	_	_	_

GRANDES

HORIZONTALEMENT : A. Elle fait son beurre à la Saint-Valentin. Estomaqué. Celui de la nation en a une à l'œil. **B.** Après ça, on n'en mène pas large. Assemblée pour nom d'île. Période sombre propice au sommeil. **C.** Risqué. Phénomène apparaissant inexplicable. Gavroche ou gone. Salmonidé arc-en-ciel. Premier fleuve du dictionnaire. **D.** Phase au rugby. Examen suivant l'écrit. Vêtement pour marin. Refrain. Zélé, pour un chevalier. **E.** Argon de labo. Panneau d'arrêt. L'élève devra bien l'apprendre. Gaulois, voire coquin. Plein de chrême. **F.** Mitaine ou moufle. Lac de Lombardie. Chère, coûteuse. Se lamente. En ville. **G.** Perroquets. Karaté ou handball. Aurochs disparus. Pondéras. **H.** Nettoyeuses de cheminées ou bûches à cet effet. Agite l'aviron. Interprète d'un personnage. Rameau bénit. **I.** Trompe, roule. Pronom réfléchi. Mal récompensé de sa confiance. Conservatoire national des arts et métiers. Prenant pour unique objectif. **J.** Passant du vert au rouge. Deux à l'heure. Fille d'une sœur. Praséodyme. Vue en songe. **K.** Capone. *College* face à Windsor. Hiatales, elles causent un reflux. Imprégner. Numéro de Saint Louis. **L.** Fin de messe. Classement des tubes musicaux. Devant le patron. Spectacle théâtral au Japon. Défendît ses convictions. **M.** Essayée. Éclat de rire. Senior. Préleva dans une masse importante. Poissons argentés. **N.** Cri hostile. Tee-shirt avec col. Envoyé qui ne doit pas devenir bouc. Bourricot. Après vous. **O.** Honorable. Vents. Portât avec force. Compétition ouverte à tous. **P.** À elle. D'une cellule d'influx nerveux. Ici, à l'intérieur. Cours de Toulouse. **Q.** Convienne. Divise. Huée. Passionné de high-tech. Ville du Nevada. Rouleau asiatique. **R.** Liquides d'impression. Précédé par nonante-neuf candidats. Circulaire. Dépourvu de courtoisie.

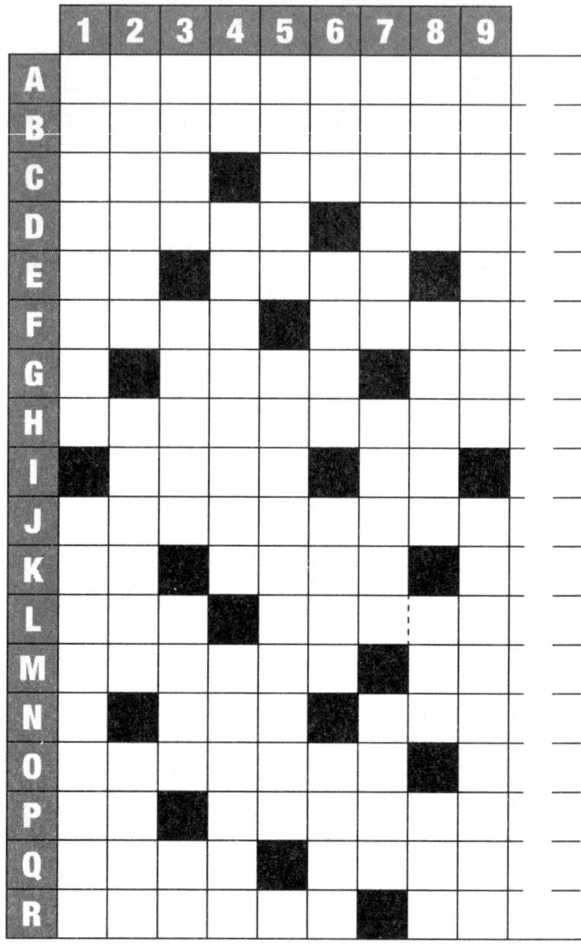

VERTICALEMENT : 1. Lui, il fait son beurre en vendant des produits laitiers. Institutrice des petits. **2.** Désavantagera. Sorti de l'enfance. Paluche. **3.** Rivière du Morbihan. Ville belge de Cécile de France. Crochet. Expert-comptable. **4.** Cité sumérienne. Mutilé. Tina sur scène ou William en peinture. **5.** Repasse. Endormi. **6.** À cet endroit. Affluent de la Seine. Luxueuse étoffe. Roches poreuses. **7.** Élixirs contre la toux. Fatigant. Géniteur. **8.** Empereur. Ville de la Ruhr. Mets vietnamien. Jamais. **9.** Tranche de viande. Pays de Phuket. **10.** Une dame. Armée féodale. Fin d'infinitif. Vague au stade. **11.** Principe

VACANCES

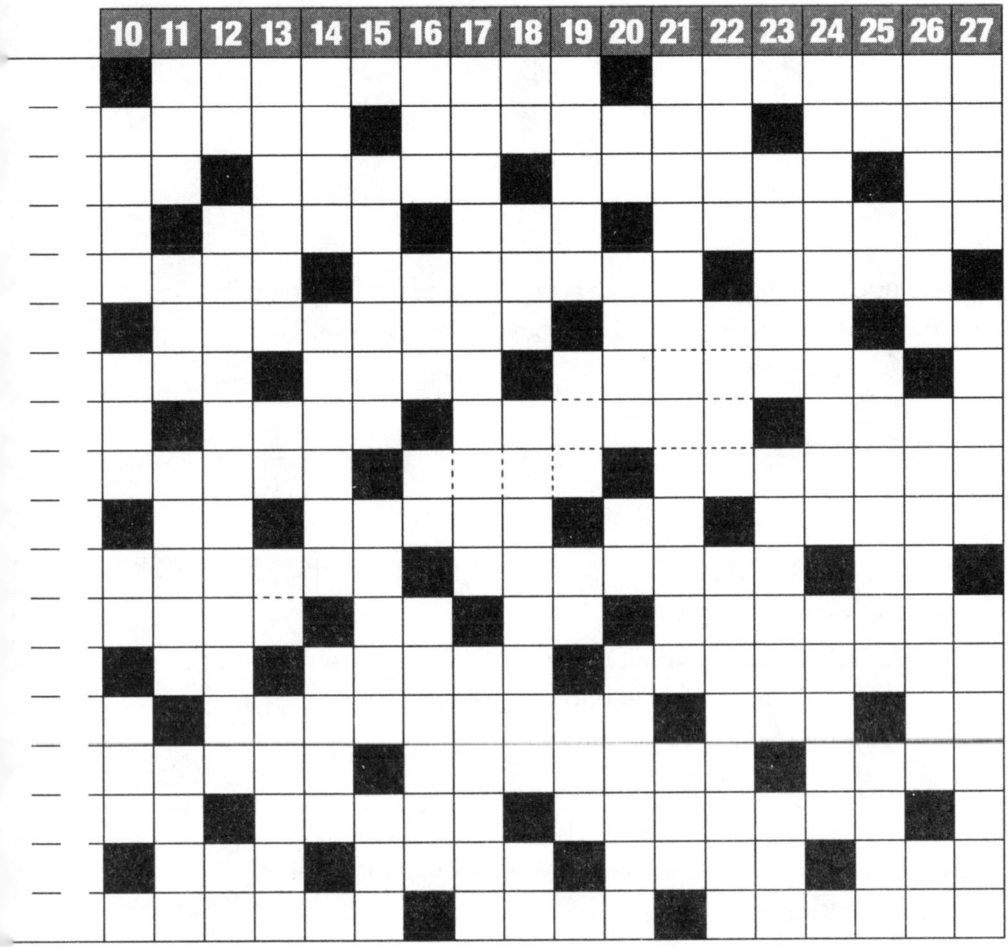

vital. Instrument de musique. Te marreras. Caillou sur l'océan. **12.** Cri de la chèvre. Forcerez. Dictateur à résistible ascension. **13.** Inflammation du pharynx. Exclamation. *Id est.* Petite touffe de cheveux. **14.** Vedette. Mâche et remâche. Sa tour penche. **15.** Furie apprivoisée par Shakespeare. Sortis. Compte d'ans. **16.** Canton suisse. Ligne du plan. Démonstratif. Boisson apaisante. **17.** Période où vécut Montaigne. Tamiser. **18.** Impayé. Bugle. Calvadosien doué pour préparer les tripes. Knock-out. **19.** Premières notes. *Suprême* groupe de rap. Note. Désert. **20.** Iridium. Puits naturel. Été capable. Animal présenté comme rusé. **21.** Gros rouge qui tache. Surface. **22.** Où règne la concorde. Inscriptions sur la croix. Pâtes en forme de tubes striés. **23.** Corps d'homme ou tige d'arbre. Trois cartes identiques, au poker. Pseudo. **24.** Qui va forcément se produire. Segment d'intestin grêle. **25.** Découvert en bouquinant. Millésime. Douceur extrême. Penalty en version moderne. **26.** Prompte à nouer des relations sociales. Imprécise. Article arabe. **27.** Autorité politique souveraine. Anorak, parka. Raz-de-marée dévastateur.

GLOBE-CROTTEUR

1. Dans quelle langue dit-on « Pardonon, kie estas la banejo ? » pour demander poliment où se trouvent les toilettes ?

- espagnol
- portugais
- espéranto

2. Comment demande-t-on poliment les wawas à un homme, en arabe ?

- « Min fadlak, fen el gog ? »
- « Min fadlak, fen el hammâm ? »
- « Min fadlak, fen el sauna ? »

3. Où demanderez-vous : « Tuvalet nerede ? », pour localiser les commodités ?

- en Turquie
- dans l'archipel polynésien des Tuvalu
- au Népal

SPHINX TER

Le sphinx de Gizeh est impassible, le sphinx Bis est plutôt détendu mais le sphinx Ter est un peu contracté. Aidez-le à se détendre en trouvant le lien logique, le terme qui relie sans équivoque possible les six mots.
Ayez du nez, contrairement au sphinx...

CUL	PÂTE
LETTRES	VERRE
RIZ	MONNAIE

____

Clés en main

Le butin du pirate est stocké dans un coffre sécurisé par un mot de passe. Notez dans chaque clé la lettre à laquelle elle est associée sur la page de droite. En trouvant le bon point de départ et le bon sens de rotation, lisez le mot de passe ouvrant la serrure. Attention aux trois clés piégeuses.

R
S
M
A
U
L
I
C
X
E
O
N

Larret

Depuis que je me suis lancé sur la piste de Montcuq, je patauge dans Larré, Larée, Larrey et maintenant Larret. Dommage qu'Hugo Lloris, Fabien Barthez et Mike Maignan n'y soient pas nés : c'était un nom indiqué pour un gardien de but. Larret se situe en Haute-Saône. Si, ça existe, comme département : c'est le 70. Juste avant, c'est le 69 : la Haute-Salacité. Enfin, je crois, je suis nul en géo, c'est pour cela que j'explore les cartes avec autant d'assiduité.

« T'as voulu voir Vesoul (en Haute-Saône) et on a vu Larret », chantait Jacques Brel quand il voulait faire rire ses potes haut-saônois au sauna un peu bourrés (Brel et le sauna). L'hiver est rude à Larret, mais les vents modérés, c'est déjà un point positif. Chargey-lès-Gray n'est qu'à 16 km à vol d'oiseau, mais on s'en branle finalement, puisqu'on n'a pas d'ailes.

Je ne sais pas quel est le gentilé (nom d'habitant) de Larret, mais je viens d'appeler la mairie et de leur laisser un mail. En même temps, ils ne sont que 60, donc j'espère avoir l'info avant de faire imprimer cet ouvrage. À voir localement : un château, l'église de l'Assomption et… le lavoir de Larret, qui doit attirer les foules. Ça me rappelle une chanson de Brassens : « Quand Margot dégrafait son corsage, puis le reste jusqu'au lavoir de Larret, tous les gars du village étaient lalala lalala la, étaient là. »

Breaking news : la mairie… ne m'a jamais répondu. Pas de cul !

CROISILLONS OQP

Occupez-vous avec cette grille où les lettres **O, Q, P** ont déjà été positionnées, lorsqu'elles sont présentes. Attention, les définitions amusantes sont souvent à prendre au second degré.

1. Caïn : cas un.

2. Cochon se nourrissant de blé.

3. Obligerez à changer de train.

4. Celui de Tati n'avait rien d'illégal.

5. Sentant toujours un peu le pipi.

6. Signe prévenant d'une gauloiserie.

7. Elle se met à table au restau, même sans un rond.

8. Aspects de papiers exposés à la lumière.

9. Monter sur les planches et, finalement, redescendre.

10. Un philosophe qui se sentait à l'aise à Èze.

BOUCHE-TROUS

Inscrivez une lettre par tiret pour reconstituer six mots de la langue française. S'il vous faut plus que le squelette de HENRY MORGAN ou FRANCIS DRAKE, piratez l'indice du dessous. Interdiction de conjuguer !

1. M _ _ _ O _ R G A N _ _ _ _ _
2. M O R _ G _ _ A N _
3. _ M _ O _ R G _ _ _ _ A N _
4. _ F _ R A N C _ I S
5. F R A N C _ _ _ I _ _ _ _ _ _ S
6. D _ _ R _ A K E

INDICES :

1. Le terrible flibustier Henry Morgan connut plusieurs naufrages : ces petites bêtes furent nombreuses à s'établir sur les épaves de ses bateaux.

2. Réprimandant son fils, comme le fit Robert, un châtelain aisé du Glamorganshire.

3. Qui mène plus à la vie de châtelain qu'à celle de flibustier, finalement.

4. Les esclaves d'Afrique, que Francis Drake revendait dans le Nouveau Monde, l'étaient rarement.

5. Plus proches de Surcouf que de Henry Morgan ou Francis Drake.

6. Reprend du service, mais sur terre, pas sur mer.

SUDOKU-KU

Remplissez les cases vides de ce sudoku-ku pour que tous les chiffres, de 1 à 9, soient inscrits une seule fois sur chaque ligne, dans chaque colonne et dans chaque petit carré de neuf cases sur fond gris ou blanc.

6						2		
8	1		7	3		5		
3				9				
					1	4	7	
	7		3		4		2	
	4	2	9					
				6				9
		5		4	3		1	2
		8						3

LA TÊTE AU

Dans chaque carré grisé figure un mot. Trouvez-en une anagramme correspondant à l'une des définitions en page de droite (exemple au centre : HISTORIEN pour l'indice 13). Inscrivez ensuite, dans chaque tête, le numéro de la définition du mot cherché. Reportez alors l'initiale de chaque mot trouvé, ici un H, dans les cases numérotées de l'échelle de décodage. Celle-ci complétera une citation de Raymond Queneau : « L'Histoire est la… » À la fin, en additionnant les chiffres des définitions, il vous faudra totaliser 65 sur toutes les lignes, toutes les colonnes et les deux diagonales de ce carré magique qui parle assez peu de géographie.

COURSES	AÎNÉ	CHOUINER	LYCHEES	MANDALE	= 65
LANDAIS	TARDE	VIDAS	DÉNIÉE	DITE	= 65
ENHARDI	MELCHITE	HÉRITIONS 13 HISTORIEN	TÉTROSE	PACTE	= 65
SALERON	SAROUELS	PRIMÉE	TOUPIE	RENON	= 65
NIVELAGES	LIMOUSINS	ANNELAS	PECTORALE	LATINES	= 65

65 = (diagonale) | = 65 | = 65 | = 65 | = 65 | = 65 | = 65 (diagonale)

CA-CARRÉ

1. Les citer atteste l'histoire. **2.** C'est la femme la plus célèbre de l'Histoire. **3.** Cette victoire de Napoléon date de 1806. **4.** Ils permettent de connaître l'histoire de Jésus. **5.** On retiendra de lui qu'il incendia Rome. **6.** Une véritable dynastie commence avec ce surnom de Hugues Ier. **7.** Celui de Nantes changea l'histoire du protestantisme. **8.** Cette Angela marqua l'histoire des droits civiques américains. **9.** Nulle histoire ne s'écrit dans ce lieu idéal mais fictif. **10.** Son *Histoire de France* est aujourd'hui controversée. **11.** Ces écrits courts consignent les évènements marquants. **12.** Ses pages roses regorgent de mots historiques. **13.** Il étudie l'Histoire. **14.** Ce récit nous apprend beaucoup sur Troie. **15.** Construit sur le modèle du 9, ce mot propose une réécriture de l'Histoire. **16.** On y trouva une pierre qui nous aida à comprendre l'Égypte. **17.** C'est situer dans l'Histoire. **18.** Ce système s'imposa à Rome ou au Japon. **19.** C'est le sultan égyptien le plus connu. **20.** Marguerite Yourcenar a écrit ses *Mémoires*. **21.** Sa maison est pleine de Valois et de Bourbons. **22.** Il a marqué l'histoire de l'Afrique du Sud. **23.** Son histoire s'est achevée en 1945 en Italie. **24.** Ses tragédies nous éclairent sur les guerres médiques. **25.** Il mourut en 1953 avec des millions de morts sur la conscience.

												H
1	2	3	4	5	6	7	8	9	10	11	12	13

14	15	16	17	18	19	20	21	22	23	24	25

Le bon tuyau

À l'aide des six croisillons, recomposez l'échelle en formant des noms de lieux. Voici un bon tuyau : avec deux des six noms, on peut envisager de s'envoyer en l'air : cosmonautes et fusées Ariane en priorité, désolé…

	M	
K	O	N
	N	

	A	
I	N	G
	E	

	D	
T	O	U
	L	

	G	
O	U	R
	Y	

	B	
B	A	I
	N	

	A	
R	C	O
	O	

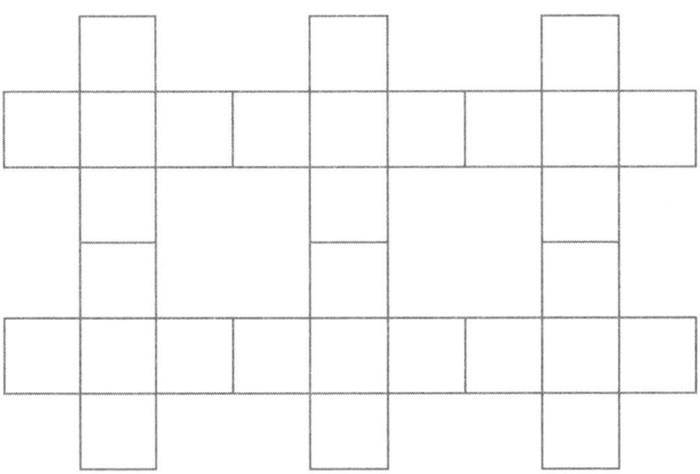

COLORIAGE

Prenez vos plus beaux crayons de couleur ou des feutres bien flashy, et enjolivez votre *Officiel* selon votre humeur du jour ou la qualité de votre digestion. Marron et jaune interdits : on parle assez de ces nuances dans tous les jeux liés aux toilettes !

Les pets de dames au clebs

Madame Bichon promène son cocker, madame Cocker balade son épagneul et madame Épagneul sort son bichon. Tous parfaitement détendus, ils émettent sans retenue des gaz de vils…

- Les dames ont pété 9 fois en tout.
- Les chiens ont pété 15 fois en tout.
- 7 pets au total émanent du bichon et de la Bichon, 10 pets en tout se sont échappés du cocker et de la Cocker, 7 pets sont sortis de l'épagneul et de dame Épagneul.
- Chacune des promenades a donné lieu à exactement le même total de prouts : 8. Ça porte bonheur en Asie, comme de marcher dans une déjection canine du pied gauche !

En examinant les quatre indices, comptez les prouts de chaque dame et chaque clebs. Si vous échouez, gare à l'épée de Damoclès qui vous tombera sur le colback !

LE CHICHSTRAC

Dans les trois citations, un même terme a été remplacé par cet étrange **CHICHSTRAC**. Votre seule corvée sera de toiletter ces phrases pour retrouver le mot commun d'origine.

1 « Comme un notaire sur une **CHICHSTRAC**. »
(HONORÉ DE BALZAC)

....

2 « Je me suis fait faire une **CHICHSTRAC** très légère… Je l'ai mise il y a quelques jours et ai essayé de me traîner en me soulevant encore sur des béquilles, mais je me suis enflammé le moignon et ai laissé l'instrument maudit de côté. »
(ARTHUR RIMBAUD)

....

3 « L'amour écorche les coudes. Un être nous séduit-il et que nous l'aimions, ses verrues nous captivent du grain de beauté à la **CHICHSTRAC**. »
(MAURICE CHAPELAN)

....

MAYDAY, M'AIDER !

•••/---/•••

Saviez-vous que l'appel au secours Mayday – à répéter trois fois, en cas de détresse – venait du français « Venez m'aider » ? En utilisant l'alphabet de Samuel Morse, décryptez la citation du philosophe et homme d'État romain Sénèque.

A	B	C	D	E	F	G	H	I	J	K	L	M
•-	-•••	-•-•	-••	•	••-•	--•	••••	••	•---	-•-	•-••	--
N	O	P	Q	R	S	T	U	V	W	X	Y	Z
-•	---	•--•	--•-	•-•	•••	-	••-	•••-	•--	-••-	-•--	--••

« •-••/•/••• // ••••/---/--/--/•/••• //

……………………………………………………………………………

•••/---/-•/- // -•/•/••• // •--•/---/••-/•-• //

……………………………………………………………………………

••-/-•/• // --/••-/-/••-/•/•-••/•-••/• //

……………………………………………………………………………

•-/•••/•••/••/•••/-/•-/-•/-•-•/• // ; // •-••/•- //

……………………………………………………………………………

-•-•/---/•-••/•/•-•/• // •/•••/- // -•/•/• //

……………………………………………………………………………

•--•/---/••-/•-• // •-••/•- //

……………………………………………………………………………

-••/•/•••/-/•-•/••-/-•-•/-/••/---/-• //

……………………………………………………………………………

-•-•/---/--/--/••-/-•/•// . »

……………………………………………………………………………

BLAGUES

Mis à mort, *mi amor*

– Comment ça, il s'est suicidé, votre chéri ? Mais qu'est-ce qui a bien pu lui passer par la tête ?
– Une balle, a priori.

***

– Pour ce saut en parachute, tout sera automatique. Toutefois, si le parachute ne s'ouvrait pas, tirez sur la première cordelette. Si ça ne change rien, tirez sur la seconde. À l'atterrissage, un minibus viendra vous récupérer.
Le type saute, rien ne s'ouvre. Il tire sur la première cordelette, aucun effet. Seconde cordelette, toujours rien.
– Il ne manquerait plus que le minibus ne soit pas là ! pense-t-il.

***

– Bonjour, madame. Je voudrais voir mon mari qui a été malencontreusement écrasé hier par un rouleau compresseur. Il est bien dans cet hôpital ?
– Oui, madame. Chambres 201, 202 et 203.

(M)OTS

D'ORIGINE LOINTAINE
IL A ARRÊTÉ SON CHAR
FRISA
DES SANS-CULOTTES
IDEM
SINGULIER CHEZ POLYPHÈME
RHABILLÉ PAR GIMS
AUX YEUX BROUILLÉS
PIN CEMBRO
PINOT BLANC
DÉCEPTION
TITRE LÉGAL
NON SECON-DAIRES
MAUREEN OU SCARLETT
FERMES
PREMIER PAS
LE CRI DU CHŒUR
EXCLU
LA, LA, LA
CHIGNON
ON PEUT LE RONGER
PRONOM RÉFLÉCHI
DÉTRUIT
ADHÉSION TOTALE
DERNIER EN DATE
CAPUCIN
DROIT À L'EAU
AXONAISES
PLUS D'UN
ADO MIGNON
CONTIN-GENT
OMNISCIENT
DÉPUTÉ DE LA SEINE
CASSAS LE COL
TÉMOIN DU DROIT ATHÉNIEN
ARIANE SANS FIL

(F)LÉCHÉS

MEC PLUS ULTRA
ON EST FAIT COMME LUI
MORCEAU DE CHOCOLAT
TÊTE DE MAURE
PLANCHE POUR JOUER HUIS CLOS
REBATTU
QUE LE MIRLIFLOR ABHORRE
BRILLANT POUR DANI
AU MOIS DE
COPIE POUSSIN
DÉMON DU JEU
JOUANT LA TRANSPOSITION
COMME MES BOTTES
DÉBINEUR
FILLES DE JOIE
FANTASMÉS
PAIR D'IVAN
INDIENS DU CANADA
L'OREILLE DU DÉSESPOIR
QUEL ABATTAGE!
QUELLE TUILE!
CHANGE DE CALIBRE

PLUMES DE FAUCON
PIÈCE RETIRÉE DE NORVÈGE
TAUX DE SODIUM
SCULPTURE DE NIKI
PRÊT POUR VINCENNES
DEVENUES ACÉTATES
DOMAINE DU HÉRAUT
PROS DES ARTS MARTIAUX
CHAI ET RASADES
FRUIT D'AUBÉPINE
GAÉLIQUES ÉCOSSAIS
COMMENT OCCUPER L'OCCUPÉ
LUI SEUL SE SOÛLE À L'EAU PLATE
DIARISTE
BÉATIFIÉ
TROP POLÎT
MÉTAMORPHOSÉE
MAINS DE POKER
OH, OH, OH! JOLIE POUPÉE
JAMAIS
SOIES SUR SOI
DOUX
IMITANT UNE CHOUCROUTE
BIEN RÉPONDU!
ÉMISSION DE RADIO
FAÇADE D'ÉGLISE
CARRÉ DE TRÈFLE
PATRONNE DE DÉCEMBRE
SABLE MOUVANT
BOULOT
ENFILADES DE LUSTRES
POUFFÉ
SECOUÉ
ON SAIT Y CUIRE LE POULET
BOUQUINÉ
VARIÉTÉ DE SABLE
TINTIN EN AMÉRIQUE
LA FILLE D'EN FACE
RICHES EN CALCIUM

LA CIBLE

Partez de la lettre sur fond blanc. Choisissez le bon sens de rotation et sautez un certain nombre de lettres (toujours le même pour cette cible), lisez la suivante, puis continuez ainsi pour compléter une boutade de Pierre Dac :
« À l'inverse des hommes, l'océan se retire pour... »

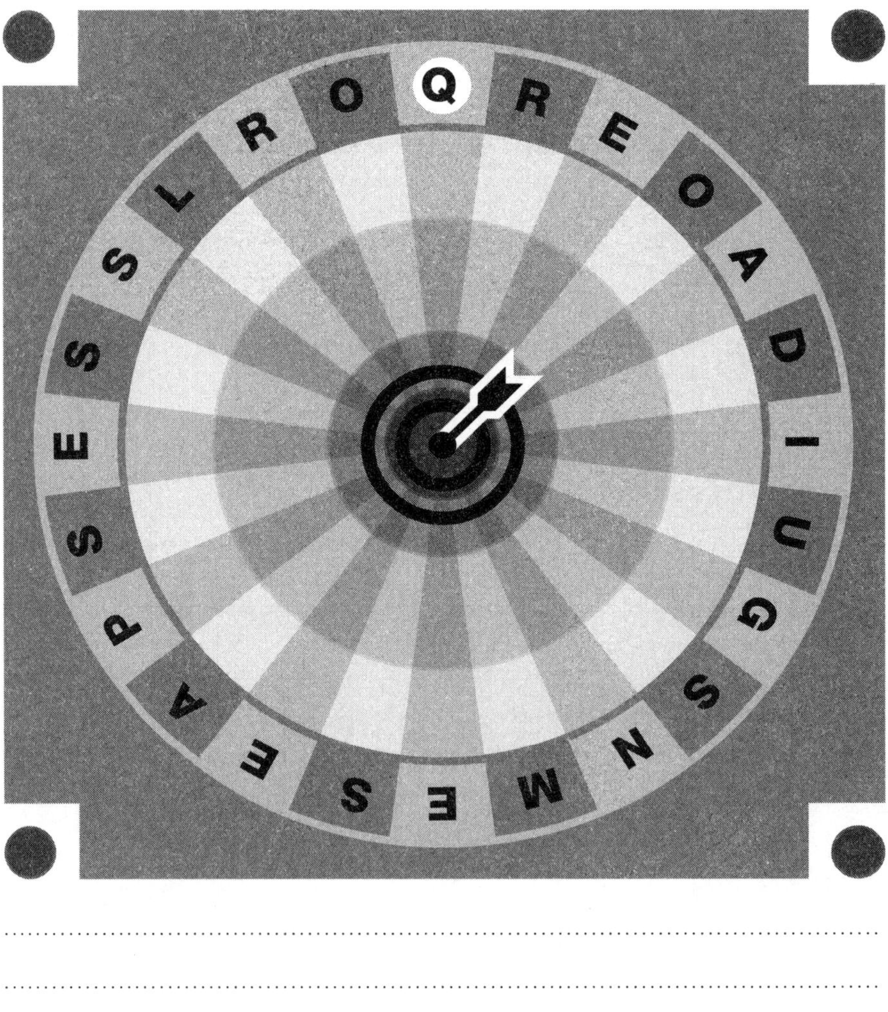

....

....

EN MER, DENTS

Tout comme « En mer, dents » laisse entendre « emmerdant », constituez un rébus phonétique évoquant un film parlant de caca, de drogue et de rots, dans lequel est allé se perdre Samuel L. Jackson.

BRIQUES

Placez chacune des briques de deux lettres dans le mur de droite, de façon à former des mots horizontaux. Quand toutes seront posées, vous lirez verticalement le titre d'un roman et l'identité de son auteur, un écrivain haïtien fait chevalier des Arts et des Lettres en 2018 et dont le deuxième roman s'intitulait *Les Latrines.*

A	A
E	Z
I	E
I	O
I	K
M	Y
M	M
N	R
R	N
T	L
T	E
U	C

S	E		E		E	S
C	H		L		N	D
C	R		C		E	T
M	A		I		R	E
M	A		I		E	R
B	R		T		E	L
L	A		P		R	E
A	P		C		L	E
M	A		D		I	N
S	O		P		O	N
C	H		M		R	E
I	N		E		L	O

Le saviez-vous ?

Dialogue de sourds

« Absurde » a la même étymologie que « sourd » : est absurde ce qui s'entend mal. Ainsi, désormais, au sens figuré, « ce qui s'entend, se comprend mal » est jugé « absurde », alors que celui qui entend mal est dit « sourd ». Un bruit sourd, d'ailleurs, s'entend mal, même par celui qui ne l'est pas !

Roi de l'absurde, l'argot regorge d'objets imaginaires qu'on envoie chercher à un apprenti dont on abuse de la naïveté : citons la « clé à tourner le vent », qui aurait pu être utile à Don Quichotte en lutte contre ses moulins, la « clé du champ de tir », dans le domaine militaire, ou encore la « clé des costières », cette trappe située dans le plancher d'une scène de théâtre, que tentera sans succès de récupérer le comédien débutant...

Chaque corporation a son objet absurde : la lime à épaissir, la recolleuse à copeaux, le sachet de bulles à niveau, le marteau à deux coups, la piqûre anti-grisou pour le mineur, le ciseau à défriser le persil, la pince à serrer le café, les trous de rechange pour passoire usée... Il en faudra, de l'huile de coude, avant de mettre la main sur ces objets !

Les jours de poisson, plus d'un apprenti cuisinier a été invité à aller chercher « de la gibouille », en chambre froide.
– C'est quoi, ça, la gibouille ?
– Un petit poisson avec de grosses couilles...

ESCALETTRES

Sans utiliser de noms propres et sans conjuguer, à part infinitif et participe présent ou passé, ajoutez les lettres une à une, dans l'ordre imposé, pour former un mot sur chaque ligne. Respectez la position des lettres déjà inscrites jusqu'à la découverte du mot en bas de l'escalier.

↓	A	P	I							
+N			I							
+O		I								
+L										
+T				L						
+R				N						
+M										
+E			A							

7 HORREURS

Trouvez les sept différences entre les deux illustrations.

ÉVIDEMMENT

La réponse à cette énigme vous semblera probablement évidente, si vous donnez votre langue au chat et allez voir la solution. Ne serait-ce pas plus drôle de continuer à chercher, seul ou en groupe, jusqu'à ce que votre esprit s'illumine ? Évidemment que si !

Deux prodiges des mathématiques se font face, de part et d'autre d'une table d'écolier. L'un a 7 ans, c'est une fille ; l'autre en a 9, c'est un garçon. Chacun est prêt à dégainer : l'institutrice va bientôt placer une opération soit face à la fillette, soit face au garçonnet. En moins d'une seconde, chacun devra crier si le résultat est juste ou faux. L'institutrice pose le morceau de papier face au garçon et, pour la première fois, les deux enfants ne hurlent pas instantanément la même réponse. « Faux », hurle le gamin. « Vrai », s'époumone la fille. Qui a raison ?

$$61 + 6 \times 8 + 81 = 601$$

FÈCES TIME

Le pope hautain

Je ne voudrais pas me faire d'ennemis chez les orthodoxes, j'en ai déjà assez comme ça dans toutes les strates de la société et toutes les religions, mais j'ai retrouvé ce SMS que je m'étais envoyé vendredi 20 octobre 2023 à 18 h 43 : « Qu'est-ce qui déplaît à l'humble orthodoxe ? Le pope hautain. » Quand on dit qu'il faut citer ses sources et tout le tralala, vous pouvez vous estimer gâtés : l'heure est précise et, pour la localisation, demandez à ceux qui surveillent mon téléphone portable.

Je notais également, car je ne voulais pas que, quelques mois plus tard, je pusse penser que j'avais lu ça quelque part et l'avais copié en bavant, pour vous le ressortir dans cet *Officiel* : « Je viens d'inventer une blague. » Alors, l'histoire dira si je suis le premier ou le 3 765e à faire cet à-peu-près, mais je n'irai pas vérifier. N'ayant pompé sur personne, je me revendique inventeur. Même si je trouve – depuis que j'ai passé la vingtaine (d'années, faut-il le préciser ?) – les concours « les pines » un peu puérils.

Je croyais aussi avoir innové en choisissant le pseudo Walter Cosette, alors que je m'appelle Fabrice Bouvier – vous m'avez démasqué.
Eh bien non, il y a déjà des tordus qui y avaient pensé. Pfff ! Je suis certain qu'un jour, un type va me dire que je n'ai pas inventé la blague sur le caca-doigt. Ridicule...

Bon, après, « pope hautain / popotin », on ne va pas en faire trois paragraphes. Tout ce qui tourne autour du popotin mérite mention dans *L'Officiel*, donc voilà, c'est fait, on passe à autre chose. Ce popotin est né du redoublement de la première syllabe de « pot », qui peut désigner le cul (« J'en ai plein le pot »). Des sources habituellement sérieuses précisent que l'influence de « potin » aurait pu générer ce popotin, rapport au bruit qui en sort. Je n'y crois pas, comme en Dieu. Oups !

FLÉCHÉS

Dans cette grille, toutes les définitions ne sont pas données dans des cases. Des chiffres indiquent la place de la première lettre de certains mots à trouver, horizontalement ou verticalement.

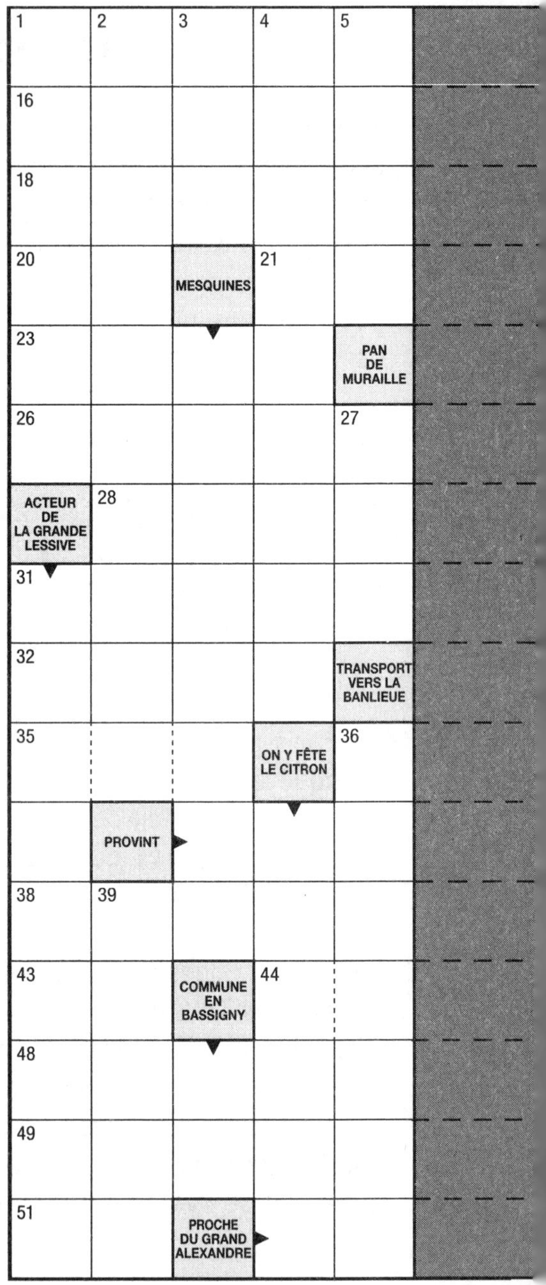

HORIZONTALEMENT : **1.** Belle de Maé. **16.** Avec un réel bénéfice. **18.** Tressage du chapeau de Panama. **19.** Cochonnet. **20.** Tête de liste. **21.** Allure de l'éléphant ou de la girafe. **23.** Rester grand ouvert. **24.** Balance des ragots. **25.** Chrome au tableau. **26.** Constituant une évaluation. **28.** En faut-il un à l'univers ? **29.** Porteur d'une écharpe, été comme hiver. **31.** Empereur de Byzance. **32.** Petit parfum de tomate. **34.** Interrompues. **35.** Vélo à bonne suspension. **36.** Sa soirée est fébrile. **38.** Choix du héros d'une chanson de Boris Vian. **42.** Neste des Pyrénées. **43.** Coulée de volcan hawaiien. **44.** La Vierge Marie. **45.** Parfaitement polie. **47.** Supprima ou bien adoucit. **48.** H d'hôpital. **49.** Renvoie un son prolongé et amplifié. **51.** Einsteinium chimique.

VERTICALEMENT : **1.** Oh, le beau bleu ! **2.** Qui s'efface lentement. **3.** Porteur de voile. **4.** De Toronto et de sa province. **5.** Question de test. **6.** Possessif. **7.** Inscription lue à nos frontons. **8.** Sans cargaison. **9.** L'individu que je désigne. **10.** Tragédie de Jean Racine. **11.** De bon matin. **12.** Bénéficiaires d'un héritage. **13.** Jeune solipède. **14.** De façon absolue. **15.** Capable d'exercer. **17.** Réserve de sel. **22.** S'avérant chameau. **24.** Dispositif de visée. **27.** Proxénète. **30.** Fruit bien souvent pressé. **33.** Parsemer. **36.** Poisson capable de boucher un port, avec une légère exagération. **37.** Chanteuse de *Someone Like You*. **39.** Président du Portugal. **40.** Volaille d'un jeu de société. **41.** Ville de Corrèze ou du Cantal. **46.** Fait la planche. **50.** Été en mesure de.

CROISÉS

6	7	8	9	10	PLUS VASTE ÉTAT DES U.S.A.	11	12	13	14		15
					17					QUESTIONNEMENT SHAKESPEARIEN	
SECOUA LE COCOTIER						RABAIS DE 50 %	19				
22			PIF Y MONTRA LE SIEN... ET LA SIENNE								
		SAC EN PEAU	24					AUBÉPINE	25		REPÈRES POUR FACTEURS
						CONSIGNER					
				ÉLOIGNÉ DU CANON	29	30				ARRIVÉE EXTRATERRESTRE	
	ÉMANE-T-IL D'UN TONER DE BREST ?										
	33		PRÉDÉCESSEUR DU CONTENANT	34							
					QUI NE MÉNAGE GUÈRE						FILARIOSES
		GOLDEN BOY			37		BARRE BRETONNE				
		40		FIN DE CYCLE			41		DUR DU MILIEU	42	
LIVRET D'ANECDOTES	45			46		PAS LET, DANS LA PALETTE DE COUPS	47				
			REMETTAIS UN PEU D'ORDRE								
		SUITE D'ACTES	50					FIDÈLE, CASSE-TOI !			
					FAIS L'ÉCONOMIE D'UNE VOYELLE						

POT-POKER

Devinez pour chaque joueur la « rivière » idéale, la cinquième lettre affichée par le croupier, qui lui permettra de constituer un mot de sept lettres, avec les cinq du tapis plus les deux siennes (exemple page 59). Conjuguer est interdit. Qu'attendent fébrilement Jack, Reine, River et Chip pour remporter le pot de notre pot-poker ?

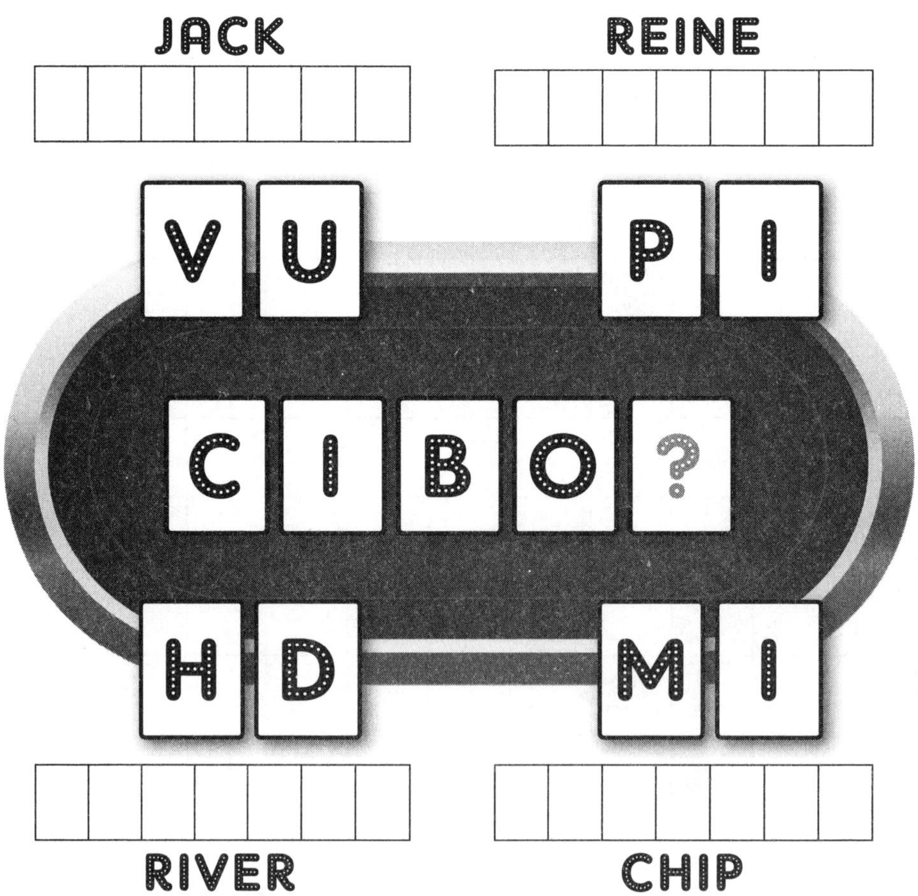

Amenez-y...

♫ ♫ ♫ ♫ ♫

Vous révisez vos chansons françaises, pour espérer un jour gagner de l'argent à la télé. Soudain, c'est l'amnésie ! Un terme vous échappe. Observez les notes remplaçant ce « trou » et amenez-y le mot manquant.

1. « Comme un amour qui lâche prise, qui ♫♫♫ et ne plie pas »

....

2. « À peine une sensation qui dirige tes ♫♫♫ et te montre du doigt où tu vas »

....

3. « J'ai fait la cour à des ♫♫♫, j'ai fait l'amour, j'ai fait le mort »

....

4. « Il me monte des ♫♫♫ dans le creux de mes reins »

....

5. « Changer de peau, oublier tous les ♫♫♫, fermer les yeux, se sentir de nouveau autrement »

....

6. « Yo ! Vous vous souvenez d'oim ? Le petit ♫♫♫ qui grattait des couplets d'barge »

....

BLAGUES

Ça bosse dur !

Un chameau demande à un coyote :

– Pourquoi ne hurlez-vous que la nuit, dans le désert ?

– Le jour, on voit les cactus avant de s'asseoir.

***

Des nomades offrent un chameau à un type perdu dans un désert. Pour faire avancer l'animal, il suffit de dire « Ouf ! »
Plus on dit de « Ouf ! », plus le camélidé galope vite.
Mourant de soif, le type enfourche le chameau et se met à hurler « Ouf ! Ouf ! Ouf ! » sans s'arrêter. Le chameau part dans une direction au triple galop, mais alors qu'il pensait se diriger vers un point d'eau, le type aperçoit bientôt un précipice.
Il hurle « Stop ! » et le chameau s'arrête immédiatement, à un centimètre du vide.

– Ouf ! fait le type soulagé...

***

– Quel animal a trois bosses ?

– Un chameau qui s'est cogné.

CA-CARRÉ MAGIQUE

Complétez ce ca-carré magique avec des nombres allant de 1 à 25, sachant que la somme sur chaque ligne, dans chaque colonne et sur chacune des grandes diagonales doit être égale à 65. Chaque nombre ne doit apparaître qu'une seule fois.

13			6	5	= 65
7		15			= 65
		9	2		= 65
	12			8	= 65
16		3			= 65
= 65	= 65	= 65	= 65	= 65	

65 = (diagonales) = 65

Graines de chia

Un mot de treize lettres sortira de ces graines de CHIA, coincées non pas dans la gorge mais dans le côlon. Trouvez-le, sans conjuguer. C'est un test, hein !

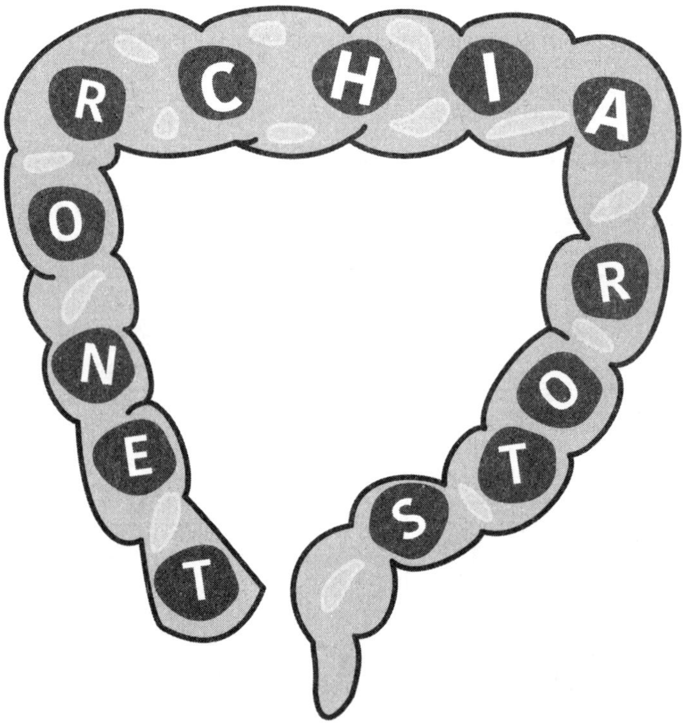

ALPHAKU-KU

Remplissez cette grille logiquement pour que chacune des lettres
« C, E, I, M, O, P, R, S et U »
figure une seule fois sur chaque ligne, dans chaque colonne
et dans chaque petit carré de neuf cases aux contours renforcés.
Sur la ligne centrale s'inscrira un nom tout à fait indiqué pour
cet espace réduit.

S			U					
M			E					I
O					I		M	
	I		C			P		O
E		C			O		R	
	E		O					S
R					M			U
					E			P

(M)OTS

PROVERBE À PROPOS DE CAOUA / SIGNE ZODIACAL		GUERRIÈRE DE VARSOVIE / AVALANT TOUT ROND		BIEN PRATIQUE / POSSESSIF À TOI
GÉRANT DE MANÈGE / NOURRISSON				
				AUTORISÉE / EXPLOSÉE À COUPS DE BÂTONS
GROUPE DE GENS / PETIT CHEVAL				
DO / LONGUEUR CHINOISE			FLEUVE D'AFRIQUE / BROME	
		GÂTEAU AU RHUM / L'ÎLE DU KANGOUROU		
PLEUR / COLLE				
			EXAMEN MÉDICAL / *ID EST*	
EMPLOYÉE / CONSIGNÉE				
ARGON / VOISIN DE L'ISSA			BÂTIMENT POUR CHEVAUX / REPASSÉE AU FOUR	
				NATIF DE REYKJAVIK / RAPIDES
AIDA À GRANDIR / PASSIONNÉ DE CORRIDA				
INGRÉDIENT D'OMELETTE / APERÇU				
		CABANES EN SAPIN / CLUB DE FOOT		
DE BON MATIN / TELLE LA PAGE D'UN LIVRE				DEUX POUR CÉSAR

(F)LÉCHÉS

3,14
CANCRE
PLUS QUE JOLIE
SE BIDONNANT
CROYANCE
FAÇONNA
DICAIRE OU ALEXI
SORTI DU LIT
ÇA, LE CLOWN
CROCHET DE BOUCHERIE
INACTIVE
HAUSSA
INFINIS
ALCOOL BLANC
À LA MODE
IRIDIUM
BOUT DE BOIS
VILLE DE LA SAGRADA FAMILIA
QUI VA SURVENIR
VAGUE AU STADE
POSSÈDENT
PORTUGAIS OU ESPAGNOL
PERROQUET
CAPONE OU PACINO
RESSEMBLANCE
GUILLOTINEREZ

CINGLÉE
ZEMMOUR ET NAULLEAU
VALANT ZÉRO
LISTES PROPOSÉES AU RESTAURANT
FRACHON, JACOB OU CARA
TOILETTES
BOUQUINA
HABITANTE DE BASTIA
BRAILLARDE ET AIGUË
CHEF-LIEU DU LOIRET
CONVIENT
SPÉCIALITÉ DE PINOCCHIO
LYCÉE
SEYDOUX OU SALAMÉ
HABITUEL, STANDARD
SALUT ROMAIN
MAUVAISE LANGUE
SALLE OBSCURE
MÉTROPOLE DU QUÉBEC
ALLÉGÉ EN GRAS
CUBE ROULANT
PAYS MAGIQUE
OPUS MUSICAL
DIALECTE CELTIQUE
REFUSAIT D'AVOUER
TUBE LUMINEUX
TACHÉE
EXPÉRIMENTÉ
PRONOM RÉFLÉCHI
DIPLOMATIE
LA POSTE
GREFFA
NI ALTÉRÉ NI DIMINUÉ
SANS PESTICIDES
NOTE
CUVETTE
COMME LES FÊTES DE VERLAINE
CÉRIUM
DÉMONSTRATIF
ASSASSINÂT
SUPPORTABLE

La Marinière

«Et sur ta marinière…» des chépakoi de poissons et de poisons d'avril et de mer à boire blablabla, piapiapia… je n'aime pas cette chanson. J'ai le droit, non ? C'est plein de jeux de mots foireux. Ah non, très peu pour moi qui déteeeeste les calembours. Bon, oui, y a une métaphore filée sur la mer, mais bon, «la mer c'est dégueulasse, les poissons baisent dedans», dit un vrai poète qui aurait pu picoler un peu moins. Merde !

La chanteuse se nomme Hoshi. Enfin, elle s'appelle Mathilde Gerner, mais quand elle est revenue à Brel, elle s'est choisi Hoshi comme pseudo, parce qu'elle aime la culture japonaise où cela signifie «étoile». Moi, j'aime la choucroute mais je ne me fais pas appeler Montbéliard. Après, elle a du succès et c'est sûrement mérité ; elle a eu une jeunesse difficile, en raison d'une maladie de l'oreille et d'un outing dégueu de la part de *Paris Match*.

En même temps, encore heureux que je ne craque pas sur Hoshi. Imaginez si je titrais «Hoshi hot», parce que je la trouve sexy, la moitié des lecteurs ajouterait «l'arbitre» et l'autre moitié me taxerait de plein de choses que je ne suis pas. C'est comme pour la mode, on ne peut titrer «Gucci hot» que si on a un goût de chiotte, comme moi. C'est mon libre arbitre, en fait. Attendez, je cherche notre trait d'union, pour un libre-arbitre qui serait fautif. Tu l'as jeté à la mer pour donner à bouffer aux poissons, ou quoi ? Fada !

CRYPTOGRAMME

Remplacez chaque symbole par l'une des deux lettres qu'il crypte pour découvrir une citation d'Édouard Herriot, « maire de » Lyon radical qui présida la Chambre des députés, l'Assemblée nationale et le Conseil des ministres, avant d'être élu académicien.

A	B	C	D	E	F	G	H	I	J	K	L	M
N	O	P	Q	R	S	T	U	V	W	X	Y	Z

BONUS

Observez les lettres bien placées sur fond noir ou mal placées sur fond gris foncé pour deviner le seul mot final possible. Attention, certaines lettres n'ont manifestement pas encore été proposées !

T Noir   O Gris foncé

T	E	L	E	C	O	M	S
T	O	N	D	E	U	S	E
T	O	W	N	S	H	I	P
T	O	P	O	N	Y	M	E
T	U	M	B	L	I	N	G
T	___	___	___	___	___	___	___

TAPIS C

Déterminez les valeurs relatives des pièces permettant d'affirmer qu'il y a autant d'argent à droite qu'à gauche sur les tapis A et B et répondez à la question finale concernant le tapis C.

TAPIS A

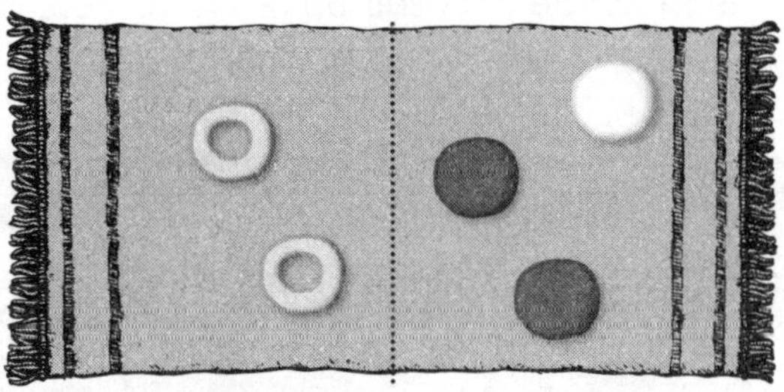

TAPIS B

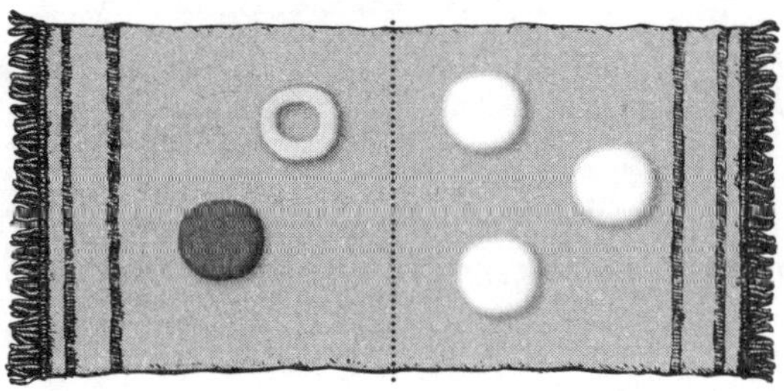

TAPIS C

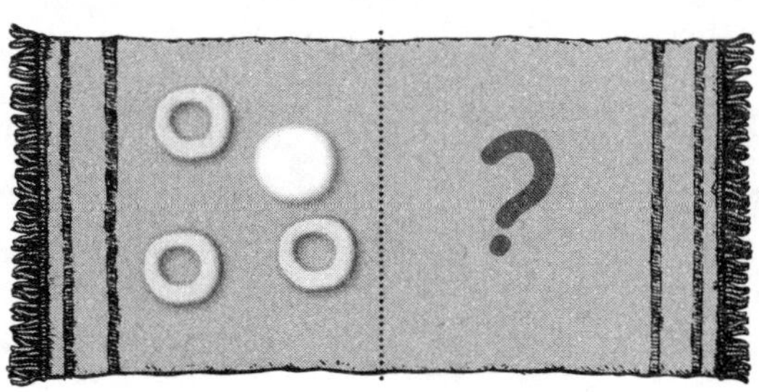

Combien faut-il de « pièces noires » pour qu'il y ait autant d'argent à droite qu'à gauche, sur le tapis C ?

CALCULS DURS, HEIN !

Avec les quatre opérations de base **(+ − × ÷)** et en utilisant au maximum une fois les plaques proposées, tentez d'atteindre le nombre cible : **763.**
Il n'existe qu'une façon de parvenir au résultat.

763

1 - 2 - 3 - 5 - 6 - 9

BLAGUES

Au gré des repas

– Votre enfant nous a fait un très bon dîner, dit un ogre à un semblable.
– Merci, il va beaucoup me manquer.

***

Un cannibale demande au type qu'il vient de capturer et de jeter dans sa marmite :
– Année de naissance ?
– 1980.
– Ville de naissance ?
– Montpellier.
– Quelle rue ?
– Hé, ho, c'est bientôt fini toutes ces questions ! C'est pour quoi, d'abord ?
– La traçabilité de la viande. Nouvelle époque, nouvelles normes...

***

Au restau cannibale, le petit demande :
– Maman, je peux manger les frites avec les doigts ?
– Ah non ! Commence par les doigts, tu mangeras les frites après, si tu as encore faim.

***

– Que dit une maman geek à son fils à l'heure du repas ?
– Alt Tab.

LA TÊTE AU

Dans chaque carré grisé figure un mot. Trouvez-en une anagramme correspondant à l'une des définitions en page de droite (exemple au centre : NOBLE pour l'indice 7). Inscrivez ensuite, à l'intérieur de chaque tête, le numéro de la définition du terme recherché. Reportez alors l'initiale de chaque mot trouvé, ici un N, dans les cases numérotées de l'échelle de décodage. Celle-ci complétera une citation de Franz Kafka : « Écrire une lettre, c'est se... » À la fin, en cumulant les chiffres des définitions, il vous faudra totaliser 65 sur toutes les lignes, toutes les colonnes et les deux diagonales de ce carré magique.

BIMESTRE	ENCLISE	NITRATE	MÉDISIONS	INSOLAIS	= 65
ÉPILATOIRES	REMPLÎTES	PALPER	CALIFE	BOIRE	= 65
ORIENTA	OMIS	BELON 7 NOBLE	GOYAVE	RIENT	= 65
MONNAYE	ENDORMES	NOVAI	SUCRIERS	PULSION	= 65
ÉCARTELA	PIÉTER	MONS	RÉDUITE	LIÉES	= 65

65 = | = 65 | = 65 | = 65 | = 65 | = 65 | = 65

CA-CARRÉ

1. Ces lettres sont enseignées à La Sorbonne. **2.** Il publie des livres pour amoureux des lettres. **3.** Les lettres doivent l'être dans un coin. **4.** S'en … à la lettre, c'est respecter son engagement écrit. **5.** Ce terme indique que c'est au moins la deuxième lettre. **6.** Cet adjectif qualifie un roman composé d'échanges de lettres. **7.** L'être imposait de pouvoir produire une lettre de _ _ _ _ _ sse. **8.** C'est une lettre grecque. **9.** On l'envoie par lettre recommandée au patron quitté. **10.** C'est la lettre d'un apôtre. **11.** Quand on y est, on envoie plutôt des cartes. **12.** Une telle lettre n'est pas signée. **13.** Seguin et Cornille en sont, issus des *Lettres de mon moulin.* **14.** Ces chevaliers utilisaient des lettres de change. **15.** Elles sont dangereuses avec les lettres de la marquise de Merteuil. **16.** Beethoven lui composa une lettre. **17.** « La différence, c'est le … », chante Polnareff dans *Lettre à France.* **18.** Si ça passe comme une lettre à la poste, ça l'est. **19.** Envoyée par ce moyen, la lettre arrive vite. **20.** On lui remet son testament sous forme de lettre. **21.** C'est du pain ou une lettre trop longue ! **22.** Le faire à la lettre, c'est bien écouter. **23.** « J'ai reçu une lettre, il y a un … peut-être » débute la chanson de Renan Luce. **24.** *La Lettre …* est un roman de Hawthorne. **25.** C'est écrire une adresse sur une lettre.

						N						
1	2	3	4	5	6	7	8	9	10	11	12	13

14	15	16	17	18	19	20	21	22	23	24	25

LES MUTANTS

Ces titres d'œuvres ont mystérieusement muté : chaque terme important a été remplacé soit par un synonyme, mot de même sens, soit par un antonyme, mot de sens contraire.

À vous de retrouver le titre original de chacune des trois œuvres fictives suivantes : il peut s'agir d'un film, d'un tableau, d'un roman ou d'une chanson.

1. La Diva chevelue

....

2. Une femme assise

....

3. Sunshine Woman

....

C'est gâchis

Parmi ceux ci-dessous uniquement, quel chapeau n'apparaît pas en même quantité que les autres ?

URO NEWS

L’homme des perles

Connaissez-vous l’acteur américain Ron Perlman ? Il a un physique assez atypique : si vous revoyez l’excellent film *La Cité des enfants perdus* de Jean-Pierre Jeunet, *La Guerre du feu* de Jean-Jacques Annaud ou la série pour bikers *Sons of Anarchy*, vous reconnaîtrez sa silhouette.

Ron n’apprécie pas Harvey Weinstein. Vous savez, le type qu’on désignait avant par « plus grand producteur de cinéma » et qui est désormais « criminel sexuel », suite aux dénonciations de l’actrice Rose McGowan, l’une des premières à témoigner contre les agressions de ce prédateur, dénoncé depuis par une centaine de personnalités. Ainsi fut lancé internationalement le mouvement MeToo, en 2017.

En 2018, Perlman raconte sur Twitter (pas encore X) une anecdote que d’aucuns trouveront savoureuse : il n’aime pas Weinstein (courageux, hein ! Tout le monde le vénérait, avant qu’il ne devienne une brebis galeuse) et, lors d’un gala de charité, le producteur lui demande de lui serrer la main sur scène. Le brave Ron dit s’être rendu juste avant aux toilettes, avoir pissé sur l’une de ses mains et avoir tendu celle-ci à Weinstein, qui s’en saisit tout heureux.

Que ce soit vrai ou non, je trouve que c’est facile, en 2018, de raconter qu’on a serré la main à un monstre, tout sourire, sur scène, mais qu’on avait pissé dessus avant. Moi aussi, je peux dire que mon arrière-grand-père italien avait serré la main de Mussolini, en ayant du caca sous les ongles… Cela aurait été plus courageux d’afficher son dédain de Harvey Weinstein, lorsqu’il était au sommet et violentait ces cent femmes, non ?

TOMBEZ DANS LE PANNEAU

Observez les panneaux et leurs indications fantaisistes. Si aucune de ces communes ne se trouve à cette distance et/ou dans cette direction, l'ensemble des informations doit vous permettre d'identifier une ville secrète étrangère en huit lettres. À vous de comprendre ce que le génie civil avait en tête lorsqu'il a commandé ces drôles de panneaux. Ne tombez pas dedans, en commettant quelque impair !

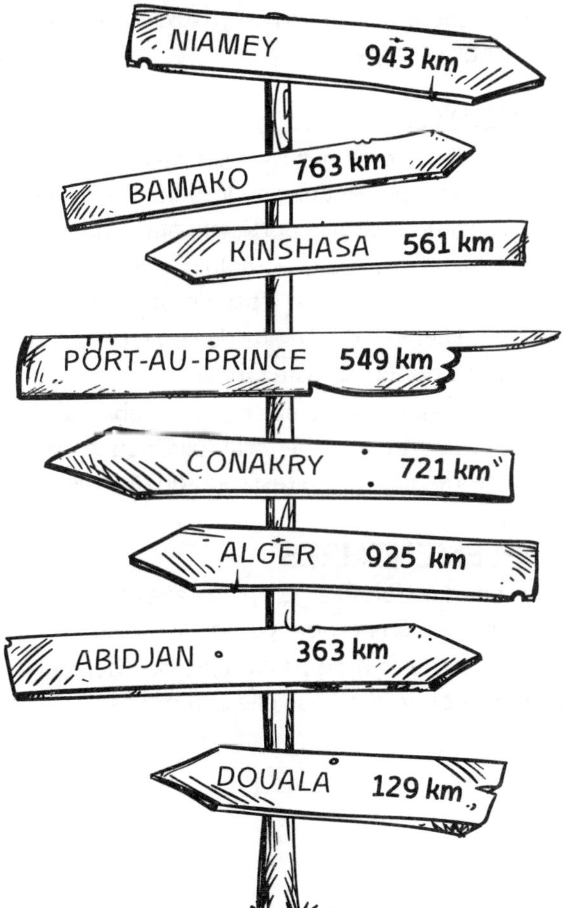

....

QUI FAIT QUOI ?

Cinq étudiants en histoire se remontent les manches pendant leurs vacances d'été et aident à la restauration de forteresses, sur lesquelles le temps a fait son œuvre. À l'aide des quatre indices, retrouvez l'identité de chacun, le fort où il travaille, l'atelier auquel il est affecté et enfin le nombre de semaines qu'il y consacre. Si vous coincez, deux indices supplémentaires vous sont offerts en bas de page.

EFFORTS ET FORTS

1. Raffy Stolage a fait deux semaines d'efforts de moins que la personne au fort Tissimo (où l'on ne répare pas le beffroi), mais deux de plus qu'Aubry Colofou, qui ne s'est pas porté volontaire au fort Féillimité.
2. Sur le site du fort Midable, le ou la volontaire s'occupant des douves a un prénom contenant la quatrième lettre de Stromae.
3. Thérèse Torré a consacré moitié moins de son temps libre à la remise en état d'un fort que son ami Oreste Ormoy.
4. L'atelier donjon a demandé à un ou une bénévole une semaine de moins de labeur que l'activité prévue sur le fort Mulin, auquel on n'accède pas en voiture, mais une de plus que la restauration réservée aux remparts.

INDICES SUPPLÉMENTAIRES

5. Celui ou celle qui court au fort Restgump ne travaille pas dans un beffroi ; son effort consenti dure un nombre pair de semaines.
6. La rénovation du pont-levis n'est pas l'affaire de Thérèse Torré, n'a pas lieu au fort Féillimité et ne dure pas pile 2 semaines.

GRILLE DE RÉSOLUTION

		FORTS					ATELIERS					SEMAINES				
		FÉILLIMITÉ	MIDABLE	MULIN	RESTGUMP	TISSIMO	BEFFROI	DONJON	DOUVES	PONT-LEVIS	REMPARTS	2	3	4	5	6
ÉTUDIANTS	AUBRY COLOFOU															
	LIZOU BLIETT															
	ORESTE ORMOY															
	RAFFY STOLAGE															
	THÉRÈSE TORRÉ															
SEMAINES	2															
	3															
	4															
	5															
	6															
ATELIERS	BEFFROI															
	DONJON															
	DOUVES															
	PONT-LEVIS															
	REMPARTS															

TABLEAU DES RÉPONSES

ÉTUDIANTS	FORTS	ATELIERS	SEMAINES

GLOBE-CROTTEUR

1. En allemand, si un homme demande « Wo ist die Toilette, bitte ? », que désire-t-il faire ?

- pipi
- caca
- l'un ou l'autre

2. Dans quel pays demanderez-vous « Nhà vê sinh o đâu ? », pour savoir où se trouvent les toilettes ?

- au Sri Lanka
- au Pakistan
- au Vietnam

3. En Angleterre, lequel de ces mots doit suivre « Where is the... », pour s'enquérir du petit coin ?

- restroom
- bathroom
- loo

BOUCHE-TROUS

Inscrivez une lettre par tiret pour reconstituer six mots de la langue française. Si le squelette de MALO, le saint veillant sur Surcouf et Duguay-Trouin, ne vous suffit pas, piratez l'indice du dessous pour faire cap vers la solution. Interdiction de conjuguer !

1. M _ _ A L O
2. M _ _ _ _ _ A _ L O _
3. M _ _ _ _ A _ L _ O _
4. M A L _ _ _ _ O _ _
5. M A L _ _ _ _ _ _ _ O _ _ _
6. _ M _ A _ _ _ _ _ L _ _ _ O _

INDICES :

1. Il y avait de quoi le devenir, en ayant le succès des corsaires malouins.

2. Cette pâte à guimauve vit le jour en 1779, soit six ans après la naissance de Surcouf.

3. Un futur corsaire s'engage et prend la mer en n'ayant pas plus que ce grade.

4. De source sûre, le corsaire patibulaire l'est.

5. Presque toujours, le corsaire, pirate ou flibustier s'avère l'être.

6. Le corsaire, autorisé par la couronne à attaquer des navires en guerre avec la France, en avait en quelque sorte une au registre des Armées navales du roi.

L'éToilette

★★★

1
2
3
4
5
6
7
8
9
10
11
12
13
14
15
16
17
18
19
20
21
22
23
24
25
26
27
28
29
30
31
32

Remplissez la petite étoile, puis arrangez les lettres collectées dans les cases grisées pour former le nom de l'actrice qui jette un papier déchiré et tire la chasse dans *Psychose*, un des premiers films où des toilettes sont filmées. Shocking !

1-5. Jeu faussé d'avances, étant établi qu'on s'entend... (CDEINOSTU)

1-8. Il n'y a que pour la concurrence spatiale qu'on prenne ce type pour un modèle (ALOPS)

2-10. Michel, Jean-Louis et Bernard en politique (BDEER)

3-30. Il se casse si le Tour de France envisage de lui passer dessus (CDEFLMORUU)

4-13. Fait des vocalises en souvenir du Tyrol (EILOU)

5-15. Normalement, elle est quelque part dans un arbre (CEEIN)

6-7. Insecte à quatre ailes et quatre L (BEEILLLLU)

8-15. Il n'a même pas l'âge d'être à poil ! (BEEEPPRRU)

9-20. Mena une vie de débauche ou polit (ABILR)

11-22. Il écrivit un roman de 78 000 mots sans la lettre *e* (CEEPR)

12-23. Qui en chique la feuille n'aura pas la dentition chic (BEELT)

14-21. Vin rouge d'Espagne (AIJOR)

16-29. Le premier sur ses terres, avant l'arrivée d'étrangers (ABEEGINOR)

17-31. Tout ce qu'elles vendent, c'est du détail (BEIOQSTUU)

18-28. H thérapeutique, qui en contient trois (ACCHHHISS)

19-32. Telle la vie d'Inès Reg, si Kévin le veut bien... (AEEEILLPT)

24-25. Du peintre qui finit au violon (EEGINQRSU)

26-27. Avenue ou Élément plus recherché que la roue du carrosse (CEEIIMNQU)

BASIQUE INSTINCT

01010001010011010001110

Dans ce jeu binaire, la première grille ne devra être remplie que de 0 et de 1, avec trois règles à respecter.
1. Chaque ligne (et chaque colonne) contient quatre 0 et quatre 1.
2. Il est interdit d'écrire trois chiffres identiques (ou plus) côte à côte, en ligne ou en colonne.
3. Deux lignes (ou deux colonnes) ne peuvent être identiques.

Une fois la grille terminée, regardez le second tableau constitué de lettres. En ne lisant que celles des cases où vous aurez trouvé un même chiffre (le 0 ou le 1, à vous de voir), vous compléterez la citation de bas de page.

	1			0			1
	1					0	
						1	
				0			
	1						
		0				0	
0		0					1
				1	1		

E	Q	M	U	A	N	U	N
A	D	A	N	N	S	T	D
E	U	P	U	E	T	R	D
E	O	L	A	M	F	A	N
E	O	I	A	R	L	E	A
V	V	E	O	S	L	S	T
E	I	E	X	G	P	E	S
U	E	R	R	L	A	T	E

Citation incomplète de Louis-Sébastien Mercier, issue de son ouvrage *Le Tableau de Paris* :

« DESCENDRE DANS LES LATRINES AVEC LA MÊME CONFIANCE ....CORDE LÂCHE OU TENDUE. »

TROIS PETITS CHATS

Trois petits chats, chapeau de paille, paillasson, somnambule, bulle, bulle… Sur ce principe, remplissez les trente bulles, bulles, bulles, en vous aidant des indices précisant chaque début et fin de mot.

1-8. C'est le nom diabolique du chat de Fantômette. **4-11.** Plus d'un film parlant de chats est inspiré d'une vraie… **10-15.** Dans son Roman médiéval, le chat s'appelle Tibert. **13-19.** Ce chat au nom de déesse veille à la paix sur Terre, auprès de l'héroïne du manga *Sailor Moon.*

17-26. C'est la chatte de Rusard, le concierge de Poudlard, qui espionne Harry Potter, Hermione et Ron. **25-29.** Boule-de-… est la chatte de Lisa Simpson. **28-30.** *Le Chat* existe sous cette forme, pour la douche…

Au Burkina Faso aussi

Ne croyez pas que nous soyons les seuls à appeler nos villages d'un nom homophone de « la raie ». Le pays qui s'appelait autrefois Haute-Volta – avec sa capitale Ouagadougou qui me ravissait, enfant, par son nom pauvre en consonnes – se nomme désormais Burkina Faso, « la patrie des personnes intègres ». Pourtant, les coups d'État et tueries récentes n'en font plus un modèle de démocratie ou d'intégrité. Et bim, de nouveaux ennemis !

Eux aussi ont leur Laré, mais avec un seul r. Géographiquement, c'est dans la région Centre-Ouest, qui se situe – heureusement pour ceux dont le sens de l'orientation est médiocre – plutôt au centre du pays, mais un peu à l'ouest. C'est l'une des treize régions du pays. Pour être plus précis, Laré se trouve dans la province du Ziro, qui compte elle-même six départements. Eh bien, Laré est dans celui de Bougnounou. Je sais que, même sans carte sous les yeux, vous visualisez parfaitement où se trouve Laré, maintenant.

Ah non ? Si vous confondez avec Gnagna, c'est grave parce que Gnagna, c'est une province de l'Est, donc rien à voir. « Et Bam ? » demande Mentissa, qui n'a que ça à la bouche. Non, Bam, c'est Centre-Nord. « Passoré ? », j'saurais pas, mais toujours pas, ça c'est Nord. Passe aux raies. De toute façon, par la route, vous ne pourrez que tourner autour de Laré, on en restera aux préliminaires : Tougan, Kassan, Saran, Biba, Goin, Kioma, Kibiri, Gassam, Djimbara, Diouroum et retour à Tougan. Vous êtes tous nuls (Ziro pointé !) en Burkina Faso, alors on ne va pas approfondir. Et bam !

EN MER, DENTS

Tout comme « En mer, dents » laisse entendre « emmerdant », constituez un rébus phonétique évoquant un film dans lequel Joe Pesci plonge la tête dans l'eau des toilettes, pour éteindre sa tête en feu.

....

(M)OTS

- ....
- DÉSENSIBILISÉS AU VENIN
- MONSTERA EST UN FAUX
- HUMAIN PAS AVEUGLE
- PILLEUR DE TRONCS
- GOUROU GÉNIOCRATE
- EXTRAIT DE RÉSINE
- AUNÉE QUI FIT UN TABAC
- QUI A UNE FAIM DE LOU
- VILLAGE
- CULTE EN ÉGYPTE
- MONOLITHE PASCUAN
- LANGUR PAS MONOTONE
- ATTENDRI
- LEUR CANAL MIT L'ITALIE À SEC
- PASSION
- SA DIFFÉRENCE: SA DIFFÉRANCE
- LA VOIE FORTE
- SECOUÉE
- ARBRE TROPICAL
- HABITUÉ DES BOÎTES
- INCARNES
- COL DE PETITE REINE
- HERBE AUX CURE-DENTS
- BISSE ET TRISSE
- CRUCHE
- 13 À TABLE
- REBELLE SANS CAUSE
- *PERCIPI* SARTRIEN
- TESTER LA FRIABILITÉ
- FRACTIONS
- ACTRICE DU *CRI DU HIBOU*
- PIGE
- RETARD DE L'EFFET
- ÉTAPE POUR CHIOURME

(F)LÉCHÉS

HOMME QUI PREND LA PILULE / BATEAU OU PIERRE

ASPIC AS DE PIQUE

SOLIDIFICATION / PIANISTE BLAGUEUR

SON RAZ TOUCHE LA POINTE

PARTIE D'HÉLICE / KIF, KIF

PROCRASTINE / CACHE-GLABELLE

MULTIPLIE LES FAVEURS

LANGUE BANTOUE / L'ÉLÉMENT DE MARIE CURIE

PARFUM DE GRÂCE EFFICACE / ENCEINTE DE PRINCES

AMPHIBIEN DU SURINAM / CONCORDE À CONCORD

PARESSEUX D'UN AUTRE ÂGE / SA *GAROTA* FIT UN TUBE

AUBERGE *IN* OU *INN* / KIF-KIF KIF

VILLAGE DU LARRON / ENVISAGEA DE FAIRE SON BEURRE

UNE LARME / VERRIER ART NOUVEAU

CAUSE DU TORT / COCO SUR LA PLAGE

CONSIGNA / GRANDS LIVRES DES MORTS

POIDS PLUME / MANILLE

SUIVI À LA LETTRE

BIGARADE DES URSINS / DÉPÉRISSANTE

COUTUMES / FLEUVE ALLEMAND

PAS PIQUANT / DOMAINE DE L'AIGLE

TOUTES À LA FOI

SANS TIMBRE / PASSER EN REVUE

BRÈVE ET LONGUE / KLEIN EN NOVAK

DOSAGE SANGUIN / NIETZSCHE Y PASSA SON CHEMIN

DÉBUT DE SONGE / LE PIED *BOT*

ACCIDENT DE CHOFAR

SIGNES DE CROIX / PLIABLE

PETIT GRAND / MÈRE D'APOLLON

UN MAÎTRE L'AIME BON / COUP DE PUB

BÛCHER POUR BÛCHEUR / BANDE

QUART / SCANDALEUX DU «MÉDIT À TORT»

NEO DE *MATRIX*

À SPARTE, ÂMES QUI NE SE SUCRAIENT PAS

RÉTRÉCISSEMENT DE VOIE

LE CHICHSTRAC

Dans les trois citations, un même terme a été remplacé par cet étrange **CHICHSTRAC**. Votre seule corvée sera de toiletter ces phrases pour retrouver le mot commun d'origine.

1. « Une canne à pêche est un bâton avec un **CHICHSTRAC** à un bout et un imbécile à l'autre. »
(SAMUEL JOHNSON)

....

2. « Chaque fois qu'elle lisait, il lui semblait tout à fait juste que le signe de ponctuation placé à la fin d'une question eût la forme d'un **CHICHSTRAC** destiné à prendre au piège une personne déterminée à passer son chemin. »
(JANE URQUHART)

....

3. « Il s'agissait de faire un long **CHICHSTRAC** sur les territoires des cercles de Boghar, Djelfa et Bou-Saada pour déterminer les points d'eau. »
(GUY DE MAUPASSANT)

....

SUDOKU-KU

Remplissez les cases vides de ce sudoku-ku pour que tous les chiffres, de 1 à 9, soient inscrits une seule fois sur chaque ligne, dans chaque colonne et dans chaque petit carré de neuf cases sur fond gris ou blanc.

6				7				
3	5	1	6		9			
	7							
	3	8	5					
2			4		7			5
					3	1	7	
							5	
			3		1	7	6	4
				2				9

Amenez-y...

♫ ♫ ♫ ♫ ♫

Vous révisez vos chansons françaises, pour espérer un jour gagner de l'argent à la télé. Soudain, c'est l'amnésie ! Un terme vous échappe. Observez les notes remplaçant ce « trou » et amenez-y le mot manquant.

1. « Dans des miroirs chinois, dans le ♫♫♫ des photos, dans le regard d'un chat, dans les ailes d'un oiseau »

....

2. « Sur l'♫♫♫ des vacances, c'était sans doute un jour de chance »

....

3. « J'ai pas la sagesse de ♫♫♫, l'assurance de Mohamed Ali »

....

4. « Des Byrds, des ♫♫♫, des Animals, des Moody Blues »

....

5. « Dans un monde en ♫♫♫, j'veux retrouver maman »

....

6. « Toutes celles qui rentrent dans le jean ♫♫♫ en taille 34 »

....

BLAGUES

Grammaire, mère, mère…

– Si tu ne veux pas être punie, récite-moi le verbe dire au présent. Allez, je t'aide : je dis…
– Euh, vendredi, samedi ?

***

– Toto, « savon » ne prend pas de majuscule.
– Ah, bon ? Je pensais que c'était un nom propre.

***

– Toto, termine ma phrase : je bois, tu bois, il boit, nous…
– Euh ! Nous sommes saouls ?

***

– Toto, si tu chantes, tu dis « Je chante », mais si c'est ta mère qui chante, que dis-tu ?
– Arrêêêêêêête !

ÉVIDEMMENT

Bon, pour ce jeu, je vais vous éviter le baratin selon lequel la réponse serait évidente et que ce serait dommage de donner sa langue au chat. D'abord, le chat n'en veut peut-être pas, de votre langue. Ensuite, ce jeu est plus difficile qu'il n'y paraît. Mais la satisfaction sera immense, si vous le résolvez. Courage !

Quels chiffres faut-il inscrire à la place des points d'interrogation pour que les quatre phrases sur le bloc (ne concernant que ce bloc) soient toutes vraies ? Attention, relisez bien chaque ligne après tout essai, car ces affirmations sont « auto-référentes ».

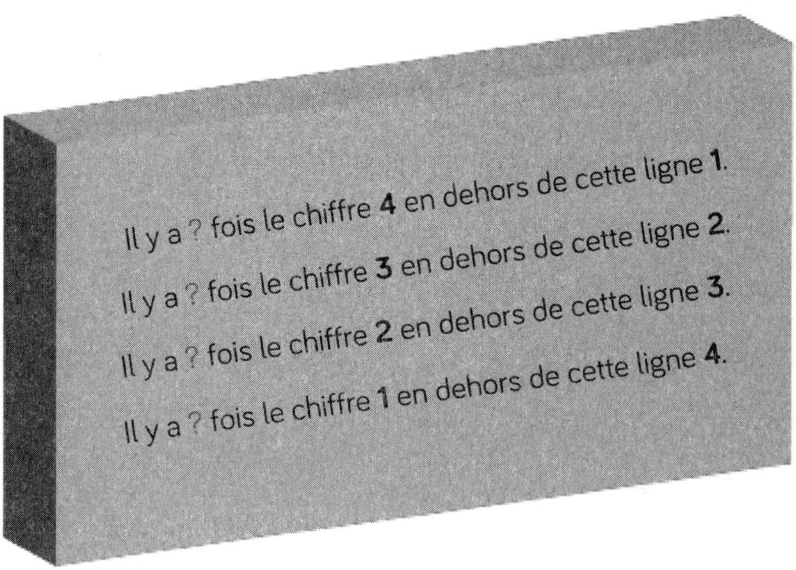

COLORIAGE

Prenez vos plus beaux crayons de couleur ou des feutres bien flashy, et enjolivez votre *Officiel* selon votre humeur du jour ou la qualité de votre digestion. Marron et jaune interdits : on parle assez de ces nuances dans tous les jeux liés aux toilettes !

CROISÉS 3D

Cette grille est en 3D, mais inutile de chausser vos lunettes pour le cinéma ! Les mots s'y croisent dans trois directions indiquées par les flèches blanches sur fond gris. Inscrivez vos réponses en respectant les sens imposés et sans dévier : la perspective est un peu trompeuse au début, mais vous allez vite vous familiariser. Embarquez pour un fabuleux voyage dans l'espace !

HORIZONTALEMENT :

A. Il fut enchanté de rencontrer Pollux. **B.** Sobriquet d'un fraudeur fiscal. Limite de qualif au golf. **C.** Prima donna à croire qu'il en était un. **D.** Récurée sans énergie ou chatouillée plus fort. **E.** Formule pas entendue par l'intéressé. Proféré par un malappris. **F.** Rome pour son forum. Indicateur d'acidité. Même chez Disney, il trahit son maître. **G.** Passât l'oing. Continent. Affluent du Rhin. Brouté. **H.** Département de L'Aigle. Faisceau lumineux. Il cesse de bosser dès qu'il voit le jour. **I.** Ville de la Ruhr. Pour ma part. Saisons.

VERTICALEMENT DE GAUCHE À DROITE :

1. Courons sur le haricot. Récepteurs électroacoustiques. **2.** Se plie aux liens du sang. Personnel réfléchi. Pas vaccinée, l'hiver dernier ? **3.** Qui ne transigera pas. Clown maléfique. **4.** Effet flou obtenu en étalant les traits de crayon. Notre-Seigneur. **5.** Adjectif possessif. Titane du chimiste. Sportif ou appareil reproduisant son geste. **6.** Puissant explosif. Inflammation affectant une partie du squelette. **7.** Source de tous les mots. **8.** Coulée de lave hawaïenne. **9.** Questions dont on attend toujours la réponse.

VERTICALEMENT DE DROITE À GAUCHE :

I. Prises de têtes chez les écolos. Valet de cœur sans envergure. **II.** Qui donne d'édifiantes leçons. Site sur l'Euphrate. **III.** Section efficace pour le physicien nucléaire. Gamma du dosage sanguin. Les boules pour l'amateur de lainages. **IV.** Plantes mortelles dans *L'Écume des jours*. Repère historique. **V.** Création de Pierre de Coubertin. Traitai trop bien. **VI.** Fractions infimes. **VII.** Duché de Laurent II de Médicis. **VIII.** Rivière coulant à partir de Salives. **IX.** Précise pour distinguer des homophones non homographes.

Le saviez-vous ?

Pi, pi, toujours pi

Le nombre π passionne mathématiciens et philosophes depuis toujours, mais l'utilisation de la lettre grecque pour le désigner ne date que du XVIIIe siècle : π est la première lettre du mot grec *περίμετρος*, « le périmètre ». L'hypothèse d'un rapport constant entre le périmètre d'un cercle et son diamètre date d'environ 4 000 ans. On a retrouvé à Suse, en Mésopotamie, des tablettes en écriture cunéiforme proposant une valeur de 3 + 1/8, soit 3,1250 pour cette constante. Et le papyrus Rhind du scribe Ahmes, encore plus ancien, l'estime à $(4/3)^4$, soit 3,1604.

C'est Archimède, celui qui s'amuse à plonger des corps n'importe où, qui affinera la valeur par des approximations géométriques : il l'établira entre 3 + 10/71 et 3 + 1/7, ce qui donne environ 3,14185. Cinq cents ans plus tard, le Chinois Liu Hui perfectionnera la méthode pour aboutir à 3,1416. L'informatique accélérera la précision : en 1949, nous connaissions déjà plus de deux mille décimales de π... et en 2022, nous en avions plus de cent mille milliards.

Pour ceux qui aiment mémoriser des choses aussi belles qu'inutiles, voici le début d'un poème, dont il suffit de compter les lettres formant chaque mot pour obtenir 65 décimales de π (les mots de dix lettres correspondent à un 0) :

« Que j'aime à faire apprendre ce nombre utile aux sages !	(31415926535)
Immortel Archimède, artiste ingénieur,	(8979)
Qui de ton jugement peut priser la valeur ?	(32384626)
Pour moi, ton problème eut de pareils avantages.	(43383279)
Jadis, mystérieux, un problème bloquait	(50288)
Tout l'admirable procédé, l'œuvre grandiose	(4197169)
Que Pythagore découvrit aux anciens Grecs.	(399375)
O quadrature ! Vieux tourment du philosophe !	(105820)
Insoluble rondeur, trop longtemps vous avez	(974944)
Défié Pythagore et ses imitateurs. »	(59230)

Et ce n'est que le début...

Graines de chia

Un mot de treize lettres sortira de ces graines de CHIA, coincées non pas dans la gorge mais dans le côlon. Trouvez-le, sans conjuguer. C'est un test, hein!

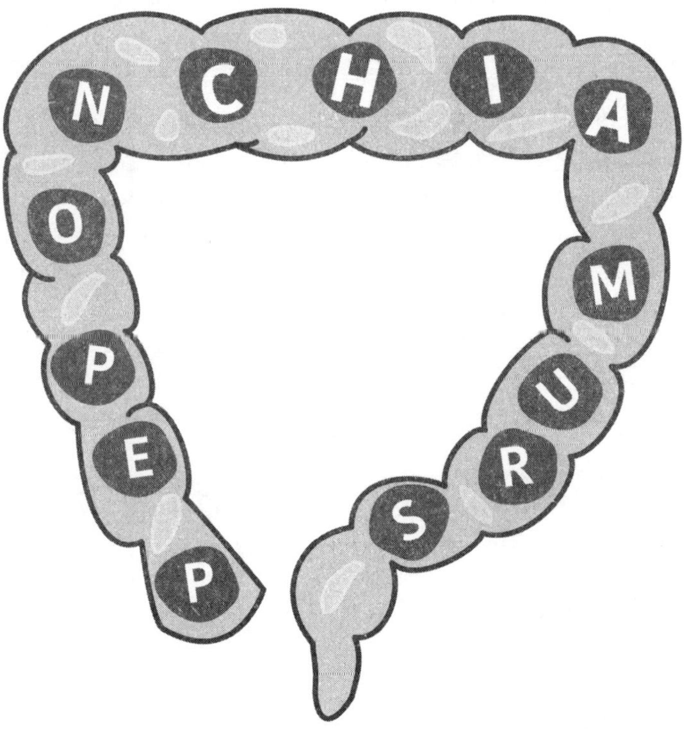

LOGICO

Quel chiffre complète logiquement la dernière roue ?

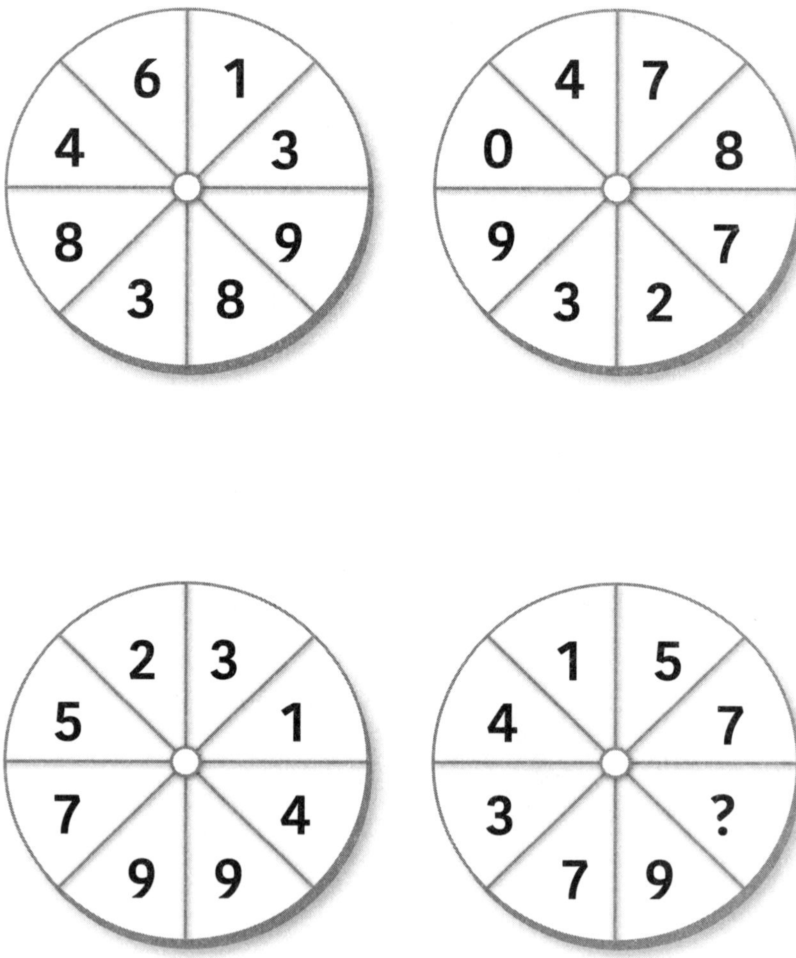

CROISILLONS OQP

Occupez-vous avec cette grille où les lettres **O, Q, P** ont déjà été positionnées, lorsqu'elles sont présentes. Attention, les définitions amusantes sont souvent à prendre au second degré.

1. Un pas devant l'autre.

2. « Mes eaux, potes, amies » s'y déversent.

3. Privée d'une partie de châsses.

4. On n'y chasse pas le lama.

5. Ne tombez pas dans le panneau : il a très bien pu être écrit tard.

6. Fruits de la passion.

7. Chanter alouette.

8. Celle de Duteil le démange, alors il…

9. Pâques *man* ?

10. Il ne disait jamais non à un litre de rouge.

ALPHAKU-KU

Remplissez cette grille logiquement pour que chacune des lettres
« E, I, M, O, Q, T, U, Y et Z »
figure une seule fois sur chaque ligne, dans chaque colonne et dans chaque petit carré de neuf cases aux contours renforcés. Dans la colonne centrale s'inscrira le dernier mot de neuf lettres, dans l'ordre alphabétique, susceptible de figurer dans un tel jeu.

								O
	Q				I	T		
Y		U	T			E		Z
			M		E		Y	
I								M
	M		Y		U			
U		E			T	M		Y
		I	O				Z	
O								

Le bon tuyau

À l'aide des six croisillons, recomposez l'échelle en formant des noms de lieux. Voici un bon tuyau : le nom horizontal du haut se marie bien avec le rire.

	E	
E	C	H
	U	

	M	
M	A	R
	P	

	A	
C	K	H
	O	

	B	
R	A	K
	M	

	L	
O	L	M
	Y	

	U	
S	T	O
	O	

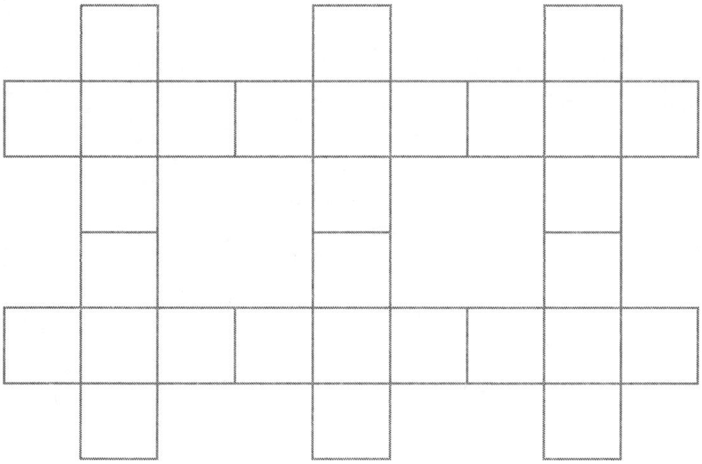

(M)OTS

MUSICIENNE
MIGNON
REPRISES MOT POUR MOT
DÉCUPLE
RÉGULATEURS DE LA CHALEUR DES FOURS
REVENANT CHAQUE SEMAINE
OREILLES ATTENTIVES
CHOQUER
JOIE
PRÉLEVÉ
HARMONIE SIMPLE
PARCOURS DE VACANCES
POSSESSIF
COURS PRÉPARATOIRE
COSMIQUE
POINT CARDINAL
EXAMEN
PIEU
FLEUR DU POILU
CRACK
MUS PAR LE VENT
COURANT
QUANTITÉ PRÉPARÉE
DE VILLE
TOUR ABRÉGÉ
LANGUE SÉMITIQUE
SUPERFLUS
BRUTALITÉ
CHEFS
PLANTATION EN TERRAIN HUMIDE
VENT
PAGE DE TITRES
DO
MALADIE SPINALE
SHOOT DE MBAPPÉ
ÉCRITURE RAPIDE
BÉATIFIÉ
INSTALLÉE SUR SON SÉANT
CAPTIVÉE

(F)LÉCHÉS

PROBLÈME DE PLOMB
ÉPUISÉS
BISTROT ESPAGNOL
SOUHAIT
RAMASSA LES FEUILLES
AVANT *FA*
LAGERFELD OU MARX
APOTHÉOSE
CURIOSITÉ DE LASCAUX
DANS

PUBLIER
ÉTAIN
L'ÊTRE ANONYME
DESSOUS DE BRAS

STATION BALNÉAIRE D'ISRAËL
FLUIDE GLACIAL
COMPLICE DE CÉSAR, EN BANDE DESSINÉE

FIN D'OFFICE
MISE SUR ORBITE

HUMILIER, AVILIR

HYPOTHÈSE
SUPPORT POUR VÊTEMENTS
APPELLE LES BICHES

POSTES
PEINTRE DES *GLANEUSES*

TOUCHÉ EN PLEIN CŒUR

MARIÉE
TÊTE DE MAURE
SCÈNE COMIQUE
OLYMPIQUE LYONNAIS
ENCOURAGEMENT
MIRENT EN QUARANTAINE
PRUNE SALÉE

TENUE ESTIVALE
JOUA DE DÉGRADÉS
MILLÉSIME
MAIS ENCORE

ESPÈRE RÉCOLTER
MÉGAOCTET

HÉLIUM
IMAGES SACRÉES
FRUIT ROUGE
SANS NERVURES
DÉMODÉ

SORT DE L'ŒUF
DEUX À L'HEURE
NOTRE-DAME
ÉDIFICE ANTIQUE

PHOTO
ESTIME LA MASSE
PARFUM D'HUÎTRE
LE JOUR PRÉCÉDENT

ÎLE DU COLOSSE
DÉBUT D'HILARITÉ

CAFÉINE
PRONOM RÉFLÉCHI
CUBE À 21 POINTS

FLEUVE ARROSANT PARIS
POÈME LYRIQUE

LE FOU CHANTANT

COUP DE FIL

Un pirate à crochet s'essaie aux textos ; il pense que les chiffres pressés permettront l'affichage immédiat du mot tapé.
En observant la série de chiffres et les possibilités pour chacun, devinez le mot composé par le flibustier.

7	2	8	4	5	5	6	6

SPHINX TER

Le sphinx de Gizeh est impassible, le sphinx Bis est plutôt détendu mais le sphinx Ter est un peu contracté. Aidez-le à se détendre en trouvant le lien logique, le terme qui relie sans équivoque possible les six mots.
Ayez du nez, contrairement au sphinx…

CIBLE	MERDE
PATTES	FLEURET
BATEAU	BOXE

____

BRIQUES

Placez chacune des briques de deux lettres dans le mur de droite, de façon à former des mots horizontaux. Quand toutes seront posées, vous lirez verticalement deux endroits où Poopman chante qu'« on fait caca » dans *La Chanson du caca*, tube visionné une centaine de millions de fois par les internautes.

A	A
A	U
C	L
D	S
E	E
I	I
I	P
L	R
N	N
N	R
P	M
S	O
S	T

A		O		S	E
Y		O		R	T
A		E		I	E
I		A		I	S
F		O		A	L
C		R		C	O
I		O		E	E
Z		P		E	R
E		P		I	R
E		O		O	S
B		B		N	E
I		O		D	E
P		T		U	R

BLAGUES

La daube et la dope

– Tu crois que Armstrong était dopé ?
– Ben évidemment, un type qui joue aussi bien de la trompette, qui marche sur la Lune et qui gagne sept fois le Tour de France, tu crois qu'il est clean ?

***

– Vous êtes partie en vacances ? Vous ne m'avez pas acheté d'héroïne depuis deux mois.
– J'étais dans le coma.
– Ah ! Et vous avez eu beau temps ?

***

Jésus constate que la drogue est désormais un fléau sur Terre. Il envoie ses apôtres enquêter et les attend un mois plus tard pour lui faire un rapport. Simon revient avec du shit et en propose à tout le monde, Barthélémy est déjà complètement stone, Luc a les narines toutes blanches et les yeux exorbités, Jean a une seringue dans le bras, Thomas respire un truc bizarre dans une pipe. Jésus est dépité. Soudain, il voit entrer Judas.
– Et toi, qu'est-ce que tu nous a ramené ?
– Moi ? Les flics !

ANAGRAMMES

Les termes suivants n'ont qu'une anagramme, notez-la à droite. Les initiales des onze mots trouvés formeront verticalement un douzième terme qui, à son tour, n'en a qu'une.
Ces deux anagrammes permettent de compléter la phrase :

« Le gouvernement a perdu toute ____________
en faisant voter cette loi ____________. »

1. BROCANTES _ _ _ _ _ _ _ _ _

2. AÉRIFÈRE _ _ _ _ _ _ _ _

3. ATONIQUE _ _ _ _ _ _ _ _

4. JUS DE CITRON _ _ _ _ _ _ _ _ _ _ _

5. COGNITION _ _ _ _ _ _ _ _ _

6. SOBRIÉTÉS _ _ _ _ _ _ _ _ _

7. COUSINAIENT _ _ _ _ _ _ _ _ _ _ _

8. MÉRIDIONAL _ _ _ _ _ _ _ _ _ _

9. PRESCRITE _ _ _ _ _ _ _ _ _

10. VÉTILLEUSE _ _ _ _ _ _ _ _ _ _

11. DÉSARMEMENT _ _ _ _ _ _ _ _ _ _ _

7 HORREURS

Trouvez les sept différences entre les deux illustrations.

LA TÊTE AU

Dans chaque carré grisé figure un mot. Trouvez-en une anagramme correspondant à l'une des définitions en page de droite (exemple au centre : LAURIERS pour l'indice 7). Inscrivez ensuite, dans chaque tête, le numéro de la définition du terme recherché. Reportez alors l'initiale de chaque mot trouvé, ici un L, dans les cases numérotées de l'échelle de décodage. Celle-ci complétera une citation de Nicolas Boileau : « La rime est… » À la fin, en cumulant les chiffres des définitions, il vous faudra totaliser 65 sur toutes les lignes, toutes les colonnes et les deux diagonales de ce carré magique consacré à la rime.

TAQUER	ÉCROU	TORÉA	ALIMENTER	CHÉRI	= 65
VERLAN	REMORDU	DÉLIAI	DÉO	ANGORA	= 65
TROUVÉES	TOURTE	RELUIRAS 7 LAURIERS	NESS	INAVOUÉS	= 65
ÉTIOLÉES	EMBRASÉES	CHOSE	DURALE	RIVE	= 65
UNIT	ABUTÉE	ENFUMOIR	NEUVE	SINUONS	= 65
= 65	= 65	= 65	= 65	= 65	

Diagonales : = 65 ; = 65

CA-CARRÉ

1. Deux vers qui riment finissent à l'… **2.** Ce Gérard alterne rimes masculines et féminines dans *Une allée du Luxembourg*. **3.** C'est la muse de la poésie lyrique. **4.** Une telle rime s'inscrit dans un schéma ABBA. **5.** Si cela ne rime à rien, cela n'en a aucun. **6.** Après les sanglots longs, ce mot rime avec langueur. **7.** Après « Ô rage ! ô désespoir », ce pluriel rime avec guerriers. **8.** Pour son *Elsa*, yeux rime avec merveilleux. **9.** C'est la rime pauvre à dépourvue dans *La Cigale et la Fourmi*. **10.** « Par-delà les confins des sphères … » rime avec vallées chez Baudelaire. **11.** Les rimes en sont, même hors montagne. **12.** C'est la place usuelle de la rime. **13.** « Et le jour pour moi sera comme la … », écrit Victor Hugo pour rimer avec bruit. **14.** Après « Oh ! combien de marins », ce mot rime avec enfouis. **15.** Dans celui du val, froid rime avec droit. **16.** Dans celle à Cassandre, rose rime avec déclose. **17.** Tel est le bateau de Rimbaud. **18.** « Elle part et s'évertue » rime avec elle en course de fable. **19.** Ce chiffre rime avec battre. **20.** Si le son final l'est, la rime existe. **21.** De telles rimes se rencontrent en poésie arabe. **22.** Ce mot rime avec volupté dans *L'Invitation au voyage*. **23.** Dans *La Courbe de tes yeux*, il délaisse la rime au dernier quintil. **24.** Cette épopée compte vingt-quatre chants. **25.** Une rime l'est si elle plus que suffisante.

1	2	3	4	5	6	7	8	9	10	11	12	13
						L						

14	15	16	17	18	19	20	21	22	23	24	25

CALCULS DURS, HEIN !

Avec les quatre opérations de base **(+ − × ÷)** et en utilisant au maximum une fois les plaques proposées, tentez d'atteindre le nombre cible : **881.**
Il n'existe qu'une façon de parvenir au résultat.

881

1 - 2 - 3 - 5 - 9 - 25

FÈCES TIME

Anubis

Certains l'appellent Inp, Inpou, Anpou voire Yinepu, mais c'est sous le nom d'Anubis que l'on connaît le mieux le dieu égyptien à tête de chacal, dont le parèdre (divinité inférieure associée à son culte) est Hésat la sauvage ou la canine Anupet, qui nous intéresse bien plus, car qui dit «pet» dit «rigolade».

Wikipedia nous propose une jolie illustration légendée «Anupet sur un autel», qui suffit à mon bonheur quotidien d'horrible athée, sans respect aucun pour le sacré. Bon, deux Agapet furent bien papes, Hugues Capet eut une fière descendance, Nebethetepet est la «Dame de la satisfaction» avec ses cornes de vache entourant le disque solaire, et les Muppets avaient le show le plus drôle de l'histoire télévisuelle, donc on peut avoir un nom en «pet» et s'en sortir dans la vie (j'ai tout de même balayé quelques siècles pour n'en trouver que cinq, dont trois existant réellement...)

Mais revenons à Anubis. Avoir une tête de chacal, c'est moyen, mais imaginez que son créateur se soit mélangé les pinceaux, comme les Anglais entre *cocoa* et cacao (voir page 363), et qu'ils aient mal placé son s final. Il se serait appelé «Anusbi». Là, je pense que ç'aurait été plus difficile de faire le malin avec les autres divinités.

SANDWICH

Complétez les mots horizontaux. Une seule des différentes possibilités vous permettra de trouver, dans la colonne actuellement vide, une métaphore pour les fesses.

I	G		O	O	S
C	H		F	F	E
I	S		A	N	T
D	E		A	L	E
A	V		N	I	R
N	O		V	E	L
S	E		T	O	Y
L	I		T	E	E
E	R		E	U	R
B	R		Q	U	E
A	G		E	A	U
S	A		A	I	E
R	A		D	I	R
E	N		O	Y	E
I	D		A	L	E
N	A		E	A	U

BONUS

Observez les lettres bien placées sur fond noir ou mal placées sur fond gris foncé pour deviner le seul mot final possible. Attention, certaines lettres n'ont peut-être pas encore été proposées.

M Noir *O* Gris foncé

M	*O*	*U*	C	*H*	*A*	N	*T*
M	*U*	Q	*A*	R	N	A	S
M	*O*	*T*	O	T	*A*	X	I
M	B	*A*	L	A	K	*H*	S
M	E	R	Z	L	*O*	**T**	*A*
M	___	___	___	___	___	___	___

LA SUITE

●●●

Pensez à l'alphabet : 24, 25 et 26 pourraient terminer cette série. Qu'ont en commun les lettres correspondant aux rangs inscrits dans les boules ? Déduisez-en le chiffre à noter dans la deuxième.

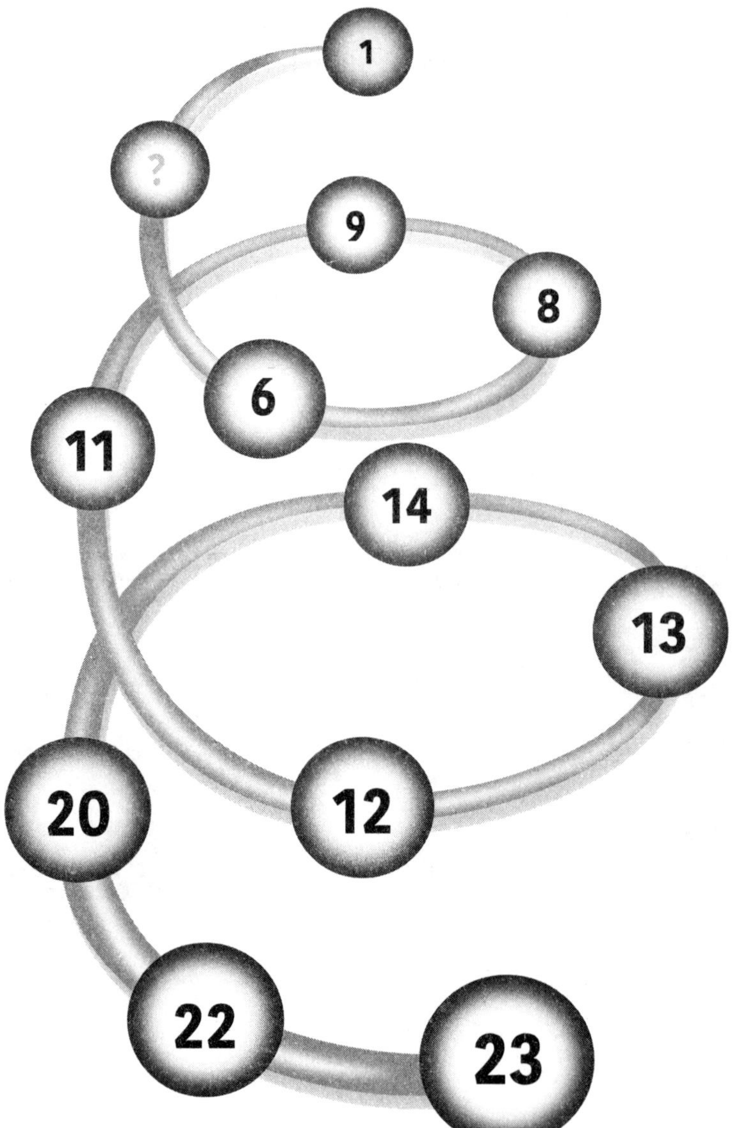

LES MUTANTS

Ces titres d'œuvres ont mystérieusement muté : chaque terme important a été remplacé soit par un synonyme, mot de même sens, soit par un antonyme, mot de sens contraire.

À vous de retrouver le titre original de chacune des trois œuvres fictives suivantes : il peut s'agir d'un film, d'un tableau, d'un roman ou d'une chanson.

1. L'Oasis des steaks bien cuits

……………………………………………………………………

2. Papa a raison

……………………………………………………………………

3. Les Jeunes Filles du Vaucluse

……………………………………………………………………

(M)OTS

PARIS-MATCH
UN PARFUM DE PARADIS
RÉFÉRENCE
STATIQUE, MAIS EN TRANSFERT
COUP DE PIED DANS LES MEULES
POUAH DE SANS-CŒUR
EN GLOBE
SOURCE D'INDIGO
NESTOR NOTABLE
D'APRÈS CONSTI-TUANTE
MARQUE DU DOUTE
L'ÉGAL PYTHAGO-RICIEN
CASSER DU CALCAIRE
GRENOUILLE D'OVIDE
DE DOS
FIT L'ÉPEIRE AVEC GANDHI
VENDU À LA COUPE
ÉTAPE AVEC ARRIVÉE EN CÔTE
LA BOURSE OÙ LA VIE
PINACLE
STEVEDORE DU MIDI
DÉBINEUR
POMMADE POUR FRICTIONS
PREMIER LEVÉ
MISES DE FONDS
SPIRALE VÉGÉTALE
PAIENT LEURS TOURNÉES
ENTAME DE POULET
FLEMING OU CURTIS
AU TIMBRE ALTÉRÉ
DU GOSSE DE LAGOS
ÉGOUT-TOIRS
ESGOURDE
VIEUX RAGOÛTS
EMBOÎTÉE BOUT À BOUT

(F)LÉCHÉS

- LOMBARDE LOCALE
- PRENDRE UN MARRON
- LOIN D'ÊTRE ZEN
- PAHOEHOE, NON, NON !
- QUI A ARRÊTÉ DE FUMER
- ENVISAGE UN VOYAGE
- CONDAMNÉE À LA RÉUSSITE
- PRENDS RACINE
- FIDÈLES À ÉGALITÉ
- FORTUIT
- INSTANCE PSYCHIQUE
- PROCHE D'ACRE
- D'UN ORIFICE STOMACAL
- ENTOMOPHAGE
- OUI-DA
- VILLE D'ARIZONA
- APERÇU
- MONNAIE SOFIOTE
- BISON RAVI
- PIÈCES DE TELAVI
- GROSSE CLAQUE
- BUGLE
- SÖDERBLOM EN TIRA UN PRIX NOBEL
- DE LA FONTAINE
- SAVOURÉE LEGATO
- DÉMODOCOS OU PHÉMIOS
- DE VOIE DE VOIX
- COMPLICATION
- CHLORURE
- GAGNANTE À MOTUS !
- CENTRE DE CUISINE
- RONDE-BOSSE
- GLACÉ
- MONT DU JURA
- LA CITÉ ÉMERAUDE
- QUART DE PORTIONS
- MACHINE-OUTIL
- SŒUR DE RACHEL
- PLONGEUR EN EAUX FROIDES
- CAP À L'EST D'ALICANTE
- ÉTABLIES
- LAWRENCIUM
- HOULEUX
- PRONOM RÉFLÉCHI
- PORTÉ PRÉJUDICE
- PASSÉE À UN MÉTIER
- IMPRÉVU
- PLURIEL QUI LES INFIRME
- C'EST PROUVÉ !
- PALINDROME ORNAIS
- BERCEAU DE LA REINE MATHILDE
- SENSIBILITÉ PHOTO
- VITRINES DU QUOTIDIEN
- 07-10-1949 03-10-1990
- TOUJOURS EN RESTE
- CLÉ DES CHANTS
- SON GOÛT PRÉFÉRÉ : LA CAROTTE
- MOTIF D'APPEL
- LEURS OREILLES CÔTOIENT NOS BOUCHES

URO NEWS

Les JO d'Anne Hidalgo

Vous en connaissez les résultats, les réussites, les échecs, de ces JO 2024... Moi, j'attends encore que madame Hidalgo se baigne dans la Seine, entre le 14 juillet et la cérémonie d'ouverture, comme elle l'a promis (avec Emmanuel Macron), pour prouver que le fleuve parisien est enfin débarrassé des trop nombreuses traces de matières fécales, avant que n'y plongent les compétiteurs des différentes épreuves de nage en eau libre et de (para)triathlon.

Bon, les amateurs de piscines bien chlorées ont appris entre temps, par diverses études recherchant l'acésulfame potassium, un édulcorant que l'organisme n'assimile pas et qui se retrouve donc intégralement dans les urines, que les lieux de baignade comme une piscine ou un jacuzzi pouvaient contenir jusqu'à 571 fois plus d'urine que l'eau du robinet. Yihaa !

À vingt-deux jours de l'ouverture des Jeux, une commission déclare la Seine conforme, « propre » à la baignade. En une semaine, tout s'est arrangé. Mouais ! Le grand bouillon d'*Escherichia coli* et d'entérocoques, deux bactéries fécales relevées dans des proportions cinq à dix fois supérieures aux normes acceptables, se serait soudain clarifié.

Il paraît que les adversaires d'Anne Hidalgo, localement et nationalement, vont discrètement pisser et chier dans le fleuve, pour justement la faire chier, elle. Vu le score qu'elle a fait à la dernière présidentielle (1,74 % sur la France, 2,15 % dans son fief parisien), on risque de voir flotter de l'étron jusqu'en 2100 dans la Seine...

MAYDAY, M'AIDER !

•••/–––/•••

Saviez-vous que l'appel au secours Mayday – à répéter trois fois, en cas de détresse – venait du français « Venez m'aider » ? En utilisant l'alphabet de Samuel Morse, décryptez la citation du dramaturge allemand Bertolt Brecht.

A	B	C	D	E	F	G	H	I	J	K	L	M
•–	–•••	–•–•	–••	•	••–•	––•	••••	••	•–––	–•–	•–••	––
N	**O**	**P**	**Q**	**R**	**S**	**T**	**U**	**V**	**W**	**X**	**Y**	**Z**
–•	–––	•––•	––•–	•–•	•••	–	••–	•••–	•––	–••–	–•––	––••

« •–••/–––/•–•/•••/––•–/••– // ’ // ••–/–• //

••••/–––/––/––/• // •–/•••/•••/••/•••/–/• //

•••/•–/–•/••• //

–•••/•–•/–––/–•/–•–•/••••/•/•–•// •– //

••–/–•/• // ••/–•/•–––/••–/•••/–/••/–•–•/• // , //

•–••/•/••• // •/–/–––/••/•–••/•/••• //

–••/•/•–•/•–/••/•–••/•–••/•/–•/– // . »

TOMBEZ DANS LE PANNEAU

Observez les panneaux et leurs indications fantaisistes. Si aucune de ces destinations ne se trouve à cette distance et/ou dans cette direction, l'ensemble des informations doit vous permettre d'identifier trois villes secrètes où beaucoup de gens parlent français. Mais il faudra faire les bons choix. À vous de comprendre ce que le génie civil avait en tête lorsqu'il a commandé ces drôles de panneaux. Ne tombez pas dedans !

SUDOKU-KU

Remplissez les cases vides de ce sudoku-ku pour que tous les chiffres, de 1 à 9, soient inscrits une seule fois sur chaque ligne, dans chaque colonne et dans chaque petit carré de neuf cases sur fond gris ou blanc.

			2			9		3
				3				4
1	4		9					
	5		4				3	2
4								1
9	3				5		6	
					9		7	8
5				1				
2		6			8			

GRANDES

HORIZONTALEMENT : **A.** Du temps supplémentaire devant soi. Raisin du diable. Progrès scientifique. **B.** À nouveau unis. Situation suivant une perte d'emploi. Alliances en vue de défendre un intérêt commun. **C.** Ruminant qui prend parfois le sien. Présentatif. Qui se limite à l'essentiel. Repose à terre. **D.** Sportive prenant la balle en main. Cesse son existence terrestre. Jouer les leaders. **E.** Dialecte différent de l'oïl. Tachée. Caste de rusés combattants japonais. Instance psychique. Presser. Pronom entre je et il. **F.** Imité Pinocchio. Bourse jadis suspendue à la ceinture. Au mieux gratifiées d'un mot gentil, au pire renvoyées. **G.** Article contracté. Généraliste. Monnaie circulant au Cambodge. Anaconda. Le souffle du bûcheron. **H.** Bascules du côté obscur. Argon. Couvert de raies. Finit comme Jack. **I.** Charge spirituelle. Diffusant un signal. Mouche à larve parasite. Division pou historien. **J.** Fin de film hollywoodien. Alourdi. Os reliant l'omoplate au coude. Courroux d'antan. Pratique habituelle. **K.** Fille d'une sœur. Stériliser grâce à la vapeur. État de Belmopan et Ladyville, en Amérique centrale. Langue chinoise. Gardien de la paix. **L.** Sapeur-pompier. Réaction immédiate et non contrôlée. Réacteur nucléaire. Rencontres fortuites d'évènements. **M.** Musique prisée à Alger. Transport pour le banlieusard. Longueur à Pékin. Font reluire. Sensibilité photo. Véhicule. **N.** Autoritaire au ton hargneux. Fixer un poster. Enlèvement. Vins marnais. **O.** Tenta sa chance. Sommes atteintes. Blé albanais. Flatteur. Première dame. **P.** Poisson type mérou. Été capable de. Argent du labo. Château pour Diane. Enfile. Question d'enquêteur. **Q.** Muletier. Roulant à tombeau ouvert. Fera revenir. Représentants du peuple. **R.** Béatifié. Dieu guerrier des Gaulois. Écorce de chêne. Sonnet. Machine pour détacher le filament du chanvre.

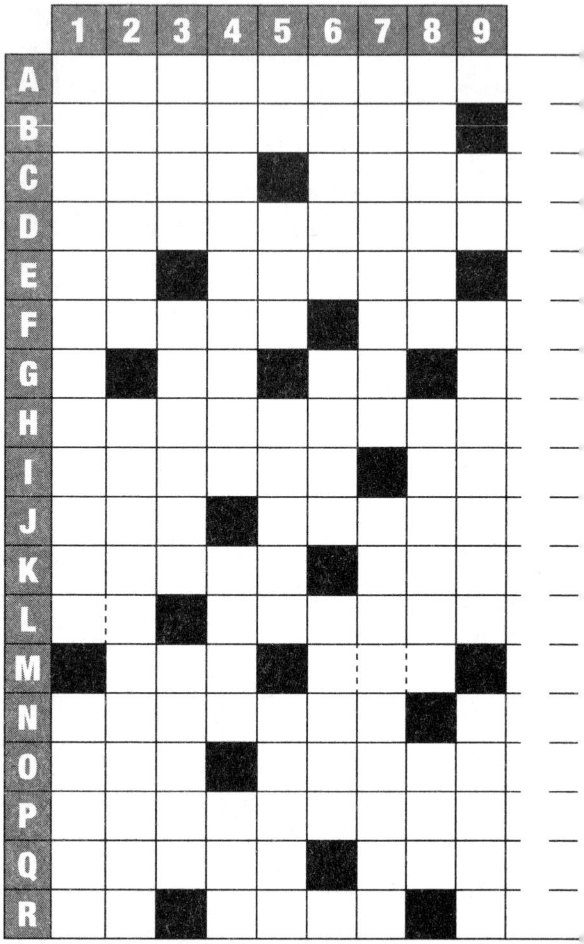

VERTICALEMENT : **1.** Nos ancêtres, mais pas les Gaulois. Plaças. **2.** Renoue. Partout à la fois. **3.** Sultanat de Mascate. Nymphe des sources. Entreprise pionnière des jeux vidéo. **4.** Réserve militaire levée en terre germanique. Rugit ou cacabe. Brame. **5.** Composant du silence. Robe de cheval. Empêchée de bouger. Vedettes, étoiles. **6.** Relatif à la neige. Prononcée. Fluide frigorifique. **7.** Gardiens de prisonniers. Qui opèrent un choix, un tri. **8.** Refuges. Chien d'arrêt pour la chasse. Jeune pousse. **9.** Article de journal. Doux, onctueux. Ne sentent pas la rose. **10.** Habitante de l'Yonne. Fenêtre sur le toit.

VACANCES 

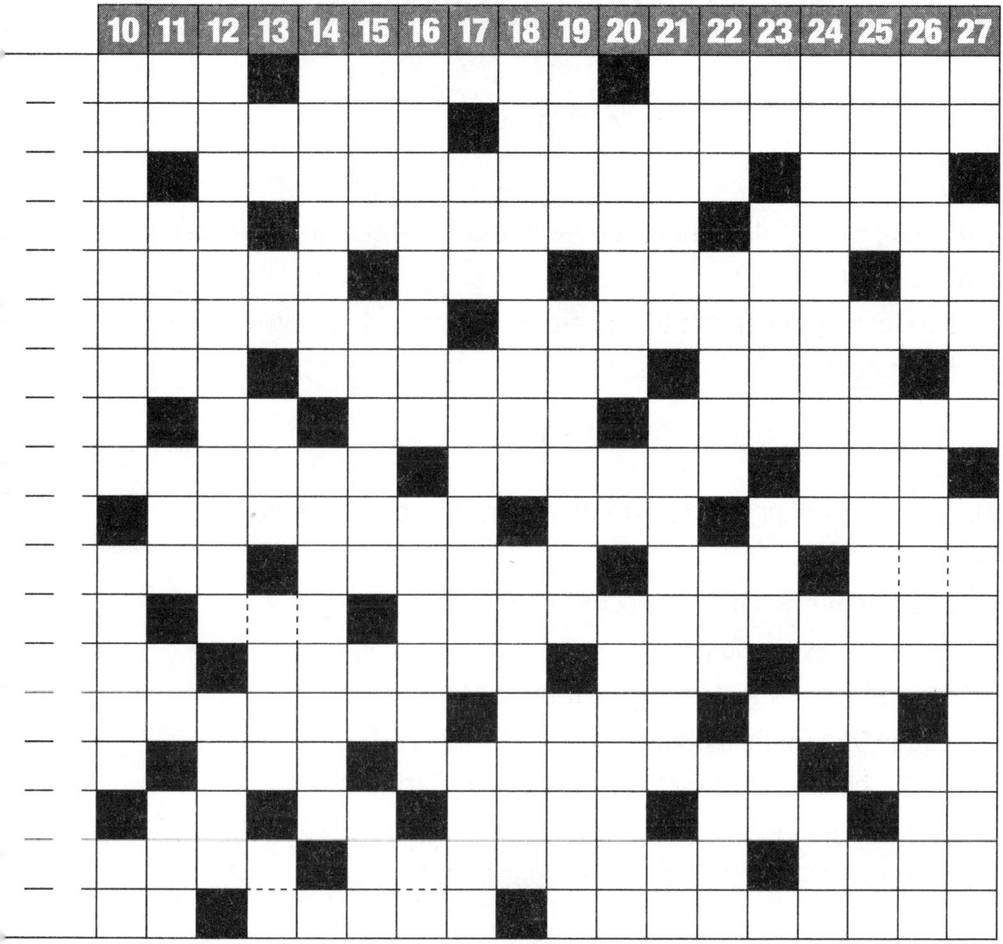

Démonstratif. **11.** Exclamation de surprise. Monarque ou seigneur. Infusion. Branché. Morceau de mur ou de chemise. **12.** Ensemble de termes propres à une discipline. Sa pierre est un déodorant. **13.** Note. Première personne. Mémoire vive. Diminué de surface. Travaux pratiques. **14.** Souverain du supplice. État américain de Lincoln. **15.** S'impliquer. Éclairage suspendu. Cale. Alternative à la force. **16.** De façon semblable. Plaie ne cicatrisant pas. Le matin. **17.** Volcan philippin. Usure de montagne. Tranchant d'arme blanche. **18.** Rayon de soleil dans la grisaille. Léon de l'ORTF. **19.** On les tire en janvier. Tel un vent soufflant sur les îles grecques. Espion ou fonctionnaire. **20.** Endosse la responsabilité. Tour rapide. Renflée au sommet. **21.** Modifié. Bénéficiaire du revenu minimum d'insertion. Pouffé. **22.** Existence. Aux conséquences terribles. Mont de Troade ou de Crète. Relatif à la vigne. **23.** Arobase. Ne la vendez pas ! Page de titres. Ligne de pivot. **24.** Filles de Lagos. Flûte. Cheville. **25.** Zone pour puni. Désigné mutuellement. Bouquiné. **26.** Obstiné. Déplaisir. On le dit par politesse. **27.** Préposition pour spécialiste. Envahisseur. Ustensile pour la salade.

BLAGUES

Ça, musée ? C'est triste…

- Maman, ça veut dire quoi 2500 AV JC, sur la plaque qui est posée devant la momie, là ?
- Bof ! C'est certainement le numéro de la plaque d'immatriculation de la bagnole qui l'a écrasée.

***

Un homme va pour la première fois au musée, accompagné d'un guide.
- Cette femme, qu'elle est moche !
- C'est un Picasso, monsieur.
- Oh et celui-ci, tout strié, qu'il est moche !
- C'est un Van Gogh, monsieur.
- Et cette horreur absolue, là, c'est aussi de l'art moderne, vous allez me dire ?
- Non, ça, c'est un miroir, monsieur, pas un tableau.

***

Un petit garçon voit une dame plantée dix minutes devant la même œuvre, au Louvre. Il s'approche d'elle et lui demande :
- Vous avez oublié votre téléphone ?

LA CIBLE

Partez de la lettre sur fond blanc. Choisissez le bon sens de rotation et sautez un certain nombre de lettres (toujours le même pour cette cible), lisez la suivante, puis continuez ainsi pour compléter cette citation de Jacques Prévert : « Des fois, j'ai pensé mettre fin à mes jours. Mais je ne savais... »

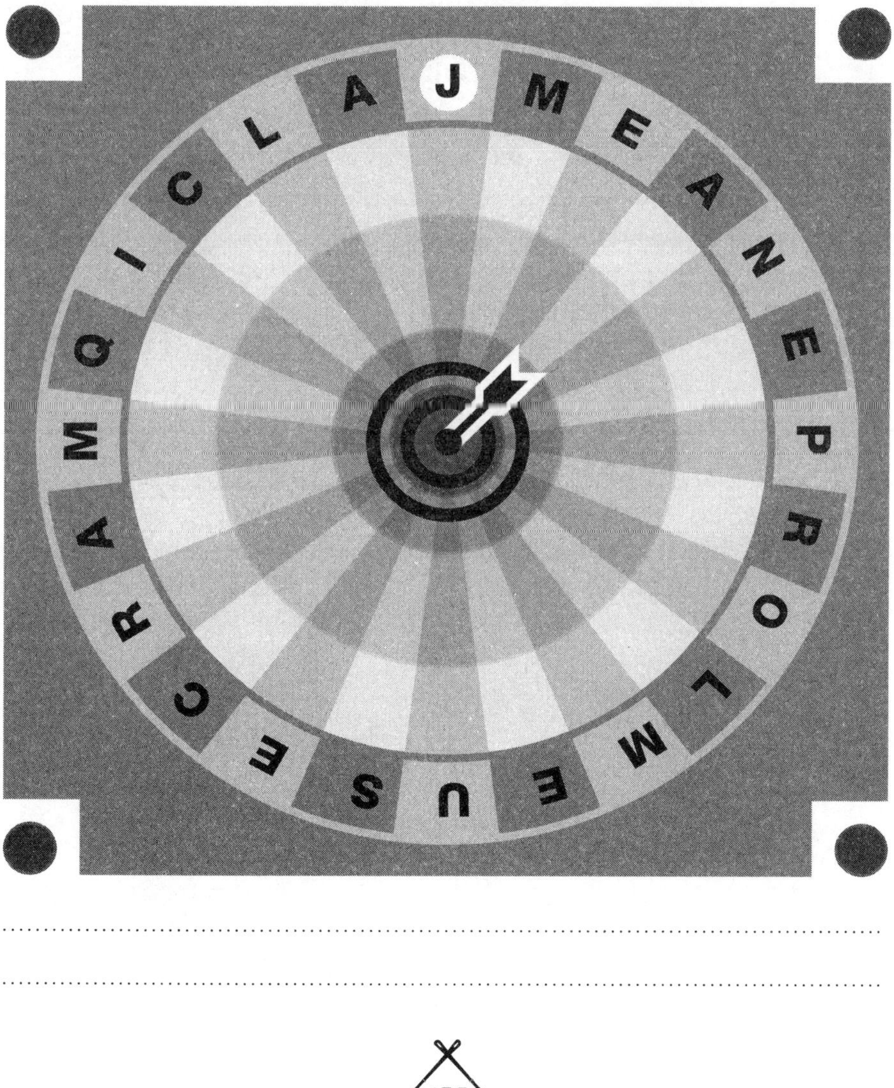

EN MER, DENTS

Tout comme « En mer, dents » laisse entendre « emmerdant », constituez un rébus phonétique évoquant un film américain de 2006, dans lequel un homme urine sur la tête d'une bestiole qui ne le lui pardonne pas…

....

POT-POKER

Devinez pour chaque joueur la « rivière » idéale, la cinquième lettre affichée par le croupier, qui lui permettra de constituer un mot de sept lettres, avec les cinq du tapis plus les deux siennes (exemple page 59). Conjuguer est interdit. Qu'attendent fébrilement Jack, Reine, River et Chip pour remporter le pot de notre pot-poker ?

JACK

REINE

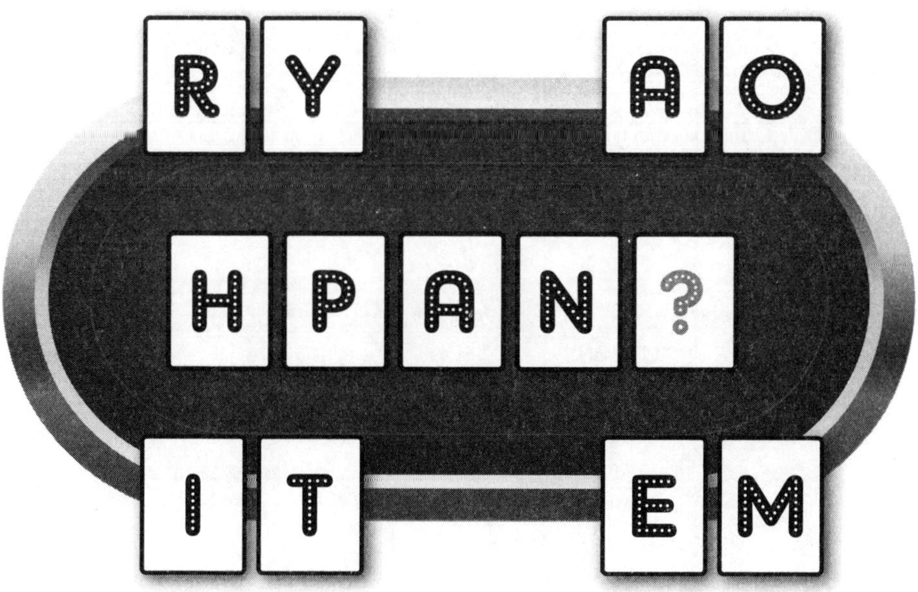

RIVER

CHIP

LA TÊTE AU

Dans chaque carré grisé figure un mot. Trouvez-en une anagramme correspondant à l'une des définitions en page de droite (exemple au centre : ESPAGNOL pour l'indice 2). Inscrivez ensuite, dans chaque tête, le numéro de la définition du terme recherché. Reportez alors l'initiale de chaque mot trouvé, ici un E, dans les cases numérotées de l'échelle de décodage. Celle-ci complétera une citation de l'écrivain polonais Bolesław Prus : « Celui qui a la force entre… »
À la fin, en cumulant les chiffres des définitions, il vous faudra totaliser 65 sur toutes les lignes, toutes les colonnes et les deux diagonales de ce carré magique.

RÉVEILLANT	BARRE	ÉDAM	ENCODES	DOUEZ	= 65
MAIS	PONTÈRENT	IÉNA	LÈSERONT	AMATEUR	= 65
TRANSE	FRÊNE	PLONGEAS 2 ESPAGNOL	HÉLAS	LANGÉES	= 65
CENTRALISES	ALUNIONS	LOGEONS	RANGE	SINGLE	= 65
CANOËS	ARMÉES	PROIE	ÉVENTÂT	NATURES	= 65
= 65	= 65	= 65	= 65	= 65	

65 = (diagonales) = 65

CA-CARRÉ

1. Lire entre elles, c'est deviner l'intention de l'auteur. **2.** Il habite entre les Français et les Portugais. **3.** Dans *Entre nous*, Chimène Badi chante : « de la moindre ... sans nous. » **4.** Le téléfilm *Entre vents et ...* réunissait Nicole Garcia et Muriel Robin. **5.** *Petits meurtres entre ...* est un film de 1994. **6.** C'est l'espace séparant deux points. **7.** C'est un transport reliant fréquemment deux lieux. **8.** Ce pays se situe entre Mauritanie et Guinée. **9.** C'est la zone entre la cuisse et le bas-ventre. **10.** Ce terme désigne la période entre deux nouvelles lunes. **11.** *Entre le ciel et l'...* est un film d'Akira Kurosawa. **12.** Entre l'enclume et lui, on s'expose aux coups. **13.** *Une vie entre deux ...* est un drame américain sorti en 2016. **14.** Le faire entre deux eaux, c'est ne pas prendre position. **15.** Au tarot, elle se situe entre le cavalier et le roi. **16.** C'est l'étage entre le rez-de-chaussée et le premier. **17.** Entre lui et l'écorce, il ne faut pas mettre le doigt. **18.** Cette région de chasse est entre la Loire et le Cher. **19.** C'est l'espace littoral entre marées haute et basse. **20.** Elle tourne entre Jupiter et Uranus. **21.** Entre elle et le fromage, c'est en fin de repas. **22.** C'est le temps libre entre deux cours. **23.** C'est l'espace entre deux ponts. **24.** Il stagne entre onze et treize. **25.** C'est la zone entre désert et partie tropicale humide.

	E											
1	2	3	4	5	6	7	8	9	10	11	12	13

14	15	16	17	18	19	20	21	22	23	24	25

André Vingt-Trois

Le cardinal Lustiger – Jean-Marie, de son prénom, comme quoi ils ne sont pas tous mauvais – n'avait pas échappé à ma culture générale : sa nomination à l'Académie française, en 1995, ne l'avait rendu « immortel » que pour douze ans, puis il monta siéger à la droite ou à la gauche de son autre Père et fut remplacé à l'archevêché de Paris par André Vingt-Trois.

Là, je me suis dit : ce type se prend pour le nouveau pape, mais pourquoi n'écrit-il pas son nom « André XXIII » ? Tout simplement parce que Vingt-Trois est son vrai nom. Ce nombre aurait été donné comme patronyme à un ancêtre sans famille : était-ce un numéro de porte où celui-ci fut déposé, de lit qu'il occupa à l'orphelinat, de jour où il fut découvert ? Même Dédé ne sait pas.

Si je vous parle d'archevêque, c'est parce que, parmi les mots contenant à la fois les sons [chi] et [pis], il y a « chimiotropisme » – qui n'intéresse personne – et « archiépiscopal » (ou « archiépiscopat ») qui ramène un peu la dignité de ces prélats à une réalité bien moins immaculée.

Par curiosité, j'ai consulté la liste des archevêques de Paris, de saint Denis à notre Dédé numéroté, en passant par le sexy Jean Courtecuisse : beaucoup de particules, dites donc, dans cette litanie. Je vous les épargne. Et quelques noms, aux Ve et VIe siècles, qui ont leur place dans votre *Officiel* : Vivianus, Flavianus, Ursicianus et Libanus. Son Excellence n'est-il finalement qu'un trou du cul, à la fin ?

C'est gâchis

Parmi ceux ci-dessous uniquement, quel masque n'apparaît pas en même quantité que les autres ?

TROIS PETITS CHATS

Trois petits chats, chapeau de paille, paillasson, somnambule, bulle, bulle… Sur ce principe, remplissez les trente bulles, bulles, bulles, en vous aidant des indices précisant chaque début et fin de mot.

1-5. Ce chat vu dans *Shrek* porte toujours un chapeau, d'où le jeu de mots et le changement de son initiale de B en P. **4-9.** Derrière « chat », ce nom de chien désigne une race aussi appelée « munchkin ». **8-14.** Il y naît chaque année de nombreux chatons possédant un joli pedigree.

13-20. Le chat de ce sculpteur sur bois se nomme Figaro. **19-25.** Ce J.R.R. a composé le poème « Chat » dans *Les Aventures de Tom Bombadil*. **24-30.** Dans *L'Île aux…*, Léonard veut goûter la pâtée du chat.

Pipiramidal

Complétez la pyramide en inscrivant sur chaque flaque un total égal à la somme des deux nombres notés sur les deux éléments (flaque ou rouleau) immédiatement en dessous.
Le nombre 628 (314 + 314) au sommet a un petit parfum de pipi, puisque pi, c'est 314…

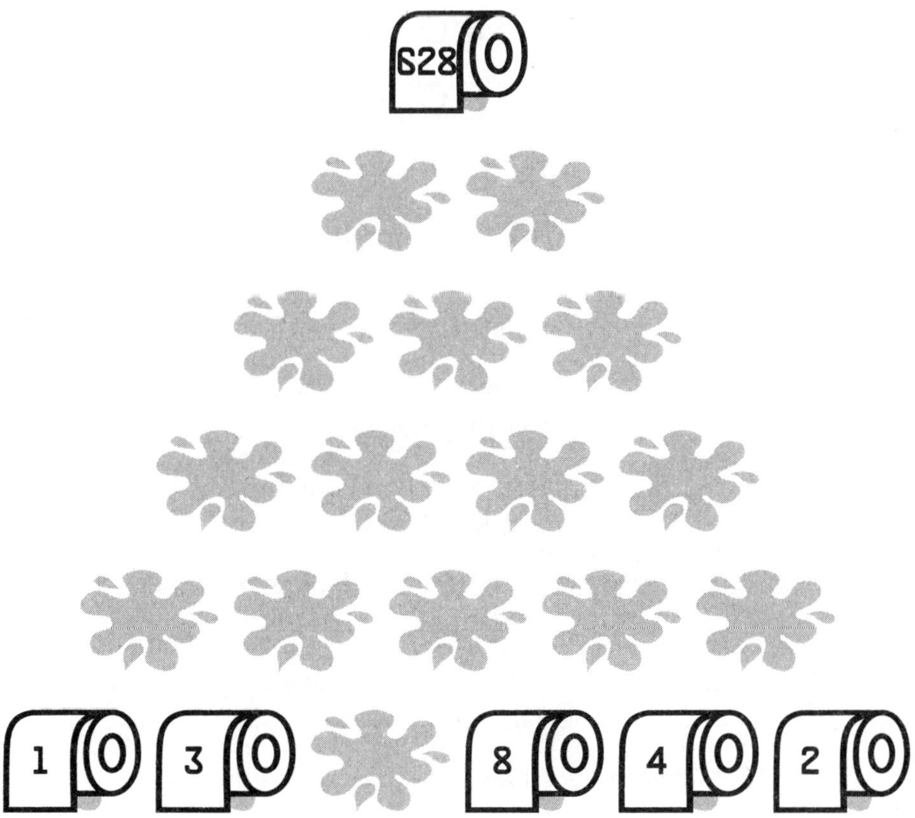

BOUCHE-TROUS

Inscrivez une lettre par tiret pour reconstituer six mots de la langue française. Si le TROUIN final (alors que, normalement, c'est plutôt le 18, le trou final) de René Duguay-Trouin, le corsaire malouin, ne vous suffit pas, piratez l'indice du dessous. Interdiction de conjuguer !

1. T R O U _ I _ N
2. T R O U _ I _ _ _ N
3. _ _ T R O _ U _ _ I _ N
4. _ _ T R O U I _ _ _ N _
5. _ T _ R O _ _ U _ I _ N
6. _ _ T _ _ _ R O _ U _ _ I _ N

INDICES :

1. Un noble corsaire n'aurait pas aimé être réduit à ce vil rang militaire.

2. Si chic qu'il fût, Duguay-Trouin faisait ses gros besoins par là.

3. Dans un devoir sur les corsaires, il faudrait commencer par cela.

4. Écumant les frontières maritimes en guettant le vaisseau ennemi.

5. La piraterie, ça date, mais pas autant que lui !

6. Cette faculté de freinage concerne plus souvent l'astronautique que la navigation maritime.

GLOBE-CROTTEUR

1. Dans quel pays demanderez-vous « Vortegh e zugarany ? », pour localiser les goguenots ?

- en Bulgarie
- en Arménie
- en Hongrie

2. En Suède, quelle formule permet de demander les toilettes ?

- « Var är toaletten ? »
- « Wer rikea enkit ? »
- « Hur gammal är du ? »

3. Dans quel pays demanderez-vous « Gdje je kupaona ? » pour savoir où espérer uriner ?

- en Inde
- en Croatie
- au Groenland

FLÉCHÉS

Dans cette grille, toutes les définitions ne sont pas données dans des cases. Des chiffres indiquent la place de la première lettre de certains mots à trouver, horizontalement ou verticalement.

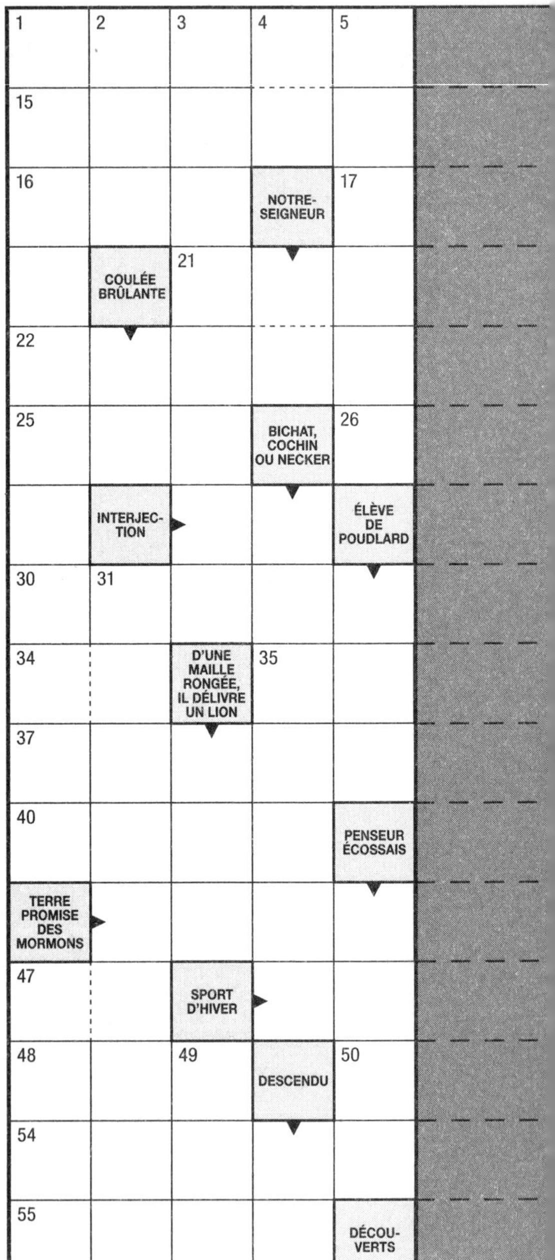

HORIZONTALEMENT : 1. Boulot de Rome. **9.** Baumes d'Amazonie. **15.** Vendu jusqu'au dernier exemplaire. **16.** Nouvel An vietnamien. **17.** Elle ne file pas droit. **20.** Erbium chimique. **21.** Déjà commencé. **22.** Entonnoirs piégeux. **24.** Tentative de basketteur. **25.** Arbuste à feuilles euphorisantes. **26.** Réflexe social en période de pandémie. **28.** Capitaine d'arche. **29.** Démonstratif. **30.** Sécher par rotation rapide. **32.** Potentiel hydrogène. **34.** L'Europe. **35.** Lacet italien. **37.** Rapide coureur de 100 m. **40.** Situation. **41.** Bière légère de pub anglais. **44.** Maladie contagieuse du ladre. **46.** Graisses animales. **47.** Boîte postale. **48.** Roi d'Israël. **50.** Cours frontière de la Guyane. **52.** Voix grave. **54.** Épine-vinette. **55.** Il céda son droit d'aînesse à son frère.

VERTICALEMENT : 1. Elle a les boules. **2.** Ébène verte. **3.** Rimbaud, Verlaine et les Cros. **4.** Zone industrielle. **5.** Pose sur son séant. **6.** Président russe. **7.** Tétine suisse. **8.** Planète de *La Soupe aux choux*. **9.** Droit d'exiger un paiement. **10.** Ancienne unité monétaire. **11.** Verre entre amis. **12.** Début d'hilarité. **13.** Bœufs racornis. **14.** Zen, relax. **18.** Paresseux. **19.** Luth arabe. **23.** Intelligence artificielle. **27.** Motif ancien de procès. **31.** Quelle fratrie exceptionnelle ! **33.** Fer en réaction. **36.** Frotter à la blanchisserie. **38.** Possessif familier. **39.** Charmant breuvage. **42.** Déclenche un courroux. **43.** Période du présent. **45.** Porteur de jolis cônes. **47.** Jeune mammifère. **49.** Bel emplumé. **51.** Service dû au suzerain. **53.** Soupir de soulagement.

CROISÉS

6		7	8	POURVU… D'UN LONG COU	9		10	11	12	13	14
	OBSTACLE POUR CHEVAL					RÉGION DES BALKANS					
	18					19			DÉCOMPO-SITION DE LA LUMIÈRE	20	
			TROP OXYDÉ EN ŒNOLOGIE								
	PLAT PROVENÇAL		23			VARIÉTÉ DE RAISIN	24			CHAMPI-GNON COMME LA ROUILLE BLANCHE	
	27										
28			NON DILUÉ	29			PRÉFIXE D'ÉGALITÉ				LENTILLES
		FIÈVRE AURIFÈRE	32		AYANT FALLE BASSE		33				
SANS CŒUR					36			PORT PHÉNICIEN DÉTRUIT PAR ALEXANDRE			
38				BRADYPE			SOMMETS DE COURBES	39			
41			ROMAN DE WALTER SCOTT	42			43				SE LAISSER FAIRE
LE COIN DES ANGLES	44		45			BAILLE	46				
		FÉERIQUE							CHÂTEAU DE GUISE		
		51			CHAMPION	52			53	SOLDAT DES ÉTOILES	
			LETTRE GRECQUE				CRIÉ				
						PETIT-LAIT FERMENTÉ					

CA-CARRÉ MAGIQUE

Complétez ce ca-carré magique avec des nombres allant de 1 à 25, sachant que la somme sur chaque ligne, dans chaque colonne et sur chacune des grandes diagonales doit être égale à 65. Chaque nombre ne doit apparaître qu'une seule fois.

23	10			17	= 65
	16	22	8		= 65
7			19		= 65
		6		3	= 65
11			25		= 65
= 65	= 65	= 65	= 65	= 65	

65 = (diagonales) = 65

Davos, merci

Les Suisses, ils sont propres (comme les Japonais), honnêtes, disciplinés, un peu racistes parfois (ah ben si, le mouton noir de l'UDC, en 2018, c'est eux) et ils ne font pas caca, selon deux amis qui y vivent, Matthieu B_1 et Étienne B_2 dont la copine – morte depuis et qui ne pourra donc pas témoigner en cas de procès – m'a maintes fois confirmé de son vivant que son mec ne produisait pas d'étron.

Où en étais-je ? À Davos, cessez de m'interrompre, après on n'y comprend plus rien. Davos, donc – non, l'humoriste c'est Devos, Raymond ; il est mort aussi –, est une ville cossue qui accueille chaque année le Forum économique mondial, que certains hommes répugnent à appeler FEM. On y rencontre des lobbyistes qui veulent se faire du fric, des humanistes qui vantent leur fondation, des grands démocrates comme Poutine quand il n'avait pas peur de se faire passer les menottes, des déconneuses comme Christine Lagarde et quelques gens bien, comme Nelson Mandela, mais il est mort aussi. Quelle hécatombe...

Bon, tous ces types débarquent en général en jet privé, pour pouvoir parler sereinement ensuite de développement durable, de transparence financière, d'impératifs éthiques et d'aide aux plus démunis. Mais nous, vous et moi (sauf si tu as acheté *L'Officiel*, Christine, pour te marrer même en faisant caca), nous irions à Davos avec notre bonne vieille bagnole ou par le train. Si vous choisissez la ligne ferrée RhB à voie métrique, il vous faudra descendre à... Davos-Laret. J'ai l'impression que l'ajout phonétique de « la raie » ne sied pas trop aux organisateurs du Forum. C'est pour cela que j'ai décidé de vous en informer. Dites désormais Davos-Laret ! Dans le cul, les Suisses.

SUDOKU-KU

Remplissez les cases vides de ce sudoku-ku pour que tous les chiffres, de 1 à 9, soient inscrits une seule fois sur chaque ligne, dans chaque colonne et dans chaque petit carré de neuf cases sur fond gris ou blanc.

	2		9			5		
					3	2		9
	1		7	8				
			1				4	5
6								3
5	8				7			
				7	1		5	
4		9	2					
		8			9		6	

ÉVIDEMMENT

La réponse à cette énigme vous semblera probablement évidente, si vous donnez votre langue au chat et allez voir la solution. Ne serait-ce pas plus drôle de continuer à chercher, seul ou en groupe, jusqu'à ce que votre esprit s'illumine ? Évidemment que si !

Sur quelle place de parking est garée cette voiture ?

BLAGUES

Paul hisse le drapeau blanc

Paul sort de la boulangerie et voit un policier en train de dresser des contraventions. Il se dirige vers lui en hurlant :
- Non, mais vous n'avez que ça à foutre ? Emmerder les gens qui se garent cinq minutes pour aller acheter du pain.
Le flic reste silencieux, refait le tour de la voiture et rédige de nouveaux procès : phares sales, pneu lisse à l'arrière, plaque d'immatriculation illisible. Paul l'insulte derechef à chaque PV.
- Je peux continuer longtemps, le prévient le policier. J'en rédige d'autres ?
- Bah, si ça vous amuse, qu'est-ce que j'en ai à foutre ! Moi, je suis venu en métro...

***

Un type sort du bar en titubant et en riant bêtement. Il cherche sa voiture. Paul essaie de le raisonner :
- Vous n'allez pas conduire dans cet état. D'ailleurs, bourré comme vous l'êtes, vous n'arriverez même pas à reconnaître votre véhicule.
- Alors là, si ! C'est le seul qui ait un gyrophare bleu sur le toit.

***

Paul entre à la gendarmerie.
- Je viens porter plainte. Un connard vient de me piquer mon permis de conduire.
- Vous pouvez me décrire l'individu ?
- Bah, il était habillé exactement comme vous.

ROSACE

Remplissez les pétales de rose en ordonnant ces séries de lettres. Écrivez les mots de l'extérieur de la rosace vers le centre, comme dans les exemples RICHE et BUTIN. Attention aux anagrammes, il n'y a qu'une seule façon de compléter la grille.

Dans le sens des aiguilles d'une montre (repères lettres)

A. AILPR
B. EIMST
C. CELUX
D. ABILN
E. LOOPS
F. EELRV
G. EIRRS
H. EIPPR
I. ELMNU
J. AEIPS
K. EHLOT
L. ABDET
M. EMOTT
N. CCOOS
O. AGNOT
P. ELNOT
Q. **CEHIR**
R. CIINR

Dans le sens inverse (repères chiffres)

1. CIOPT
2. ACHMO
3. CEIIL
4. **BINUT**
5. EILPR
6. ELOSV
7. AELRX
8. ILNOP
9. EILRS
10. EPRSU
11. EEHMS
12. DEOPR
13. EINTT
14. ABCEO
15. ALOTT
16. ACELT
17. EMNOR
18. GINRS

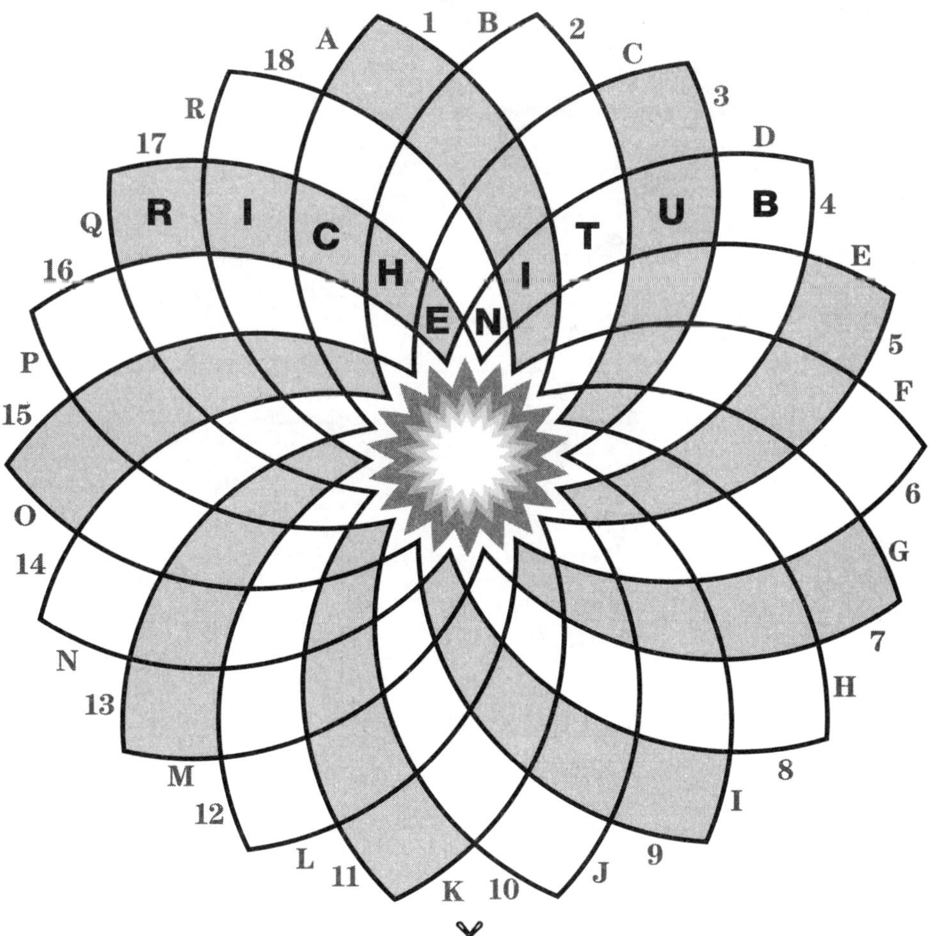

(M)OTS

TYPE À LA BARRE
LA PETITE FADETTE

ARMOIRES PAS COMMODES
CORNET DE GLACE

SOUDER
DANGER EN POCHE

BOUT DE BOIS
FOYER DE MINEURS

HORS D'ATTEINTE
PIÈGE À IONS

PLUME DU FIGARO
PHOBIE DES TAUPES

PRÉLUDE À BIEN
FUT RECONNAISSANT

SIGNE SUR LE *SOL*
ELLE NUIT À L'INFO

ESCALOPER LA CANOPÉE

SAINT DU LAUDIEN
PIQUANT DE COUPS, SECOUSSES

LITS PARFOIS HUMIDES
FIENTES DE LOUTRE

REPÈRE CHIFFRÉ
SUIVEUSES DE BOVIDÉS

CHASSÉE PAR LE FREEGAN
ANCIEN MAFIEUX

DÉDUITES
DO

ARME DE BUFFY
CERVIDÉ

JARDINS SUSPENDUS
GRANDE ANGLAISE DE 1858

PAYSAGES
MILIEU DE POÈTES

(F)LÉCHÉS

ÉBRÊCHÉE / COIN PARFOIS BRUYANT
EXTRÊME FAIBLESSE / SE REND
L'APPEL AUX ARMES / BROWN D'*ORIGINE*
OPUS MUSICAL / FRANCHE GALE
ACCROC AU CAPOT / ÉCHELLES DE TEMPS
SANS EUX, POINT D'ORGUE
CANAL VÉNITIEN / REGARDE AVEC CONVOITISE
DANS LA LUMIÈRE / ANNE FRANK S'Y CACHA
INTERDIT DE VOLANT
GRATTANT L'ÉCORCE / VENU AU MONDE
DU CORON / PLAN-CHETTE
VERSION DOUBLÉE / JAUNISSE
APÉRO DU MIDI / QUI SENT L'ŒUF POURRI
ELLE SERA DE LA REVUE / AMATEUR
VITESSE ACQUISE / RÉSUMÉ DE VIE
MOINDRE / QUE L'ÉTAT CROIRA SUR PAROLE
PLATINE
BIENTÔT MONNAYÉE / DIFFUSÉE
MÈCHE REBELLE / MEURTRI
LACÉDÉ-MONE / CONVENIR
ROSEAU / ÎLE
LAC PYRÉNÉEN
MAIS AUSSI / PRÉNOM DE LAUREL
PÉRONÉ / TARTINÉE DE MATIÈRE GRASSE
PEIGNE / L'ITALIENNE À ALGER
JUIF NIGÉRIAN / CROCHUS, ILS NOUS LIENT
DISCIPLINE DE VIE
TONNEAU DE DIOGÈNE / MAÎTRE DE LA GIDOUILLE
LISTE DE TÂCHES À EFFECTUER
PORTEURS DE COURANT / PALMIER
CUVE DE TOILETTE / HORIZON
DRAME NIPPON / ABRAHAM Y EST NÉ
BASE D'ÉGLISE / NIVEAU AUX ÉCHECS
APRÈS VOUS / PATRIE HELVÈTE
ERSATZ DE GRIVE / SIX À ROME
DE PEU DE JUGEMENT
PLANTE AQUATIQUE

LE CHICHSTRAC

Dans les trois citations, un même terme a été remplacé par cet étrange **CHICHSTRAC**. Votre seule corvée sera de toiletter ces phrases pour retrouver le mot commun d'origine.

1 « Les bons **CHICHSTRAC** sont des bijoux perdus. »
(PAUL VALÉRY)

....

2 « Méfie-toi des **CHICHSTRAC** comme d'une montre arrêtée. »
(GEORGES SCHÉHADÉ)

....

3 « Je n'écris plus les **CHICHSTRAC** charmants, je me suis aperçu que cela les gâtait. »
(STENDHAL)

....

Les enfants terribles

Cinq couples à l'humour douteux annoncent à des amis que leur famille s'agrandit. Sachant qu'Adam, Anna, Anne, Aude, Bill, Clément, Eudes, Éva, Hubert, Jeff, Liz, Maéva, Marc, Mehdi, Paola, Philémon, Steeve, Ted et Yann sont arrivés à la maternité, inscrivez les prénoms complétant les faire-part. Attention, chaque couple a eu plusieurs enfants.

Monsieur et Madame Ouquoi
ont le plaisir de vous annoncer
la naissance de

....
....
....

Monsieur et Madame Ba
ont le plaisir de vous annoncer
la naissance de

....
....
....

Monsieur et Madame Cale
ont le plaisir de vous annoncer
la naissance de

....
....
....

Monsieur et Madame Cétané
ont le plaisir de vous annoncer
la naissance de

....
....
....

Monsieur et Madame Lefrigo
ont le plaisir de vous annoncer
la naissance de

....
....
....

FÈCES TIME

Salpe...

Dit comme ça, cela peut ressembler à un début d'insulte que nous vous laisserons compléter selon que vous détestez les homosexuels, les prostituées, les cochons... ou les spectacles chiants de la salle Pleyel, seul point sur lequel je pourrais peut-être vous rejoindre. Vous pouvez aussi haïr l'ensemble des trois catégories citées plus haut, je ne vous haïrai pas plus que si vous n'en conchiiez qu'une seule.

Mais la salpe, nous oriente un dico, est un petit animal marin en forme de cylindre creux. Un autre la traite de « tunicier pélagique (de haute mer) se déplaçant par contractions, pompant l'eau via son corps gélatineux et filtrant le phytoplancton pour se nourrir » : c'est plus précis. On nous cite même l'espèce *Thetys vagina*, qui peut atteindre 20 à 30 cm. Énorme !

Les salpes bouffent tellement de plancton que les chasseurs de baleines vont voir ailleurs, dès qu'ils les repèrent. Elles peuvent aussi boucher les circuits de refroidissement de réacteurs nucléaires, comme ce fut le cas dans le comté californien de San Luis Obispo, ou coloniser l'intestin du Pascal du même nom. Le seul avantage : ces gloutonnes transforment les particules qu'elles digèrent en pelotes fécales tellement riches en carbone et denses qu'elles coulent à pic dans l'océan, au fond duquel elles se déposent pour se transformer en carbonates pas près de remonter à la surface.

La salpe capte ainsi du carbone présent dans l'océan et permet à l'eau de piéger autant de CO_2 atmosphérique. Ne les insultez donc pas, ces salpes : elles doivent même être protégées, car elles réduisent la pollution et limitent le réchauffement climatique. Bim ! Sale période pour les *haters*.

Le Pendu

Vous avez tous déjà joué au pendu. Observez bien les neuf lettres des essais infructueux et déduisez-en le seul mot possible dans cette configuration, sans conjuguer. Même la police essaie de les retrouver…

_ _ G _ _ _ _ _ _

Lettres déjà proposées, mais pas dans le mot :

A B C D E L N O V

Amenez-y…

♫ ♫ ♫ ♫ ♫

Vous révisez vos chansons françaises, pour espérer un jour gagner de l'argent à la télé. Soudain, c'est l'amnésie ! Un terme vous échappe. Observez les notes remplaçant ce « trou » et amenez-y le mot manquant.

1. « Ton accordéon me fatigue, Yvette, si tu jouais plutôt de la ♫♫♫ »

....

2. « Le choix de quelques-uns, dans un bureau occidental, bouleverse des millions de destins, surtout si l'bureau est ♫♫♫ »

....

3. « Nos ♫♫♫ dorment en bas comme des bébés et la soul music traîne sur la bande FM »

....

4. « J'ai les cheveux couleur ♫♫♫, je viens du fond de l'Italie »

....

5. « Pour que tout, tout près de vous, ♫♫♫ ses fleurs, ses rires et ses chansons »

....

6. « Elle est la splendeur des splendeurs, elle est la ♫♫♫, elle est le miel »

....

7 HORREURS

Trouvez les sept différences entre les deux illustrations.

LA TÊTE AU

Dans chaque carré grisé figure un mot. Trouvez-en une anagramme correspondant à l'une des définitions en page de droite (exemple au centre : ROUES pour l'indice 13). Inscrivez ensuite, dans chaque tête, le numéro de la définition du terme recherché. Reportez alors l'initiale de chaque mot trouvé, ici un R, dans les cases numérotées de l'échelle de décodage. Celle-ci complétera une citation de Paul Claudel : « Quatre-vingts ans, c'est… » À la fin, en additionnant les chiffres des définitions, il vous faudra totaliser 65 sur toutes les lignes, toutes les colonnes et les deux diagonales de ce carré magique où règne le chiffre 4.

SCÉLÉRATE	RIA	OFFERTS	ROUGET	LACERIES	= 65
RONDELS	LOUPE	BABA	RATTE	MINAUDES	= 65
OUD	LAIES	OURSE 13 ROUES	MANTOUE	GRAMEN	= 65
RHÉNIUM	DEVIENT	NU	CRIE	SLEEPING	= 65
PIÈCES	HAUT	ÉTABLES	REMASTIQUÉ	ÉLUDA	= 65

65 = | = 65 | = 65 | = 65 | = 65 | = 65 | = 65

CA-CARRÉ

1. Il est le héros des *Quatre Cents Coups*. **2.** C'est le quatrième élément, avec l'eau, le feu et la terre. **3.** On le prend à quatre heures. **4.** Être tiré à quatre ..., c'est être bien habillé. **5.** Ce petit groupe joue un morceau à quatre mains au piano. **6.** Après quatre, ce mot désigne le piment de Jamaïque. **7.** Dans cette ville se déroule l'action de *L'Opéra de quat'sous*. **8.** C'est l'une des *Quatre Saisons* de Vivaldi. **9.** Henri IV en voulait au pot pour chaque foyer. **10.** C'est quatre par quatre. **11.** Ils étaient quatre garçons dans le vent. **12.** C'est un synonyme de « clair comme deux et deux font quatre ». **13.** Le quatre-quatre en a quatre motrices. **14.** C'est le préfixe associé à quatre. **15.** Se mettre en quatre, c'est en faire beaucoup. **16.** Ce groupe suédois a quatre interprètes et quatre lettres. **17.** C'est la matière pour quatre années de mariage. **18.** Les insectes en ont généralement quatre. **19.** Cet adjectif est construit à partir du nom de l'auteur des *Trois Mousquetaires*... qui étaient quatre. **20.** Quatre à quatre, on le descend fissa. **21.** Le faire comme quatre, c'est avoir gros appétit. **22.** C'est enterrer, entre quatre planches. **23.** C'est l'adjectif numéral ordinal pluriel associé à quatre. **24.** Cet État américain en quatre lettres a adhéré à l'Union le 4 janvier 1896. **25.** Les criminels, tirés à quatre chevaux, l'étaient.

												R
1	2	3	4	5	6	7	8	9	10	11	12	13

14	15	16	17	18	19	20	21	22	23	24	25

URO NEWS

La tache et les taches

Je vis avec quelqu'un qui bosse dans la mode, donc j'ai plutôt tendance à ne voir que le beau côté des choses : je parle des vêtements, pas du pipi/caca quoique... Il arrive que je trouve esthétique un étron bien moulé ou intéressante une coloration d'eau, suite à la consommation de betteraves ou de curaçao. Bref, je dois vous parler d'un jean *trendy* en 2024, le Stain Stonewash de deux soi-disant créateurs de mode : Jordan... Bowen (non, pas Bardella) et Luca Marchetto.

Ces deux zigotos, qui ont créé la marque JordanLuca après un brainstorming de quelques secondes, ont eu une idée « géniale » (Einstein, à côté, c'est du pipi de chat) : un jean avec un effet « taches d'urine » pour approximativement 600 €. Cette merveille avait été présentée pour la première fois à la Fashion Week automne-hiver de Milan, en 2023. Un an plus tard, le pantalon fait un carton et il est en rupture de stock. Alors que les bouquins d'Einstein, personne n'en veut pour 50 cents.

JordanLuca « casse les codes » et dénonce « l'époque moderne, où l'exploitation capitaliste ne laisse même pas le temps à ses ouvriers d'aller aux toilettes ». Ça me fait penser à Brice de Nice : « Je casse ! », mais Brice n'est qu'un loser. Je pense la même chose de ces créateurs et surtout de leur justification : croient-ils vraiment que ce sont des ouvriers surexploités qui vont s'acheter des jeans à 600 boules ? E = aime ces deux, mais j'aime pas ces deux, moi.

À ce prix-là, autant se prendre un pantalon à 6 balles et se pisser dessus soi-même, ou le faire faire par un copain uro. Cassons les codes... Cassons les cons, ouais. En paroles, uniquement, hein. Les violents, moi, je les défonce !

CALCULS DURS, HEIN !

Avec les quatre opérations de base **(+ − × ÷)** et en utilisant au maximum une fois les plaques proposées, tentez d'atteindre le nombre cible : **881.**
Il n'existe qu'une façon de parvenir au résultat.

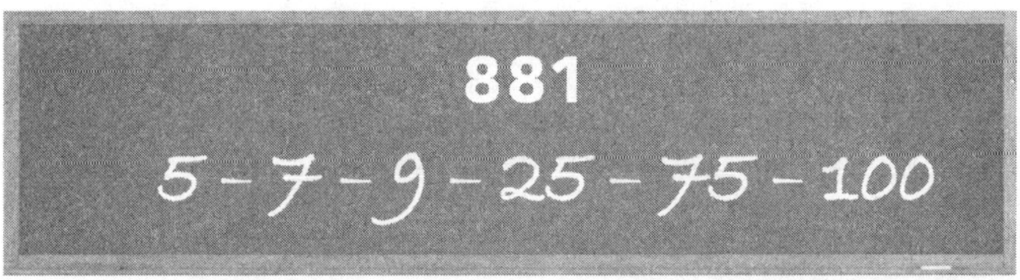

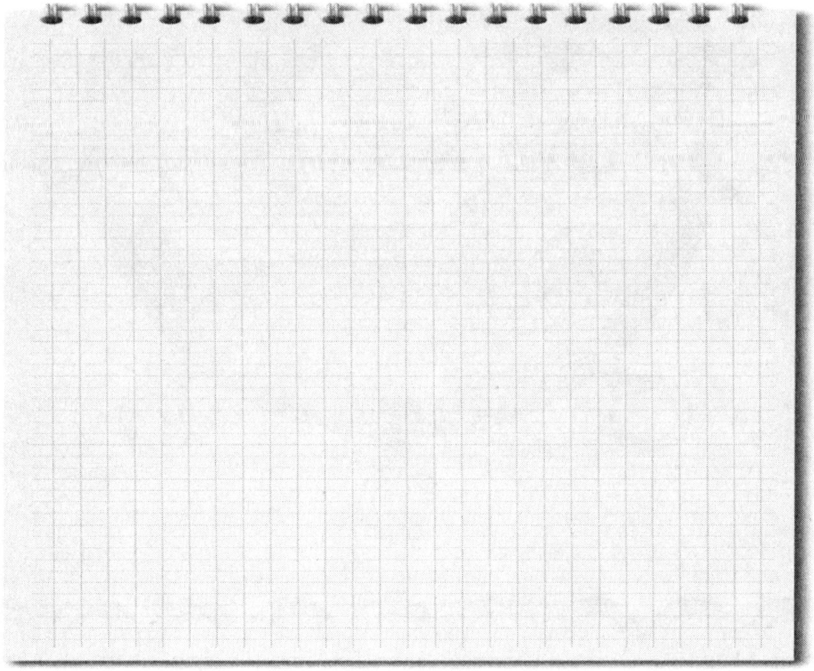

Clés en main

Le butin du pirate est stocké dans un coffre sécurisé par un mot de passe. Notez dans chaque clé la lettre à laquelle elle est associée sur la page de droite. En trouvant le bon point de départ et le bon sens de rotation, lisez le mot de passe ouvrant la serrure. Attention aux trois clés piégeuses.

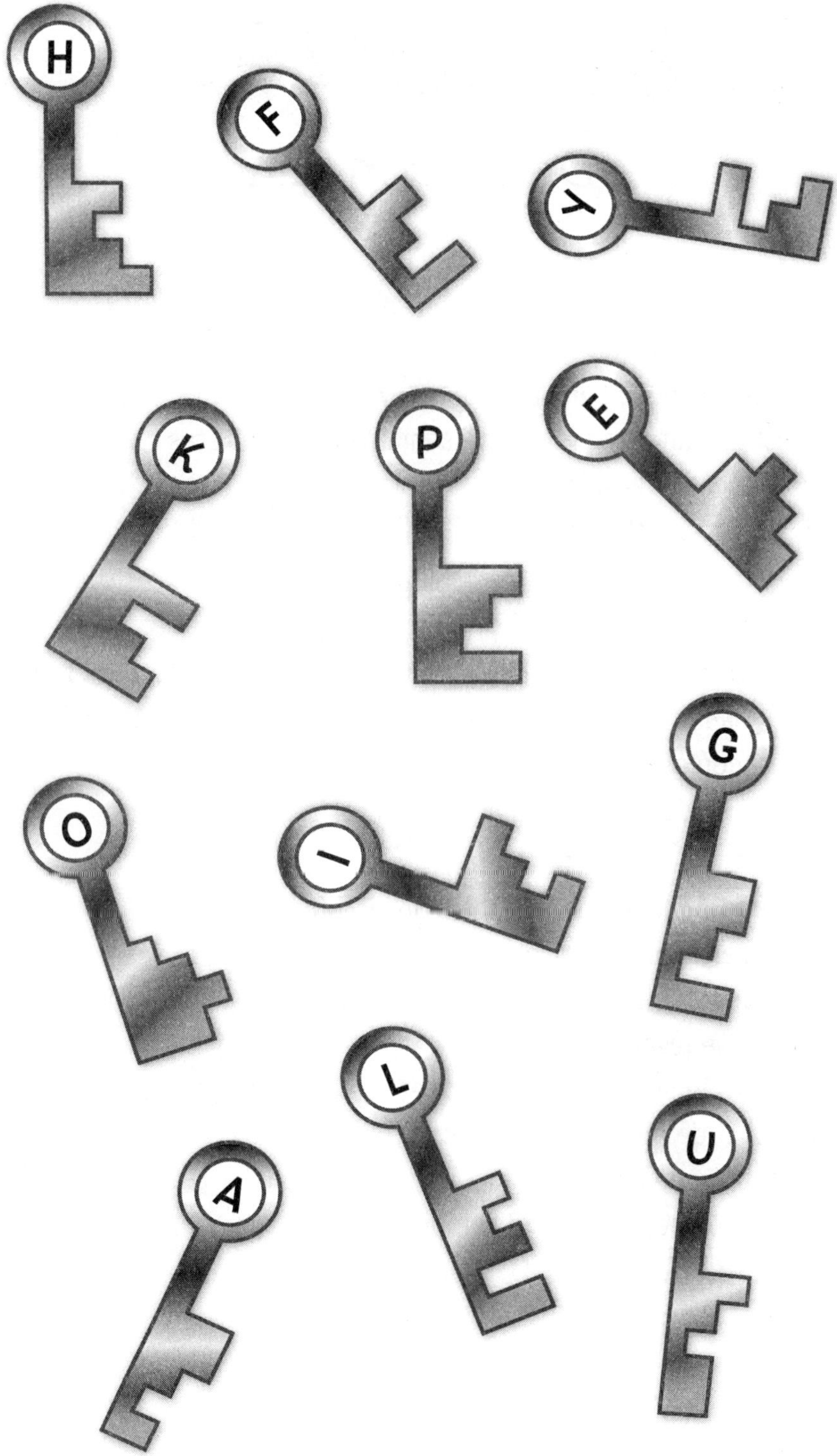
H
F
Y
K
P
E
O
I
G
L
A
U

BLAGUES

Déduction faite

Le chef convoque l'un de ses employés.
- C'est la quatrième fois cette semaine que vous êtes en retard. Vous en concluez quoi ?
- Euh... Qu'on est jeudi ?

***

- Toto, tu as déjà fini de résoudre le problème de robinet qui fuit ?
- Oui, madame. Je vous ai mis le numéro de téléphone de ma mère ; mon père est plombier.

***

Un ventriloque donne un spectacle, accompagné de sa marionnette fétiche.
- Et maintenant, une histoire belge, tout le monde les aime.
Un type se lève :
- Ah non, ça suffit ! Je suis belge et j'en ai marre qu'on se moque de moi et de mes compatriotes.
Le ventriloque intervient :
- Mais monsieur, un peu d'humour...
- Toi le grand, ta gueule ! C'est au petit que je parle.

CROISILLONS OQP

Occupez-vous avec cette grille où les lettres **O, Q, P** ont déjà été positionnées, lorsqu'elles sont présentes. Attention, les définitions amusantes sont souvent à prendre au second degré.

1. En venir aux fées.

2. Couverts de mouches.

3. Spécialiste de musique de chambre.

4. Pays du cheikh en blanc.

5. Amateur d'eau plate.

6. Blanc de canard ou de poulet.

7. S'il sort de sa cage, danger !

8. Temps non prescrit.

9. Couche à même le sol ou sur la tête.

10. Café qu'on serre.

(M)OTS

REPÉRABLE AUX BACANTES
PIANO AQUEUX
BAS NIVEAU
EN FORME DE CROCHET
TEMPS FORT DU JAZZ
SÉRIE AVEC VAMPIRES
D'UN SEUL SEGMENT
LA HAINE S'Y DÉVERSE
CIBICHE
LIEU PLANTÉ DE CHANVRE
LANTHANIDE
LA SUISSE
CHAÎNE DASSIER
TEL EDO JADIS
SE SÈCHE LES DOUILLES
FILM DE CHABAT
EXCRÉTION AZOTÉE
LA TRAÎNÉE, C'EST SON DADA
AÉROSOLS POLLUANTS
DOSE ABSORBÉE
DE VIENNE
OPÈRE UN RETRAIT
MONNAIE
CHLEF DU CHELIF
TENTATIVE DE NEYMAR
ASSORTIT LES TONS
ÉGÉEN POINT DE CHUTE
REGROUPEMENT
VECTEUR DU HASARD
REDONNA DU POUVOIR
BATTRE LE PAVÉ
ELLES VOUS ENVOIENT PAÎTRE...
L'ÉTAPE DES VOSGES
BIEN NOMMÉ
COUVRE-CHEFS
PEINTE PAR SOULAGES
PERTURBE
PISTE POUR LIMIER

(F)LÉCHÉS

- ROI PHÉNICIEN
- AU DÉBUT DU JOUR
- REPÉRÉ
- GLYCOGÈNES
- PETITE CIGUË
- COUVRISSE DE MÉTAL
- TELLEMENT LED

- L'OMÉGA DU PHYSICIEN
- D'ACCORD
- SOSOTTE
- S'ÉVERTUENT
- BALADO
- POISSON-LÉZARD
- COUPER À TRAVERS BOIS
- SINGULIER PLURIEL
- DAME NOUS MENANT À LA BAGUETTE
- LUBRIFIÉ
- RAPPELANT LA SOIE
- SANS SECOUSSE
- PASSAGE PROTÉGÉ
- PALMIER HUILEUX
- DÉSOLATION
- RAMIFICATION
- VIOLENCES
- FIN D'INTÉRIM
- ÉCLATE UN TRONC
- LA SENTIR VOUS FAIT ACCÉLÉRER
- COBALT
- CHANTEUR DE RAP
- CANARD OU BŒUF ?
- DOMAINE D'INGÉNIEUR
- NOISETTE
- COUREUR AUSTRALIEN
- RHÉOSTATS
- GROUPE DE PHARAONS
- POINTS DE BEAUTÉ
- *MAJOR* CÉLESTE
- PUPITRES
- SOURCES DE QUESTION
- ASILE
- JOLIE MENTION
- UN PEU BOURRINS
- USÉE
- LANGUE MORTE
- DE LÀ
- L'EUROPE
- NIGÉRIANS
- ROMAIN DE TIRTOFF
- IL SE DÉPLACE EN COURANT
- L'ÉQUIPE D'ANGERS
- PAPIER PEINT
- COURS À BERNE
- CAL DANS *À L'EST D'EDEN*
- DE MÊME
- FILER DROIT
- POSSESSIF
- PETIT ROBOT D'OSAMU TEZUKA
- COPULATIVE
- VILLE D'OMBRIE

Graines de chia

Un mot de treize lettres sortira de ces graines de CHIA, coincées non pas dans la gorge mais dans le côlon. Trouvez-le, sans conjuguer. C'est un test, hein!

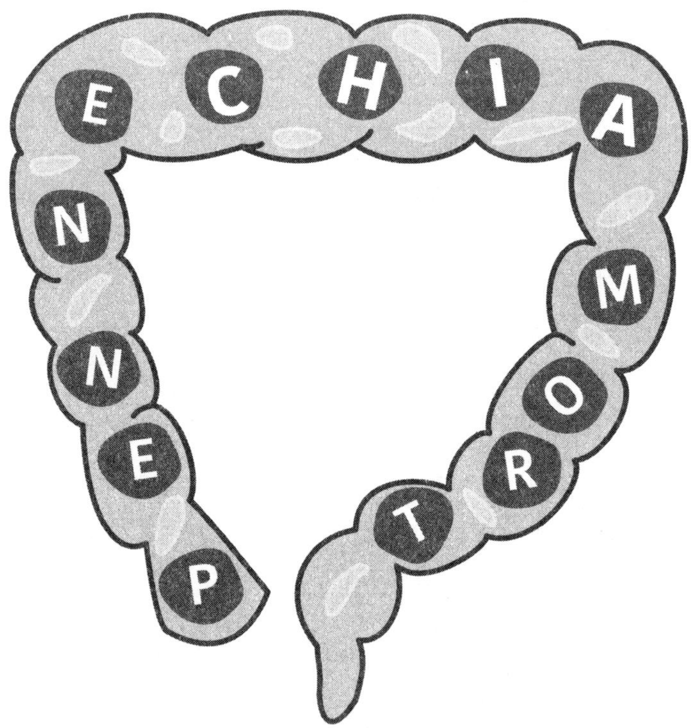

Le bon tuyau

À l'aide des six croisillons, recomposez l'échelle en formant des noms de lieux. Voici un bon tuyau: à au moins trois endroits, ça sent la bagarre…

	B	
R	A	D
	N	

	L	
K	E	R
	T	

	A	
I	N	G
	G	

	G	
Q	U	E
	I	

	V	
L	E	N
	R	

	D	
D	U	N
	N	

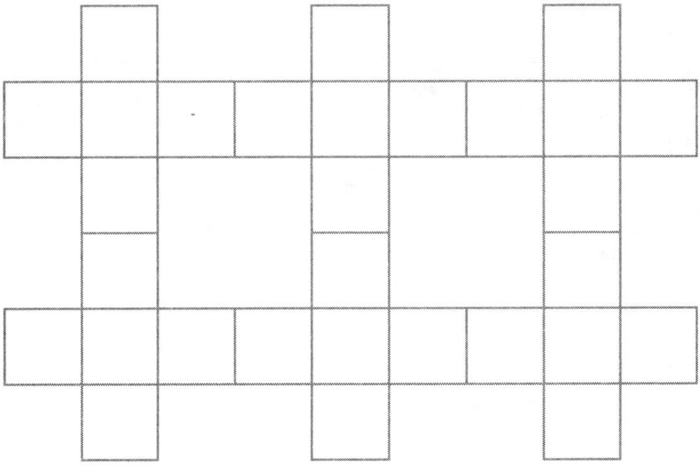

MOTOCROTTE

Chaque chiffre en début de ligne ou haut de colonne indique le nombre de déjections qui s'y trouvent. Localisez et représentez par un cercle les crottes laissées par les 36 cabots de la grille, pour permettre à la motocrotte de passer. Un chien ne laisse une crotte que dans une case libre touchant la sienne et jamais en diagonale. Commencez par marquer d'un point les cases sans excrément (0 en début de ligne ou en haut de colonne). La case où veille l'agent de police est sans crotte.

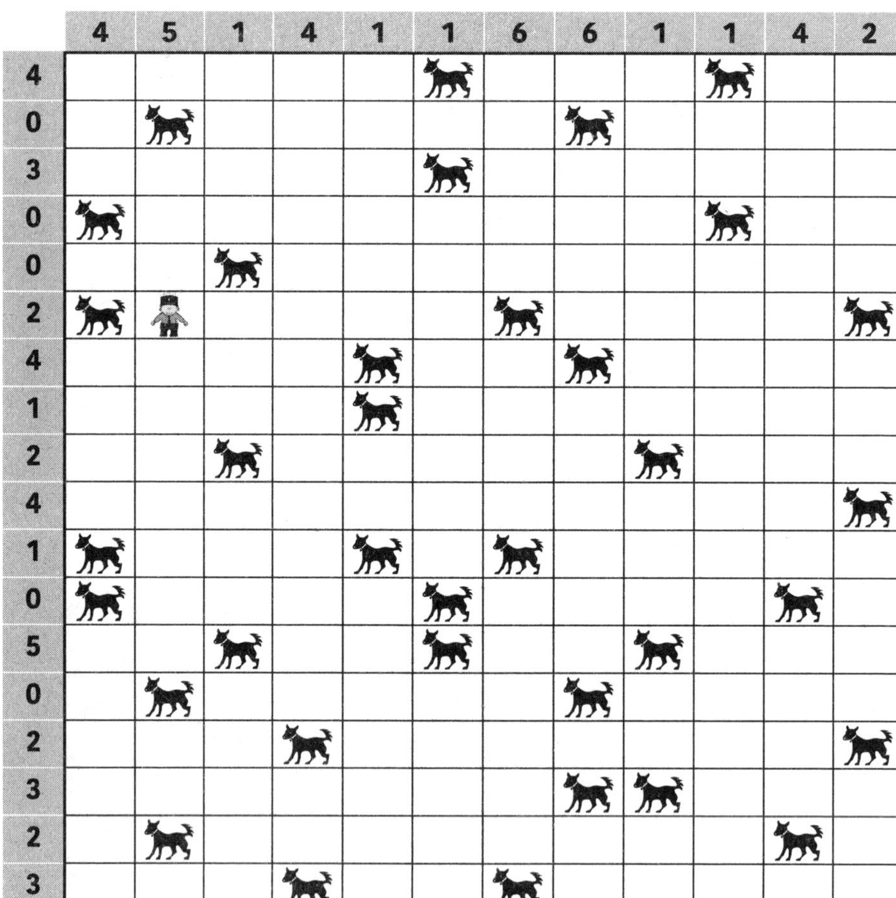

SPHINX TER

Le sphinx de Gizeh est impassible, le sphinx Bis est plutôt détendu mais le sphinx Ter est un peu contracté. Aidez-le à se détendre en trouvant le lien logique, le terme qui relie sans équivoque possible les six mots.
Ayez du nez, contrairement au sphinx…

VERT	TEMPS
ORIENTATION	LIBERTÉ
FINE	CONQUÊTE

____

SUDOKU-KU

Remplissez les cases vides de ce sudoku-ku pour que tous les chiffres, de 1 à 9, soient inscrits une seule fois sur chaque ligne, dans chaque colonne et dans chaque petit carré de neuf cases sur fond gris ou blanc.

2	4		7					
					1		3	5
	5				8			
1			9		7			8
		3				4		
5			3		4			1
			6				4	
9	6		8					
					2		9	6

Le saviez-vous ?

L'anti-dico

Je possède un anti-dictionnaire rarissime, dont nul ne connaît l'auteur. Chaque entrée commence par « Non ». En voici quelques lignes ; si vous êtes sages, vous en saurez plus l'an prochain.

Non, un potager n'est pas un copain vieillissant.
Non, un galant n'est pas un type peu rapide.
Non, une omoplate n'est pas une lesbienne à petite poitrine.

Non, un perroquet n'est ni un petit prout agressif sentant le chien ni le papa de Jacquouille. Pas okayyyy !
Non, Amsterdam n'est pas la femelle du hamster.
Non, un guet-apens n'est pas un boxeur homosexuel.
Non, un concubin n'est pas un imbécile de La Havane.
Non, un poussin n'est pas un parasite de tête en bonne santé.

Non, un consultant n'est pas un abruti vivant dans un palais.
Non, un cuivre n'est pas un derrière alcoolique.
Non, le curare n'est pas une faible fréquence des rapports sexuels.
Non, « c'est l'Amazone » n'est pas synonyme de « c'est ici que j'habite » !

Non, un concentré n'est pas un imbécile du milieu.
Non, le boute-en-train n'est pas une locomotive au pays du « bonheur national brut » !
Non, javelliser n'est pas le plus-que-parfait du verbe lire.
Non, Picabia et Picasso n'étaient pas des Pokémon.
Tout cela va sans dire, mais ça ira mieux en le disant.

L'éToilette

★★★

1 2 3 4 5 6 7 8 9 10 11 12 13 14 15 16 17 18 19 20 21 22 23 24 25 26 27 28 29 30 31 32

Remplissez la petite étoile, puis arrangez les lettres collectées dans les cases grisées pour former un adjectif accolé à une gamine passant sa vie aux toilettes. Qui est-elle et dans quel livre joue-t-elle un rôle important ?

1-5. Ça compte souvent pour du beurre (AAEGIMNRR)
1-8. On l'écrit d'un trait (IMNOS)
2-10. Causant avec élan (AENRT)
3-30. Pleins de trous (AEEIMNQSSU)
4-13. Capitale mondiale des discothèques (ABIIZ)
5-15. Un petit trou dans un gros mammifère (EENTV)
6-7. Richarde au cœur de l'Yonne ? (AACEIINSU)
8-15. A priori non remboursable, alors (AAFIISSTT)
9-20. Excuse acceptée (ABIIL)
11-22. Acrobate de cirque (ADIRS)
12-23. A plein de pellicules (EFILM)
14-21. Chute de grêle pour cet *Officiel* (EILNO)
16-29. Adaptée à une alternance naturelle, dans une démocratie (ABEIIPRTT)
17-31. Opérations de travail du chanvre après broyage des tiges (AEEGILLST)
18-28. Un geste de dérision impossible pour le sphinx (DDEEEINPZ)
19-32. Dans leur période rouge... (DEEEENSTT)
24-25. Rendant coup pour cou dans l'arène (AENOQSTTU)
26-27. Qui demandera des petits doigts pour retrouver son état d'origine (EEEELMNRT)

CRYPTOGRAMME

Remplacez chaque symbole par l'une des deux lettres qu'il crypte pour découvrir l'extrait d'une œuvre où le titre est cité.
Quelle est-elle et qui en est l'auteur ?

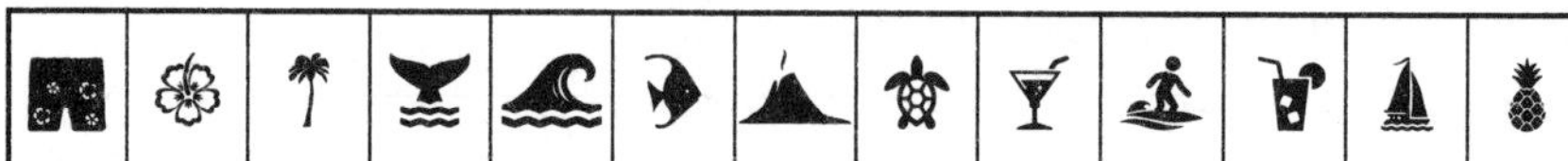

A	B	C	D	E	F	G	H	I	J	K	L	M
N	O	P	Q	R	S	T	U	V	W	X	Y	Z

GLOBE-CROTTEUR

1. Si une personne soucieuse de trouver des toilettes vous demande à brûle-pourpoint « Ble mae'r tŷ bach ? », d'où vient probablement votre interlocuteur ?

- de Bretagne
- du pays de Galles
- d'Islande

2. En Estonie, comment demanderez-vous poliment les toilettes ?

- « Vabandage, kus on tualett ? »
- « Kon nar, kdiu sinn tualettu ? »
- « Pippo, kak senn bannisto ? »

3. En Irlande, dans un endroit où personne ne daigne parler l'anglais, dans le Mayo, le Kerry ou le Donegal, comment demander les waters sans heurter les susceptibilités ?

- « Cá bhfuil an leithreas ? »
- « Irá tntil an bodraum ? »
- « Buama hidrigine, le do thoil ? »

BONUS

Observez les lettres bien placées sur fond noir ou mal placées sur fond gris foncé pour deviner le seul mot final possible.

R Noir — I Gris foncé

R	E	V	I	G	O	R	E
R	E	S	S	E	R	V	I
R	A	B	R	O	U	E	S
R	H	A	S	S	O	U	L
R	U	R	A	L	I	T	E
R	___	___	___	___	___	___	___

Les pets de dames au clebs

Madame Bichon promène son cocker, madame Cocker balade son épagneul et madame Épagneul sort son bichon. Tous parfaitement détendus, ils émettent sans retenue des gaz de vils. C'était soirée cassoulet pour tout le monde hier !

- Les dames ont pété 100 fois en tout.

- Les chiens ont pété 100 fois en tout.

- 55 pets au total émanent du bichon et de la Bichon, 66 pets en tout se sont échappés du cocker et de la Cocker, 79 pets sont sortis de l'épagneul et de dame Épagneul.

- La promenade de madame Bichon et de son clebs a donné lieu à quatre prouts de plus que celle de madame Épagneul et de son toutou, mais à trente-trois de moins qu'un suiveur fayot n'en aurait pris dans le pif lors de la balade de madame Cocker et de son cabot.

En examinant les quatre indices, comptez les prouts de chaque dame et chaque clebs. Si vous échouez, gare à l'épée de Damoclès qui vous tombera sur le colback !

TOMBEZ DANS LE PANNEAU

Observez les panneaux et leurs indications fantaisistes. Si aucune de ces communes ne se trouve à cette distance et/ou dans cette direction, l'ensemble des informations doit vous permettre d'identifier un dernier message secret en huit lettres. À vous de comprendre ce que le génie civil avait en tête lorsqu'il a commandé ces drôles de panneaux. Ne tombez pas dedans !

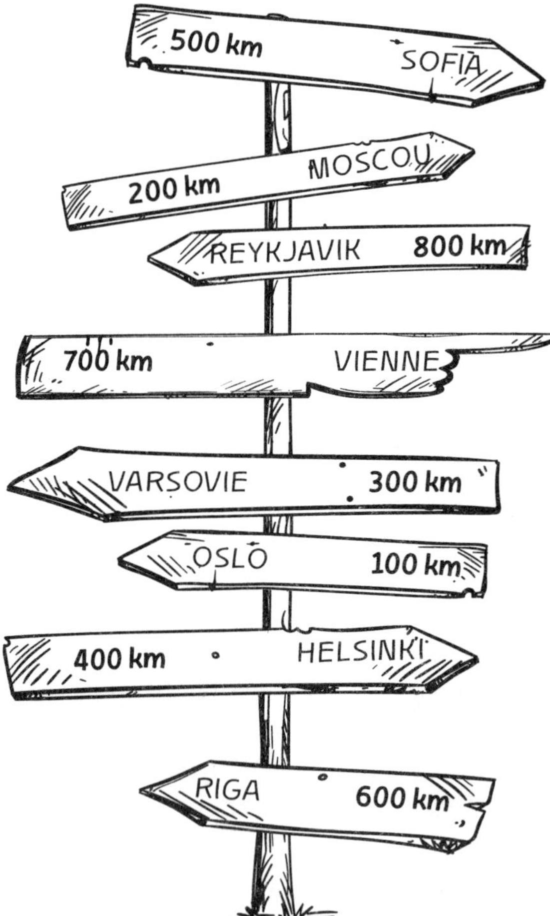

. . . .

BLAGUES

Que vous le sachiez

Toto a encore eu une très mauvaise note en rédaction.
– Montre-moi ton devoir, lui dit sa maman.
– « J'ai vu un caca noir, c'était le caca d'Édouard. J'ai humé un caca blanc, c'était le caca de Roland. J'ai mis l'index dans un caca vert, c'était le caca de Sylvère. J'ai examiné un caca marron, c'était le caca d'Aaron… » Ça rime, en plus, m'man !
– Mais quel était le sujet ? Tu ne parles que de caca.
– « C'est dans le besoin qu'on reconnaît ses amis », je ne vois pas ce que j'aurais pu dire d'autre.

***

Deux cacas partent sur le front de la guerre. En chemin, ils rencontrent une petite diarrhée.
– Je peux venir avec vous ?
– Non, désolé, la guerre, c'est pour les durs.

***

– Quelle est la couleur d'un doigt après un toucher rectal ?
– Caca d'oie*.
*Oui, cette dernière blague se trouvait déjà dans chaque *Officiel des Toilettes*, c'est ça, d'être une star. Et elle sera dans le prochain, il faut que vous le sachiez.

TAPIS C

Déterminez les valeurs relatives des pièces permettant d'affirmer qu'il y a autant d'argent à droite qu'à gauche sur les tapis A et B et répondez à la question finale concernant le tapis C.

TAPIS A

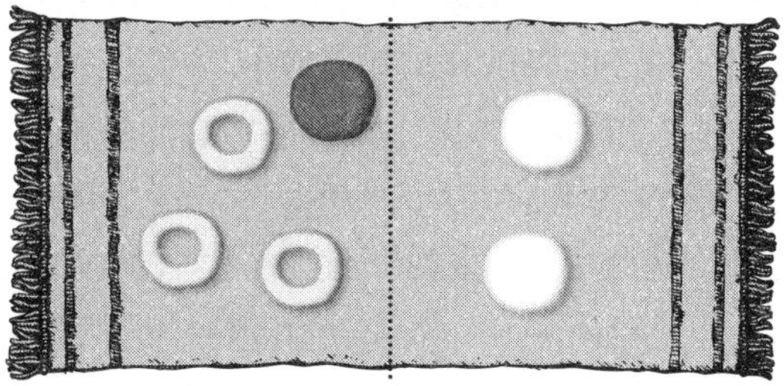

TAPIS B

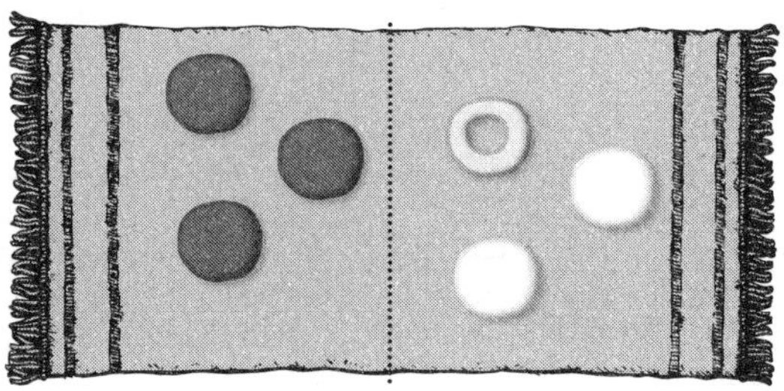

TAPIS C

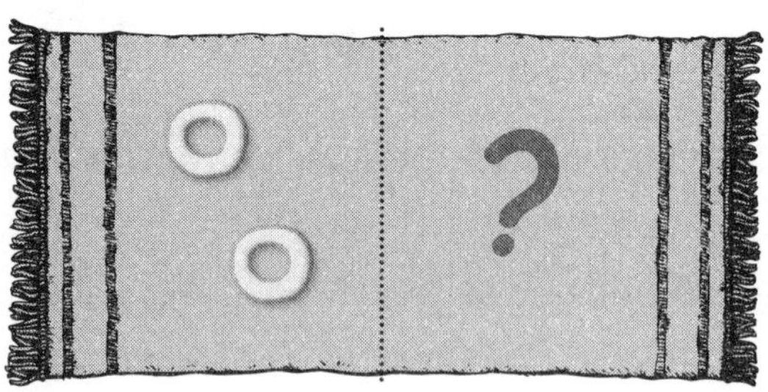

Combien faut-il de « pièces noires » pour qu'il y ait autant d'argent à droite qu'à gauche, sur le tapis C ?

LES MUTANTS

Ces titres d'œuvres ont mystérieusement muté : chaque terme important a été remplacé soit par un synonyme, mot de même sens, soit par un antonyme, mot de sens contraire.

À vous de retrouver le titre original de chacune des trois œuvres fictives suivantes : il peut s'agir d'un film, d'un tableau, d'un roman ou d'une chanson.

1. Les Tatas sulfateuses

....

2. Le Potager des régalades

....

3. Dos à la montagne

....

ÉVIDEMMENT

La réponse à cette énigme vous semblera probablement évidente, si vous donnez votre langue au chat et allez voir la solution. Ne serait-ce pas plus drôle de continuer à chercher, seul ou en groupe, jusqu'à ce que votre esprit s'illumine ? Évidemment que si !

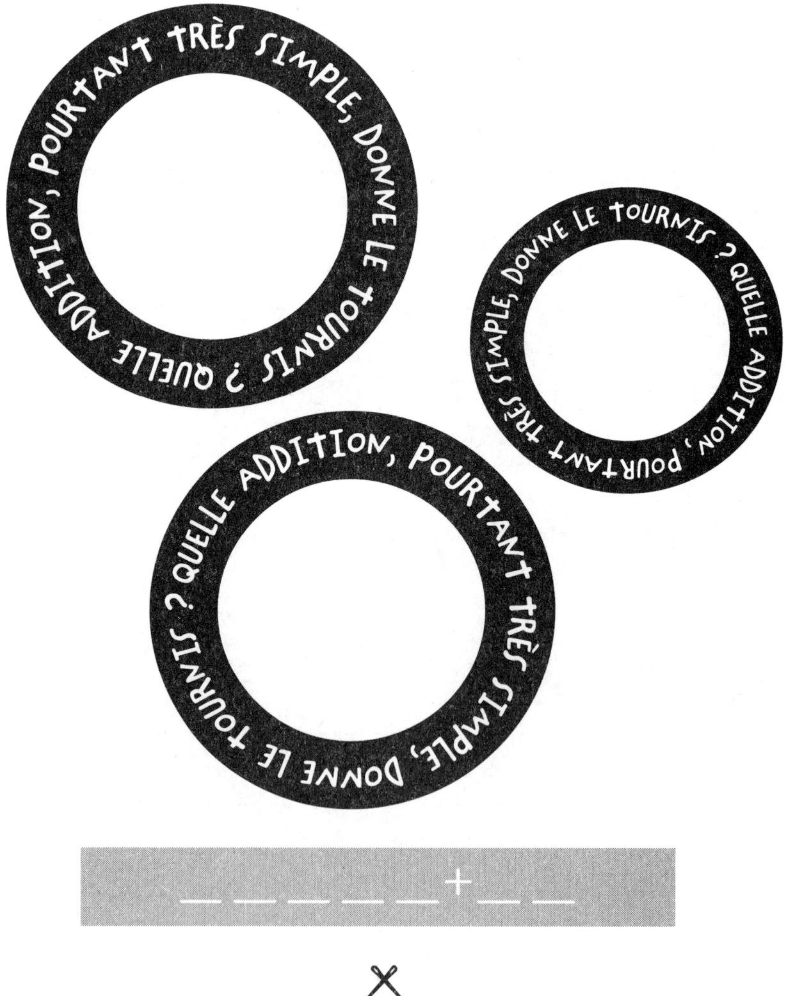

_ _ _ _ _ + _ _

COLORIAGE

Prenez vos plus beaux crayons de couleur ou des feutres bien flashy, et enjolivez votre *Officiel* selon votre humeur du jour ou la qualité de votre digestion. Marron et jaune interdits : on parle assez de ces nuances dans tous les jeux liés aux toilettes !

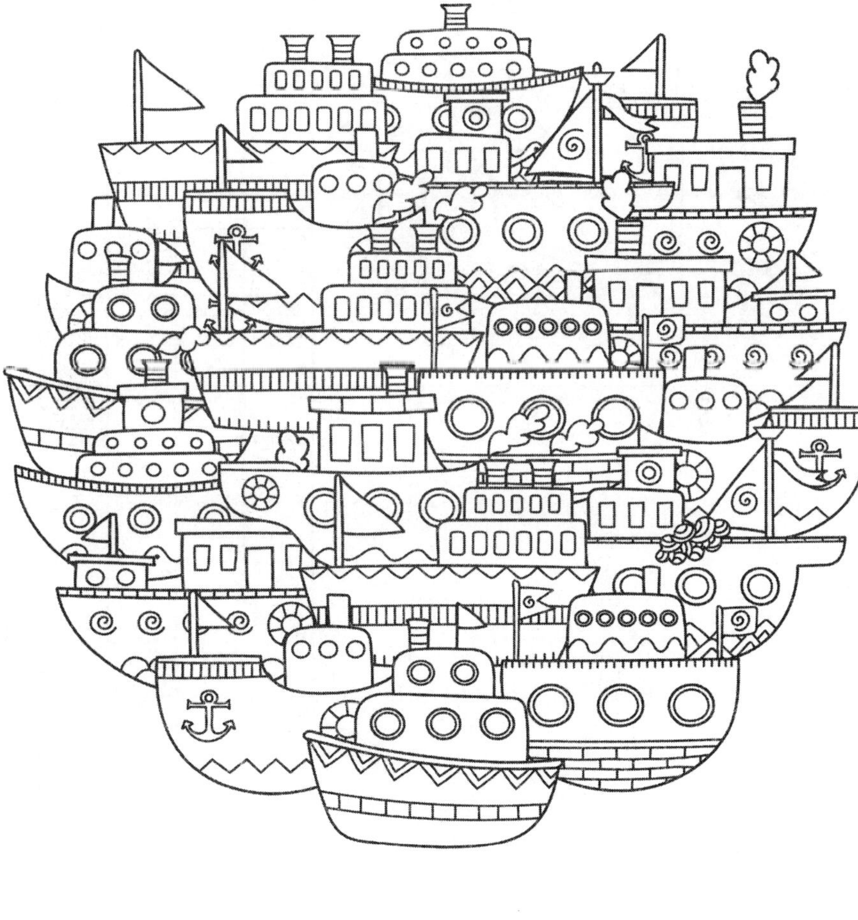

(M)OTS

- SANS POISSON
- DU LIBAN OU DES ALENTOURS
- ILS POSENT DES PROTHÈSES
- ENCOURAGEMENT
- MAMAN
- CINQUANTIÈME ÉTAT
- POÈTE DE *LIBERTÉ*
- FLEUR DE MONTAGNE
- SOIGNER
- COULÉE DE LAVE
- DESCENTES DU BOSCO
- À CET ENDROIT
- EXPLIQUANT UN TEXTE
- COUTUMES
- ZONE DE MONTAGE
- SE BATTRE
- BALANCÉE
- STATION DES *GROSSES TÊTES*
- RELIGION
- AMULETTES
- GUÈRE ERGONOMIQUE
- UVULES
- ÉCRÉMÉE
- VERSE DES LARMES
- BAIE DE NAGOYA
- VERTÈBRE
- TOISON
- BRADYPE
- ACCESSOIRE DE BUREAU
- PARESSEUX
- SILENCIEUX
- FLÉTRI
- IMPAIR
- POSSESSIF
- PIÈGE EN MER
- CAPITALE DE MIE
- VIN PÉTILLANT

(F)LÉCHÉS

MÉTAL EN FILON
PRINCIPAL DIEU NORDIQUE
SŒUR DE L'HISTOIRE
SORTIE
BOTTE DE MARCHES
PORTER PRÉJUDICE
CABOT
EXCLAMA-TION
DONNE UN CAP
FÊTE JUIVE OU CHRÉTIENNE
RÉVÉREND PÈRE
IDYLLE
BANTOUE
BRUIT IDENTIFIÉ
TROISIÈME PERSONNE
RÈGLEMENT MENSUEL
MENTION AU BAC
CUIRE QUELQUES SECONDES
PLEIN DE VITAMINES
CARACTÈRE DU VIEUX NORROIS
DE LA VALLÉE DU LION
IL CHANTE *PAPAOUTAI*
CONGÉ DU PRÊTRE
LUTH JAPONAIS

TECHNIQUE DE GESTION D'ÉTANG
RIME
TOUCHÉ LE SOL
ROYAUME MONGOL
MODULE LUNAIRE
RELATIFS AUX SÉRAPHINS
PILOTE DE LIGNE
FER CHIMIQUE
DÉMONS-TRATIF
REND CHAUVE
PETITE POUTRE
ÉCRIVAIN OULIPIEN
FRACTURE DU GLOBE
EXEMPLI GRATIA
MINCEUR ET LÉGÈRETÉ
ÉVÊCHÉ DE L'ORNE
IL ABRITE LES CORDES VOCALES
MIEUX QUE BIRDIE
SON LAIT BAIGNAIT CLÉOPÂTRE
RENDEZ-VOUS
PRÉPARANT LE CUIR
ARGUMENT DE PASCAL
SA PIERRE FAIT DÉO
REPAIRE DE FAUVE
SPÉCIALITÉ BORDELAISE
CHROME
ROUSPÉTER
UNE ARME CONTRE DRACULA
LAC PYRÉNÉEN
HURLE
DÉCLARE
SOUSTRAIT
VIEILLE MEULE
BISMUTH
VILLE DE CURE
MILLÉSIME
CHIQUE BIRMANE
PARFUM DE SUCETTES
TRÈS FATIGUÉE

ESCALETTRES

Sans utiliser de noms propres et sans conjuguer, à part infinitif et participe présent ou passé, ajoutez les lettres une à une, dans l'ordre imposé, pour former un mot sur chaque ligne. Respectez la position des lettres déjà inscrites jusqu'à la découverte du mot en bas de l'escalier.

↓	H	E	M							
+E										
+T										
+N										
+A										
+C		E								
+V										
+E										

TROIS PETITS CHATS

Trois petits chats, chapeau de paille, paillasson, somnambule, bulle, bulle… Sur ce principe, remplissez les trente bulles, bulles, bulles, en vous aidant des indices précisant chaque début et fin de mot.

1-7. Dans *South Park*, sa chatte s'appelle Kitty. **5-8.** Ce chat n'a pas de queue. **6-12.** Le ronronnement du chat calme celle de son maître. **10-16.** Le chat Scratchy l'est, quoique tué à répétition dans l'émission que regarde Bart Simpson à la télé. **15-20.** Il est l'auteur du poème *Le Chat*.

18-23. Ce Pierre a joué dans *La Peau du chat*. **22-25.** Ce canari est poursuivi par Grosminet. **24-28.** Le chat à robe tabby a ce pelage. **26-30.** On y préférait le furet ou à la belette au chat, pour chasser les rongeurs.

Déjà fini ? Tss, tss, on ne triche pas. Avez-vous bien fait TOUS les jeux, lu et répété à tous vos collègues et parents TOUS mes jeux de mots pourris, colorié TOUTES les images qu'on s'échine à trouver pour vous ? Si la réponse est « oui », vous pouvez désormais recycler ce bouquin en le laissant dans vos toilettes, mais côté papier hygiénique. C'est un peu rêche au début, j'en conviens, mais l'homme des cavernes s'en serait bien accommodé, alors pourquoi pas vous ?

Que puis-je vous promettre pour l'an prochain ? Deux fois plus de pages, un prix divisé par trois, de la couleur, des illustrations avec les personnages qui bougent comme dans les tableaux de Harry Potter, des bandeaux qui défilent en bas de la page avec des indices pour les jeux trop difficiles, mon 06 pour vous aider en cas de panne, des grilles à remplir en cliquant à l'intérieur du majeur (je veux dire, en cliquant du doigt dans la grille... pas en cliquant à l'intérieur d'une personne de plus de 18 ans).

J'écris ces lignes, alors que nous votons pour les législatives et que l'on peut tout promettre : du pouvoir d'achat, un SMIC de folie, des barbelés aux frontières, une réduction de la dette. Mais il faudra, en 2026, se confronter à la réalité : vous retrouverez probablement 672 pages en noir et blanc pour environ 9,95 €. Dès aujourd'hui, je note tout ce qui parle de toilettes, en 2025, et je vous concocterai 100 % de nouveaux jeux, comme chaque année.

Si vous désirez me contacter, à défaut de 06, voici une adresse : **lesjeuxdefabrice@gmail.com**
Les messages de haine iront directement à la corbeille (les toilettes de l'ordi), mais je répondrai à tous les autres, aux gentils messages d'encouragement comme aux reproches justifiés et aux propositions d'amélioration. Juste, lavez-vous les mains avant d'écrire le mail, hein ! Je sais d'où vous sortez...

LES SOLUTIONS

P. 6

COUP DE FIL

FLIBUSTE

Le flibustier était un pirate dépouillant principalement les bateaux espagnols en Amérique. Son nom vient du néerlandais *vrijbuiter*, le « fli » signifiant ainsi « librement », alors que la fin est de la famille de « butin ». Le flibustier « fait du butin librement ».

P. 7

BOUCHE-TROUS

1. Bicarbonate. **2.** Rébarbative. **3.** Débarbouillage. **4.** Nageoire. **5.** Nonagénaire. **6.** Neurochirurgie.

P. 8

LOGICO

0

Les chiffres de la main droite du bonhomme (visible à gauche, donc) et de la tête forment un premier nombre ; ceux de la main gauche et du pied droit en constituent un second. En additionnant ces deux nombres, on trouve celui inscrit dans le pied gauche.

Bonhomme 1 : 1 et 5 forment 15 ; 2 et 1 constituent 21. Et 15 + 21 = 36.

Bonhomme 2 : 2 et 0 forment 20 ; 1 et 1 constituent 11. Et 20 + 11 = 31.

Bonhomme 3 : 1 et 7 forment 17 ; 1 et 2 constituent 12. Et 17 + 12 = 29.

Bonhomme 4 : 2 et 1 forment 21 ; il faut un 0 dans la main vide pour que 0 et 9 constituent 09, de façon que 21 + 09 = 30.

P. 10-11

(M)OTS (F)LÉCHÉS

	V		D		P		T		A		D		O		B	
P	A	R	A	S	I	T	E		B	O	U	S	S	O	L	E
	D	E	M	O	L	I	T	I	O	N		A	T	R	E	S
P	R	I	E	R	E		I	N	U	T	I	L	E		U	T
	O	N		T	R	E	N	E	T		B	L	O	T	T	I
G	U	E	R	I		D	E	S	I	G	N	E		R	E	M
	I	S	O	L	E	E						D	E	O		E
A	L		B	E	R	N					H	A	R	P	I	E
	L	I	E	G	E							T	R		N	S
Z	E	N		E	V	E					O	T	A	I	T	
		C	E	S	A	R		T		K		E	N	F	E	R
O	M	A	N		N	O	T	A	M	M	E	N	T		R	I
	A	S	T	I		T	U	T	O		S	T	E	R	E	O
I	N	S	E	N	S	I	B	I	L	I	S	E		U	S	
	D	A		A	I	S	E	E		M	O		L	E	S	A
B	I	B	I		E	M		S	P	A	R	A	D	R	A	P
	B	L	O	N	D	E	S		A	M	A	S		A	N	E
S	U	E	D	E		S	A	I	N		G	I	N		T	U
	L		E	R	G		D	I	E	S	E	L	I	S	E	R
B	E	N	E	F	I	C	E		L	U		E	L	I	S	E

P. 12

SUDOKU-KU

1	7	2	9	8	3	5	4	6
5	9	4	2	6	1	8	3	7
3	6	8	5	7	4	1	2	9
2	1	7	8	4	9	3	6	5
9	8	5	3	1	6	2	7	4
6	4	3	7	5	2	9	1	8
8	2	6	4	3	5	7	9	1
4	5	9	1	2	7	6	8	3
7	3	1	6	9	8	4	5	2

P. 14

BASIQUE INSTINCT

Si vous pensez avoir trouvé une autre solution, vérifiez que vous n'avez pas deux lignes (ou deux colonnes) rigoureusement identiques, ce qui est interdit.

1	0	1	0	0	1	1	0
0	1	0	1	1	0	0	1
0	0	1	1	0	0	1	1
1	1	0	0	1	1	0	0
1	0	1	0	1	0	0	1
0	1	0	1	0	0	1	1
1	0	1	0	1	1	0	0
0	1	0	1	0	1	1	0

Les lettres correspondant aux 0 complétaient la citation avec « (toute sa) vie, il a cru qu'il faisait de la peinture ». Si vous avez lu les lettres en regard des 1, cela donnait « (toute sa) fortune fut appelée à tort celle du pot », mais c'est du bibi, pas du Cavanna.

P. 15

Le bon tuyau

	K			Q			K	
P	A	P	O	U	A	S	I	E
	B			E			G	
	O			B			A	
G	U	A	T	E	M	A	L	A
	L			C			I	

P. 16

ÉVIDEMMENT

B. Celle des minutes.

L'aiguille des secondes fait le tour du cadran en une minute, donc 60 fois par heure et 1 440 fois dans la journée. Celle des heures marque minuit, puis 1 heure, 2 heures... jusqu'à midi : elle ne fera que deux fois le tour du cadran en une journée. Celle des minutes effectue un tour à chaque heure qui passe, marquant chaque minute. Cela fera 24 tours de cadran dans la journée… Évidemment !

P. 17

MAYDAY, M'AIDER !

« Quand on a besoin des bras, les secours en paroles ne servent de rien. »

P. 18-19

CROISÉS 3D

P. 21

CROISILLONS OQP

	6		7			9		10
1	S	T	E	R	L	I	N	G
	T		S			N		I
2	R	E	C	O	L	T	E	R
	A		A		8	E		O
3	P	E	L	L	E	R	I	N
	O		A		N			D
	N	4	T	A	T	A	M	I
	T		O		I			N
5	I	R	R	E	E	L	L	E
	N				R			

P. 22

Le Pendu

SOUMISSION

Soumission est un roman de Michel Houellebecq, paru en 2015.

P. 23

Amenez-y...

1. Serments (Rod Janois, *Ça ira mon amour* dans « 1789 : Les Amants de la Bastille »). **2.** Regretter (2Be3, *Partir un jour*). **3.** Bouche (Alizée, *Moi... Lolita*). **4.** Diluviennes (Amir, *Longtemps*). **5.** Lascar (Brigitte, *Battez-vous*). **6.** Décembre (Joe Dassin, *Dans les yeux d'Émilie*).

P. 24

Pipiramidal

628

373 255

221 152 103

129 92 60 43

66 63 29 31 12

5 61 2 27 4 8

P. 26

LE CHICHSTRAC

PIGEONS

P. 27

MOTOCROTTE

Il y a 3 + 1 = 4 crottes dans les deux lignes au-dessus de la première ligne sans crotte marquée de points. Puisqu'il n'y a que trois chiens sur ces deux premières lignes à 4 crottes, le chien sur la troisième ligne a forcément laissé la sienne au-dessus de la case où il se trouve. Procédez ainsi avec chaque ligne sans crotte. Ensuite, lorsque vous avez déjà dessiné le nombre de crottes demandé dans une ligne ou une colonne, complétez celle-ci avec des points et déduisez-en les positions des crottes suivantes, jusqu'au résultat final.

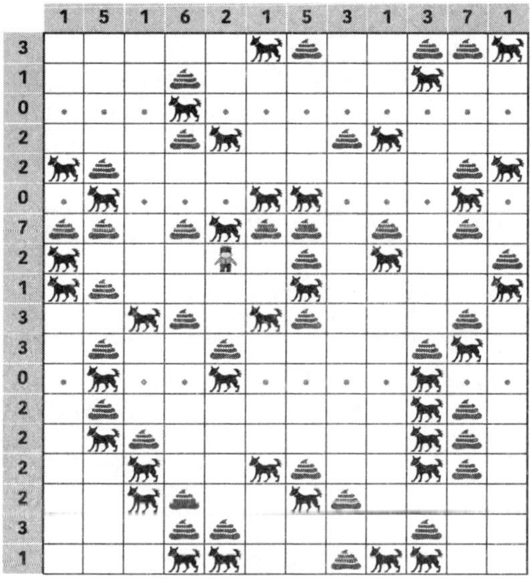

P. 28-29

LA TÊTE AU CA-CARRÉ

CAL 20 LAC	THÉIERS 2 HÉSITER	LE MONDE 11 ENDEMOL	BASER 8 SABRE	TAR 24 RAT
ÉTÉTIONS 6 NOISETTE	TONGA 23 TANGO	TRACÉ 19 ÉCART	AUBINER 5 URBAINE	CAMBERA 12 MACABRE
ACCORAI 4 CARIOCA	PARÉO 15 OPÉRA	TOILÉE 7 ÉTOILE	DÉPRIMAIS 21 APRÈS-MIDI	DOUBLÉE 18 DÉBOULÉ
SURS 22 URSS	DÉTERMINE 16 INTERMÈDE	BARAQUÉES 3 ARABESQUE	DRONE 14 RONDE	POULS 10 LOUPS
LANDIER 13 IRLANDE	RETENTA 9 TARENTE	TACHÉRENT 25 ENTRECHAT	LARVE 17 RAVEL	CARDANS 1 CANARDS

C	H	A	C	U	N
1	2	3	4	5	6

E	S	T
7	8	9

L	E
10	11

M	I	R	O	I	R
12	13	14	15	16	17

D	E
18	19

L'	A	U	T	R	E
20	21	22	23	24	25

P. 31

7 HORREURS

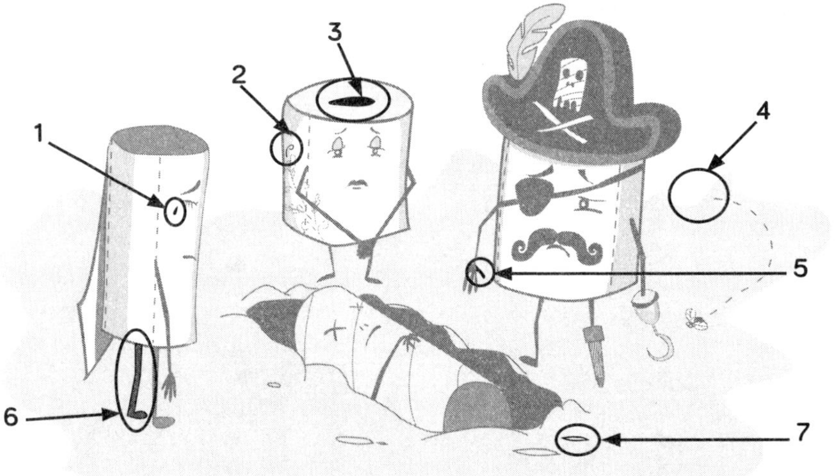

P. 32

LES ENFANTS TERRIBLES

1. Jack Ouche. **2.** Maude Zarella. **3.** Oussama Vémanké.
4. Jean-Édouard, Annick et Loana Danlapissine.
5. Jean-Philippe Ervitmonslip.

P. 33

Graines de chia

ARACHNOPHOBIE

Voir une grosse araignée au plafond, pendant la grosse commission, peut accélérer le transit plus efficacement que la graine de chia.

P. 34-35

(M)OTS (F)LÉCHÉS

■	D	■	E	■	E	■	P	■	T	■	I	■	E	■	Z	■
C	O	M	P	U	L	S	I	V	E	■	C	A	M	P	E	R
■	C	A	I	S	S	E	■	A	F	R	I	C	A	I	N	E
K	I	D	■	T	A	C	T	I	L	E	■	C	I	L	■	S
■	L	E	V	E	■	H	I	R	O	N	D	E	L	L	E	S
M	E	L	A	N	G	E	R	■	N	E	I	L	■	A	C	E
■	■	E	S	S	O	R					■	E	C	R	A	N
C	R	I	■	I	D	■					C	R	E	D	I	T
■	E	N	F	L	E	E					■	A	Z	■	L	I
A	V	E	R	E	L	L					E	T	A	B	L	E
■	A	S	A	■	U	I	■	O	■	L	■	I	N	D	E	■
U	N	■	P	O	R	T	E	C	R	A	Y	O	N	■	R	A
■	C	O	P	I	E	E	S	■	A	V	E	N	I	R	■	D
C	H	I	A	L	A	■	P	A	G	E	R	■	E	U	R	O
■	A	S	■	L	U	C	A	N	E	■	S	O	N	G	E	R
G	R	E	V	E	■	O	C	E	A	N	I	E	■	I	V	E
■	D	U	R	■	I	L	E	T	■	I	N	D	U	R	E	■
C	E	S	A	I	R	E	■	H	U	M	■	I	N	■	N	B
■	■	E	I	D	E	R	S	■	S	E	R	P	E	N	T	E
R	U	S	E	E	■	E	U	R	A	S	I	E	■	S	E	C

P. 36

SPHINX TER

GRISE :

matière grise, zone grise, carte grise, crevette grise, baleine grise, éminence grise.

P. 37

ROSACE

P. 39

SUDOKU-KU

1	4	6	7	8	5	2	3	9
2	3	5	1	6	9	7	4	8
9	7	8	2	4	3	6	5	1
4	6	2	8	9	7	5	1	3
7	8	9	5	3	1	4	6	2
3	5	1	4	2	6	8	9	7
5	9	3	6	7	8	1	2	4
6	2	7	9	1	4	3	8	5
8	1	4	3	5	2	9	7	6

P. 40-41

QUI FAIT QUOI ?

VENDEUSES	MUGS	BOUQUETS	BÉNÉFICES
CLO CHETT	7	50	200€
LILY ASSEZ	10	90	290€
MAYA LISS	8	60	260€
MONA MOURETT	9	70	230€
REINE DÉBOIS	6	80	320€

P. 42

BONUS

ROULEAU

Une belle occasion de saluer les rouleaux de PQ anthropomorphes de cet ouvrage, après les chiens, chats et caméléons des précédents.

P. 44

ANAGRAMMES

DÉBROUILLE

1. Dingue. **2.** Ébloui. **3.** Beagle. **4.** Renvoi. **5.** Océans. **6.** Ulster (nom commun, dans le sens de « long pardessus originaire de la province – alors irlandaise – d'Ulster »). **7.** Intact. **8.** Légion. **9.** Légaux. **10.** Enfant.

L'anagramme complétant la phrase est **BREDOUILLE.**

P. 45

CALCULS DURS, HEIN !

Première méthode (936 + 5 en passant par 78) :
3 + 75 = 78 ; 2 + 10 = 12 ; 78 × 12 = 936 et 936 + 5 = 941.
Il existe une variante sur la façon d'obtenir le 5 (10 ÷ 2) et le 12 (5 + 7).
Deuxième méthode (936 + 5 en passant par 72) :
2 × 10 = 20 ; 20 - 7 = 13 ; 75 - 3 = 72 ; 13 × 72 = 936 et 936 + 5 = 941.
Troisième méthode (1 882 ÷ 2) :
3 × 10 = 30 ; 30 - 5 = 25 ; 25 × 75 = 1 875 ; 1 875 + 7 = 1 882 et 1 882 ÷ 2 = 941. Il existe une variante permettant d'obtenir le 25 (3 × 5 = 15 et 15 + 10 = 25).

P. 46

LA CIBLE

En lisant une lettre sur cinq, dans le sens des aiguilles d'une montre : « La Bible nous apprend à nous aimer les uns les autres. **Le Kamasutra est plus précis.** »

P. 47

EN MER, DENTS

Les bronzés font du ski :

Leeb - rond - zef - onde - us - quille.

Gérard Jugnot pense dégeler sa propre serrure, mais il urine sur la voiture d'un autre personnage qui arrive derrière lui et l'observe...

P. 48

LA SUITE

6

Il y a deux suites imbriquées. La première part de 4, saute une boule à chaque fois et augmente de 12, pour donner 16, 28, 40, 52 et 64. La seconde part de 51, saute elle aussi une boule à chaque étape et diminue de 9, pour donner 42, 33, 24, 15... Le nombre final sera 15 - 9 = 6.

P. 49

LES MUTANTS

Dans tous ces jeux, nous vous donnons « une » solution, mais vous en trouverez peut-être une autre acceptable, ou associerez une œuvre à un film plutôt qu'au roman dont il s'inspire, par exemple.

1. *Un jour je marierai un ange* (chanson de Pierre de Maere).
2. *La Création d'Adam* (fresque de Michel-Ange).
3. *La Maman et la Putain* (film de Jean Eustache).

P. 50

ALPHAKU-KU

On lit **HEMINGWAY** sur la ligne centrale. Le « Hemingway Special » est un cocktail cubain à base de rhum (double) et de marasquin, créé spécialement pour Ernest l'écrivain, lorsqu'il vivait à La Havane.

I	H	G	N	M	Y	A	W	E
N	M	E	W	H	A	Y	G	I
Y	W	A	G	I	E	H	N	M
G	Y	W	A	E	M	I	H	N
H	E	M	I	N	G	W	A	Y
A	I	N	H	Y	W	E	M	G
M	A	Y	E	W	N	G	I	H
E	G	H	M	A	I	N	Y	W
W	N	I	Y	G	H	M	E	A

P. 51

GLOBE-CROTTEUR

1. En Albanie. Commencer par « Ku » doit aider à comprendre. On retrouve la racine de « bains » dans le mot *banja*.
2. En basque : « Non dago komuna ? » ; en catalan : « On és el bany ? » Notez des racines semblables à nos propres mots : les communs, dénomination synonyme de « toilettes », et les bains comme ceux que l'on prend dans notre salle.
3. C'est du tsonga ou xitsonga, langue parlée au Mozambique et en Afrique du Sud. Rien à voir avec le tennisman Jo-Wilfried. La phrase, débutant par un Xanax, devrait calmer l'angoisse pourtant compréhensible du touriste ayant chopé la turista au Mozambique…

P. 52-53

GRANDES VACANCES

N	O	U	B	L	I	E	Z	P	A	S	L	E	S	P	A	R	O	L	E	S	■	O	S	S	■	Q
A	C	T	I	O	N	■	A	U	T	E	U	R	■	O	G	I	N	O	■	K	I	R	I	K	O	U
R	E	I	N	■	A	L	I	■	R	I	S	S	O	L	E	■	D	U	B	I	T	A	T	I	V	E
C	A	L	E	S	■	O	R	I	E	N	T	■	M	A	N	I	E	R	E	■	A	L	E	N	E	■
O	N	I	R	I	Q	U	E	S	■	E	R	O	S	I	O	N	■	D	E	A	L	E	■	H	E	P
L	E	T	■	M	U	E	■	R	U	E	E	S	■	R	U	A	D	E	■	P	I	■	P	E	S	E
E	■	E	M	P	I	E	T	A	N	T	■	E	N	E	I	D	E	■	A	L	E	S	I	A	■	A
P	V	■	O	L	E	■	V	E	■	O	G	R	E	■	L	A	C	E	R	■	N	A	N	D	O	U
S	E	C	R	E	T	E	■	L	A	I	E	■	P	A	L	P	A	T	I	O	N	■	A	S	E	■
I	S	L	A	M	■	C	L	I	N	S	■	V	A	L	E	T	■	R	A	P	E	N	T	■	T	U
E	T	■	L	E	G	U	E	E	■	E	C	O	L	E	■	E	T	O	L	E	■	O	U	R	A	L
■	A	L	I	N	E	■	O	N	C	■	E	L	■	R	A	■	U	I	■	N	O	U	B	A	■	C
P	L	A	S	T	R	O	N	N	A	N	T	■	A	T	H	L	E	T	E	■	B	E	O	T	I	E
R	E	V	A	■	A	R	I	E	G	E	O	I	S	E	■	A	S	E	P	S	I	E	■	E	O	R
O	■	E	T	E	■	E	N	■	E	I	N	S	T	E	I	N	■	S	A	C	■	S	I	L	■	E
C	I	R	E	U	R	S	■	D	O	G	E	■	A	S	S	I	S	■	N	O	E	■	D	E	C	U
H	O	■	U	R	E	T	R	I	T	E	■	L	N	■	L	E	P	I	D	O	P	T	E	R	E	S
E	N	T	R	E	G	E	N	T	■	S	P	E	A	K	E	R	■	C	U	P	I	D	E	■	T	E

P. 54

ESCALETTRES

↓	LOI
+S	SILO
+G	LOGIS
+A	GASOIL
+T	ALIGOTS
+E	OTALGIES
+O	TOGOLAISE
+C	SCATOLOGIE

P. 55

C'est gâchis

Tous les symboles vont par 7, sauf celui-ci qui apparaît 8 fois.

P. 56

ALPHABÊTE

1. Carcajou, un blaireau (C, J, U). **2.** Lynx (L, X). **3.** Canard arlequin, un oiseau plongeur (A, D, Q). **4.** Pika, entre le lièvre et le lapin, rien à voir avec Pikachu (P, K). **5.** Grizzly (Z, Y). **6.** Wapiti, un grand cerf (W, I). **7.** Pronghorn, une antilope (G, H). **8.** Balbuzard, un rapace diurne (B, R). **9.** Cerf mulet : aussi appelé « hémione », il ne doit pas son nom à une coupe de cheveux ridicule (E, F, M, T). **10.** Vison (V, S, O, N). C'est le vison l'intrus : à Yellowstone, vous ne pourrez voir que le bison, mais le B était déjà utilisé dans « balbuzard ». Retrouvez ce type de jeu dans le *Cahier de vacances du voyageur Lonely Planet*, par le même auteur que votre *Officiel*. Tous les jeux ont pour thème le voyage, les vacances, la culture locale dans plus de 50 destinations chaque année. Ça vous changera du pipi-caca.

P. 58

TROIS PETITS CHATS

1-6. Poisse. **5-10.** Serval. **8-15.** Valentin. **13-18.** Tinder. **16-23.** Derrière. **22-27.** Refuge. **26-30.** Géant.

P. 59

POT-POKER

Reine : un **E** pour CIGOGNE. River : un **O** pour GNOCCHI. Chip : un **T** pour CONTIGU.

P. 60-61

(M)OTS (F)LÉCHÉS

■	C	■	O	■	A	■	P	■	U	■	D	■				
P	R	O	F	E	S	S	I	O	N	N	E	L				
■	E	N	F	L	E	U	R	E	■	I	C	I				
O	P	E	R	A	■	C	E	I	N	D	R	E				
■	U	R	I	N	E	R	■	L	U	■	I	N	■	E	■	F
U	S	E	R	■	G	E	O	L	I	E	R	■	O	P	T	E
■	C	U	■	P	A	T	R	E	■	C	O	O	K	I	E	S
A	U	S	C	U	L	T	A	T	I	O	N	S	■	E	R	S
■	L	E	U	R	■	E	L	■	T	U	T	E	U	R	■	E
C	A	■	R	E	A	■	E	M	I	R	■	E	R	R	E	R
■	I	N	S	T	R	U	M	E	N	T	I	S	T	E	S	■
C	R	I	E	E	■	B	E	L	E	E	S	■	I	R	A	I
■	E	A	U	■	P	U	N	I	R	■	E	T	C	■	I	S
O	S	I	R	I	S	■	T	S	A	R	■	R	A	S	E	R
■	■	S	■	L	Y	S	■	S	I	E	R	A	I	T	■	A
I	D	E	A	L	■	A	N	A	R	■	E	C	R	A	S	E
■	I	M	M	I	G	R	A	■	E	P	I	■	E	T	A	L
A	G	E	■	C	A	I	D	S	■	A	N	A	■	U	N	I
■	U	N	I	O	N	■	A	I	G	R	E	L	E	T	T	E
J	E	T	E	■	G	A	L	L	E	S	■	E	S	S	E	N

P. 62

TOMBEZ DANS LE PANNEAU

SARAJEVO

Il fallait prendre la lettre de rang égal au nombre de kilomètres pour chaque ville : la 1re de STOCKHOLM (S), la 2e de MADRID (A), la 3e de BERLIN (R), la 4e de TIRANA (A), la 5e de SKOPJE (J), la 6e de BUCAREST (E), la 7e de REYKJAVIK (V) et la 8e de KATMANDOU (O). Rassemblées dans cet ordre, les lettres forment SARAJEVO.

P. 63

CRYPTOGRAMME

« La fréquence sombre, dans le film *Fatal* de Michaël Youn. »

Michaël Youn incarne un chanteur, dont le père ne voulait pas qu'il devienne artiste. Ce dernier craignait que son fils n'ait hérité de son « don » : la fréquence sombre. Lorsqu'il chantait, le flux intestinal des auditeurs devenait incontrôlable et tout le monde attrapait la diarrhée. Un film excellent, truffé de références pas toujours aussi scatologiques.

P. 64

BOUCHE-TROUS

1. Challenge. **2.** Bûcheronnage. **3.** Imprésario. **4.** Chikungunya. **5.** Haschich. **6.** Schizophréniques.

P. 66

LE CHICHSTRAC

CAFÉ

P. 67

SUDOKU-KU

9	8	4	5	1	6	2	7	3
1	5	2	7	9	3	4	6	8
7	3	6	4	8	2	1	5	9
6	9	5	1	2	8	3	4	7
4	7	3	9	6	5	8	1	2
8	2	1	3	4	7	5	9	6
5	1	7	8	3	9	6	2	4
3	6	9	2	5	4	7	8	1
2	4	8	6	7	1	9	3	5

P. 68-69

LA TÊTE AU CA-CARRÉ

LUSTRE 2 ULSTER	SALERON 6 ORLÉANS	LOVE 23 VÉLO	NOTER 14 TRÔNE	RACES 20 CÉSAR
PLANE 13 NÉPAL	S'ÉVANOUIR 19 SOUVERAIN	ÉCROU 5 CŒUR	ORMET 7 MORTE	LINO 21 LION
NAVRERA 10 NAVARRE	AHURIRENT 22 ARTHURIEN	DÉPEÇAIT 11 DÉCAPITÉ	HABILETÉS 18 ÉLISABETH	GÉNIES 4 NEIGES
ASSOCIÉS 16 ÉCOSSAIS	VANOISE 3 ÉVASION	ISABELLE 9 ABEILLES	SOMNOLA 25 SALOMON	GRAINE 12 ARGINE
ŒIL 24 ÉLOI	VIRIDES 15 DIVISER	OILLES 17 SOLEIL	NIQUEZ 1 QUINZE	ADMIS 8 MIDAS

Q	U'	E	N
1	2	3	4

C	O	M	M	A	N	D	A	N	T
5	6	7	8	9	10	11	12	13	14

D	E	S
15	16	17

E	S	C	L	A	V	E	S
18	19	20	21	22	23	24	25

P. 70

Le bon tuyau

	M			N			T	
K	A	T	M	A	N	D	O	U
	D			S			Z	
	R			S			E	
S	I	N	G	A	P	O	U	R
	D			U			R	

P. 71

7 HORREURS

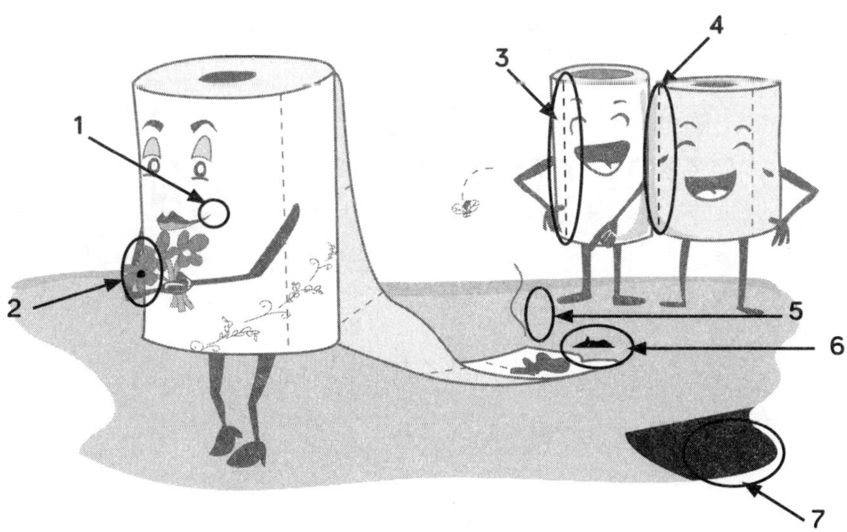

P. 72

SANDWICH

« Être dans le coaltar. »

L	I	**E**	V	R	E
E	S	**T**	R	A	N
N	A	**R**	I	N	E
D	U	**E**	T	T	O
E	N	**D**	I	V	E
M	U	**A**	N	C	E
A	N	**N**	E	A	U
I	N	**S**	T	I	T
N	I	**L**	G	A	U
D	E	**E**	S	S	E
E	N	**C**	E	N	S
F	L	**O**	R	A	L
I	M	**A**	G	E	E
E	C	**L**	O	R	E
S	A	**T**	Y	R	E
T	R	**A**	N	S	I
A	B	**R**	U	P	T

De nombreux écrivains l'ont écrit « coltar » ou « coltard », alors que le nom « coaltar » vient de l'anglais *coal*, « le charbon » et *tar*, « le goudron ». Ce résidu de la houille servait notamment à colmater les coques endommagées des bateaux. On distingue encore aujourd'hui son odeur dans certains shampooings anti-pelliculaires ou lotions anti-poux. L'expression peut être rapprochée d'« être dans le cirage », une autre matière noire et collante, dont il est difficile de se débarrasser. Comme du mal de crâne, un lendemain de fiesta !

P. 73

CROISILLONS OQP

	6		7			9		10
1	G	O	L	G	O	T	H	A
	R		I			R		V
2	E	S	T	O	C	A	D	E
	N		U		8	H		N
3	O	M	A	N	A	I	S	E
	U		N		Z			M
	I	4	I	D	Y	L	L	E
	L		E		M			N
5	L	A	N	C	E	L	O	T
	E				S			

P. 74

Graines de chia

ARCHIDUCHESSE

J'en ai connu une qui avait arrêté de mettre des chaussettes, parce qu'elle en avait marre qu'on lui demande si elles étaient sèches.

P. 76

ÉVIDEMMENT

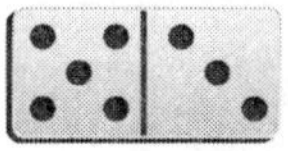

Le chiffre de gauche, sur le domino, correspond au nombre de voyelles dans le nom de l'animal (1 pour chat, 4 pour salamandre, 1 pour coq, 5 pour taureau) ; celui de droite représente le nombre de consonnes (3 pour chat, 6 pour salamandre, 2 pour coq, 2 pour taureau). L'araignée, à 5 voyelles et 3 consonnes, sera associée au domino 5-3... Évidemment.

P. 77

CA-CARRÉ MAGIQUE

3	6	18	21	17
24	22	1	16	2
14	7	13	19	12
15	10	25	4	11
9	20	8	5	23

Sur la dernière ligne, 20 + 8 + 23 = 51. Pour atteindre 65, il manque 14, total qui ne peut être obtenu que par 5 + 9 avec les chiffres restants. Si vous placiez le 5 en première colonne, il serait surmonté de 65 - (3 + 24 + 14 + 5) = 65 - 46 = 19, ce qui imposerait en bout de quatrième ligne 65 - (19 + 10 + 25 + 4) = 65 - 58 = 7, puis, en dernière colonne, 65 - (17 + 12 + 7 + 23) = 65 - 59 = 6, ce qui est impossible, puisque le 6 figure déjà dans la grille. Il faut donc placer le 9 juste avant le 20. Procédez logiquement de cette manière jusqu'à la résolution complète du carré magique.

P. 78-79

FLÉCHÉS CROISÉS

O	E	N	O	L	O	G	U	E		J	O	B	E	L	I	N
M	U	E	T		U	N	E	V	I	E		E	L	O	G	E
O	R	N	I	T	H	O	L	O	G	U	E	S		I	N	
P	O	E	T	E		M	E	L	O		P	A	C	S	O	N
L	I		E	C	H	O		U	R	T	I	C	A	I	R	E
A	S	A		H	O	N	T	E		A	L	I		R	A	M
T	E	N	A	N	T		A	R	A	M	E	E	N		N	O
E		C	R	O	T	O	N		R	I		R	A	P	T	
S	P	I	N		E	S	T	O	C	A	D	E		R	I	B
	O	L	O	N	N	E		R	H		O	S	M	O	S	E
S	I	L		A	T	R	A	B	I	L	E		E	M	M	A
A	D	A	G	I	O		T	I	P	I		B	L	U	E	T
A	S	I	E	N	T	O		C	E	N	S	U	E	L		N
N		R	M		E	N	V	O	L		O	R		G	U	I
E	L	E	M	I		D	A	L		A	T	A	T	U	R	K
N	U		E	L	S	E	N	E	U	R		T	U	E	E	S

P. 81

Amenez-y...

1. Eldorado (Isabelle Adjani, *Ohio*). **2.** Poisson (Mike Brant, *Laisse-moi t'aimer*). **3.** Flotté (Patrick Bruel, *Place des Grands Hommes*). **4.** Réveillerez (Claudio Capéo, *Un homme debout*). **5.** Dissociais (Gérald de Palmas, *Sur la route*). **6.** Crêpe (À caus' des garçons, *À caus' des garçons*).

P. 82-83

Clés en main

ALTRUISME, en partant de la deuxième clé en bas à gauche et en tournant dans le sens inverse des aiguilles d'une montre. Le pirate a un grand cœur, c'est bien connu.

P. 84-85

(M)OTS (F)LÉCHÉS

■	C	■	I	■	F	■	O	■	B	■	W	■	A	■	A	■
L	A	I	S	S	E	E	P	O	U	R	C	O	M	P	T	E
■	C	R	O	U	S	T	I	L	L	E	■	U	P	O	L	U
C	H	O	L	E	T	■	N	A	B	I	S	M	E	■	A	T
■	E	N	A	■	O	I	E	■	U	N	E	■	R	A	S	H
I	C	I	■	A	I	G	R	E	L	E	T	T	E	S	■	A
■	A	E	R	I	E	N					■	E	S	S	E	N
O	C	■	A	G	■	O					K	M	■	E	T	A
■	H	U	I	L	E	R					■	P	E	Z	E	S
R	E	S	S	E	M	E					J	E	T	■	R	I
■	■	U	I	■	B	E	■	L	■	K	■	R	A	I	N	E
G	A	R	N	I	E	■	B	A	L	A	D	E	U	S	E	■
■	S	P	■	P	L	A	I	D	O	Y	E	R	■	E	L	A
I	S	A	B	E	L	L	E	■	R	A	J	A	H	■	L	U
■	I	T	E	■	I	O	N	E	S	C	O	■	A	D	E	R
U	S	I	N	I	E	R	■	P	Q	■	U	R	N	E	■	I
■	T	O	I	T	■	S	A	O	U	L	E	E	■	C	A	F
T	A	N	G	O	S	■	R	U	E	E	■	A	T	O	M	E
■	N	■	N	U	A	G	E	S	■	S	U	T	U	R	E	R
E	T	R	E	■	C	O	S	E	T	T	E	■	F	A	N	E

P. 87

BONUS

COLIBRI

Cet oiseau, capable de voler à reculons et dont le cœur atteint 1260 battements par minute, dépose parfois ses excréments sur un mur, puis surveille les insectes venant s'en délecter afin de les engloutir. Bien joué avec sa toute petite cervelle ! Avec la vôtre, bien plus massive, il fallait deviner la présence du second I.

P. 88

Les pets de dames au clebs

Madame Bichon pète 5 fois et son cocker 4 ; madame Cocker vesse 3 fois et son épagneul 9 ; madame Épagneul se lâche 11 fois et son bichon 6.

Six équations indépendantes et six inconnues : la solution est unique. Notez par exemple a les pets de madame Bichon, b ceux du bichon, c les pets de madame Cocker, d ceux du cocker, e les pets de madame Épagneul et f ceux de l'épagneul.

L'énoncé vous indique : a + c + e = 19 ; b + d + f = 19 ; a + b = 11 ; c + d = 7 ; e + f = 20 (mais ceci n'est pas une équation indépendante puisque si vous ajoutez les 19 pets de dames et les 19 pets de chiens, et que vous enlevez les 11 pets « bichonnesques » et 7 pets « cockériques », vous obtenez la même info : les prouts « épagneuliens » sont au total de 19 + 19 - 11 - 7 = 20). Les deux dernières équations utiles viennent du dernier indice : a + d + 3 = c + f et c + f = b + e - 5. En résolvant le système ou en tâtonnant, vous trouverez que : a = 5 ; b = 6 ; c = 3 ; d = 4 ; e = 11 ; f = 9.

P. 89

SPHINX TER

NIVEAU :

remise à niveau, niveau à bulle, courbe de niveau, passage à niveau, classe de niveau, le niveau zéro.

P. 90

BRIQUES

***Le Déchronologue* – Caraïbes, Yucatán.**

Le capitaine Henri Villon écume la mer des Caraïbes, au XVIIe siècle. Les objets venus du futur qu'il découvre perturbent le monde d'alors. Passionnant pour qui aime les histoires de pirates et la science-fiction.

G	L	A	C	I	S
D	E	D	A	I	N
A	D	O	R	E	R
P	E	D	A	L	O
E	C	R	I	T	E
P	H	O	B	I	E
A	R	G	E	N	T
P	O	I	S	O	N
E	N	Z	Y	M	E
R	O	T	U	R	E
B	L	O	C	U	S
C	O	U	A	R	D
A	G	I	T	E	R
B	U	V	A	N	T
F	E	N	N	E	C

P. 92-93

L'éToilette

Avec les lettres grisées, on forme CHARBONNIER.

P. 94

EN MER, DENTS

Bienvenue chez les Ch'tis :

biens – vœux – nu – chai – laîche – tee.

Les personnages interprétés par Dany Boon et Kad Merad urinent sur le bord de la route.

P. 95

TAPIS C

4 pièces blanches

En observant les deux premiers tapis, 3 pièces blanches = 4 noires – 1 trouée = 2 trouées – 2 noires. Par conséquent, en ajoutant 2 noires et 1 trouée de chaque côté de ces deux dernières égalités, 6 noires = 3 trouées (ce qui signifie que 2 noires = 1 trouée ou 4 noires = 2 trouées).

Sur le tapis A, 4 noires = 2 trouées = 1 trouée + 3 blanches.

En enlevant 1 trouée de chaque côté, 1 trouée = 3 blanches.

Par suite, sur le tapis C, 1 trouée + 1 blanche = 3 blanches + 1 blanche = 4 blanches.

P. 96

CALCULS DURS, HEIN !

Première méthode (720 + 7 en passant par 72) :
75 - 3 = 72 ; 2 + 8 = 10 ; 72 × 10 = 720 et 720 + 7 = 727.
Deuxième méthode (720 + 7 en passant par 80) :
2 + 3 = 5 ; 5 + 75 = 80 ; 1 + 8 = 9 ; 80 × 9 = 720 et 720 + 7 = 727.
Troisième méthode (726 + 1) :
2 + 7 = 9 ; 75 - 9 = 66 ; 3 + 8 = 11 ; 66 × 11 = 726 et 726 + 1 = 727.

P. 98

TROIS PETITS CHATS

1-6. Truffe. **5-9.** Félin. **7-14.** LinkedIn. **12-16.** Dinah. **15-19.** Ahuri. **18-23.** Rififi. **22-27.** Figaro. **26-30.** Roman.

P. 99

LOGICO

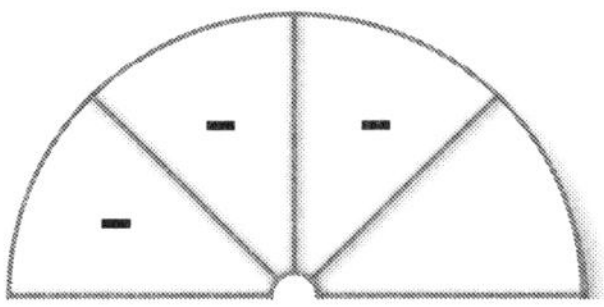

Comptez un bâton par –, deux bâtons par + et trois bâtons par ✳.
En sommant la quantité de bâtons des deux roues superposées sur la partie gauche, secteur par secteur, vous trouverez toujours 4 bâtons dans chacun des huit secteurs. Pour qu'il en soit de même avec les deux roues de droite, il faut que les quatre secteurs actuellement vides contiennent 1, 1, 1 et 0 bâton. En effet, dans les secteurs correspondants du bas, on en compte respectivement 3 (+ –), 3 (✳), 3 (- - -) et 4 (- ✳), d'où ce complément de 1, 1, 1 et 0.

P. 102-103

LA TÊTE AU CA-CARRÉ

ÉPHORE 7 ORPHÉE	SILO 1 LOÏS	MEULIER 15 LUMIÈRE	LISSE 23 ISLES	ÉTONNAI 19 ANTOINE
HANTE 25 ETHAN	BRION 18 ROBIN	GERMISTON 9 GROSMINET	POREUSE 2 ÉPOUSER	CHEMINE 11 CHIMÈNE
FRAIE 4 EFIRA	ROSE 12 ÉROS	CORSÂT 21 CASTOR	LACIONS 20 NICOLAS	ARSENICS 8 NARCISSE
ROLAND 16 ARNOLD	VILES 10 ELVIS	MONDANT 3 MONTAND	MINOT 14 TIMON	LÉCHEUR 22 HERCULE
NOTES 13 STONE	MOINS 24 SIMON	FORER 17 FRÉRO	HÉLAIS 6 SHEILA	REMUONS 5 NEMOURS

L	E
1	2

M	E	N	S	O	N	G	E
3	4	5	6	7	8	9	10

C'	E	S	T
11	12	13	14

L	A
15	16

F	R	A	N	C	H	I	S	E
19	18	19	20	21	22	23	24	25

P. 104

SUDOKU-KU

7	1	3	4	5	2	9	6	8
4	5	6	3	9	8	2	1	7
8	9	2	1	7	6	4	3	5
1	3	4	8	2	9	5	7	6
2	8	7	6	3	5	1	4	9
9	6	5	7	4	1	8	2	3
6	2	8	9	1	7	3	5	4
3	7	1	5	8	4	6	9	2
5	4	9	2	6	3	7	8	1

P. 105

GLOBE-CROTTEUR

1. En inuktitut, langue au syllabaire très particulier. Vous pouvez donc écrire ᓇᐅᖕ ᐊᓇ ᕐᕕ sur un papier (toilette) pour demander dans quel igloo poser vos fesses et vos fèces.
2. En Islande. Ne confondez pas avec « Hvar er Geysir ? », qui vous amènerait à vous asseoir sur le geyser ayant donné son nom à tous

les autres. Il a projeté de l'eau jusqu'à 122 m de haut en 2000. Ce sera assez pour la douchette ?
3. Au Sri Lanka, c'est du cingalais. Quand ça commence à quelque chose près par « vois ce qu'il y a », demandez à voir quand même…

P. 106

LES MUTANTS

1. *Les Parapluies de Cherbourg* (film musical de Jacques Demy).
2. *Impression, soleil levant* (tableau de Claude Monet).
3. *Au Bonheur des Dames* (roman d'Émile Zola).

P. 107

MAYDAY, M'AIDER !

« C'est deux fois secourir un malheureux que de le secourir promptement. »

P. 108-109

(M)OTS (F)LÉCHÉS

	P		A		D		E		G		E		T		U	
T	R	I	S	M	E		P	A	R	I	S	I	E	N	N	E
	E	N	T	E	N	D	E	M	E	N	T		M	E	I	R
S	C	A	R	L	A	T	I	N	E		H	O	P	P	E	R
	A	C	E		S	P	R	I	N	T	E	U	S	E		A
P	I	C		N	A		E	S		O	T	E		T	A	N
	R	E	G	U	L	E		T	A	R	I	S	S	A	N	T
T	E	N	U		I	N	D	I	R	E	C	T	E		D	E
		T	E	E	S		R	E	V	A	I		C	O	I	
E	C	U		D	E	C	O	R	E		E	B	U	R	N	E
	A	E	D	E		H	L		R	A	N	A	L	E		C
K	M		I	N	D	I	E	N	N	E		P	A		N	O
	B	O	N		A	R		O	E	R	S	T	I	T	E	S
A	R	M	O	R	I	A	L	E		E	P	I	R	E		S
	I		S	U	L	L	Y		D	R		S	E	R	R	E
C	O	M	A	S		I	R	A	I		S	T		A	I	R
	L	O	U		E	T	E	R	N	I	T	E				
M	A	T	R	O	N	E		B	A	B	A	R				
	G	U	E	R	E		A	R	R	O	S	E				
D	E	S		S	E	U	L	E		S	E	S				

P. 110

TOMBEZ DANS LE PANNEAU

GRENOBLE

Le raisonnement est à peu près le même que page 62, mais il fallait tenir compte de l'orientation du panneau et toujours compter les lettres dans la direction de la flèche, en retenant celle de rang égal au nombre de kilomètres pour chaque ville : la 1re de GUÉRET (G), la 2e d'ARRAS (R), la 3e d'ANGERS en partant de la fin (E) puisque ce panneau est en sens inverse, la 4e de DIGNE-LES-BAINS (N), la 5e de COLMAR en partant de la fin (O), la 6e de SAINT-BRIEUC en partant de la fin (B), la 7e de VERSAILLES (L) et la 8e de PERPIGNAN en partant de la fin (E). Rassemblées dans cet ordre, les lettres forment GRENOBLE.

P. 112

BASIQUE INSTINCT

Si vous pensez avoir trouvé une autre solution, vérifiez que vous n'avez pas deux lignes (ou deux colonnes) rigoureusement identiques, ce qui est interdit.

1	0	1	0	0	1	1	0
0	1	1	0	1	0	1	0
0	1	0	1	1	0	0	1
1	0	1	1	0	1	0	0
0	1	0	0	1	0	1	1
1	0	0	1	1	0	1	0
0	1	1	0	0	1	0	1
1	0	0	1	0	1	0	1

Les lettres correspondant aux 0 complétaient la citation avec « en aveugle au-devant de ce que je crains ». Si vous avez choisi les 1, vous avez fait dire à Benjamin Constant qu'il éprouvait ce charme à marcher « dans les crottes jonchant le trottoir ». Pensez à nos amis malvoyants et ramassez les crottes de vos chiens, sans quoi les deux fins de citation résonnent de la même manière, pour ces marcheurs aveugles.

P. 113

BOUCHE-TROUS

1. Pétanqueur (et non « pètent en chœur ») et pétrisseur.
2. Téléspectateur. **3.** Supercentenaire (plus de 110 ans).
4. Dévastation. **5.** Spécialisation. **6.** Émasculation, exaspération.

P. 114-115

CROISÉS 3D

P. 116

LE PENDU

TURLUTUTU

Si vous avez trouvé, chapeau ! C'était pointu.

P. 117

LE CHICHSTRAC

DIGNITÉ

P. 119

COUP DE FIL

CORSAIRE

Le corsaire, s'il est devenu pirate, était à l'origine un navire armé en « course » : un belligérant, via son gouvernement, donnait à de simples particuliers le droit d'armer en guerre un bateau de commerce pour attaquer les bâtiments de l'ennemi. Le capitaine portait, tout comme le navire, le nom de corsaire.

P. 120

SPHINX TER

FEU :

avoir le feu aux fesses, feu de joie, ceinture de feu (du Pacifique), *La Guerre du feu* (film), faire long feu, feu de camp.

P. 121

C'est gâchis

Toutes les bouches vont par 8,
sauf celle-ci qui apparaît 9 fois.

P. 122

Pipiramidal

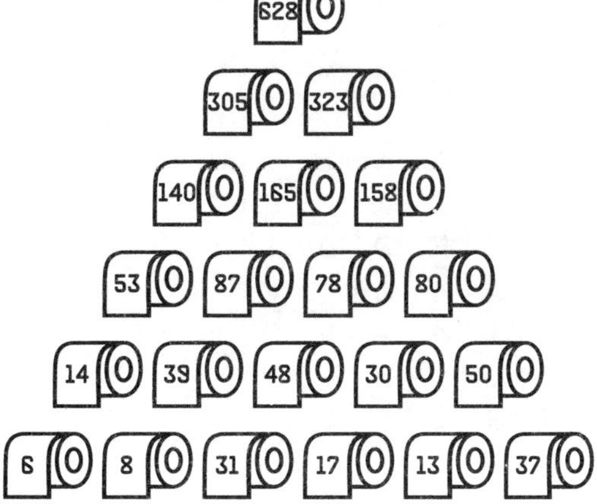

P. 124-125

LA TÊTE AU CA-CARRÉ

FANENT (2) ENFANT	OINDRA (11) DORIAN	OKRAS (9) OSKAR	DENTER (18) TENDRE	ARTÉRITE (25) RETRAITE
NAVRÂT (8) VARTAN	ANISÉES (20) AÎNESSE	GÉMINÉ (22) ÉNIGME	ADONIS (1) DANOIS	ÉTIREZ (14) TREIZE
RONGEAIENT (21) GÉNÉRATION	RENÉGATE (4) TEENAGER	FUNE (13) NEUF	PETS (10) SEPT	MINE (17) NEMI
DIS (15) SID	ENTRETUENT (7) TRENTE-ET-UN	ZONE (16) ONZE	NOIRET (24) ORIENT	CANNAISES (3) NAISSANCE
GALLE (19) LÉGAL	DOUEZ (23) DOUZE	MIS (5) SIM	TAINE (12) ÉTAIN	RENÉGAT (6) ÉTRANGE

D	E	N	T	S		E	T		V	O	S		D	E	N	T	S
1	2	3	4	5		6	7		8	9	10		11	12	13	14	15

O	N	T		L'	A	G	E		D'	O	R
16	17	18		19	20	21	22		23	24	25

P. 126

POT-POKER

Jack : un **D** pour DAUPHIN. Reine : un **A** pour PIRANHA.
River : un **T** pour PLINTHE. Chip : un **C** pour PÉNICHE.

P. 127

CROISILLONS OQP

	6		7			9		10
1	Q	U	A	R	A	N	T	E
	U		S			E		M
2	A	L	T	I	T	U	D	E
	D		R		8	V		R
3	R	H	O	D	I	E	N	S
	A		L		V			I
	T	4	A	P	O	L	L	O
	U		B		I			N
5	R	E	E	C	R	I	T	S
	E				E			

P. 128

ANAGRAMMES

CABINOTIER

1. Combat. **2.** Arpège. **3.** Butiné. **4.** Issues. **5.** Négoce. **6.** Ondulé. **7.** Trafic. **8.** Ignoré. **9.** Errant. **10.** Rivale.

L'anagramme est **ABRICOTINE,** une eau-de-vie à base d'abricot, comme son nom l'indique.

P. 130-131

(M)OTS (F)LÉCHÉS

■	S	■	M	■	E	■	P	■	P	■	A	■				
A	P	P	A	U	V	R	I	S	S	A	N	T				
■	E	R	O	D	E	E	■	A	G	L	A	E				
I	C	I	■	I	N	E	A	T	■	I	L	S				
■	T	E	I	N	T	■	N	I	E	C	E	S	■	L	■	F
M	A	R	N	E	U	S	E	■	P	E	C	■	M	A	I	L
■	C	E	T	■	E	P	A	T	E	■	T	A	M	I	S	E
V	U	■	E	R	L	E	N	M	E	Y	E	R	■	N	E	T
■	L	E	G	A	L	■	T	E	■	U	S	I	N	I	E	R
C	A	R	R	I	E	R	I	S	T	E	■	T	U	E	■	I
■	I	■	A	L	M	A	■	E	H	■	C	H	E	R	I	E
O	R	A	L	■	E	S	T	■	E	C	I	M	E	E	S	■
■	E	R	E	I	N	T	A	N	T	E	■	E	S	■	L	A
I	S	E	■	O	T	A	■	A	E	R	A	T	■	M	A	T
■	■	N	I	D	■	F	U	I	■	F	R	I	S	A	N	T
F	A	I	R	E	P	A	R	T	S	■	O	C	T	I	D	I
■	A	C	E	■	U	R	I	■	P	O	L	I	O	■	A	T
K	R	O	N	P	R	I	N	Z	■	B	L	E	T	T	I	R
■	A	L	E	S	E	■	E	O	L	I	E	N	■	A	S	E
B	U	E	E	■	E	C	R	U	E	S	■	S	A	G	E	S

P. 132

SUDOKU-KU

4	8	9	1	7	5	2	6	3
2	1	6	8	9	3	4	5	7
7	3	5	6	2	4	8	9	1
9	5	3	2	6	1	7	8	4
8	6	4	5	3	7	1	2	9
1	7	2	4	8	9	5	3	6
6	2	7	9	1	8	3	4	5
5	9	1	3	4	2	6	7	8
3	4	8	7	5	6	9	1	2

P. 133

Amenez-y...

1. Mignonnettes (Christophe, *Les Marionnettes*). **2.** Écumes (Daniel Balavoine, *Tous les cris les S.O.S.*). **3.** Printemps (Francis Cabrel, *Je t'aimais, je t'aime, je t'aimerai*). **4.** Sucre (Début de soirée, *Nuit de folie*). **5.** Pucelage (Georges Brassens, *Le Gorille*). **6.** Betterave (Alphonse Brown alias Michaël Youn, *Le Frunkp*).

P. 134

LA SUITE

I

L'énoncé évoquait le nombre 12 et vous mettait sur la voie : qu'est-ce qui va par douze ? Au cinéma, les salopards, les hommes en colère, les singes dans une armée. Et sinon, les apôtres, les heures et les mois. Bingo ! La suite était celle de la dernière lettre des douze mois : R pour janvier et février, S pour mars, L pour avril, N pour juin, T pour juillet et août, puis E pour septembre, octobre, novembre et décembre. Il manquait donc le I final du mois de mai.

P. 135

Graines de chia

CHATEAUBRIAND

L'écrivain, vicomte ayant bien connu l'archiduchesse du jeu de la page 74, s'écrit avec un D final et sans accent circonflexe, contrairement à « château ». Certains affirment que c'est son cuisinier, un Montmirail (ou Montmireil) qui aurait servi l'épaisse tranche de bœuf aux visiteurs (sans Jacquouille) de celui qui était alors ambassadeur de France à Londres. On accepte aujourd'hui l'écriture châteaubriant, avec un t final cette fois (et un a chapeauté), mais la référence est alors à une ville de Loire-Atlantique dont l'élevage bovin est réputé. Faut-il choisir ? Que nenni, car l'ancêtre de François-René de Chateaubriand n'est autre que Briant Ier de Châteaubriant, qui fonda cette ville. Brillant ! « Quel binz ! », commentera Jacquouille.

P. 137

Le bon tuyau

	K			A			R	
P	O	L	Y	N	E	S	I	E
	W			K			S	
	E			A			O	
N	I	C	A	R	A	G	U	A
	T			A			L	

Surf de mer à Tahiti, surf sur neige à Risoul.

P. 138-139

QUI FAIT QUOI ?

OISEAUX	COULEURS	HEURES DE CHANT	VOCALISES
KHAN HARRY	VERT	13	25
MOINEAU BRUNO	JAUNE	11	15
PIAF ÉDITH	ROSE	10	35
PIERROT LEFOU	BLEU	12	30
SERIN GAPIKÉ	ORANGE	14	20

P. 140-141

GRANDES VACANCES

D	E	V	E	L	O	P	P	E	M	E	N	T	D	U	R	A	B	L	E	■	L	A	R	D	O	N
E	C	O	N	O	M	I	E	S	■	T	O	U	R	N	E	■	A	I	R	B	A	G	■	O	C	■
C	O	T	E	■	A	N	I	S	E	E	S	■	O	I	N	D	R	E	■	R	I	R	E	T	T	E
O	L	E	R	O	N	■	N	E	T	■	F	I	L	E	T	E	■	S	A	U	C	E	R	■	U	N
L	E	■	V	U	■	M	E	U	N	I	E	R	E	■	R	O	I	S	S	Y	■	E	R	G	O	T
O	■	S	E	R	P	E	■	L	A	D	R	E	■	T	I	■	N	E	C	E	S	S	A	I	R	E
R	A	T	E	■	A	C	T	E	■	E	A	S	T	W	O	O	D	■	E	R	E	■	T	R	■	T
A	M	U	S	E	R	■	S	E	N	A	T	■	R	A	N	D	O	N	N	E	U	R	■	O	R	E
T	I	P	■	L	I	M	A	■	A	L	U	N	I	■	S	I	N	U	S	■	M	E	N	U	E	■
I	■	E	C	L	A	I	R	C	I	E	■	O	M	S	■	L	E	L	I	O	■	G	U	E	■	M
O	F	F	R	E	■	N	I	A	S	S	E	■	A	I	M	E	S	■	O	P	E	R	E	T	T	E
N	O	I	E	■	G	E	N	E	S	■	U	R	I	N	A	■	I	O	N	I	S	E	■	T	E	R
■	R	A	S	S	E	R	E	N	A	N	T	E	■	G	R	U	E	S	■	N	O	T	R	E	■	L
P	M	■	S	E	■	A	S	■	N	E	■	C	L	E	A	N	■	E	V	E	N	T	E	■	C	E
A	E	R	O	S	O	L	■	S	T	U	P	R	E	■	C	A	E	S	A	R	■	A	L	E	A	■
S	■	U	N	A	N	I	M	E	■	T	R	E	T	E	A	U	X	■	R	A	M	B	A	R	D	E
S	I	S	■	M	U	T	I	N	E	R	I	E	■	M	S	■	P	S	I	■	A	L	I	G	O	T
E	L	E	V	E	■	E	N	■	D	E	T	E	N	U	■	M	O	U	E	T	T	E	S	■	R	A

P. 143

MOTOCROTTE

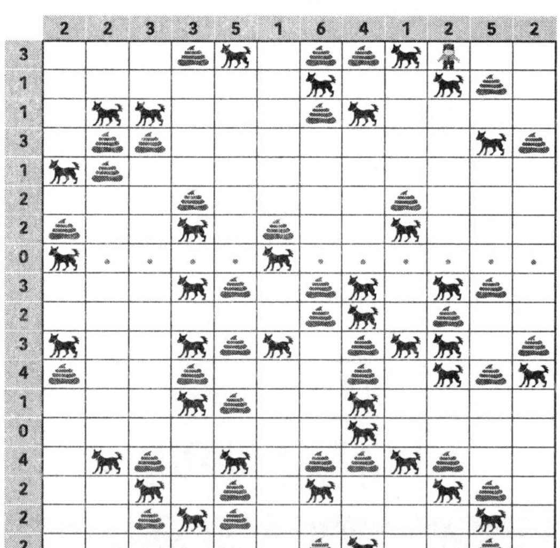

Commencez classiquement la résolution en étudiant les lignes sans crotte puis, à un certain stade, demandez-vous comment il est possible d'avoir 4 crottes sur la douzième ligne en partant du haut : cela vous permettra de prendre un nouvel élan.

P. 144

ÉVIDEMMENT

Il s'agit, en lisant ligne par ligne, des chiffres 2 et 4, 3 et 5, 7 et (la solution sera) 9, 6 et 8 représentés sur la partie gauche normalement (dans le format d'affichage d'une calculette à cristaux liquides utilisant sept segments), puis auxquels on a collé leur symétrique. Ainsi, la phrase devient : « 2 est à 4 ce que 3 est à 5 et 7 à ..., ou encore 6 à 8. » Chaque chiffre de gauche est plus petit de deux unités que celui de droite. Dans le cercle vide, on dessinera donc 7 + 2 = 9, en lui accolant son symétrique... Évidemment !

P. 145

CRYPTOGRAMME

« Le bruit marron, dans un épisode complet de *South Park*. »
C'est la même chose que la « fréquence sombre ». Cette note marron a fait l'objet de vrais tests scientifiques, mais aucun n'a jamais établi son existence. On a pourtant chacun en tête un ou deux chanteurs ou philosophes en chemise blanche et longs cheveux, qui nous font vraiment chier dès qu'ils s'expriment...

P. 146

ESCALETTRES

↓	M A L
+S	S L A M
+I	I S L A M
+E	E M A I L S
+C	L I M A C E S
+O	C A M I S O L E
+L	L O C A L I S M E
+U	M O U S C A I L L E

P. 147

7 HORREURS

P. 148

TOMBEZ DANS LE PANNEAU

CHAMBÉRY

Écrivez les noms de ces villes, de la plus proche à la plus éloignée selon les panneaux.

COPENHAGUE	1 000 km
HANOÏ	2 000 km
ALGER	3 000 km
MANILLE	4 000 km
BANGKOK	5 000 km
EREVAN	6 000 km
RIYAD	7 000 km
YAOUNDÉ	8 000 km

Puis lisez (verticalement) le nom formé par leurs initiales : du C de Copenhague au Y de Yaoundé, c'est le nom de CHAMBÉRY qui s'écrit.

P. 150

SANDWICH

« Courir le guilledou. »

D	E	**C**	R	U	E
E	M	**O**	T	I	F
L	O	**U**	P	E	R
A	G	**R**	A	F	E
I	B	**I**	D	E	M
S	B	**R**	I	N	Z
S	I	**L**	L	O	N
E	D	**E**	N	T	E
R	I	**G**	I	D	E
L	O	**U**	L	O	U
E	X	**I**	G	E	R
M	I	**L**	O	R	D
E	O	**L**	I	E	N
N	I	**E**	C	E	S
A	R	**D**	E	N	T
G	R	**O**	O	V	E
E	C	**U**	M	E	R

On a pu penser que ce guilledou dérivait de l'occitan *aguillodo*, désignant le lacet fermant la braguette, mais l'explication est autre : *guiler* signifiait jadis « tromper, ruser » et la finale *dou* vient de l'adjectif « doux », au sens de « tendre, agréable ». Quant à courir, c'est « fréquenter assidûment ». La coureuse de guilledou était, au XVIIe siècle, une femme délaissant ses tâches ménagères, pour faire on-ne-sait-quoi de beaucoup moins convenable, pensait-on alors, tandis que le coureur de guilledou fréquentait les lieux de débauche ou multipliait les aventures galantes. On trouve également « courir le guildron » et « courir le guildrou », dans des formes encore plus anciennes.

P. 151

BONUS

ESTRIOL

Il n'était pas nécessaire de connaître ce mot, s'écrivant aussi « œstriol » et qui désigne une hormone présente dans l'urine des femmes enceintes, pour le construire logiquement en éliminant les positions auxquelles ne pouvaient se trouver certaines lettres.

P. 152-153

(M)OTS (F)LÉCHÉS

■	V	■	E	■	O	■	I	■	E	■	P	■	T	■	I	■
L	I	E	C	H	T	E	N	S	T	E	I	N	O	I	S	E
■	S	T	R	E	T	C	H	I	N	G	■	O	G	N	O	N
P	I	C	A	R	O	■	A	R	A	I	G	N	E	E	■	C
■	T	■	S	E	M	B	L	E	■	D	I	A	■	D	E	R
V	E	G	E	T	A	L	E	■	R	E	N	G	A	I	N	E
■	U	R	■	I	N	O					■	E	N	T	E	■
F	R	A	N	C	■	T					U	N	O	■	I	L
■	■	M	A	I	N	T					■	A	N	O	D	E
L	I	M	I	T	A	I					P	I	N	C	E	S
■	L	A	S	E	R	S	■	C	■	I	■	R	E	E	■	T
P	L	I	S	■	A	S	P	H	A	L	T	E	■	A	N	■
■	U	R	E	S	■	E	R	E	■	E	U	■	S	N	O	B
K	S	I	■	I	M	M	O	R	T	A	L	I	T	E	■	I
■	T	E	R	R	I	E	N	■	E	L	I	T	I	S	M	E
O	R	N	E	■	S	N	A	C	K	■	P	E	P	■	A	R
■	A	S	S	I	E	T	T	E	■	C	E	R	E	A	L	E
U	T	■	T	V	■	S	E	N	T	I	■	A	S	T	I	■
■	I	S	E	R	E	■	U	T	E	R	I	N	■	R	E	G
A	F	F	R	E	T	E	R	■	R	E	N	T	R	E	N	T

P. 155

LES ENFANTS TERRIBLES

1. Jean, Jean, Jean et Jean Talu : les quatre Jean Talu. **2.** Douglas Alavani. **3.** Omer Dilpleu. **4.** Édith Apassambal. **5.** Chris Trident.

P. 156

CALCULS DURS, HEIN !

2 + 3 = 5 ; 5 + 7 = 12 ; 4 + 75 = 79 ; 12 × 79 = 948 et 948 – 1 = 947.

P. 157

LA CIBLE

En lisant une lettre sur cinq, dans le sens inverse des aiguilles d'une montre : **« Tel affiche la paix sur front, qui porte la guerre dans le cœur. »**

P. 158

TROIS PETITS CHATS

1-9. Lagerfeld. **7-14.** Eldorado. **12-17.** Adopté. **16-24.** Télépathe. **23-27.** Hello. **26-30.** Logos.

P. 160

LOGICO

1

Formez un premier nombre en accolant le chiffre du pétale en bas à droite et celui du pétale en haut à gauche. Constituez un second nombre en rapprochant le chiffre du pétale en bas à gauche et celui du pétale en haut à droite. Puis soustrayez ces deux nombres, pour obtenir le 13 inscrit au cœur de la fleur.

Fleur 1 : 7 et 1 forment 71 ; 5 et 8 constituent 58. Puis 71 - 58 = 13.
Fleur 2 : 3 et 0 forment 30 ; 1 et 7 constituent 17. Puis 30 - 17 = 13.
Fleur 3 : 2 et 5 forment 25 ; 1 et 2 constituent 12. Puis 25 - 12 = 13.
Fleur 4 : seul un 1 permettra de former, de façon similaire, 41 afin que 41 - 28 = 13.

P. 161

LES MUTANTS

1. *Le Charme discret de la bourgeoisie* (film de Luis Buñuel).
2. *L'horloge tourne* (chanson de Mickaël Miro).
3. *La Naissance de Vénus* (tableau de Botticelli).

P. 162-163

LA TÊTE AU CA-CARRÉ

GÉO 4 EGO	TITO 17 TOIT	AUDITS 21 TAUDIS	MEMBRUE 13 EMBRUME	SALIE 10 ASILE
DISCERNÉE 11 RÉSIDENCE	SE REPENTIR 8 ENTREPRISE	DIN 5 NID	GÉNIE 19 NEIGE	BAIS 22 ISBA
HURES 20 USHER	TEES 24 ESTE	SCHADÂT 12 DATCHAS	KARST 6 STARK	INVESTI 3 INVITÉS
DÉMOTIQUES 7 DOMESTIQUE	ACES 1 CASE	TALIONS 18 ISOLANT	OILLES 25 SOLEIL	QUARTETS 14 SQUATTER
LASER 23 LARES	SALERON 15 ORLÉANS	TIGE 9 GÎTE	HERBAIT 2 HABITER	CLONIE 16 NICOLE

C	H	I	E	N	S
1	2	3	4	5	6

D	E
7	8

G	A	R	D	E
9	10	11	12	13

S	O	N	T
14	15	16	17

I	N	U	T	I	L	E	S
18	19	20	21	22	23	24	25

P. 164

GLOBE-CROTTEUR

1. En swahili. C'est vrai que cela sonne plutôt asiatique, mais cela vous sera plutôt utile en Afrique de l'Est qu'ailleurs, sauf si vous optez pour un restaurant tanzanien à Séoul.

2. Au Japon. Ça commence comme toilettes et ça finit comme caca. Pour le reste, démer*ez-vous pour mémoriser et prononcer.

3. En russe. Comme dans de nombreux autres jeux *Globe-crotteur*, il ne s'agit ici que d'une adaptation phonétique, puisque les Russes utilisent un alphabet cyrillique à trente-trois lettres différentes des nôtres.

P. 165

SUDOKU-KU

2	3	8	5	9	4	7	1	6
4	6	9	2	1	7	8	5	3
5	7	1	3	6	8	4	9	2
8	4	3	1	7	9	2	6	5
7	9	5	6	8	2	3	4	1
6	1	2	4	5	3	9	8	7
9	5	7	8	2	1	6	3	4
1	2	4	9	3	6	5	7	8
3	8	6	7	4	5	1	2	9

P. 166

EN MER, DENTS

Le Dernier Tango à Paris :

leude - hernie - étang - Goa - pas - riz.

Ce film de Bernardo Bertolucci met en scène Marlon Brando et Maria Schneider.

P. 167

Les pets de dames au clebs

Madame Bichon pète 9 fois et son cocker 3 ; madame Cocker vesse 11 fois et son épagneul 7 ; madame Épagneul se lâche 6 fois et son bichon aucune.

P. 169

MAYDAY, M'AIDER !

« C'est le faible qui s'offre le plus souvent à secourir le faible. »

P. 170

BOUCHE-TROUS

1. Contremarche. **2.** Cornflakes. **3.** Patchwork. **4.** Écrevisse. **5.** Victorieuse. **6.** Transaction.

P. 171

TAPIS C

4 pièces trouées

Comparez les deux premiers tapis : 3 pièces trouées valent soit 2 blanches – 4 noires sur le tapis A, soit 1 blanche + 1 noire sur le tapis B. Enlevez 1 blanche et ajoutez 4 noires dans chacune de ces expressions équivalentes, vous établirez que 1 blanche = 5 noires. Ensuite, sur le tapis B, 3 trouées = 1 blanche + 1 noire = 5 noires + 1 noire = 6 noires, donc 1 trouée = 2 noires, en divisant cette égalité par 3. Pour équilibrer quatre fois plus (8 noires) sur le tapis C, il faudra 4 pièces trouées à droite.

P. 172

SPHINX TER

LAIT :

lait en poudre, cochon de lait, pain au lait, lait de poule,
dent de lait, lait de coco.

P. 174

BASIQUE INSTINCT

Si vous pensez avoir trouvé une autre solution, vérifiez que vous n'avez pas deux lignes (ou deux colonnes) rigoureusement identiques, ce qui est interdit.

1	0	0	1	0	1	0	1
1	0	1	0	1	0	1	0
0	1	0	1	0	1	1	0
0	1	0	1	1	0	0	1
1	0	1	0	0	1	0	1
0	1	0	1	1	0	1	0
0	1	1	0	0	1	1	0
1	0	1	0	1	0	0	1

Les lettres correspondant aux 0 complétaient la citation avec « pillé le monde, ont commencé à s'ennuyer ». Nous vous laissons découvrir la citation inventée si vous avez choisi les 1.

P. 175

CROISILLONS OQP

	6		7			9		10
1	P	A	T	A	Q	U	E	S
	H		I			L		C
2	I	N	C	I	N	E	R	E
	L		T		8	M		L
3	A	M	A	L	G	A	M	E
	T		Q		E			R
	E	4	U	T	O	P	I	A
	L		E		I			T
5	I	R	R	A	D	I	E	E
	E				E			

P. 176-177

(M)OTS (F)LÉCHÉS

■	L	■	P	■	Z	■	C	■	A	■	O	■	C	■	E	■
K	A	R	I	N	E	■	L	E	M	A	R	C	H	A	N	D
■	M	E	L	A	N	C	O	L	I	E	■	H	U	T	T	E
N	O	C	E	R	■	O	N	U	■	R	A	R	E	■	I	P
■	U	T	E	R	I	N	E	■	M	E	R	I	S	I	E	R
C	R	I	■	E	N	T	R	E	M	E	T	S	■	G	R	E
■	E	F	F	R	O	I					■	T	A	N	■	S
A	S	I	E	■	D	E					F	O	R	O	N	S
■	T	E	N	D	O	N					■	P	A	R	O	I
B	D	■	T	A	R	N					C	H	I	A	■	V
■	A	M	E	N	E	E	■	D	■	C	■	E	G	I	D	E
A	N	I	S	E	■	N	A	I	V	E	S	■	N	E	E	■
■	S	N	■	T	E	T	I	N	E	■	T	A	E	N	I	A
F	L	I	R	T	S	■	M	A	R	I	■	N	E	T	T	E
■	E	■	H	E	T	R	E	■	G	N	O	N	S	■	E	R
A	P	T	E	■	R	U	R	A	L	I	T	E	■	I	S	O
■	R	A	N	C	O	N	■	M	A	T	E	L	A	S	■	G
D	E	C	A	M	P	E	R	■	C	I	S	E	L	E	R	A
■	■	O	N	■	I	S	O	L	E	E	■	T	I	R	E	R
L	U	T	E	C	E	■	T	U	E	R	A	S	■	E	Z	E

P. 180

ALPHAKU-KU

Benito **LERTXUNDI,** dont le nom apparaît sur la dernière ligne, a fait partie du mouvement avant-gardiste Ez Dok Amairu, que l'on peut traduire par « Il n'y a pas 13 », à savoir « Il n'y a pas de malédiction ». Opposés au franquisme, ces artistes se réapproprièrent la culture basque et la diffusèrent notamment par la chanson.

X	R	N	U	L	I	E	T	D
D	I	U	E	T	X	L	R	N
T	L	E	R	D	N	X	I	U
E	U	X	L	I	T	D	N	R
R	T	I	D	N	E	U	L	X
N	D	L	X	U	R	I	E	T
U	N	T	I	E	D	R	X	L
I	X	D	N	R	L	T	U	E
L	E	R	T	X	U	N	D	I

P. 181

LE CHICHSTRAC

FIENTE

P. 182-183

FLÉCHÉS CROISÉS

N	O	M	A	N	S	L	A	N	D	■	M	I	E	T	T	E
A	N	A	L	Y	T	I	Q	U	E	M	E	N	T	■	O	N
D	A	■	A	C	E	■	U	L	T	E	R	I	E	U	R	S
E	V	E	N	T	R	E	E	■	T	R	O	T	T	I	N	E
G	A	N	■	A	N	N	U	L	E	■	V	I	E	■	A	M
E	N	S	I	L	E	U	S	E	■	P	I	E	R	I	D	E
■	C	O	L	O	■	M	E	S	S	I	N	E	■	B	E	N
P	E	R	I	P	L	E	■	T	O	N	G	■	F	I	S	C
I	■	C	O	E	U	R	S	■	U	S	I	N	E	Z	■	E
A	M	E	N	■	T	A	P	E	R	■	E	U	B	A	G	E
F	O	L	■	R	A	T	I	O	C	I	N	E	R	■	U	S
■	R	E	B	A	T	I	■	L	E	O	N	■	I	S	E	■
E	C	■	O	C	■	O	U	I	■	D	E	C	L	A	R	A
D	E	T	A	L	O	N	N	E	R	A	■	H	E	U	R	T
I	L	E	■	E	N	■	I	N	O	N	D	E	■	F	E	R
T	E	R	R	E	U	S	E	■	I	T	E	R	A	S	S	E

P. 184

Le bon tuyau

	S			N			A	
C	O	M	P	I	E	G	N	E
	U			A			G	
	D			M			O	
M	A	R	S	E	I	L	L	E
	N			Y			A	

P. 185

ALPHABÊTE

1. Koudou, première antilope (K, D). **2.** Vautour (V, A). **3.** Quéléa, un passereau africain à bec rouge (Q, E). **4.** Éléphant (P, H, T). **5.** Girafe (I, F). **6.** Gazelle, deuxième antilope (G, Z). **7.** Waterbuck, troisième antilope (W, B, U). **8.** Otocyon, un renard aux oreilles de chauve-souris (O, C). **9.** Naja, un serpent (N, J). **10.** Impala, quatrième antilope (M, L). **11.** Oryx, cinquième antilope (Y, X). **12.** Rhinocéros, sixième anti… Non, je déconne (R, S).

P. 186-187

Clés en main

ANUSCOPIE, en partant en partant de la première clé en haut à droite et en tournant dans le sens des aiguilles d'une montre. Le pirate aurait-il, à son retour sur terre, un rendez-vous chez un spécialiste ?

P. 189

Graines de chia

HALLUCINATION

Ce n'était pas facile à voir, sauf pour ceux qui usent de substances…

P. 190

ÉVIDEMMENT

Même en vivant éternellement, vous n'y parviendrez pas. Ce n'est pas une question de « pavage » impossible, la réponse est beaucoup plus évidente : le rectangle du haut compte 56 cases (8 × 7), alors que le total des petits carrés constituant les pièces fournies n'est que de 55. Vous ne recouvrirez donc jamais l'ensemble du rectangle, quel que soit l'arrangement choisi. Avant d'essayer, il fallait vérifier que le jeu était possible… Évidemment !

P. 191

ÇA-CARRÉ MAGIQUE

4	25	17	11	8
12	6	3	24	20
23	19	15	7	1
10	2	21	18	14
16	13	9	5	22

Sur la quatrième ligne, 10 + 21 + 14 = 45, il manque donc 20 que l'on ne peut atteindre que par 1 + 19, 2 + 18 ou 4 + 16. Mais 1, 2, 4 ou 16 en quatrième colonne ne permettrait pas d'atteindre 65 en y ajoutant les nombres déjà placés (11, 7 et 5). Seuls 18 et 19 peuvent être envisagés sous le 7.
Si l'on plaçait 19, il faudrait 65 - (11 + 7 + 19 + 5) = 65 - 42 = 23 au-dessus du 7, mais ce 23 est déjà dans la grille.
Le nombre sous le 7 est donc le 18. Continuez à réfléchir de cette façon pour compléter la grille.

P. 192

Amenez-y…

1. Blanches (Michel Delpech, *Quand j'étais chanteur*). **2.** Malheureux (Charles Aznavour, *For me formidable*). **3.** Écran (Angèle, *La Thune*). **4.** Pick-up (Calogero, *Je joue de la musique*). **5.** Furibonds (Adamo, *Laisse mes mains sur tes hanches*). **6.** Dégoulinent (Petula Clark ou Jane Birkin, *La Gadoue*).

P. 194

TOMBEZ DANS LE PANNEAU

CANBERRA

Les noms et les distances n'ont aucune importance. Il fallait juste repérer que, sur le poteau vertical où sont cloués les panneaux indicateurs, les lettres bien centrées sont, de haut en bas, C de BICHKEK, deuxième A de BRATISLAVA, N d'AMMAN, B de GABORONE, premier E de BRUXELLES, R de CONAKRY, R d'ANTANANARIVO et A d'ATHÈNES. C'est la ville australienne de CANBERRA qui est dissimulée sur ces panneaux.

P. 195

ROSACE

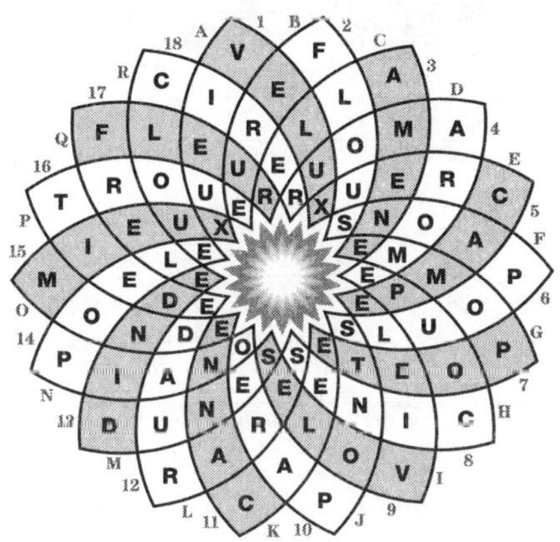

P. 196-197

(M)OTS (F)LÉCHÉS

■	H	■	E	■	M	■	J	■	C	■	E	■	E	■	D	■
J	E	U	X	P	A	R	A	L	Y	M	P	I	Q	U	E	S
■	U	N	I	O	N	■	D	I	C	T	A	T	U	R	E	S
G	R	I	L	■	I	D	E	A	L	■	T	E	I	N	S	■
■	E	J	E	C	T	E	■	N	E	V	E	■	L	E	S	T
A	S	A	■	R	O	U	L	E	■	O	R	D	I	■	E	H
■	■	M	I	E	U	X					■	O	B	E	S	E
C	A	B	O	T	■	I					O	U	R	S	■	O
■	B	I	■	E	V	E					■	T	E	T	E	R
P	O	S	T	■	O	M					C	A	■	E	P	I
■	U	T	O	P	I	E	■	A	■	O	■	N	A	R	R	E
S	T	E	R	E	S	■	B	I	S	M	U	T	H	■	I	S
■	I	■	S	T	I	M	U	L	A	N	T	■	A	R	S	■
E	S	P	I	O	N	I	T	E	■	I	R	A	N	I	E	N
■	S	I	O	N	■	R	I	■	A	B	I	M	E	S	■	O
S	E	A	N	C	E	■	N	I	A	U	L	E	■	Q	A	T
■	M	N	■	L	U	N	E	S	■	S	L	■	A	U	L	A
G	E	O	D	E	■	O	U	E	D	■	O	R	N	A	I	T
■	N	■	A	S	T	I	S	■	O	S	■	Y	O	N	N	E
S	T	U	C	■	P	R	E	E	M	I	N	E	N	T	E	S

P. 198

LA SUITE

5 647 607. On multiplie par 2, et on ajoute 1 puis 2.
On multiplie ensuite par 3 et on ajoute 1, puis 2, puis 3.
On multiplie ensuite par 4 et on ajoute 1, puis 2, puis 3, puis 4.
On multiplie ensuite par 5 et on ajoute 1, puis 2…
La progression est la suivante : 7 ; (7 × 2) + 1 = 15 ; (15 × 2) + 2 = 32 ; (32 × 3) + 1 = 97 ; (97 × 3) + 2 = 293 ; (293 × 3) + 3 = 882 ; (882 × 4) + 1 = 3 529 ; (3 529 × 4) + 2 = 14 118 ; (14 118 × 4) + 3 = 56 475 ; (56 475 × 4) + 4 = 225 904 ; (225 904 × 5) + 1 = 1 129 521 et enfin (1 129 521 × 5) + 2 = 5 647 607.

P. 199

TROIS PETITS CHATS

1-9. Grumpy Cat. **8-12.** Attali. **12-17.** Lil Bub. **15-19.** Bublé.
18-22. Lécha. **21-28.** Hamilton. **26-30.** Tondu.

P. 201

7 HORREURS

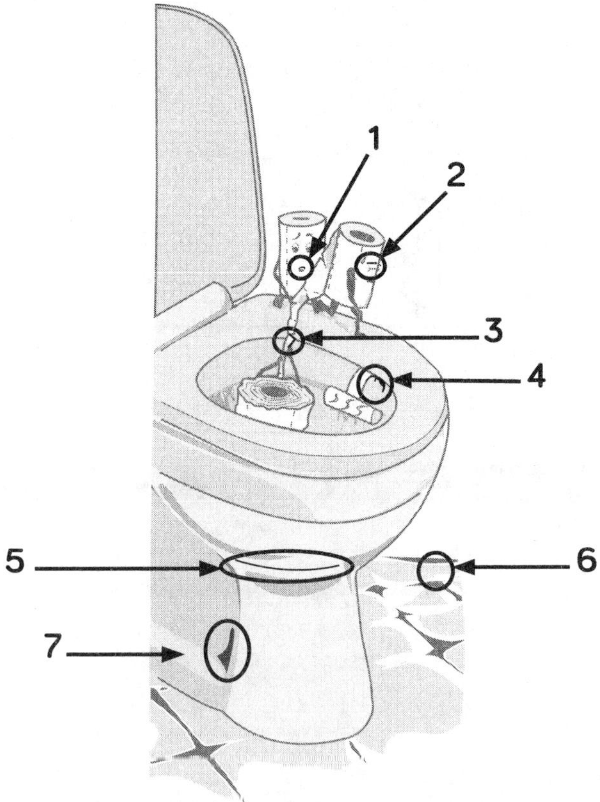

1. Lèvre supérieure plus épaisse. **2.** Sourcil plus long.

P. 202

CALCULS DURS, HEIN !

Première approche (313 × 3) :
1 + 4 = 5 ; 50 – 5 = 45 ; 45 × 7 = 315 ; 315 – 2 = 313 et 313 × 3 = 939.
La variante : 1 + 50 = 51 ; 2 + 4 = 6 ; 51 × 6 = 306 ; 306 + 7 = 313 et 313 × 3 = 939.
Seconde approche (940 – 1) :
7 – 2 = 5 ; 50 – 3 = 47 ; 5 × 47 = 235 ; 235 × 4 = 940 et 940 – 1 = 939.
L'ordre dans lequel vous multipliez 4, 5 et 47 pour obtenir 940 n'a pas d'importance.

P. 203

SUDOKU-KU

7	2	5	9	3	6	8	1	4
6	9	3	1	8	4	2	7	5
1	8	4	5	7	2	6	9	3
5	6	8	2	9	1	3	4	7
9	1	7	3	4	8	5	2	6
3	4	2	7	6	5	9	8	1
4	3	9	8	5	7	1	6	2
2	5	6	4	1	9	7	3	8
8	7	1	6	2	3	4	5	9

P. 204-205

LA TÊTE AU CA-CARRÉ

FUNE 19 NEUF	AIGRETTES 5 STRATÉGIE	DÉTERRES 11 DÉSERTER	MARE 7 ARME	HILOTES 23 HOSTILE
BILAN 6 LIBAN	TOMBAC 22 COMBAT	ÉTARQUÂT 18 ATTAQUER	AMIDONNER 4 NORMANDIE	PÉTARD 15 DÉPART
AÎNÉ 3 IÉNA	RECOUCHÂMES 14 ESCARMOUCHE	VISIONNA 10 INVASION	RÉUSSI 21 RUSSIE	CÂBLER 17 LEBRAC
NAÏVE 25 ÉVIAN	OISELET 16 ÉTOILES	ESCRIMAIT 2 ARMISTICE	ORTIE 13 TROIE	ACQUITTE 9 TACTIQUE
TROUVÉE 12 OUVERTE	EN AVAL 8 NAVALE	RAKI 24 IRAK	À L'AISE 20 ALÉSIA	LIMITERAI 1 MILITAIRE

M	A	I	N	S
1	2	3	4	5

L'	A	N	T	I	D	O	T	E
6	7	8	9	10	11	12	13	14

D	E
15	16

L'	A	N	A	R	C	H	I	E
17	18	19	20	21	22	23	24	25

P. 206

LES MUTANTS

1. *Mistral gagnant* (chanson de Renaud).
2. *Un p'tit truc en plus* (film d'Artus).
3. *Ne tirez pas sur l'oiseau moqueur* (roman de Harper Lee).

P. 208

LE PENDU

STATISTIQUE

Nos statistiques ne sont pas très fiables, mais c'est vrai, quoi !
Pourquoi ne pas dire A, E, I et proposer H et J ?
Grrr, je fais partie des 42 % de râleurs.

P. 209

BONUS

INDICAN

Il fallait trouver un mot commençant par IN et contenant les cinq autres lettres suivantes, par ordre d'apparition : C, I, N, D, A. Outre la 7e position, convenant à toutes, le D, mal placé dans chaque mot, ne pouvait figurer qu'en 3e, le I en 4e, le A en 6e, le second N en 3e et le C à partir de la 4e. Quelques essais devaient vous faire deviner le seul mot valide possible, INDICAN. Ce glucoside contenu dans l'indigo apparaît dans l'urine en cas d'insuffisance hépatique.

P.210

LA CIBLE

En lisant une lettre sur sept, dans le sens des aiguilles d'une montre :
« À son lit de mort, l'homme songe plutôt à **élever son âme que des lapins.** »

P. 211

EN MER, DENTS

Un linceul n'a pas de poche :
hein - lin - seul - nappa - deux - poche.
Après avoir été passé à tabac, le personnage de Jean-Pierre Mocky, inanimé, se fait pisser dessus par un voyou.

P. 212-213

L'éToilette

Avec les lettres grisées, on forme ÉDIMBOURG.

P. 214

GLOBE-CROTTEUR

1. Fidji. N'ajoutez pas « Au sega ni valelailai rawa », signifiant que vous êtes constipé, cela pourrait désorienter votre interlocuteur.
2. En tamil. Vous pouvez demander aussi « Bathroom enga irukku ? », ce qui semble plus facile à se remémorer en cas de courante.
3. En Thaïlande. *Horng*, c'est la pièce et *naam* l'eau. Sur l'île de Pâques, on parle rapanui, avec simplement cinq voyelles et dix consonnes. Et seuls les lapins y font des crottes, en chocolat qui plus est.

P. 215

CRYPTOGRAMME

« Stéphanie de Monaco ne chantait pas *Comme un ouragan* ; elle chantait comme un... pied ! »

P. 216

BOUCHE-TROUS

1. Caléidoscope (qui s'écrit bien avec un c ou un k initial).
2. Califourchon. **3.** Calcification. **4.** Blackjack. **5.** Jacket. **6.** Jackpots.

P. 217

Pipiramidal

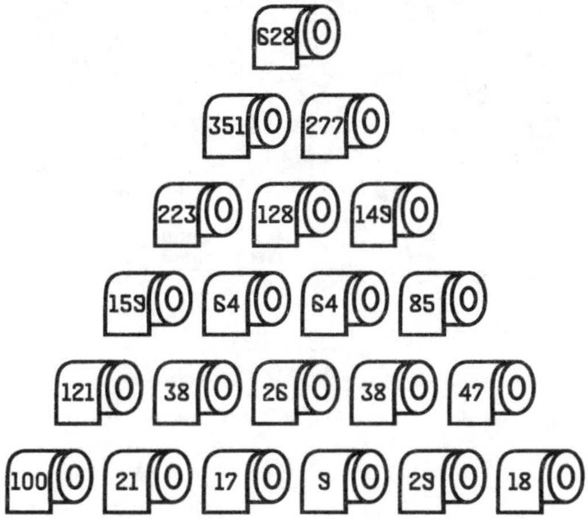

P. 218

LE CHICHSTRAC

TUNNEL

P. 220-221

(M)OTS (F)LÉCHÉS

				■	A	■	T	■	A	■	A	■	B	■	R	■
				O	P	E	R	A	D	E	S	Y	D	N	E	Y
				■	P	R	E	N	A	N	T	S	■	I	P	E
				P	R	I	M	O	■	A	R	E	O	L	E	S
■	F	■	V	■	E	G	A	L	E	M	E	N	T	■	N	T
R	I	C	O	C	H	E	■	I	N	O	■	G	A	I	T	E
■	D	A	M	I	E	R	S	■	T	U	E	R	■	S	I	R
G	E	N	I	E	N	■	A	C	E	R	B	I	T	E	■	D
■	J	E	■	U	S	A	G	E	R	E	■	N	O	R	I	A
B	U	■	E	X	I	L	A	S	■	E	S	■	B	A	B	Y
■	S	A	C	■	O	M	■	T	E	S	T	I	O	N	S	■
E	S	P	L	A	N	A	D	E	S	■	E	R	G	■	E	Y
■	E	T	A	T	■	G	O	■	C	O	R	E	G	O	N	E
D	U	■	T	E	T	E	■	C	A	D	E	N	A	S	■	U
■	R	E	A	L	I	S	A	B	L	E	■	I	N	T	O	X
E	S	T	■	I	N	T	I	■	I	R	E	S	■	O	R	■
■	■	O	R	E	■	E	S	S	E	■	A	M	E	■	I	O
P	R	I	E	R	E	■	E	C	R	O	U	E	L	L	E	S
■	A	L	E	■	O	B	E	I	■	N	Z	■	F	I	N	E
M	Y	E	L	I	N	E	■	E	X	C	E	D	E	N	T	S

P. 222

BRIQUES

***Une forme de vie* – Amélie Nothomb.**

C'est dans *Stupeur et Tremblements* qu'Amélie Nothomb raconte sa dégringolade de l'échelle sociale japonaise, l'amenant de « traductrice » à « dame-pipi en chef », un bien noble métier, pourtant ! *Une forme de vie* raconte sa relation épistolaire avec un soldat américain ayant servi en Irak.

C	U	R	A	R	E
A	N	I	M	A	L
R	E	V	E	U	R
A	F	F	L	U	X
L	O	L	I	T	A
P	R	I	E	R	E
A	M	A	N	D	E
R	E	V	O	L	U
E	D	I	T	E	R
M	E	N	H	I	R
E	V	Z	O	N	E
B	I	R	M	A	N
M	E	M	B	R	E

P. 223

C'est gâchis

Toute les paires de lunettes vont par 6,
sauf celle-ci qui apparaît 7 fois.

P. 224

SPHINX TER

FLÈCHE :

flèche de grue (élément portant la charge), départ en flèche, la flèche de Notre-Dame (reconstruite après l'incendie), grimper en flèche, pointe de flèche, zoo de La Flèche.

P. 226-227

QUI FAIT QUOI ?

CORS	LONGUEURS	ACCORDS	DISTANCES
LE COR BEAU	12 M	*RÉ* MAJEUR	2 KM
LE COR CERF	8 M	*FA* MINEUR	4 KM
LE COR FOU	4 M	*SI* MINEUR	10 KM
LE COR MORAND	7 M	*DO* MAJEUR	5 KM
LE COR NU	5 M	*LA* MAJEUR	20 KM

P. 229

CROISILLONS OOP

	6		7			9		10
1	T	R	A	C	T	I	O	N
	E		R			O		A
2	I	N	T	E	R	D	I	T
	N		H		8	E		U
3	T	O	U	C	H	E	U	R
	U		R		I			I
	R	4	I	M	P	E	R	S
	I		E		P			T
5	E	N	N	E	I	G	E	E
	R				E			

P. 230

SANDWICH

« Yoyoter du bulbe. »

J	O	**Y**	E	U	X
E	C	**O**	L	O	S
U	L	**Y**	S	S	E
D	R	**O**	L	E	T
E	X	**T**	A	S	E
M	I	**E**	V	R	E
I	V	**R**	A	I	E
G	A	**D**	O	U	E
R	E	**U**	S	S	I
A	L	**B**	U	M	S
T	O	**U**	T	O	U
I	L	**L**	I	C	O
O	M	**B**	R	E	S
N	A	**E**	V	U	S

Savez-vous que le yo-yo est un des plus vieux jeux du monde, avec la toupie ? On le connaît depuis plus de deux mille ans, sous différents noms. Lorsque les aristocrates français fuirent à Londres, pour sauver leur tête au moment de la Révolution, ils relancèrent la mode de ce jeu, que les Anglais nommaient *bandalore* et qui devint « l'émigrette », puisqu'il était pratiqué par nos nobles émigrés…
Le nom yo-yo, emprunté au tagalog, la langue des Philippines, sera commercialisé par un Américain, Donald Duncan, en 1930. Yoyoter c'est faire des mouvements de va-et-vient : au sens figuré, cela signifiera « perdre la tête, divaguer ». Le bulbe image le cerveau humain. On dit aussi « yoyoter de la cafetière » ou « de la touffe », cette dernière correspondant aux cheveux, donc à la tête.
N'allez pas imaginer des choses…

P. 231

Graines de chia

HYPOCALORIQUE

La graine de chia l'est, c'est triste. Chialez !

P. 232-233

CROISÉS 3D

P. 235

COUP DE FIL

BOUCANER

Ce verbe désignant une façon de fumer la viande a donné son nom au « boucanier », un aventurier qui partait jadis à la chasse au bœuf sauvage. Ce nom fut ensuite étendu aux pirates pratiquant la même activité pour se nourrir, notamment sur l'île de la Tortue, près d'Haïti.

P. 237

ÉVIDEMMENT

Le professeur enseigne probablement le latin. L'élève a inscrit DIX sur l'ardoise. En chiffres romains, D vaut 500 et IX correspond à 9, d'où la possibilité de lire 509, en chiffres, mais aussi la réponse correcte « dix », en lettres... Évidemment !

P. 238

SUDOKU-KU

7	1	3	4	5	2	9	6	8
4	5	6	3	9	8	2	1	7
8	9	2	1	7	6	4	3	5
1	3	4	8	2	9	5	7	6
2	8	7	6	3	5	1	4	9
9	6	5	7	4	1	8	2	3
6	2	8	9	1	7	3	5	4
3	7	1	5	8	4	6	9	2
5	4	9	2	6	3	7	8	1

P. 240

ANAGRAMMES

ESPADRILLE

1. Endetté. **2.** Soupiré. **3.** Pompier. **4.** Archive. **5.** Dangers. **6.** Recueil. **7.** Imposer. **8.** Lavande. **9.** Liberté. **10.** Embrumé.

L'anagramme est **PERSILLADE.**

P. 241

Amenez-y…

1. Boxe (Julien Clerc, *Lili voulait aller danser*). **2.** Infinies (Céline Dion, *Pour que tu m'aimes encore*). **3.** Poussière (Anggun, *La Neige au Sahara*). **4.** Rougir (Juliette Armanet, *Le Dernier Jour du disco*). **5.** Pouvoirs (Anaïs Delva dans « La Reine des neiges », *Libérée, délivrée*). **6.** Papillons (Frank Alamo, *Ma biche*).

P. 242-243

(M)OTS (F)LÉCHÉS

				■	F	■	O	■	A	■	P	■	A	■	S	■
				C	O	M	P	A	T	I	B	I	L	I	T	E
				■	R	A	T	I	O	N	■	S	I	C	A	V
				A	T	R	E	■	N	A	V	E	T	■	B	I
■	C	■	M	■	B	I	R	M	A	N	E	■	E	D	I	T
C	I	G	A	L	O	N	■	A	L	I	N	E	■	E	L	A
■	B	A	L	A	Y	E	U	R	■	M	A	P	U	T	O	■
B	O	N	I	T	A	■	T	I	R	E	L	I	R	E	■	L
■	U	S	■	E	R	M	I	T	E	S	■	L	E	S	T	E
F	L	E	U	R	D	E	L	I	S	■	F	O	E	T	U	S
■	E	R	R	A	■	M	E	E	T	I	N	G	■	E	T	E
E	T	■	E	L	L	E	■	E	R	S	■	U	V	E	E	■
■	T	E	■	I	I	■	A	T	E	L	I	E	R	■	U	V
H	E	M	A	T	O	L	O	G	I	E	S	■	A	B	R	I
■	■	P	R	E	■	E	R	I	N	■	E	P	I	E	■	S
G	A	L	A	■	S	T	I	L	T	O	N	S	■	R	I	A
■	B	U	L	O	T	■	S	B	■	E	G	I	D	E	S	■
T	O	M	■	C	O	N	T	E	N	I	R	■	I	T	O	N
■	L	E	U	■	P	U	E	R	I	L	I	T	E	■	L	E
P	I	■	R	E	S	I	S	T	E	■	N	O	U	G	A	T

P. 244

POT-POKER

Jack : un **A** pour SFUMATO (technique employée par Léonard de Vinci pour peindre *La Joconde*). Reine : un **E** pour FOOTEUX. River : un **I** pour FORTUIT. Chip : un **N** pour INFOUTU.

P. 245

TROIS PETITS CHATS

1-7. Chester. **5-9.** Terry. **8-13.** Rythme. **12-19.** Mémoires. **17-21.** Resto. **20-27.** Toulouse. **26-30.** Série.

P. 247

MOTOCROTTE

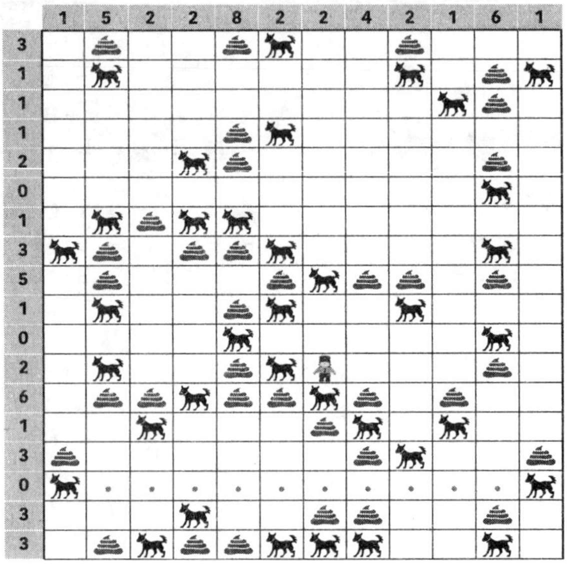

P. 248

TOMBEZ DANS LE PANNEAU

CHÂLONS-EN-CHAMPAGNE

Avec l'indication 123 km, il fallait relever les lettres 1, 2 et 3 de CHÂTEAUROUX (C, H, Â), puis, de façon identique, les lettres 1, 2, 3 et 4 de LONS-LE-SAUNIER (L, O, N, S), 2 et 3 de MENDE (E, N), 3 et 4 d'AUCH (C, H), 1 et 2 d'AMIENS (A, M), 1 et 2 de PAU (P, A), 5 de LIMOGES (G) et enfin 6 et 7 de SURESNES (N, E). En rassemblant tout dans l'ordre, vous disposiez des lettres de CHÂLONS-EN-CHAMPAGNE.

P. 249

Les enfants terribles

1. Lara Leuze. **2.** Alonso Resto. **3.** Laurent, Gina, Sara Fréchi. **4.** Alain d'Yssoire. **5.** Barbie Chette.

P. 250-251

LA TÊTE AU CA-CARRÉ

NUAIS 5 USAIN	GÉNIE 24 NEIGE	SUSTENTAI 7 ÉTATS-UNIS	ROUAIS 11 OURASI	DÎNÉ 18 INDE
ÉLIAIT 12 ITALIE	SEMIS 16 MESSI	INCITÂT 3 TITANIC	TEILLA 25 TAILLE	CALÉES 9 ESCALE
LANDIER 23 IRLANDE	PERTES 10 STREEP	JARDON 14 JORDAN	NAVRÉS 17 ANVERS	IBÈRE 1 BIÈRE
LOUÉS 19 SÉOUL	HANTÉES 2 ATHÈNES	RAVEL 21 LAVER	PORTS 8 SPORT	PANÉE 15 APNÉE
TÂTONNAI 6 NATATION	KYOTO 13 TOKYO	PÊCHER 20 PERCHE	ARRIMANT 4 TRIMARAN	GÉRANT 22 ARGENT

B	A	T	T	U
1	2	3	4	5

N	E
6	7

S	E
8	9

S	O	I	T
10	11	12	13

J	A	M	A	I	S
14	15	16	17	18	19

P	L	A	I	N	T
20	21	22	23	24	25

P. 253

7 HORREURS

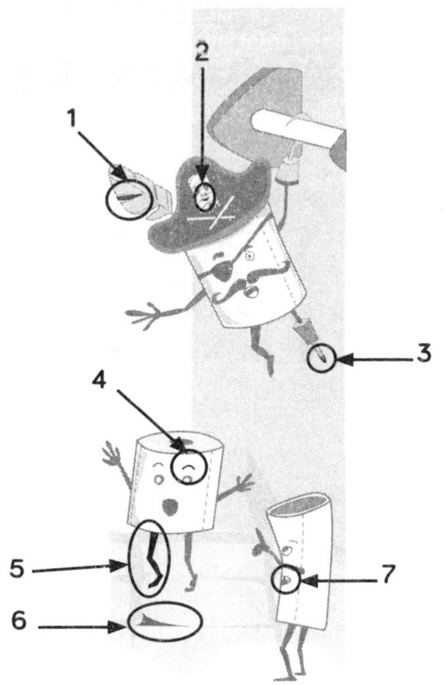

P. 254

Les pets de dames au clebs

Madame Bichon pète 2 fois et son cocker 12 ; madame Cocker vesse 8 fois et son épagneul aucune ; madame Épagneul se lâche 10 fois et son bichon 1.

P. 255

LES MUTANTS

1. *La nuit je mens* (chanson d'Alain Bashung).
2. *Bal du moulin de la Galette* (tableau d'Auguste Renoir).
3. *Tant qu'il y aura des hommes* (film de Fred Zinnemann).

P. 256

MAYDAY, M'AIDER !

« La sortie de secours est à l'intérieur de nous-mêmes. »

P. 257

Le bon tuyau

	Z			D			B	
C	A	R	Q	U	E	F	O	U
	G			B			M	
	R			L			B	
P	E	R	P	I	G	N	A	N
	B			N			Y	

P. 258-259

GRANDES VACANCES

V	E	R	I	F	I	C	A	T	I	O	N	■	I	N	S	O	U	P	C	O	N	N	A	B	L	E
E	L	I	M	I	N	E	R	■	P	L	O	M	B	E	■	P	R	E	A	U	■	O	Z	■	I	L
N	A	V	A	L	■	C	A	S	E	E	■	I	S	O	L	E	■	A	D	D	I	T	I	F	S	■
I	■	A	G	O	N	I	S	E	■	A	E	R	E	■	I	N	D	U	E	■	V	E	L	U	E	S
M	A	G	I	N	O	T	■	P	I	G	M	E	N	T	E	■	E	X	T	R	A	■	I	N	R	I
E	D	E	N	■	M	E	T	T	R	I	E	Z	■	R	U	G	I	■	T	I	N	T	E	■	E	N
U	I	■	E	T	A	■	H	U	A	N	T	■	F	A	D	E	T	T	E	S	■	O	N	C	■	G
S	P	A	R	A	D	R	A	P	■	E	T	R	E	C	I	■	E	U	■	T	A	N	■	E	V	E
E	O	N	■	M	E	I	L	L	E	U	R	E	■	T	T	C	■	B	R	O	U	E	T	T	E	■
■	C	E	D	A	■	B	L	E	S	S	A	N	T	E	■	E	P	E	A	U	T	R	E	■	L	I
S	Y	■	O	R	A	L	E	■	T	E	■	D	O	U	B	L	E	R	■	R	U	■	L	I	O	N
U	T	E	R	I	N	E	■	I	O	■	A	I	T	R	E	S	■	C	A	N	N	I	E	R	■	V
D	E	G	E	N	E	R	E	S	C	E	N	T	E	■	R	I	D	U	L	E	■	O	V	I	D	E
O	■	O	E	I	L	■	T	S	A	R	S	■	M	I	■	U	E	L	E	■	E	D	I	S	O	N
R	E	R	■	E	S	T	R	A	D	E	■	F	I	L	A	S	■	O	S	I	R	I	S	■	R	G
A	L	G	E	R	■	H	I	■	E	B	R	A	S	E	R	■	O	S	E	R	■	S	E	I	M	E
L	I	E	D	■	P	A	P	A	■	U	N	I	M	O	D	A	L	E	■	M	O	M	E	R	I	E
■	T	R	O	I	S	I	E	M	E	S	■	M	E	N	U	R	E	■	F	A	N	E	■	E	R	S

P. 260

ESCALETTRES

↓	LES
+F	SELF
+U	FUELS
+I	ELUSIF
+R	FLEURIS
+I	FUSILIER
+B	LUBRIFIES
+T	FLIBUSTIER

P. 261

CALCULS DURS, HEIN !

Première approche (930 + 3) :
4 × 25 = 100 ; 100 − 7 = 93 ; 2 + 8 = 10 ; 93 × 10 = 930
et 930 + 3 = 933.

Seconde approche (311 × 3) :
2 + 4 = 6 ; 6 × 7 = 42 ; 42 × 8 = 336 ; 336 - 25 = 311 et 311 × 3 = 933.
L'ordre dans lequel vous effectuez les multiplications 6 × 7 × 8, pour obtenir 336, ne constitue pas une autre approche ; c'est la même méthode.

P. 263

SUDOKU-KU

1	4	6	7	8	5	2	3	9
2	3	5	1	6	9	7	4	8
9	7	8	2	4	3	6	5	1
4	6	2	8	9	7	5	1	3
7	8	9	5	3	1	4	6	2
3	5	1	4	2	6	8	9	7
5	9	3	6	7	8	1	2	4
6	2	7	9	1	4	3	8	5
8	1	4	3	5	2	9	7	6

P. 264

BONUS

ACIDURIE

Outre le A initial et le E final bien placés, le mot cherché contient deux I qui ne peuvent être qu'aux places 3 et 7, puisqu'ils sont mal placés partout ailleurs. Pour le C, seule la 2e place est autorisée. Vous avez ainsi ACI***IE, à compléter avec R, D, U et quelques contraintes sur ces trois lettres. L'acidurie désigne la présence d'acides dans l'urine. Autant le préciser, car l'anurie ne désigne pas la présence d'ânes dans les urines, pas plus que celle de sang dans lesdites eaux jaunes ne serait la seigneurie.

P. 265

TAPIS C

3 pièces noires

Tapis A (en doublant tout, et en enlevant 6 noires de chaque côté) :
4 pièces trouées = 4 blanches - 6 noires. En ramenant à la valeur de 4 trouées sur le tapis B : 4 blanches - 6 noires = 3 noires + 1 blanche.

D'où, en ôtant 1 blanche et en ajoutant 6 noires de chaque côté de l'égalité précédente, 3 blanches = 9 noires.
Par conséquent, 1 pièce blanche vaut autant que 3 pièces noires, en divisant le résultat obtenu par 3.

P. 266-267

(M)OTS (F)LÉCHÉS

	P		E		J		L		A		E		T		T	
B	R	O	N	Z	A	G	E		B	A	R	N	A	C	H	E
	I	N	D	E	B	O	U	L	O	N	N	A	B	L	E	S
U	S	A	I	N		T	R	A	I	T	E		A	A	R	
	O	G	M		K	O	R	A		A	S	O	C	I	A	L
E	N	R	A	C	I	N	E	M	E	N	T	S		E	P	I
	N	E	N	E	T	S						C	D		I	S
P	I		C	L	E						D	I	O	D	E	S
	E	P	H	E	S	E						L	U	E		E
C	R	I	E		U	X					G	L	A	C	E	R
		M	E	T	R	E		F		P		A	L	E	N	E
I	D	E		A	F	G	H	A	N	I	S	T	A	N		N
	I	N	T	I		E	I	N	A	U	D	I		N	I	T
S	A	T	A	N	I	S	T	E	S		F	O	C	A	L	
	P	S	Y		G	E		S	A	V		N	U	L	L	E
G	O		A	I	N	S	I		L	A	S	S	I		E	T
	R	O	U	L	E		U	S	E	R	A		R	O	T	A
P	A	R	T	I	E	L	L	E		I	L	I		B	T	P
	M	A		O	S	I	E	R	I	C	U	L	T	U	R	E
T	A	L	O	N		A	S	T	R	E	E		A	S	E	S

P. 269

EN MER, DENTS

Tous les matins du monde :

toux - lemme - math - indue - mont - deux.
Dans ce film d'Alain Corneau, Gérard Depardieu et Jean-Pierre Marielle observent un jeune homme qui urine et ils dissertent sur le « chromatisme » du bruit de son pipi.

P. 270

LES ENFANTS TERRIBLES

1. Robbie Nédochode. **2.** Guy Tare et Maguy Tare. **3.** Kelly Diotte.
4. Malo Fesse. **5.** Laure Loge.

P. 271

BOUCHE-TROUS

1. Martyr. **2.** Amaryllis. **3.** Marmelade. **4.** Contrebandières. **5.** Traquenard (braquemart s'écrit avec un t). **6.** Antidreyfusard.

P. 272

LOGICO

9

La somme de tous les chiffres inscrits à un même endroit, dans les quatre fleurs, est toujours égale à 20.
Pétale en haut à gauche : 1 + 6 + 9 + 4 = 20.
Pétale en haut à droite : 7 + 8 + 2 + 3 = 20.
Cœur de la fleur : 5 + 6 + 3 + 6 = 20.
Pétale en bas à gauche : 8 + 5 + 5 + 2 = 20.
Dans le pétale en bas à droite, nous avons pour l'instant : 2 + 3 + 6 = 11. Il manque donc un 9 en bas à droite, afin que 11 + 9 = 20.

P. 273

GLOBE-CROTTEUR

1. « Missä on vessa ? » « Mitä kuuluu ? » signifie « Comment ça va ? » et « Saanka laskun ? » permet de demander l'addition, pas la mixtion.
2. « Elnézést (s'il vous plaît), hol van a mosdó ? » Les autres formules souhaitent « Bonjour » ou « Joyeuses fêtes ».
3. Hawaii. L'alphabet local ne compte que cinq voyelles, plus H, K, L, M, N, P et W. Dieu seul sait ce que vous demanderez en changeant ne serait-ce qu'une consonne…

P. 274

Pipiramidal

628

277 351

106 171 180

37 69 102 78

17 20 49 53 25

10 7 13 36 17 8

P. 275

LE CHICHSTRAC

ROULEAU

P. 276

ALPHAKU-KU

On lit **THÉO CURIN** sur la première ligne. Ce nageur handisport est également conférencier et mannequin.

T	H	E	O	C	U	R	I	N
U	N	O	I	T	R	C	E	H
I	C	R	H	N	E	U	O	T
R	O	I	N	U	T	E	H	C
E	U	C	R	H	O	T	N	I
H	T	N	E	I	C	O	R	U
O	I	T	C	R	N	H	U	E
C	E	H	U	O	I	N	T	R
N	R	U	T	E	H	I	C	O

P. 278-279

LA TÊTE AU CA-CARRÉ

EMPÂTE (9) ÉTAMPE	FRÊNE (5) ENFER	NOIR (21) IRON	EFFILÉ (12) EIFFEL	HAUT (18) UTAH
VACHER (11) VARECH	CRAIE (17) ACIER	PEINARD (8) ÉPINARD	SCONE (4) NOCES	PARESSER (25) REPASSER
MEURON (3) NUMÉRO	LACERIES (24) ESCALIER	SURS (15) URSS	SQUAME (16) MASQUE	PRIÈRE (7) PIERRE
RÉGALÈRENT (20) ANGLETERRE	PIÉTÉES (6) ÉPÉISTE	ORGANE (2) ORANGE	FRITTÉES (23) FRISETTE	DRU (14) DUR
BASTOS (22) SABOTS	ACARIENS (13) CANARIES	SURVOLE (19) VELOURS	IMANAT (10) AIMANT	ÉTABLI (1) BÉTAIL

B	O	N	N	E
1	2	3	4	5

E	P	E	E
6	7	8	9

A	V	E	C
10	11	12	13

D	U
14	15

M	A	U	V	A	I	S
16	17	18	19	20	21	22

F	E	R
23	24	25

P. 280

ÉVIDEMMENT

Même si l'avis de décès est loufoque, rien n'est totalement impossible, ni l'invention, ni l'existence de ce modèle de Ford, ni l'adresse, ni les volontés du défunt. En revanche, en 1925, il était impossible de parler de « Première Guerre mondiale », puisque la seconde n'avait pas encore commencé. On parlait alors de Grande Guerre ou de Guerre mondiale, voire de « Der des Ders » en souhaitant qu'elle le fût, mais jamais l'adjectif « Première » n'était utilisé, morbleu !

P. 281

C'est gâchis

Toutes les couronnes vont par 6, sauf celle-ci qui apparaît 7 fois.

P. 283

SPHINX TER

POUSSER :

pousser au cul, pousser à la roue, pousser au crime, pousser à bout, pousser un soupir, pousser le bouchon un peu loin.

P. 284

LA SUITE

ON

L'énoncé cite quatre départements (Orne, Creuse, Vienne, Lot) et le cachet de la Poste peut vous mettre sur la voie des codes postaux. L'Ain (01) se termine par IN, l'Aisne (02) par NE, l'Allier (03) par ER. On poursuit avec les deux dernières lettres des Alpes-de-Haute-Provence (04), Hautes-Alpes (05), Alpes-Maritimes (06), Ardèche (07), Ardennes (08), Ariège (09), Aube (10) et Aude (11). Le département portant le numéro 12 est l'Aveyron, d'où la réponse ON.

P. 285

CROISILLONS OOP

	6		7			9		10
1	P	A	N	O	R	A	M	A
	R		E			I		N
2	O	R	P	H	E	L	I	N
	S		O		8	L		U
3	T	A	T	O	U	A	G	E
	I		I		M			L
	T	4	S	O	L	E	I	L
	U		M		A			E
5	E	X	E	C	U	T	E	S
	E				T			

P. 286

BASIQUE INSTINCT

Si vous pensez avoir trouvé une autre solution, vérifiez que vous n'avez pas deux lignes (ou deux colonnes) rigoureusement identiques, ce qui est interdit.

1	0	1	1	0	0	1	0
0	1	0	0	1	1	0	1
0	1	1	0	0	1	1	0
1	0	0	1	1	0	0	1
1	1	0	0	1	0	1	0
0	1	1	0	0	1	0	1
0	0	1	1	0	1	0	1
1	0	0	1	1	0	1	0

Les lettres correspondant aux 0 complétaient la citation avec « manie des auteurs de tenir à leur texte ». Nous vous laissons découvrir la citation inventée si vous avez choisi les 1.

P. 288-289

(M)OTS (F)LÉCHÉS

	M		G		I		A		M		E					
R	A	J	E	U	N	I	S	S	A	N	T	E				
	C	O	N	S	U	L	T	A	T	I	O	N				
G	A	L	E		T	E	R		E	D	I	T				
	R	I	V	A	I		O	U	R		L	E		L		H
D	E		E	G	L	A	N	T	I	N	E		F	A	D	E
	N	O		G	E	N	A		E	U		C	E	D	E	R
B	A	B	E	L		C	U	I	L	L	E	R	E		R	I
		E	R	U	D	I	T	E		L	U	I	S	A	N	T
B	A	L		T	U	E	E		P	E	L	E		P	I	E
	M	I	N	I	O	N		A	I	S	E		I	P	E	
T	E	X	A	N		N	A	G	E		R	E	P	E	R	E
	R		P	E	D	E	G	E	R	E		P	A	L		V
P	I	L	O	S	I	T	E		R	A	T	O	N		I	I
	C	I	L		S	E	N	T	E	U	R		E	C	O	T
W	A	T	E	R	S		D	O		X	I	E	M	E		E
	I	R	O	N	I	S	A	N	T		P	L	A	N	T	E
G	N	O	N		P	O		D	R	O	L	E		T	A	
	E	N		V	E	N	D	U		R	E	V	E	R	I	E
A	S	S	I	S	E		R	E	E	L		E	V	E	N	T

P. 290

LA CIBLE

En lisant une lettre sur cinq, dans le sens inverse des aiguilles d'une montre : « Dieu a créé l'homme. Et ensuite, pour le **remercier, l'homme a créé Dieu.** »

P. 291

Graines de chia

MACHIAVÉLIQUE

Comme le Prince (pas vraiment charmant) quand il n'a pas eu ses graines de chia au petit-déj.

P. 292

SUDOKU-KU

8	6	5	2	7	4	9	1	3
7	9	2	5	3	1	6	8	4
1	4	3	9	8	6	7	2	5
6	5	1	4	9	7	8	3	2
4	2	7	8	6	3	5	9	1
9	3	8	1	2	5	4	6	7
3	1	4	6	5	9	2	7	8
5	8	9	7	1	2	3	4	6
2	7	6	3	4	8	1	5	9

P. 294

Amenez-y...

1. Boa (Annie Cordy, *Tata Yoyo*). **2.** Larme (Eddy de Pretto, *Kid*). **3.** Vent (Mylène Farmer, *Libertine*). **4.** Fauteuils (Pierre Bachelet, *Vingt Ans*). **5.** Adolescentes (BB Brunes, *Dis-moi*). **6.** Enrubannes (Lara Fabian et Maurane, *Tu es mon autre*).

P. 295

CRYPTOGRAMME

« Il suffit d'un gramme de merde pour gâcher un kilo de caviar. Un gramme de caviar n'améliore en rien un kilo de merde. »

P. 296-297

FLÉCHÉS CROISÉS

L	I	L	L	E		A	S	T	A	R	I	S	B	O	R	N
O	L	E	A	G	I	N	E	U	X		C	O	U	L	E	E
U	L	T	R	A	F	I	N		O	V	I	D	I	E	N	S
C	E	T	O	L		S	T	E	L	E		A	S		O	S
H		R	U	E	E		E	C	O	T	E		S	E	N	
E	L	E	E		M	I	N	O	T		B	R	O	N	C	A
R	A		T	R	O	N	C		L	O	R	E	N		E	M
B	A	G	O	U	T		E	S		B	E		N	A		A
E	M	O	U		I	N	S	T	R	U	C	T	E	U	R	S
M		G	R	E	V	E		R	I	S	H	I		C	A	S
	T	U	N	N	E	L	I	E	R		E	C	L	U	S	E
G	R	E	E	N		O	C	T	A	V	E		O	N	C	
B	A	N		U	L	M		T	I	R		I	D	E	A	L
	M	A	N	I	A	B	L	E		A	I	R	E		S	I
P	E	R	I		C	O	I		D	I	V	I	N	I	S	E
O	E	D	E	M	E		T	O	U	E	E	S		L	E	U

P. 298

CA-CARRÉ MAGIQUE

9	11	23	2	20
3	17	10	14	21
15	24	1	18	7
16	8	12	25	4
22	5	19	6	13

La diagonale du 22 au 20 (total 51) impose le 14 (65 - 51) à droite du 10, puis 65 - (3 + 17 + 10 + 14) = 65 - 44 = 21 sous le 20.
Sur la dernière ligne, 22 + 19 + 6 = 47. Pour atteindre 65, il manque 18, que l'on ne peut atteindre que par 2 + 16 ou 5 + 13, avec les chiffres restants. On exclut 2 en deuxième colonne, car il faudrait alors 27

pour la compléter. Si l'on place 13 entre 22 et 19, il faut alors
$65 - (11 + 17 + 8 + 13) = 65 - 49 = 16$ sous le 17,
puis $65 - (15 + 16 + 1 + 18) = 65 - 50 = 15$ en bout de troisième ligne, ce qui est impossible puisque le 15 figure à l'autre bout. Idem avec 16 entre 22 et 19, il faudrait $65 - (11 + 17 + 8 + 16) = 65 - 52 = 13$ sous le 17, puis $65 - (15 + 13 + 1 + 18) = 65 - 47 = 18$ en bout de troisième ligne, or ce 18 figure déjà sur la ligne. Le nombre entre 22 et 19 est par conséquent le 5. Continuez ainsi jusqu'au remplissage total de la grille.

P. 299

Le bon tuyau

	N			S			R	
T	O	N	Q	U	E	D	E	C
	U			I			N	
	M			S			N	
J	E	R	U	S	A	L	E	M
	A			E			S	

Guillaume de Tonquédec est un descendant de la noble famille qui posséda le château de Tonquédec, près de Lannion, en Bretagne.

P. 300-301

Clés en main

CRADINGUE, en partant de la première clé en bas à droite et en tournant dans le sens inverse des aiguilles d'une montre. Après un long séjour en mer, le pirate s'inspire de ce qu'il voit et sent autour de lui, pour le mot de passe du coffre.

P. 302

TROIS PETITS CHATS

1-4. Nala. **3-7.** Laper. **5-12.** Perrault. **10-17.** Ultrason. **15-19.** Sonic. **18-22.** Icône. **21-28.** Nekomimi. **26-30.** Imite.

P. 304

TOMBEZ DANS LE PANNEAU

SAINT-LAURENT-DU-MARONI

Le principe est un peu le même que page 248, mais on relève des lettres à des rangs séparés (pas forcément consécutifs) et en comptant ces lettres à partir de la fin, lorsque la flèche du panneau indicateur est dirigée vers la gauche.
Ainsi, prenons les lettres 7, 6 et 4 de MARIPASOULA (S, A, I), 8, 6 et 1 de LAMENTIN (N, T, L), 1 et 4 de NOUMÉA en partant de la fin (A, U), 4, 5, 2 et 3 d'ENTRE-DEUX (R, E, N, T), 4, 1 et 9 de MAMOUDZOU en partant de la fin (D, U, M), 3 de FAAA en partant de la fin (A), 4 et 2 de KOUROU (R, O) et enfin 6 et 2 de PUNAAUIA en partant de la fin (N, I). Rassemblez ces lettres pour trouver SAINT-LAURENT-DU-MARONI, deuxième commune la plus peuplée de Guyane après Cayenne.

P. 305

ROSACE

P. 306-307

(M)OTS (F)LÉCHÉS

■	C	■	A	■	B	■	R	■	L	■	A	■				
H	Y	D	R	A	U	L	I	C	I	E	N	S				
■	C	A	I	L	L	E	B	O	T	T	E	E				
A	L	H	A	M	B	R	A	■	T	I	E	N				
■	I	A	■	A	I	N	T	R	E	E	■	E	■	E	■	V
I	S	B	A	■	C	E	■	A	R	R	O	G	A	N	C	E
■	M	I	N	O	U	■	C	I	A	■	R	A	M	E	U	X
Z	E	E	■	C	L	I	O	■	L	A	N	L	A	I	R	E
■	■	H	E	C	T	O	P	I	E	Z	E	■	I	D	E	■
L	A	S	S	I	E	■	I	N	■	T	E	N	G	E	■	M
■	L	■	S	T	U	P	E	F	I	E	■	U	R	■	U	I
C	O	Q	U	A	R	T	■	L	A	Q	U	A	I	E	N	T
■	P	A	I	N	■	O	R	E	M	U	S	■	S	P	I	C
F	E	T	E	■	F	L	I	C	■	E	U	S	S	E	■	H
■	C	A	S	T	E	E	■	H	A	■	R	U	E	L	L	E
A	I	R	■	A	R	M	A	I	L	L	I	■	M	A	I	L
■	Q	I	N	G	■	E	U	■	T	I	E	D	E	■	B	L
D	U	■	A	G	N	E	L	A	■	G	R	O	N	D	E	■
■	E	N	J	E	U	■	N	I	V	E	■	S	T	O	R	E
I	S	R	A	E	L	I	E	N	S	■	V	E	S	T	O	N

P. 308

LE PENDU

CROSSCOUNTRY

De nouveaux râleurs, n'ayant pas effacé les obstacles de cette course à pied, arguent que c'est un mot composé : cross-country. Ça le fut, mais la stupide réforme orthographique permet désormais de tout « concaténer », un mot qui se termine par « caténer ». Na !

P. 309

7 HORREURS

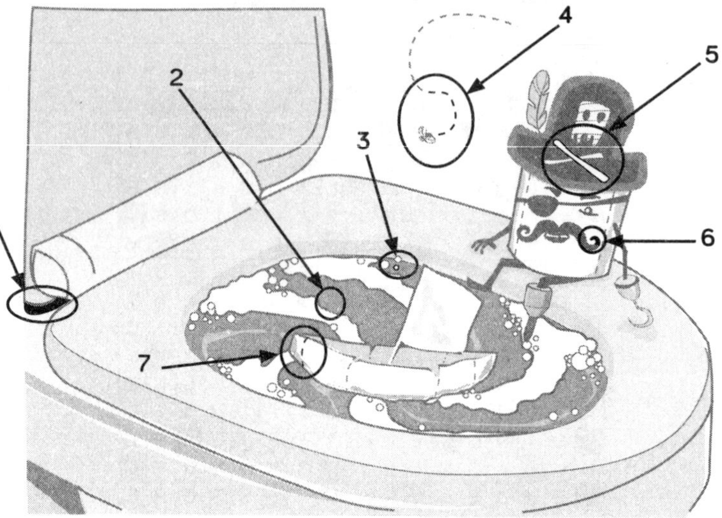

P. 311

LES MUTANTS

1. *Les Roseaux sauvages* (film d'André Téchiné).
2. *Le Cri* (tableau d'Edvard Munch).
3. *La Groupie du pianiste* (chanson de Michel Berger).

P. 312

POT-POKER

Jack : un **S** pour SMOKING. Reine : un **E** pour LIMOGER. River : un **R** pour FROMEGI. Chip : un **N** pour MOIGNON.

P. 313

BONUS

ÉNURÉSIE

Vous aviez les lettres à ajouter au E initial: U, R, E, E, N, I et S, dans l'ordre d'apparition. Aucun mot ne peut commencer par EE, donc les E seront en 5e et 8e position, seules possibilités. Le début EI est lui aussi hautement improbable, imposant une structure E***E*IE, avec un U en 4e ou 7e position (cette dernière option donnant une finale EUIE n'existant que dans « bleuie »), d'où E*U*E*IE, où le R ne sera pas en 6e position. Seule la solution ÉNURÉSIE convient. Ce mot désigne l'incontinence : l'enfant énurétique fait pipi au lit.

P. 314

ALPHABÊTE

1. Vache (V, H). **2.** Jabiru, un oiseau échassier (J, I). **3.** Mouflon (M, F, L). **4.** Kangourou (K, G, R, O, U). **5.** Quetzal, un oiseau du Mexique (Q, Z). **6.** Wallaby, un autre kangourou, mais de plus petite taille (W, B, Y). **7.** Perdrix (P, D, X). **8.** Dauphin (A, N). **9.** Caniche (C, E). **10.** Suricate, une mangouste surnommée « sentinelle du désert », car elle est toujours sur ses gardes, dressée sur ses pattes arrière (S, T).
À défaut de langouste, vous aviez du KANGOUROU et de la mangouste !

P. 316-317

LA TÊTE AU CA-CARRÉ

DEALER 17 LEADER	SINUE 9 USINE	VERMEILLES 11 MERVEILLES	TALAIT 3 ATTILA	POT 25 TOP
DÎNER 13 INDRE	DÉCORNAS 5 ESCADRON	LEVÂT 22 VATEL	RÉGENTS 19 SERGENT	PRISEURS 6 SURPRISE
ROTIN 24 NIORT	LIAIENT 16 ITALIEN	MARÉES 8 ARMÉES	FOIS 15 SOIF	OVULER 2 LOUVRE
BRUITS 10 TRIBUS	TORCHÈRES 12 ORCHESTRE	INCISURE 4 CUISINER	ORNE 21 RENO	MÂCHES 18 SACHEM
TARPON 1 PATRON	TÂTE 23 ÉTAT	SEIGLE 20 ÉGLISE	UTAH 7 HAUT	PLANE 14 NÉPAL

P	L	A	C	E	S
1	2	3	4	5	6

H	A	U	T
7	8	9	10

M	O	I	N	S
11	12	13	14	15

I	L	S
16	17	18

S	E	R	V	E	N	T
19	20	21	22	23	24	25

P. 318

CALCULS DURS, HEIN !

6 × 8 = 48 ; 7 × 9 = 63 ; 48 + 63 = 111 ; 4 + 5 = 9 et 111 × 9 = 999.
Si vous avez cherché 1 000, impossible d'aboutir...

P. 319

ANAGRAMMES

PYROSCAPHE

1. Alcôves. **2.** Piloter. **3.** Ombrage. **4.** Cloîtré. **5.** Remuage. **6.** Yourtes. **7.** Paroles. **8.** Hirsute. **9.** Enrichi. **10.** Surface.

L'anagramme complétant la phrase est **APOCRYPHES.**

Le pyroscaphe est le nom du premier bateau à vapeur (1783) et « apocryphe » signifie « d'une authenticité douteuse ».

P. 320

BOUCHE-TROUS

1. Cheverny. **2.** Abracadabrant. **3.** Abasourdissant. **4.** Obligatoirement. **5.** Protubérants. **6.** Robespierristes.

P. 322

SANDWICH

« Chier une pendule. »

S	A	**C**	H	E	M
E	C	**H**	A	R	S
M	O	**I**	T	I	E
E	P	**E**	R	D	U
T	A	**R**	P	O	N
T	A	**U**	D	E	R
R	E	**N**	T	E	R
E	L	**E**	G	I	R
E	M	**P**	A	M	S
N	O	**E**	M	E	S
R	A	**N**	C	I	O
O	N	**D**	U	L	E
G	O	**U**	L	E	S
N	Y	**L**	O	N	S
E	X	**E**	M	P	T

« Qui avale tout rond une noix de coco fait confiance à son anus », mais pourquoi dévorer une pendule entière ? L'expression naît du mélange de deux autres : « faire chier » et « en faire une pendule ». Si la première est claire, la seconde renvoie au côté répétitif du balancier et à son tic-tac agaçant, comme le sont les pinaillages de celui qui revient sans cesse sur les mêmes détails et répète ses arguments à l'infini. Il fait d'un sujet mineur « une pendule ». L'argot aime « en faire des caisses » et a remplacé le « en faire » par « chier », pour accroître la force et la vulgarité de l'expression. Vous n'allez pas nous en chier une comtoise ?

P. 323

EN MER, DENTS

Capitaine Superslip :

cape - hit - haine - sue - perce - lippe.

Monsieur Chonchon, sur un claquement de doigts, se déshabille et ne porte plus qu'un slip blanc et une cape rouge de super-héros. Ce film d'animation de 2017, réalisé par David Soren, se termine sur l'attaque de la Terre par des toilettes géantes.

P. 324

SUDOKU-KU

4	8	9	1	7	5	2	6	3
2	1	6	8	9	3	4	5	7
7	3	5	6	2	4	8	9	1
9	5	3	2	6	1	7	8	4
8	6	4	5	3	7	1	2	9
1	7	2	4	8	9	5	3	6
6	2	7	9	1	8	3	4	5
5	9	1	3	4	2	6	7	8
3	4	8	7	5	6	9	1	2

P. 325

GLOBE-CROTTEUR

1. Un Zoulou. Le Sioux demande simplement « Sioux, les toilettes ? »
2. En France. C'est du breton !
3. « Gdzie jest toaleta ? » *Malutka kapusta* signifie « petit chou » et *przyterminowana kanapka* est un sandwich périmé, deux choses qui peuvent vous inciter à savoir demander l'emplacement des toilettes.

P. 326-327

L'éToilette

Avec les lettres grisées, on forme ARCHITECTE.

P. 328

Les pets de dames au clebs

Madame Bichon pète 14 fois et son cocker 9 ; madame Cocker vesse 5 fois et son épagneul 21 ; madame Épagneul se lâche 17 fois et son bichon 15.

P. 329

CROISILLONS OOP

	6		7			9		10
1	O	R	E	I	L	L	E	S
	R		P			I		O
2	F	O	U	R	N	E	A	U
	E		I		8	G		B
3	V	I	S	I	T	E	U	R
	R		E		R			E
	E	4	T	R	E	N	E	T
	R		T		N			T
5	I	D	E	N	T	I	T	E
	E				E			

P. 330

MAYDAY, M'AIDER !

« Mieux vaut donner à un faux pauvre que refuser son assistance à un vrai. »

P. 332

ESCALETTRES

↓	R O T
+P	T R O P
+S	S P O R T
+I	P R O S I T
+E	R I P O S T E
+E	P O S T I E R E
+S	E S T R O P I E S
+I	P I S S O T I E R E

P. 334

BRIQUES

Jean Santeuil **– Marcel Proust**

Cet essai romanesque de jeunesse, autobiographique et inachevé, est une suite de feuillets, dont beaucoup ont directement inspiré *À la recherche du temps perdu.* N'oubliez pas le s à Proust.

D	J	E	M	B	E
R	E	P	A	R	U
M	A	G	R	E	T
K	N	A	C	K	S
O	S	S	E	U	X
B	A	L	L	O	T
I	N	A	P	T	E
U	T	E	R	U	S
S	E	J	O	U	R
G	U	E	U	L	E
P	I	N	S	O	N
E	L	Y	T	R	E

P. 335

LE CHICHSTRAC

VIOLON

P. 336-337

(M)OTS (F)LÉCHÉS

■	M	■	A	■	C	■	E	■	M	■	K	■	P	■	G	■
L	E	S	F	E	U	I	L	L	E	S	M	O	R	T	E	S
■	C	O	F	F	R	E	F	O	R	T	■	S	E	I	N	E
C	A	L	I	F	E	■	E	U	■	A	D	A	P	T	E	R
■	N	A	N	A	■	P	S	E	U	D	O	■	A	R	T	E
D	I	R	E	C	T	E	■	E	V	E	N	T	R	E	■	N
■	S	I	■	E	O	N						■	R	A	S	T	A
C	A	S	E	R	N	E						J	E	T	■	A	D
■	T	E	S	■	S	T						■	M	I	G	R	E
P	I	■	S	A	U	R						S	P	O	R	T	S
■	O	B	E	I	R	A	■	C	■	A	■	E	N	E	E	■
A	N	E	■	M	E	N	S	O	N	G	E	R	■	C	L	E
■	■	R	I	A	■	T	O	N	I	E	S	■	R	E	E	R
T	A	L	O	N	N	E	T	T	E	■	S	O	I	■	T	R
■	P	I	N	T	E	■	T	E	R	N	E	S	■	I	T	E
F	A	N	E	■	O	B	I	S	■	U	N	I	S	S	E	■
■	C	O	S	A	N	O	S	T	R	A	■	R	U	S	S	E
C	H	I	C	S	■	L	I	A	I	■	D	I	E	U	■	P
■	E	S	O	P	E	■	E	N	V	I	E	E	■	E	P	I
U	S	E	■	I	N	E	R	T	E	S	■	N	A	S	S	E

P. 339

SPHINX TER

ROBE :

robe d'avocat, la robe d'un cheval (la couleur de ses poils), garde-robe, noblesse de robe (tous ceux qui, sous l'Ancien Régime, occupaient des fonctions gouvernementales, notamment dans la justice et la finance), robe de chambre, la robe d'un vin (sa couleur, son aspect extérieur).

P. 340-341

QUI FAIT QUOI ?

ÉLÉGANTES	CUIRS	COULEURS	PRIX
HERMINE AUDIER	CHEVREAU	ROSE	400€
LOU KVALIDÉ	VACHETTE	BLEU	500€
NICOLE CHIQUE	PÉCARI	ROUGE	600€
RAPHIE NEUMAN	AGNEAU	ORANGE	300€
SOIZIC ONIK	GALUCHAT	VIOLET	700€

P. 343

TAPIS C

9 pièces blanches

Doublons le tapis A : 10 pièces blanches = 2 trouées + 2 noires, donc 2 noires = 10 blanches – 2 trouées (tapis A), mais aussi 1 trouée + 1 blanche (tapis B). Par conséquent, 10 blanches – 2 trouées = 1 trouée + 1 blanche, soit 9 blanches = 3 trouées en ajoutant 2 trouées et en enlevant 1 blanche de chaque côté.

P. 344

Graines de chia

MATHÉMATICIEN

Ce type ne vous calcule même pas, en général.

P. 345

LOGICO

S

Adoptez toujours le même sens de lecture : pied gauche (à droite, donc), main droite, pied droit, main gauche, tête, puis passez au bonhomme suivant.

Bonhomme 1 : O, F, F, I, C.
Bonhomme 2 : I, E, L, D, E.
Bonhomme 3 : S, T, O, I, L.
Bonhomme 4 : E, T, T, E, ?
Il ne manque qu'un S final pour écrire OFFICIEL DES TOILETTES.

P. 346-347

CROISÉS 3D

P. 348

Le bon tuyau

	B			H			B	
T	R	E	G	A	S	T	E	L
	A			R			R	
	S			A			L	
M	O	N	T	R	E	U	I	L
	V			E			N	

P. 349

BASIQUE INSTINCT

Si vous pensez avoir trouvé une autre solution, vérifiez que vous n'avez pas deux lignes (ou deux colonnes) rigoureusement identiques, ce qui est interdit.

1	0	1	1	0	1	0	0
0	1	0	1	0	1	0	1
0	0	1	0	1	0	1	1
1	1	0	0	1	1	0	0
1	0	1	1	0	0	1	0
0	1	1	0	0	1	0	1
1	0	0	1	1	0	1	0
0	1	0	0	1	0	1	1

Les lettres correspondant aux 1 complétaient la citation avec « hygiénique, on en tire un, il en vient dix ». Nous vous laissons découvrir la citation inventée si vous avez choisi les 0.

P. 350

ÉVIDEMMENT

Au « Gros N » land... Évidemment !

P. 351

C'est gâchis

Toutes les paires de chaussures vont par 5, sauf celle-ci qui apparaît 6 fois.

P. 352

COUP DE FIL

MATHURIN

En argot, c'est un synonyme de « matelot », mais aussi l'argot lui-même des marins, qui « parlent mathurin ». C'est saint Mathurin, à l'origine, qui a donné son nom à un ordre de moines se vouant à la Rédemption des captifs. Ces Trinitaires participaient, lors de leurs longs voyages en mer, à la vie des matelots qui en ont adopté le saint patron, la fête et le surnom.

P. 354-355

(M)OTS (F)LÉCHÉS

■	M	■	P	■	V	■	O	■	I	■	O	■	M	■	V	■
T	I	R	A	M	I	S	U	■	G	A	R	D	E	N	I	A
■	L	E	G	E	R	E	M	E	N	T	■	I	D	E	A	L
P	L	A	N	T	E	R	■	T	O	R	E	R	O	■	N	I
■	E	L	Y	T	R	E	S	■	R	E	V	E	R	A	N	T
U	N	I	■	R	A	N	I	M	E	■	E	C	■	N	E	E
■	E	S	S	E	■	I					■	T	O	N	Y	■
M	U	T	E	■	M	S					T	I	P	I	■	P
■	F	E	R	M	E	S					■	V	I	V	R	E
O	C	■	F	I	N	I					M	E	N	E	U	R
■	E	S	S	A	I	M	■	L	■	I	■	S	I	R	E	S
O	N	U	■	U	N	E	T	E	L	L	E	■	O	S	L	O
■	T	A	U	L	E	■	A	G	I	■	F	I	N	A	L	S
E	D	I	T	E	■	E	R	O	S	I	F	S	■	I	E	■
■	I	T	E	R	A	N	T	■	E	T	E	T	E	R	■	U
E	X	■	R	A	I	D	E	U	R	■	C	R	U	E	L	S
■	H	A	I	■	D	O	■	R	E	S	T	E	R	■	O	N
Q	U	I	N	T	■	R	M	I	■	T	I	S	O	N	N	E
■	I	N	■	R	A	M	E	■	B	O	F	■	P	I	G	E
S	T	E	R	I	L	I	S	E	E	■	S	T	E	L	E	S

P. 356

LA SUITE

D

S'il fallait bien « avancer », c'était à reculons. Lisez les lettres en commençant au point d'interrogation pour aller vers le X, vous trouverez : ?OUZETRAVAUX. La lettre manquante est par conséquent un D pour former les douze travaux d'Hercule. Avance, Hercule ! « Fais pas le poireau », aurait ajouté Agatha Christie.

P. 357

EN MER, DENTS

Souviens-toi... l'été dernier :

sou - vie - hun - toilettes - aidèrent - niais.

Le premier opus de cette série de trois films d'horreur est sorti en 1997.

P. 359

SUDOKU-KU

5	8	4	9	2	7	3	6	1
1	7	3	4	8	6	9	2	5
2	9	6	3	5	1	7	8	4
4	2	7	1	6	3	8	5	9
6	3	1	8	9	5	2	4	7
9	5	8	2	7	4	1	3	6
8	1	2	5	4	9	6	7	3
3	6	5	7	1	2	4	9	8
7	4	9	6	3	8	5	1	2

P. 360

Amenez-y…

1. Reine (Corneille, *Parce qu'on vient de loin*). **2.** Cœur (Dalida, *Mourir sur scène*). **3.** Grasse (Axel Bauer, *Cargo*). **4.** Bourgeonnent (Fernandel, *Félicie aussi*). **5.** Communauté (Marie-Paule Belle, *La Parisienne*). **6.** Don (Léo Ferré, *Jolie Môme*).

P. 361

CRYPTOGRAMME

« Quand la merde vaudra de l'or, le cul des pauvres ne leur appartiendra plus. »

P. 362

TROIS PETITS CHATS

1-7. Félidés. **5-10.** Dessin. **8-13.** Singes. **9-17.** Ingestion. **16-19.** Once. **18-23.** Ceylan. **21-26.** Langue. **24-30.** Guépard.

P. 364-365

LA TÊTE AU CA-CARRÉ

ENDURA 23 RENAUD	CHANTERAIT 4 ANTHRACITE	DÉVALÉ 16 DÉLAVÉ	ORIN 10 NOIR	MALICE 12 LIMACE
STAMINAL 6 TALISMAN	LANDIER 15 IRLANDE	ÉLIAIT 22 ITALIE	ROCHERIONS 3 RHINOCÉROS	LES 19 SEL
RÉSIDUS 2 URSIDÉS	TERNE 18 ENTRE	SI CE N'EST 9 INSECTES	ROUSSI 11 SOURIS	OILLES 25 SOLEIL
OURSE 14 SŒUR	BROME 21 OMBRE	VIRE 5 IVRE	TIMORÉES 17 ÉROTISME	ORANGE 8 ONAGRE
UNIT 20 NUIT	MIEN 7 MINE	RÂLE 13 EARL	CENNES 24 ENCENS	DOSERAI 1 ARDOISE

A	U	R	A	I	T
1	2	3	4	5	6

M	O	I	N	S
7	8	9	10	11

L	E	S
12	13	14

I	D	E	E	S
15	16	17	18	19

N	O	I	R	E	S
20	21	22	23	24	25

P. 366

MOTOCROTTE

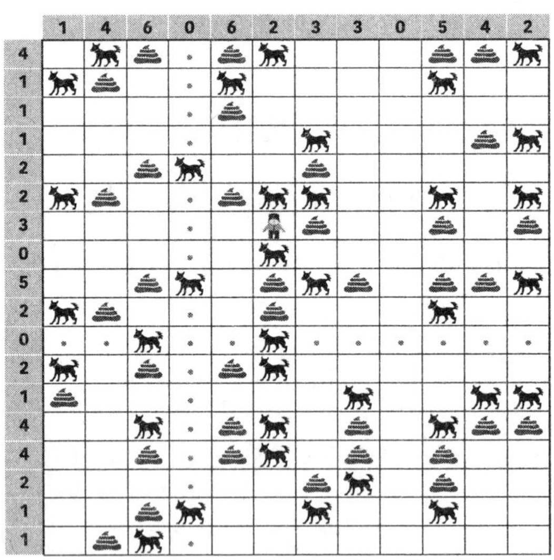

P. 367

TOMBEZ DANS LE PANNEAU

MULHOUSE / BAR-LE-DUC

Comme l'énoncé le précise, il y a des choix à faire : ou / ou, comme dans Toulouse.
Les lettres correspondant à chaque chiffre du kilométrage sont : M et B pour MONTAUBAN, A et U pour AUXERRE, R et L pour ORLÉANS, H et L pour CHOLET, O et E pour TROYES, D et U pour BORDEAUX, U et S pour TOULOUSE, et enfin C et E pour CAEN.
Écrivons ces lettres dans un tableau :

M	A	R	**H**	**O**	D	U	C
B	**U**	**L**	L	E	**U**	**S**	**E**

Cette bulleuse n'est pas un nom de ville. Les bons choix consistent à séparer les lettres formant MULHOUSE de celles de BAR-LE-DUC.

P. 368

Pipiramidal

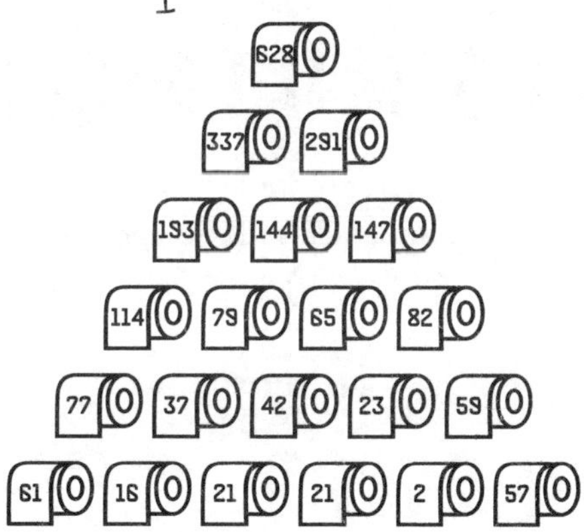

P. 370

Le Pendu

CHOLESTÉROL

Le bon n'est pas un ami pour autant.

P. 371

7 HORREURS

P. 372

LES MUTANTS

1. *La Vie en rose* (chanson d'Édith Piaf).
2. *Le Silence des agneaux* (film de Jonathan Demme).
3. *Zazie dans le métro* (roman de Raymond Queneau).

P. 373

Les enfants terribles

1. Nicole Niscotch. **2.** Jeanne Ultou. **3.** Épi Fanny (eh oui, il fallait prononcer le prénom après). **4.** Hillary Golé. **5.** Ella, Simon Stralamézon.

P. 374-375

(M)OTS (F)LÉCHÉS

■	A	■	E	■	B	■	H	■	A	■	B	■	A	■	V	■
C	L	A	S	S	I	F	I	C	A	T	I	O	N	■	E	G
■	L	I	T	T	O	R	A	L	■	E	C	H	E	L	L	E
M	I	M	E	R	■	A	T	I	E	K	E	■	M	I	L	O
■	G	E	R	A	N	I	U	M	S	■	P	E	I	N	E	■
D	A	■	E	P	I	■	S	S	■	A	S	S	E	O	I	R
■	T	A	L	O	N	S					■	T	E	■	T	O
B	O	N	■	N	I	E					C	H	■	P	E	U
■	R	A	F	T	■	V					■	E	D	O	■	G
E	S	C	R	I	M	E					O	T	A	R	I	E
■	■	H	U	N	E	S	■	E	■	O	■	I	P	E	C	A
P	A	R	I	■	R	O	R	S	C	H	A	C	H	■	I	T
■	B	O	T	T	E	■	A	S	P	I	R	I	N	E	■	R
D	O	N	■	A	N	C	R	E	■	O	R	E	I	L	L	E
■	L	I	T	I	G	I	E	U	X	■	A	N	E	T	O	■
L	I	Q	U	E	U	R	■	L	I	O	N	S	■	O	T	A
■	T	U	T	■	E	O	L	E	■	M	G	■	G	N	O	N
L	I	E	E	S	■	N	A	■	P	I	E	C	E	■	I	S
■	O	■	U	N	A	N	I	M	E	S	■	A	R	A	S	E
A	N	A	R	■	M	E	D	I	T	E	R	R	A	N	E	E

P. 377

ALPHABÊTE

1. Hyène (H, Y, E). **2.** Welsh corgi, le chien favori de feue Elizabeth II (W, S, O). **3.** Jaguar (J, G, R). **4.** Zèbre (Z, B). **5.** Teckel (T, K, L). **6.** Nasique, un singe au nez long et mou (N, Q, U). **7.** Macareux, un cousin du pingouin (M, A, X). **8.** Pivert (P, V). **9.** Cerf (C, F). **10.** Ragondin, un rongeur qui peut finir en manteau (D, I).

P. 378

BONUS

UROMÈTRE

La structure U**M**** doit être complétée avec T, O, deux E et deux R. En observant les positions impossibles pour ces lettres, vous deviez parvenir à construire cet uromètre, appareil mesurant la densité de l'urine. C'est l'anagramme du beaucoup plus joli OUTREMER.

P. 379

SANDWICH

« Croquer le marmot. »

F	E	**C**	A	L	E
R	A	**R**	E	T	E
A	M	**O**	U	R	S
P	O	**Q**	U	E	T
P	O	**U**	L	E	T
E	M	**E**	U	T	E
R	U	**R**	A	U	X
E	P	**L**	O	Y	E
T	H	**E**	I	E	R
E	U	**M**	E	N	E
N	U	**A**	N	C	E
T	A	**R**	D	I	F
R	A	**M**	A	N	T
E	R	**O**	S	I	F
R	A	**T**	I	T	E

Si l'ogre trouve cette activité amusante et roborative, l'origine de notre marmot est bien différente : l'expression signifie « attendre longtemps en se morfondant » et non « bouffer du lardon ». Le marmot désignait autrefois un élément architectural, la figurine grotesque décorant généralement la porte et servant de heurtoir. Ainsi, le visiteur actionnait ce marmot, pour signaler son arrivée, puis il patientait... Si le maître de maison était absent, cela pouvait durer longtemps. Une explication liée à la féodalité précise qu'en l'absence du seigneur, le vassal devait l'attendre et baiser à plusieurs reprises ce « marmot » tout en récitant des prières, ce qui serait à l'origine de l'utilisation du verbe « croquer » : on avait l'impression que le visiteur restant longtemps devant la porte allait finir par en dévorer le heurtoir.

P. 380

CALCULS DURS, HEIN !

Première méthode (756 + 8) :
5 × 6 = 30 ; 30 – 2 = 28 ; 28 × 9 = 252 ; 252 × 3 = 756 et 756 + 8 = 764.
L'ordre dans lequel vous aurez multiplié entre eux 28, 9 et 3, pour obtenir 756, ne constitue pas une méthode différente.

Seconde méthode (762 + 2) :
3 × 5 = 15 ; 15 × 9 = 135 ; 135 – 8 = 127 ; 127 × 6 = 762 et 762 + 2 = 764.
L'ordre dans lequel vous aurez multiplié entre eux 3, 5 et 9, pour obtenir 135, ne constitue pas une méthode différente.

P. 381

ANAGRAMMES

PERSUASION

1. Pulvérisé. **2.** Épiderme. **3.** Rectales. **4.** Sauvignon. **5.** Ultrason. **6.** Agressif. **7.** Suffoqué. **8.** Instance **9.** Offrande. **10.** Neuvièmes. L'anagramme non conjuguée est **SPINOSAURE.** L'autre anagramme était **PAUSERIONS.**

P. 382-383

GRANDES VACANCES

F	L	E	U	R	I	S	T	E	■	A	B	A	S	O	U	R	D	I	■	P	U	P	I	L	L	E
R	E	T	R	E	C	I	S	S	E	M	E	N	T	■	R	E	U	N	I	O	N	■	N	U	I	T
O	S	E	■	M	I	R	A	C	L	E	■	G	A	M	I	N	■	T	R	U	I	T	E	■	A	A
M	E	L	E	E	■	O	R	A	L	■	C	I	R	E	■	A	I	R	■	S	E	R	V	A	N	T
A	R	■	S	T	O	P	■	L	E	C	O	N	■	G	R	I	V	O	I	S	■	O	I	N	T	■
G	A	N	T	■	I	S	E	O	■	O	N	E	R	E	U	S	E	■	G	E	I	N	T	■	E	V
E	■	A	R	A	S	■	S	P	O	R	T	■	U	R	E	S	■	N	U	A	N	C	A	S	■	E
R	A	M	O	N	E	U	S	E	S	■	R	A	M	E	■	A	C	T	E	U	R	■	B	U	I	S
■	D	U	P	E	■	S	E	■	T	R	A	H	I	■	C	N	A	M	■	C	I	B	L	A	N	T
M	U	R	I	S	S	A	N	T	■	I	I	■	N	I	E	C	E	■	P	R	■	R	E	V	E	E
A	L	■	E	T	O	N	■	H	E	R	N	I	E	S	■	E	N	D	U	I	R	E	■	I	X	■
I	T	E	■	H	I	T	P	A	R	A	D	E	■	S	T	■	N	O	■	M	I	L	I	T	A	T
T	E	S	T	E	E	■	H	I	■	S	R	■	P	U	I	S	A	■	R	E	G	A	L	E	C	S
R	■	S	U	S	■	P	O	L	O	■	E	M	I	S	S	A	I	R	E	■	A	N	E	■	T	U
E	M	E	R	I	T	E	■	A	L	I	Z	E	S	■	A	S	S	E	N	A	T	■	O	P	E	N
S	A	■	N	E	U	R	O	N	A	L	■	C	E	A	N	S	■	G	A	R	O	N	N	E	■	A
S	I	E	E	■	F	E	N	D	■	O	U	H	■	G	E	E	K	■	R	E	N	O	■	N	E	M
E	N	C	R	E	S	■	C	E	N	T	I	E	M	E	■	R	O	N	D	■	I	M	P	O	L	I

P. 384

GLOBE-CROTTEUR

1. Espéranto. Cette langue universelle est parlée dans cent vingt pays, mais je n'ai jamais rencontré aucune personne la pratiquant. Alors bonne chance à vous en cas de (gros) besoin, si c'est votre seul espoir !

2. « Min fadlak, fen el hammâm ? » Le hammam, c'est l'endroit où l'on se lave, à l'instar du *bathroom* anglais, et vous y trouverez des toilettes. L'ambiguïté a fait place à un mot plus récent, « mirhadh », qui désigne plus spécifiquement les W.-C. « Sauna » est un mot finnois et les gogues français (gogues est du genre masculin, sans surprise) dérivent de goguenot.

3. En Turquie. Vous êtes fort comme un des leurs, si vous avez trouvé !

P. 385

SPHINX TER

PAPIER :

papier cul (PQ), pâte à papier, papier à lettres, papier de verre, papier de riz (comme le suivant, il figure dans le texte – écrit par Serge Gainsbourg – des *P'tits Papiers* que chante Régine), papier-monnaie.

P. 386-387

Clés en main

EXCURSION, en partant de la troisième clé sur la gauche et en tournant dans le sens des aiguilles d'une montre. Juste une petite sortie en mer, en toute innocence.

P. 389

CROISILLONS OOP

	6		7			9		10
1	A	S	S	A	S	S	I	N
	S		E			K		I
2	T	I	R	E	L	I	R	E
	E		V		8	E		T
3	R	U	I	N	E	R	E	Z
	I		E		P			S
	S	4	T	R	A	F	I	C
	Q		T		I			H
5	U	R	E	T	R	A	L	E
	E				S			

P. 390

BOUCHE-TROUS

1. Microorganismes. **2.** Morigénant. **3.** Embourgeoisant. **4.** Affranchis. **5.** Franchouillardes. **6.** Débreake.

P. 391

SUDOKU-KU

6	5	9	4	1	8	2	3	7
8	1	4	7	3	2	5	9	6
3	2	7	5	9	6	1	8	4
9	8	3	6	2	1	4	7	5
5	7	6	3	8	4	9	2	1
1	4	2	9	7	5	3	6	8
4	3	1	2	6	7	8	5	9
7	9	5	8	4	3	6	1	2
2	6	8	1	5	9	7	4	3

P. 392-393

LA TÊTE AU CA-CARRÉ

COURSES 1 SOURCES	AÎNÉ 3 IÉNA	CHOUINER 15 UCHRONIE	LYCHEES 24 ESCHYLE	MANDALE 22 MANDELA
LANDAIS 19 SALADIN	TARDE 17 DATER	VIDAS 8 DAVIS	DÉNIÉE 14 ÉNÉIDE	DITE 7 ÉDIT
ENHARDI 20 HADRIEN	MELCHITE 10 MICHELET	HÉRITIONS 13 HISTORIEN	TÉTROSE 16 ROSETTE	PACTE 6 CAPET
SALERON 21 ORLÉANS	SAROUELS 12 LAROUSSE	PRIMÉE 18 EMPIRE	TOUPIE 9 UTOPIE	RENON 5 NÉRON
NIVELAGES 4 ÉVANGILES	LIMOUSINS 23 MUSSOLINI	ANNELAS 11 ANNALES	PECTORALE 2 CLÉOPÂTRE	LATINES 25 STALINE

S	C	I	E	N	C	E
1	2	3	4	5	6	7

D	U
8	9

M	A	L	H	E	U	R
10	11	12	13	14	15	16

D	E	S
17	18	19

H	O	M	M	E	S
20	21	22	23	24	25

P. 394

Le bon tuyau

	B			M			G	
B	A	I	K	O	N	O	U	R
	N			N			Y	
	D			A			A	
T	O	U	R	C	O	I	N	G
	L			O			E	

P. 396

Les pets de dames au clebs

Madame Bichon pète 2 fois et son cocker 6 ; madame Cocker vesse 4 fois et son épagneul 4 ; madame Épagneul se lâche 3 fois et son bichon 5.

P. 397

LE CHICHSTRAC

JAMBE DE BOIS

P. 398

MAYDAY, M'AIDER !

« Les hommes sont nés pour une mutuelle assistance ; la colère est née pour la destruction commune. »

P. 400-401

(M)OTS (F)LÉCHÉS

	D		A		I		M		P		E		B		G	
H	I	P	P	O	D	R	O	M	E		P	I	A	U	L	E
	S	A	P	E		A	D	A	P	T	A	N	T		O	N
A	T	T	R	I	S	T	E		I	R	R	E	E	L	S	
	A	R	O	L	E		R	I	T	A		L	A	U	S	E
F	L	I	C		C	R	E	V	E	C	O	E	U	R		T
		O	H	A	R	A						G		O	R	E
V	I	T	A	L	E	S					V	A	N	N	E	S
	N	I		O	T	E						N	A	N	A	
R	E	Q	U	I	E	M					A	T	T	E	L	E
	B	U	N		S	E		A		V		E	R	S	E	S
F	R	E	I	N		N	A	R	C	I	S	S	E		S	T
	A	S	S	E	N	T	I	M	E	N	T		M	U	E	E
A	N		S	A	I		K	E	N		O	B	I	S		R
	L	A	O	N	N	O	I	S	E	S		R	E	A	G	I
M	A	I	N	T		N	D		L	U	C	E		T	A	F
	B	G		I	N	C	O	L	L	A	B	L	E		R	I
C	L	A	S	S	E		K	I	E	V		A	R	E	N	E
	E	G	U	E	U	L	A	S		E	N	N	E	M	I	E
I	S	E	E		F	U	S	E	E		O	S	S	U	E	S

P. 402

LA CIBLE

En lisant une lettre sur sept, dans le sens des aiguilles d'une montre : « À l'inverse des hommes, l'océan se retire pour **que la mer garde ses poissons**. »

P. 403

EN MER, DENTS

Le 51ᵉ État :

leu – scinque – hantait – uni – aimer – tas.

Quand un Américain s'associe à un dealer de Liverpool détestant tout ce qui vient des USA, on peut trouver cela amusant. Ou pas !

P. 404

BRIQUES

***Maître-Minuit* – Makenzy Orcel.**

Le roman *Les Latrines* explorait les bas-fonds des bidonvilles de Port-au-Prince. *Maître-Minuit* narre les sombres années d'Haïti, sous la coupe du dictateur François Duvalier et des tontons macoutes.

S	E	M	E	M	E	S
C	H	A	L	A	N	D
C	R	I	C	K	E	T
M	A	T	I	E	R	E
M	A	R	I	N	E	R
B	R	E	T	Z	E	L
L	A	M	P	Y	R	E
A	P	I	C	O	L	E
M	A	N	D	R	I	N
S	O	U	P	C	O	N
C	H	I	M	E	R	E
I	N	T	E	L	L	O

P. 406

ESCALETTRES

↓	API
+N	PAIN
+O	PIANO
+L	OPALIN
+T	POILANT
+R	PLANTOIR
+M	IMPLORANT
+E	TRAMPOLINE

P. 407

7 HORREURS

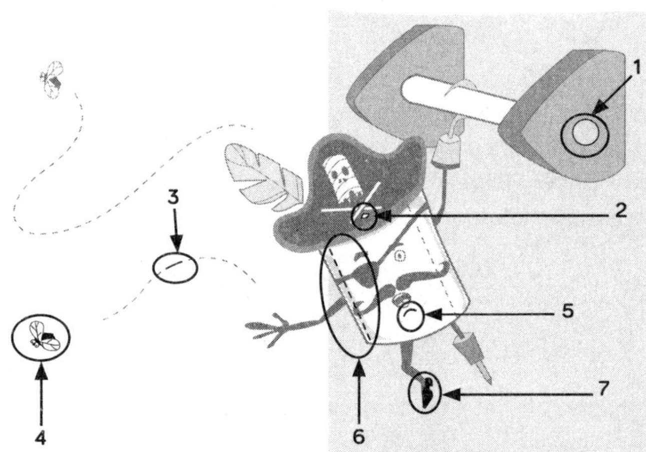

P. 408

ÉVIDEMMENT

Les deux ont raison.

En effet, le gamin voit cette opération dont le résultat est 61 + 48 + 81 = 190 et non 601. Il a raison de dire « Faux ».
Mais la fillette est placée de l'autre côté de la table, elle voit donc (retournez votre *Officiel*) : 109 = 18 + 8 × 9 + 19, soit 109 = 18 + 72 + 19, ce qui est correct et justifie qu'elle crie « Vrai »… Évidemment !

P. 410-411

FLÉCHÉS CROISÉS

D	E	M	O	I	S	E	L	L	E	■	A	L	A	S	K	A
A	V	A	N	T	A	G	E	U	S	E	M	E	N	T	■	P
N	A	T	T	E	■	A	G	I	T	A	■	G	O	R	E	T
U	N	■	A	M	B	L	E	■	H	U	M	A	N	I	T	E
B	E	E	R	■	L	I	■	M	E	D	I	T	■	C	R	■
E	S	T	I	M	A	T	O	I	R	E	■	A	C	T	E	R
■	C	R	E	A	T	E	U	R	■	M	A	I	R	E	■	U
L	E	O	N	C	E	■	T	E	L	E	G	R	A	M	M	E
A	N	I	S	■	R	E	R	■	A	R	R	E	T	E	E	S
V	T	T	■	S	A	M	E	D	I	■	U	S	A	N	T	■
A	■	E	M	A	N	A	■	A	D	A	M	■	E	T	E	L
D	E	S	E	R	T	I	O	N	■	D	E	U	G	■	O	O
A	A	■	N	D	■	L	I	S	S	E	■	S	U	C	R	A
I	N	I	T	I	A	L	E	■	C	L	A	S	S	A	I	S
R	E	S	O	N	N	E	■	P	I	E	C	E	■	I	T	E
E	S	■	N	E	A	R	Q	U	E	■	E	L	I	D	E	S

P. 412

POT-POKER

Jack : un **A** pour BIVOUAC. Reine : un **S** pour BIOPICS (films retraçant la vie de personnages ayant réellement existé). River : un **E** pour BIDOCHE. Chip : un **L** pour OMBILIC.

P. 413

Amenez-y...

1. Casse (Claude François, *Magnolias for Ever*). **2.** Pas (Jean-Louis Aubert, *Juste une illusion*). **3.** Murènes (Alain Bashung, *La nuit je mens*). **4.** Désirs (Brigitte Bardot, *Harley Davidson*). **5.** Avants (Bibie, *Tout doucement*). **6.** Renoi (Black M, *Madame Pavoshko*).

P. 415

CA-CARRÉ MAGIQUE

13	24	17	6	5
7	1	15	23	19
25	18	9	2	11
4	12	21	20	8
16	10	3	14	22

Sur la diagonale 16/5, inscrivez 65 – (16 + 12 + 9 + 5) = 65 – 42 = 23, sous le 6. Cette deuxième ligne aura 7 + 15 + 23 = 45 et, pour la compléter, il manque 20 atteignable uniquement par 1 + 19, le 19 allant dans la colonne 5 où 1 mènerait à une impasse. Sur la première ligne, 13 + 6 + 5 = 24 et il manque donc 65 – 24 = 41, que l'on peut atteindre par 17 + 24, 19 + 22 (impossible, le 19 est pris) ou 20 + 21.
Dans la troisième colonne, 15 + 9 + 3 = 27 et il manque 65 – 27 = 38, décomposable en 14 + 24, 20 + 18 ou 21 + 17. Le chiffre à gauche du 6, à l'intersection de cette ligne et de cette colonne, ne peut ainsi être que 17, 20, 21 ou 24, seuls chiffres en commun dans les décompositions précédentes. Essayez 24, vous placerez 4 sous le 9. La quatrième ligne (12 + 4 + 8 = 24) devra être complétée avec 65 – 24 = 41, atteignable uniquement avec 20 + 21, puisque le 19 n'est pas disponible (il sera ligne 2). En première colonne, on a 13 + 7 + 16 = 36. Si vous ajoutez le 20, vous arrivez à 56, mais le 9 n'est pas disponible pour atteindre 65 ; si vous ajoutez le 21, vous obtenez 57, mais le 8 est lui aussi déjà pris. C'est une impasse, comme avec 20 et 21. Le 17 ira à gauche du 6. Poursuivez ainsi jusqu'à la résolution complète du carré magique.

P. 416

Graines de chia

ORCHESTRATION

Ça se trouve d'un coup de baguette magique.

P. 417

ALPHAKU-KU

On lit **PROMISCUE** sur la ligne centrale. On connaît mieux le nom « promiscuité », peut-être parce qu'il n'a pas la prononciation prêtant à rire de l'adjectif. Même si une « fiancée bourrée » pourrait être qualifiée de « promise cuitée ».

S	C	I	U	M	P	O	E	R
M	U	R	E	O	C	S	P	I
O	P	E	R	S	I	U	M	C
U	I	M	C	E	R	P	S	O
P	R	O	M	I	S	C	U	E
E	S	C	P	U	O	I	R	M
C	E	P	O	R	U	M	I	S
R	O	S	I	P	M	E	C	U
I	M	U	S	C	E	R	O	P

P. 418-419

(M)OTS (F)LÉCHÉS

■	C	■	S	■	U	■	P	■	B	■	F	■	U	■	E	■
S	A	G	I	T	T	A	I	R	E	■	O	I	S	I	V	E
■	F	O	R	A	I	N	■	I	L	L	I	M	I	T	E	S
B	E	B	E	■	L	E	G	A	L	E	■	I	N	■	I	S
■	B	A	N	D	E	■	I	N	E	V	I	T	A	B	L	E
P	O	N	E	Y	■	O	N	T	■	A	R	A	■	A	L	■
■	U	T	■	N	I	L					■	T	A	R	E	E
L	I	■	B	A	B	A					E	R	I	C	■	T
■	L	A	R	M	E	■					■	I	R	E	N	E
G	L	U	■	I	R	M					W	C	■	L	U	T
■	U	S	I	T	E	E	■	C	■	V	■	E	C	O	L	E
A	C	T	E	E	■	N	O	R	M	A	L	■	O	N	■	R
■	A	R	■	E	C	U	R	I	E	■	E	C	R	E	M	E
A	F	A	R	■	I	S	L	A	N	D	A	I	S	■	O	Z
■	E	L	E	V	A	■	E	R	S	E	■	N	E	O	N	■
A	F	I	C	I	O	N	A	D	O	■	S	E	■	P	T	T
■	O	E	U	F	■	I	N	E	N	T	A	M	E	■	R	E
V	U	■	I	S	B	A	S	■	G	A	L	A	N	T	E	S
■	T	O	T	■	I	I	■	C	E	C	I	■	T	U	A	T
N	U	M	E	R	O	T	E	E	■	T	E	N	A	B	L	E

P. 421

CRYPTOGRAMME

« La politique, c'est comme l'andouillette, ça doit sentir un peu la merde, mais pas trop. »

Il était « maire de », on vous l'avait bien dit.

P. 422

BONUS

TARATATA

Sans les voyelles E, I, O, U et Y, un ou plusieurs A s'imposent.
Sans les consonnes B, C, D, G, H, L, M, N, P, S, W, il faudra faire avec F, J, K, Q, R, T, V, X et Z. La seule solution est une onomatopée n'utilisant que les deux plus courantes, le R et le T. Ce taratata a-t-il sauté aux yeux et aux oreilles des fans de Nagui ?

P. 423

TAPIS C

5 pièces noires

Multiplions par 3 le tapis A et enlevons 6 trouées de chaque côté du tapis, pour isoler les pièces blanches :
3 pièces blanches = 6 trouées – 6 noires mais 3 pièces blanches = 1 trouée + 1 noire (tapis B), donc 6 trouées – 6 noires = 1 trouée + 1 noire, puis 5 trouées = 7 noires, en ôtant 1 trouée et en ajoutant 6 noires de part et d'autre de cette équation.
Multiplions maintenant par 2 le tapis B et enlevons 2 noires de chaque côté pour isoler les pièces trouées :
2 pièces trouées = 6 blanches – 2 noires, mais 2 trouées = 1 blanche + 2 noires (tapis A), donc 6 blanches – 2 noires = 1 blanche + 2 noires, et 5 blanches = 4 noires, en ôtant 1 blanche et en ajoutant 2 noires de part et d'autre.
Que valent 3 trouées + 1 blanche en pièces noires ? Cherchons cinq fois plus que cela : 15 trouées + 5 blanches.
Les 15 trouées valent 3 fois 5 trouées, soit 3 fois 7 noires, d'après le premier raisonnement, soit 21 noires.
Les 5 blanches valent, quant à elles, 4 noires, d'après le second raisonnement.
Par conséquent, 15 trouées + 5 blanches valent 21 + 4 = 25 noires.
En divisant tout par 5, pour se ramener au contenu du tapis C :
3 trouées + 1 blanche = 5 noires.

P. 424

CALCULS DURS, HEIN !

6 × 3 = 18 ; 18 – 1 = 17 ; 17 × 5 = 85 ; 85 × 9 = 765 et 765 – 2 = 763.
L'ordre dans lequel vous aurez multiplié entre eux 5, 9 et 17, pour obtenir 765, ne constitue pas une méthode différente.

P. 426-427

LA TÊTE AU CA-CARRÉ

BIMESTRE 3 TIMBRÉES	ENCLISE 17 SILENCE	NITRATE 21 TARTINE	MÉDISIONS 9 DÉMISSION	INSOLAIS 15 LIAISONS
ÉPILATOIRES 6 ÉPISTOLAIRE	REMPLÎTES 14 TEMPLIERS	PALPER 5 RAPPEL	CALIFE 18 FACILE	BOIRE 22 OBÉIR
ORIENTA 20 NOTAIRE	OMIS 23 MOIS	BELON 7 NOBLE	GOYAVE 11 VOYAGE	RIENT 4 TENIR
MONNAYE 12 ANONYME	ENDORMES 1 MODERNES	NOVAI 19 AVION	SUCRIERS 25 SUSCRIRE	PULSION 8 UPSILON
ÉCARTELA 24 ÉCARLATE	PIÉTER 10 ÉPÎTRE	MONS 13 NOMS	RÉDUITE 2 ÉDITEUR	LIÉES 16 ÉLISE

M	E	T	T	R	E
1	2	3	4	5	6

N	U
7	8

D	E	V	A	N	T
9	10	11	12	13	14

L	E	S
15	16	17

F	A	N	T	O	M	E	S
18	19	20	21	22	23	24	25

P. 428

LES MUTANTS

1. *La Cantatrice chauve* (pièce de théâtre d'Eugène Ionesco).
2. *Un homme debout* (chanson de Claudio Capéo).
3. *Rain Man* (film de Barry Levinson).

P. 429

C'est gâchis

Tous les chapeaux vont par 5,
sauf celui-ci qui apparaît 6 fois.

P. 431

TOMBEZ DANS LE PANNEAU

MONTRÉAL

Dans ces villes, on parle et comprend le français. Le conseil de ne pas commettre d'impair était un indice pour vous concentrer sur l'élément central du kilométrage, seul chiffre pair (ceux des centaines et des unités étaient tous impairs). Ainsi, la 4e lettre de NIAMEY était un M, la 6e de BAMAKO un O, la 6e de KINSHASA – en partant de la fin (panneau orienté dans l'autre sens) – était un N, la 4e de PORT-AU-PRINCE un T, la 2e de CONAKRY – en partant de la fin – un R, la 2e d'ALGER – en partant de la fin – un E, la 6e d'ABIDJAN un A, et enfin la 2e de DOUALA – en partant de la fin – un L. Rassemblées, les lettres forment MONTRÉAL, autre ville francophone.

P. 432-433

QUI FAIT QUOI ?

ÉTUDIANTS	FORTS	ATELIERS	SEMAINES
AUBRY COLOFOU	RESTGUMP	REMPARTS	2
LIZOU BLIETT	MIDABLE	DOUVES	5
ORESTE ORMOY	TISSIMO	PONT-LEVIS	6
RAFFY STOLAGE	MULIN	BEFFROI	4
THÉRÈSE TORRÉ	FÉILLIMITÉ	DONJON	3

P. 434

GLOBE-CROTTEUR

1. L'un ou l'autre. *Bitte* n'est aucunement une référence anatomique suggérant la petite commission et non la grosse. C'est simplement l'expression de notre « s'il vous plaît ».
2. Au Vietnam. Le *quốc ngữ*, écriture vietnamienne, est une version latinisée de l'ancienne langue, où l'influence chinoise était très marquée.
3. N'importe lequel : *restroom, bathroom* ou *loo*. Les deux premiers sont des euphémismes polis permettant de ne pas évoquer en public des besoins gênants : salle de repos (*to rest*), salle de bain (*bath*). Quant à *loo*, plus familier, certains y voient un jeu de mots entre water-closet et Waterloo, d'autres affirment qu'il dérive du français lieux (d'aisance) et une minorité le relie à « l'eau » : au Moyen Âge, les gens jetaient le contenu de leur pot de chambre vers la rue en criant « gardez l'eau », c'est-à-dire « faites attention à l'eau » ! Des Anglais passant par là auraient exporté la formule... Je vous livre là cette explication peu convaincante, vous pouvez la garder ou la flusher.

P. 435

BOUCHE-TROUS

1. Mégalo. **2.** Marshmallow. **3.** Moussaillon. **4.** Malcommode. **5.** Malintentionné. **6.** Immatriculation.

P. 436-437

L'éToilette

Avec les lettres grisées, on forme JANET LEIGH.

P. 438

BASIQUE INSTINCT

Si vous pensez avoir trouvé une autre solution, vérifiez que vous n'avez pas deux lignes (ou deux colonnes) rigoureusement identiques, ce qui est interdit.

0	1	0	1	0	0	1	1
0	1	1	0	1	1	0	0
1	0	0	1	0	0	1	1
1	0	1	1	0	1	0	0
0	1	1	0	1	0	1	0
1	0	0	1	0	1	0	1
0	1	0	0	1	0	1	1
1	0	1	0	1	1	0	0

Les lettres correspondant aux 1 complétaient la citation avec « qu'un danseur de la foire voltige sur la (corde) ». Mercier s'inquiète, en 1783, de la saleté transportée par les égouts de la capitale, que personne ne voudra jamais nettoyer. Il propose ici, dans la graphie de l'époque, « aux chymistes modernes » (se jouant de tous les miasmes meurtriers) d'y descendre.

P. 439

TROIS PETITS CHATS

1-8. Méphisto. **4-11.** Histoire. **10-15.** Renart. **13-19.** Artémis. **17-26.** Miss Teigne. **25-29.** Neige. **28-30.** Gel.

P. 441

EN MER, DENTS

Maman, j'ai encore raté l'avion !

mât – manger – an – corps – ratée – lavions.

Kevin, le gamin joué par Macaulay Culkin, avait prévu le coup et les toilettes explosent au visage du cambrioleur campé par Joe Pesci.

P. 442-443

(M)OTS (F)LÉCHÉS

■	S	■	P	■	P	■	G	■	V	■	G	■				
M	I	T	H	R	I	D	A	T	I	S	E	S				
■	G	A	I	A	C	O	L	■	P	A	L	E				
I	N	U	L	E	■	R	E	M	E	T	■	I				
■	A	P	O	L	L	I	N	A	R	I	E	N	■	K	■	J
B	L	E	D	■	O	S	I	R	I	E	N	■	P	I	P	A
■	D	■	E	M	U	■	S	I	D	■	R	Y	O	K	A	N
S	E	M	N	O	P	I	T	H	E	Q	U	E	■	O	R	S
■	D	A	D	A	■	P	E	U	■	A	B	S	E	N	C	E
D	E	R	R	I	D	A	■	A	C	T	A	■	C	G	■	N
■	T	A	O	■	A	N	O	N	A	■	N	E	R	O	L	I
B	R	I	N	G	U	E	B	A	L	A	N	T	E	■	U	S
■	E	S	■	A	M	M	I	■	I	N	E	R	M	E	■	M
A	S	P	I	N	■	A	T	O	N	E	■	I	A	M	B	E
■	S	O	T	T	E	■	U	R	E	M	I	E	■	S	I	■
C	E	N	E	■	D	E	A	N	■	I	N	R	I	■	G	D
■	■	T	R	E	I	Z	I	E	M	E	S	■	A	L	O	I
E	M	I	E	T	T	E	R	■	O	E	T	A	■	E	T	E
■	A	N	■	R	E	■	E	L	U	■	I	L	O	T	E	S
H	Y	S	T	E	R	E	S	E	■	S	T	E	N	O	S	E

P. 444

LE CHICHSTRAC

CROCHET

P. 445

SUDOKU-KU

6	2	9	1	7	4	5	3	8
3	5	1	6	8	9	4	2	7
8	7	4	2	3	5	6	9	1
7	3	8	5	1	2	9	4	6
2	1	6	4	9	7	3	8	5
4	9	5	8	6	3	1	7	2
1	6	7	9	4	8	2	5	3
9	8	2	3	5	1	7	6	4
5	4	3	7	2	6	8	1	9

P. 446

Amenez-y...

1. Bleu (Jean-Pierre François, *Je te survivrai*). **2.** Autoroute (Michel Fugain et le Big Bazar, *Une belle histoire*). **3.** Gandhi (Ben l'Oncle Soul, *Soulman*). **4.** Doors (Jane Birkin, *Ex fan des sixties*). **5.** Superplastique (Au p'tit bonheur, *J'veux du soleil*). **6.** Slim (Helmut Fritz, *Ça m'énerve*).

P. 448

ÉVIDEMMENT

La seule possibilité est la suivante... Évidemment !
Il y a **1** fois le chiffre 4 en dehors de cette ligne 1.
Il y a **2** fois le chiffre 3 en dehors de cette ligne 2.
Il y a **3** fois le chiffre 2 en dehors de cette ligne 3.
Il y a **2** fois le chiffre 1 en dehors de cette ligne 4.

P. 450-451

CROISÉS 3D

P. 453

Graines de chia

SUPERCHAMPION

Il fallait en être un pour le trouver.

P. 454

LOGICO

1

Il fallait rapprocher les chiffres des secteurs situés de part et d'autre de la ligne horizontale et de la verticale, puis ajouter et soustraire les nombres diamétralement opposés.

Roue en haut à gauche : on forme 61 par rapprochement du 6 et du 1, et 38 par rapprochement du 3 et du 8. Par suite, 61 – 38 = 23 et 61 + 38 = 99, d'où les chiffres 2, 3, 9 et 9 inscrits dans les secteurs équivalents, dans la roue en bas à gauche.

Roue en haut à gauche, toujours : on forme 48 avec le 4 et le 8 de gauche et 39 avec le 3 et le 9 de droite. Par suite, 48 – 39 = 09 et 48 + 39 = 87, d'où les 0, 9, 8 et 7 des secteurs équivalents, dans la roue en haut à droite.

Roue en haut à droite : de manière équivalente, 47 – 32 = 15 et 47 + 32 = 79, d'où les 1, 5, 7 et 9 dans la roue incomplète.

Roue en bas à gauche : en composant 57 et 14 avec les secteurs autour de l'horizontale, on calcule 57 – 14 = 43 et 57 + 14 = 71. Les chiffres 4, 3, 7 figurent bien dans les secteurs équivalents dans la dernière roue, où ne manque que le 1 de 71.

P. 455

CROISILLONS OOP

	6		7			9		10
1	N	E	G	A	T	I	O	N
	O		R			L		O
2	U	R	I	N	O	I	R	S
	V		S		8	E		F
3	E	B	O	R	G	N	E	E
	A		L		R			R
	U	4	L	H	A	S	S	A
	N		E		T			T
5	E	C	R	I	T	E	A	U
	S				E			

P. 456

ALPHAKU-KU

On lit **ZYMOTIQUE** dans la colonne centrale. Cet adjectif n'a rien d'aussi drôle que « zygomatique », il qualifie ce qui a rapport aux ferments solubles. Tentez de le caser dans votre prochaine conversation.

T	E	M	U	Z	Q	Y	I	O
Z	Q	O	E	Y	I	T	M	U
Y	I	U	T	M	O	E	Q	Z
Q	U	T	M	O	E	Z	Y	I
I	O	Y	Q	T	Z	U	E	M
E	M	Z	Y	I	U	O	T	Q
U	Z	E	I	Q	T	M	O	Y
M	T	I	O	U	Y	Q	Z	E
O	Y	Q	Z	E	M	I	U	A

P. 457

Le bon tuyau

	M			B			E	
M	A	R	R	A	K	E	C	H
	P			M			U	
	U			A			L	
S	T	O	C	K	H	O	L	M
	O			O			Y	

P. 458-459

(M)OTS (F)LÉCHÉS

■	V	■	C	■	T	■	P	■	B	■	R	■	K	■	G	■
M	I	M	I	■	H	E	B	D	O	M	A	D	A	I	R	E
■	O	U	T	R	E	R	■	E	D	I	T	E	R	■	O	N
A	L	L	E	G	R	E	S	S	E	■	E	I	L	A	T	■
■	O	T	E	■	M	I	N	I	G	O	L	F	■	I	T	E
U	N	I	S	S	O	N	■	R	A	B	A	I	S	S	E	R
■	C	P	■	E	S	T					■	C	A	S	■	N
C	E	L	E	S	T	E					P	A	T	E	R	E
■	L	I	T	■	A	S					■	T	E	L	E	S
B	L	E	U	E	T	■					M	I	L	L	E	T
■	I	■	D	O	S	E	■	U	■	S	■	O	L	E	■	I
U	S	U	E	L	■	M	O	N	O	K	I	N	I	■	A	N
■	T	R	■	I	N	U	T	I	L	E	S	■	S	E	M	E
H	E	B	R	E	U	■	H	E	■	T	O	M	A	T	E	■
■	■	A	U	N	A	I	E	■	E	C	L	O	T	■	N	D
C	A	I	D	S	■	C	L	I	C	H	E	■	I	O	D	E
■	U	N	E	■	P	O	L	I	O	■	R	H	O	D	E	S
U	T	■	S	T	E	N	O	■	T	H	E	I	N	E	■	U
■	A	S	S	I	S	E	■	S	E	I	N	E	■	O	D	E
I	N	T	E	R	E	S	S	E	E	■	T	R	E	N	E	T

P. 460

COUP DE FIL

PAVILLON

Celui du pirate est souvent noir et orné d'une tête de mort.

P. 461

SPHINX TER

MOUCHE :

la mouche d'une cible (le point noir au centre), mouche à merde, pattes de mouche (écriture illisible), la mouche d'un fleuret (bouton placé à sa pointe, pour rendre l'arme inoffensive), Bateau-Mouche (du nom du quartier de La Mouche, dans la banlieue lyonnaise, où ces bateaux étaient construits), poids mouche en boxe (boxeur pesant une cinquantaine de kilos, ce qui définit cette catégorie).

P. 462

BRIQUES

Dans la piscine – Sur trampoline.

Certains disent que ce tube les a sauvés de la dépression.
Ah, s'ils avaient acheté *L'Officiel des Toilettes* depuis tout ce temps !

A	D	O	S	S	E
Y	A	O	U	R	T
A	N	E	R	I	E
I	S	A	T	I	S
F	L	O	R	A	L
C	A	R	A	C	O
I	P	O	M	E	E
Z	I	P	P	E	R
E	S	P	O	I	R
E	C	O	L	O	S
B	I	B	I	N	E
I	N	O	N	D	E
P	E	T	E	U	R

P. 464

ANAGRAMMES

CRÉDIBILITÉ

1. Contrebas. **2.** Raréfiée. **3.** Équation. **4.** Disjoncteur. **5.** Incognito. **6.** Brestoise. **7.** Insouciante. **8.** Limonadier. **9.** Irrespect. **10.** Télévisuel. **11.** Emmerdantes.

L'anagramme est **LIBERTICIDE.**

P. 465

7 HORREURS

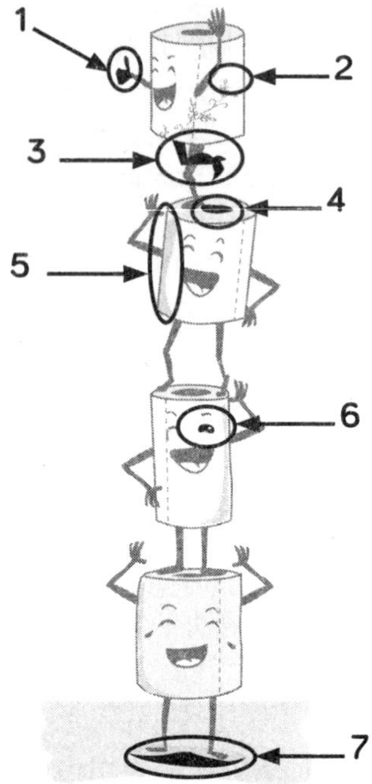

P. 466-467

LA TÊTE AU CA-CARRÉ

TAQUER 19 QUATRE	ÉCROU 6 CŒUR	TORÉA 3 ÉRATO	ALIMENTER 12 TERMINALE	CHÉRI 25 RICHE
VERLAN 2 NERVAL	REMORDU 15 DORMEUR	DÉLIAI 24 ILIADE	DÉO 16 ODE	ANGORA 8 ARAGON
TROUVÉES 21 OUVERTES	TOURTE 18 TORTUE	RELUIRAS 7 LAURIERS	NESS 5 SENS	INAVOUÉS 14 ÉVANOUIS
ÉTIOLÉES 10 ÉTOILÉES	EMBRASÉES 4 EMBRASSÉE	CHOSE 11 ÉCHOS	DURALE 23 ÉLUARD	RIVE 17 IVRE
UNIT 13 NUIT	ABUTÉE 22 BEAUTÉ	ENFUMOIR 20 UNIFORME	NEUVE 9 VENUE	SINUONS 1 UNISSON

U	N	E		E	S	C	L	A	V	E		E	T
1	2	3		4	5	6	7	8	9	10		11	12

N	E		D	O	I	T		Q	U'	O	B	E	I	R
13	14		15	16	17	18		19	20	21	22	23	24	25

P. 468

CALCULS DURS, HEIN !

3 × 25 = 75 ; 75 + 5 = 80 ; 2 + 9 = 11 ; 80 × 11 = 880 et 880 + 1 = 881.

P. 470

SANDWICH

« Les deux frangines. »

I	G	**L**	O	O	S
C	H	**E**	F	F	E
I	S	**S**	A	N	R
D	E	**D**	A	L	E
A	V	**E**	N	I	R
N	O	**U**	V	E	L
S	E	**X**	T	O	Y
L	I	**F**	T	E	E
E	R	**R**	E	U	R
B	R	**A**	Q	U	E
A	G	**N**	E	A	U
S	A	**G**	A	I	E
R	A	**I**	D	I	R
E	N	**N**	O	Y	E
I	D	**E**	A	L	E
N	A	**S**	E	A	U

Moulin à vents, visage sans nez, n'a-qu'un-œil, moutardier, arrondissement, juste milieu, baba du pauvre : les images ne manquent pas pour le cul ou les fesses, en argot.

P. 471

BONUS

MAMMOUTH

La première ligne dit tout. Avec un M initial, les deux seuls mots contenant A, H, O, U et T sont MOUCHANT et la solution MAMMOUTH, pour laquelle vous disposiez du T bien placé et du A ne pouvant figurer qu'en 2e position, puisqu'il apparaît mal placé partout ailleurs. Après, il fallait deviner la présence de ces deux M supplémentaires…

P. 472

LA SUITE

5

Les lettres situées aux rangs 1 (A), 6 (F), 8 (H), 9 (I), 11 (K), 12 (L), 13 (M), 14 (N), 20 (T), 22 (V), 23 (W), mais aussi 24 (X), 25 (Y) et 26 (Z) comme le précise l'énoncé, s'écrivent dans leur version traditionnelle sans dessiner aucune courbe, contrairement à B, C, D, G, J, O, P, Q, R, S et U. La lettre complétant cette série est le E. Son rang dans l'alphabet donne la réponse à l'énigme, le chiffre 5.

P. 473

LES MUTANTS

1. *Le Désert des Tartares* (roman de Dino Buzzati).
2. *Maman a tort* (chanson de Mylène Farmer).
3. *Les Demoiselles d'Avignon* (tableau de Pablo Picasso).

P. 474-475

(M)OTS (F)LÉCHÉS

■	P	■	B	■	K	■	M	■	F	■	E	■				
A	R	T	I	F	I	C	I	A	L	I	T	E				
■	O	R	B	I	C	U	L	A	I	R	E	S				
A	N	I	L	■	K	E	A	■	P	A	I	S				
■	O	B	E	L	■	I	N	O	P	I	N	E	■	I	■	I
I	S	O	■	E	C	L	O	R	E	■	T	U	C	S	O	N
■	T	E	R	G	A	L	■	L	E	V	■	L	A	R	I	S
F	I	L	A	I	■	I	V	E	■	U	B	E	R	A	L	E
■	C	E	N	S	O	R	I	A	L	■	A	E	D	E	■	C
E	S	C	A	L	E	■	A	N	I	O	N	■	I	L	O	T
■	■	T	■	A	C	O	N	I	E	R	■	S	A	I	S	I
S	C	R	O	T	U	M	■	S	E	A	T	T	L	E	■	V
■	L	I	N	I	M	E	N	T	■	L	E	A	■	N	A	O
C	O	Q	■	V	E	R	S	E	M	E	N	T	S	■	L	R
■	C	U	V	E	N	T	■	S	E	■	D	U	I	T	E	E
C	H	E	R	■	I	A	N	■	R	A	R	E	T	E	S	■
■	E	■	I	F	S	■	U	C	C	L	E	■	U	N	E	S
P	T	O	L	E	M	A	I	Q	U	E	■	R	E	D	U	E
■	O	I	L	L	E	S	■	F	R	A	U	D	E	U	S	E
E	N	T	E	E	■	A	I	D	E	■	T	A	S	S	E	S

P. 477

MAYDAY, M'AIDER !

« Lorsqu'un homme assiste sans broncher à une injustice, les étoiles déraillent. »

P. 478

TOMBEZ DANS LE PANNEAU

Relevez les lettres figurant aux rangs indiqués par chaque chiffre du kilométrage. Vous obtiendrez les lettres suivantes (par exemple, B, D et N pour les lettres 2, 4 et 7 d'ABIDJAN).

ABIDJAN	JORDANIE	REYKJAVIK	AZERBAÏDJAN	MONACO	DUNKERQUE	CONSTANTINE	TAHITI
B	J	Y	**A**	**M**	U	**N**	**A**
D	**D**	**J**	R	O	**E**	T	H
N	E	I	B	O	U	T	I

En regroupant les lettres comme nous l'avons fait (lettres normales, lettres soulignées, lettres en gras), vous pouviez composer trois villes francophones : **Beyrouth, Djibouti, N'Djamena.**

P. 479

SUDOKU-KU

8	6	5	2	7	4	9	1	3
7	9	2	5	3	1	6	8	4
1	4	3	9	8	6	7	2	5
6	5	1	4	9	7	8	3	2
4	2	7	8	6	3	5	9	1
9	3	8	1	2	5	4	6	7
3	1	4	6	5	9	2	7	8
5	8	9	7	1	2	3	4	6
2	7	6	3	4	8	1	5	9

P. 480-481

GRANDES VACANCES

P	R	O	L	O	N	G	A	T	I	O	N	■	T	A	M	I	E	R	■	A	V	A	N	C	E	E
R	E	M	A	R	I	E	S	■	C	H	O	M	A	G	E	■	C	O	A	L	I	T	I	O	N	S
E	L	A	N	■	V	O	I	L	A	■	M	I	N	I	M	A	L	I	S	T	E	■	G	I	T	■
H	A	N	D	B	A	L	L	E	U	S	E	■	T	R	E	P	A	S	S	E	■	M	E	N	E	R
O	C	■	S	A	L	I	E	■	N	I	N	J	A	■	M	O	I	■	U	R	G	E	R	■	T	U
M	E	N	T	I	■	E	S	C	A	R	C	E	L	L	E	■	R	E	M	E	R	C	I	E	E	S
!	■	A	U	■	D	R	■	R	I	E	L	■	E	U	N	E	C	T	E	■	A	H	A	N	■	S
N	O	I	R	C	I	S	S	E	S	■	A	R	■	S	T	R	I	E	■	E	V	E	N	T	R	E
I	M	A	M	A	T	■	E	M	E	T	T	A	N	T	■	O	E	S	T	R	E	■	E	R	E	■
E	N	D	■	L	E	S	T	E	■	H	U	M	E	R	U	S	■	I	R	E	■	U	S	A	G	E
N	I	E	C	E	■	E	T	U	V	E	R	■	B	E	L	I	Z	E	■	M	I	N	■	C	R	S
S	P	■	R	E	F	L	E	X	E	■	E	P	R	■	C	O	I	N	C	I	D	E	N	C	E	S
■	R	A	I	■	R	E	R	■	L	I	■	L	A	V	E	N	T	■	A	S	A	■	A	U	T	O
P	E	T	E	S	E	C	■	P	U	N	A	I	S	E	R	■	R	A	P	T	■	A	Y	S	■	R
O	S	A	■	T	O	T	A	U	X	■	L	E	K	■	E	L	O	G	I	E	U	X	■	E	V	E
S	E	R	R	A	N	I	D	E	■	P	U	■	A	G	■	A	N	E	T	■	V	E	T	■	O	U
A	N	I	E	R	■	F	O	N	C	A	N	T	■	R	A	M	E	N	E	R	A	■	E	L	U	S
S	T	■	E	S	U	S	■	T	A	N	■	P	O	E	M	E	■	T	E	I	L	L	E	U	S	E

P. 483

LA CIBLE

En lisant une lettre sur sept, dans le sens inverse des aiguilles d'une montre : « Des fois, j'ai pensé mettre fin à mes jours. Mais je ne savais **jamais par lequel commencer**. »

P. 484

EN MER, DENTS

Des serpents dans l'avion :

dessert - pan - dent - las - vie - on.

Le vol partant d'Hawaï est perturbé par ces serpents venimeux, rendus agressifs par les phéromones que diffusent les colliers de fleurs distribués au passager. Un type se fait mordre, alors qu'il urine sur un serpent sortant par le fond des toilettes.

P. 485

POT-POKER

Jack : un **X** pour PHARYNX. Reine : un **R** pour PHARAON.
River : un **C** pour CHIPANT. Chip : un **Y** pour NYMPHÉA (nénuphar).

P. 486-487

LA TÊTE AU CA-CARRÉ

RÉVEILLANT 6 INTERVALLE	BARRE 17 ARBRE	ÉDAM 15 DAME	ENCODES 3 SECONDE	DOUEZ 24 DOUZE
MAIS 5 AMIS	PONTÈRENT 23 ENTREPONT	IÉNA 9 AINE	LÈSERONT 16 ENTRESOL	AMATEUR 12 MARTEAU
TRANSE 19 ESTRAN	FRÊNE 11 ENFER	PLONGEAS 2 ESPAGNOL	HÉLAS 25 SAHEL	LANGÉES 8 SÉNÉGAL
CENTRALISES 22 INTERCLASSE	ALUNIONS 10 LUNAISON	LOGEONS 18 SOLOGNE	RANGE 14 NAGER	SINGLE 1 LIGNES
CANOËS 13 OCÉANS	RAMÉES 4 MARÉES	PROIE 21 POIRE	ÉVENTÂT 7 NAVETTE	NATURES 20 SATURNE

L	E	S	M	A	I	N	S	A	L	E
1	2	3	4	5	6	7	8	9	10	11

M	O	N	D	E	A	S	E	S	P	I	E	D	S
12	13	14	15	16	17	18	19	20	21	22	23	24	25

P. 489

C'est gâchis

Tous les masques vont par 7,
sauf celui-ci qui apparaît 9 fois.

P. 490

TROIS PETITS CHATS

1-5. Potté (le « chapeauté », au lieu du Chat botté). **4-9.** Teckel. **8-14.** Élevage. **13-20.** Geppetto. **19-25.** Tolkien. **24-30.** Enfants.

P. 491

Pipiramidal

628

355 273

171 184 89

58 113 71 18

4 54 59 12 6

1 3 51 8 4 2

P. 492

BOUCHE-TROUS

1. Troufion. **2.** Troufignon. **3.** Introduction. **4.** Patrouillant.
5. Ptérosaurien. **6.** Rétropropulsion.

P. 493

GLOBE-CROTTEUR

1. En Arménie. La transcription est ici phonétique, car l'alphabet arménien – créé en 405 et qui donna naissance à la langue écrite locale, le *grabar* ou *krapar* – ne ressemble en rien au nôtre. Pour le papier, demandez du local : il sent le benjoin…
« Laissez brûler les p'tits papiers ! »
2. « Var är toaletten ». Il n'y avait pas de piège. Pour « Ikéa en kit », ce n'est pas du suédois ; enfin, si, mais pas dans la langue scandinave. La troisième proposition équivaut à « Quel âge as-tu ? »
3. En Croatie. *Gdje*, « où ? », pouvait vous rappeler le *gdzie* polonais de la page 325, si vous êtes sacrément attentif. De la Pologne à la Croatie, un parfum slave (mais pas suave) devait vous mener à la cuvette. Au Groenland, au milieu de l'hiver, n'urinez pas en pleine nature, messieurs… Tout gèle instantanément !

P. 494-495

FLÉCHÉS CROISÉS

P	I	Z	Z	A	I	O	L	O	■	C	O	P	A	H	U	S
E	P	U	I	S	E	■	O	X	E	R	■	E	P	I	R	E
T	E	T	■	S	L	A	L	O	M	E	U	S	E	■	E	R
A	■	I	N	I	T	I	E	■	M	A	D	E	R	I	S	E
N	A	S	S	E	S	■	T	I	A	N	■	T	I	R	■	I
Q	A	T	■	D	I	S	T	A	N	C	I	A	T	I	O	N
U	■	E	H	■	N	O	E	■	C	E	T	■	I	S	O	■
E	S	S	O	R	E	R	■	P	H	■	A	F	F	A	M	E
U	E	■	P	O	■	C	R	U	E	L	L	E	■	T	Y	R
S	P	R	I	N	T	E	U	R	■	A	I	■	P	I	C	S
E	T	A	T	■	A	L	E	■	I	V	A	N	H	O	E	■
■	U	T	A	H	■	L	E	P	R	E	■	O	I	N	T	S
B	P	■	L	U	G	E	■	I	R	R	E	E	L	■	E	U
E	L	A	■	M	A	R	O	N	I	■	A	L	T	O	■	B
B	E	R	B	E	R	I	S	■	T	A	U	■	R	U	G	I
E	S	A	U	■	D	E	T	T	E	S	■	K	E	F	I	R

P. 496

CA-CARRÉ MAGIQUE

23	10	14	1	17
4	16	22	8	15
7	13	5	19	21
20	24	6	12	3
11	2	18	25	9

Pour compléter la quatrième colonne, il faut 65 − (8 + 19 + 25) = 65 − 52 = 13, que l'on peut obtenir avec 1 + 12 ou 4 + 9. Pour compléter la première ligne, il faut 65 − (23 + 10 + 17) = 65 − 50 = 15, atteignable par 1 + 14 ou 2 + 13. Seul le 1 peut se trouver à l'intersection de cette ligne et de cette colonne, d'où le 12 sous le 19 et le 14 au-dessus du 22. Sur la quatrième ligne, on a 6 + 12 + 3 = 21 et il manque donc 65 − 21 = 44, que l'on n'obtient que par 20 + 24, mais 24 ne peut pas être sur la première colonne, car 23 + 7 + 24 + 11 atteint déjà 65. On place donc le 20 en première colonne, d'où un 4 sous le 23, puis un 15 en bout de deuxième ligne. Continuez ainsi, en étudiant le total manquant dans les trois colonnes restantes et celui des deux lignes incomplètes, pour en déduire la solution de ce carré.

P. 498

SUDOKU-KU

3	2	6	9	1	4	5	8	7
8	4	7	6	5	3	2	1	9
9	1	5	7	8	2	6	3	4
7	3	2	1	9	6	8	4	5
6	9	1	8	4	5	7	2	3
5	8	4	3	2	7	1	9	6
2	6	3	4	7	1	9	5	8
4	5	9	2	6	8	3	7	1
1	7	8	5	3	9	4	6	2

P. 499

ÉVIDEMMENT

La personne qui a peint les numéros dans le parking était dans l'allée où se situe l'avant de la voiture. Les numéros visibles ne sont donc pas 16, 06, 68, 88 et 98, comme ils nous apparaissent. En regardant depuis cette allée, on verrait 86, la voiture, 88, 89, 90 et 91. La voiture est donc sur la place 87… Évidemment !

P. 501

ROSACE

P. 502-503

(M)OTS (F)LÉCHÉS

P. 504

LE CHICHSTRAC

SOUVENIRS

P. 505

Les enfants terribles

1. Ted et Bill Ouquoi. **2.** Jeff, Philémon Ba. **3.** Anna, Liz, Mehdi Cale.
4. Éva, Paola, Clément, Maéva, Aude, Anne, Marc Cétané.
5. Steeve, Eudes, Hubert, Yann, Adam Lefrigo.

P. 507

LE PENDU

FUGITIFS

Ils courent, ils courent, pour ne pas être pendus !

P. 508

Amenez-y...

1. Clarinette (Antoine, *Les Élucubrations d'Antoine*). **2.** Ovale (Bénabar, *L'Effet papillon*). **3.** Voitures (France Gall, *Débranche*). **4.** Corbeau (Claude Barzotti, *Le Rital*). **5.** Poussent (Anne Germain, générique de *L'Île aux enfants*). **6.** Sève (Kendji Girac, *Les Yeux de la mama*).

P. 509

7 HORREURS

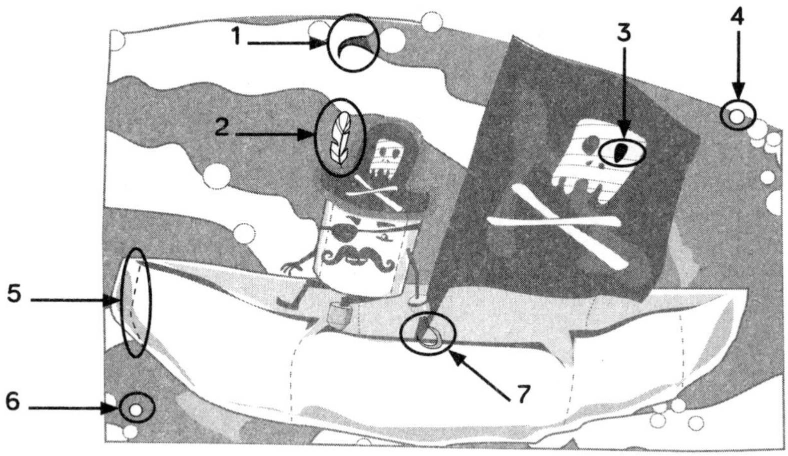

P. 510-511

LA TÊTE AU CA-CARRÉ

SCÉLÉRATE 25 ÉCARTELÉS	RIA 2 AIR	OFFERTS 15 EFFORTS	ROUGET 3 GOÛTER	LACERIES 20 ESCALIER
RONDELS 7 LONDRES	LOUPE 9 POULE	BABA 16 ABBA	RATTE 14 TÉTRA	MINAUDES 19 DUMASIEN
OUD 5 DUO	LAIES 18 AILES	OURSE 13 ROUES	MANTOUE 8 AUTOMNE	GRAMEN 21 MANGER
RHÉNIUM 22 INHUMER	DEVIENT 12 ÉVIDENT	NU 10 UN	CRIE 17 CIRE	SLEEPING 4 ÉPINGLES
PIÈCES 6 ÉPICES	HAUT 24 UTAH	ÉTABLES 11 BEATLES	REMASTIQUÉ 23 QUATRIÈMES	ÉLUDA 1 LÉAUD

L’	A	G	E
1	2	3	4

D	E
5	6

L	A
7	8

P	U	B	E	R	T	E
9	10	11	12	13	14	15

A	C	A	D	E	M	I	Q	U	E
16	17	18	19	20	21	22	23	24	25

P. 513

CALCULS DURS, HEIN !

25 + 100 = 125 ; 125 × 7 = 875 ; 75 ÷ 5 = 15 ; 15 − 9 = 6 ; 875 + 6 = 881.

P. 514-515

Clés en main

KUGELHOPF, en partant de la deuxième clé en haut à droite et en tournant dans le sens inverse des aiguilles d’une montre. Un pirate nostalgique du gâteau de son Alsace natale?

P. 517

CROISILLONS OOP

	6		7			9		10
1	I	M	A	G	I	N	E	R
	N		S			A		I
2	T	A	C	H	E	T	E	S
	E		E		8	T		T
3	R	O	N	F	L	E	U	R
	L		S		O			E
	I	4	E	M	I	R	A	T
	G		U		S			T
5	N	A	R	C	I	S	S	E
	E				R			

P. 518-519

(M)OTS (F)LÉCHÉS

■	M	■	E	■	B	■	A	■	V	■	E	■				
G	O	U	T	T	E	A	G	O	U	T	T	E				
■	U	N	I	R	A	M	E	S	■	O	H	M				
E	S	C	A	U	T	■	N	I	O	L	U	E				
■	T	I	G	E	■	P	O	D	C	A	S	T	■	S	■	F
C	A	N	E	B	I	E	R	E	■	S	E	T	A	C	E	E
■	C	E	■	L	C	I	■	S	A	S	■	R	U	I	N	E
C	H	■	F	O	H	N	E	■	S	E	V	I	C	E	S	■
■	U	R	E	O	T	E	L	I	E	■	E	C	U	R	I	E
A	E	R	O	D	Y	N	A	M	I	C	I	E	N	■	M	C
■	■	R	D	■	O	T	E	■	S	O	N	■	E	M	E	U
S	P	R	A	Y	S	■	I	A	M	■	U	R	S	A	■	I
■	O	R	L	E	A	N	S	V	I	L	L	E	■	C	H	S
T	I	R	■	N	U	A	■	E	Q	U	E	S	T	R	E	S
■	T	R	I	■	R	E	E	L	U	T	■	I	B	E	R	E
D	E	■	C	H	E	V	R	I	E	R	E	S	■	U	E	■
■	V	R	A	I	■	I	O	N	■	I	N	T	I	S	S	E
T	I	A	R	E	S	■	D	E	A	N	■	O	B	E	I	R
■	N	O	I	R	C	I	E	■	A	S	T	R	O	■	E	T
G	E	N	E	■	O	D	E	U	R	■	A	S	S	I	S	E

P. 520

Graines de chia

PROCHAINEMENT

Prochainement, *L'Officiel des toilettes* 2026, c'est promis. Patience, vous venez à peine d'acheter celui-ci.

P. 521

Le bon tuyau

	V			A			B	
L	E	N	I	N	G	R	A	D
	R			G			N	
	D			L			G	
D	U	N	K	E	R	Q	U	E
	N			T			I	

Léningrad et Pétrograd sont deux anciens noms de Saint-Pétersbourg.

P. 522

MOTOCROTTE

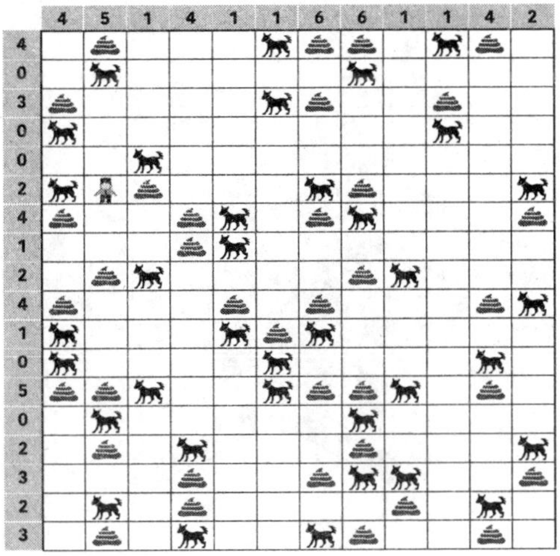

P. 523

SPHINX TER

ESPACE :

espace vert, espace de temps, orientation dans l'espace, espace de liberté, espace fine (place laissée, par exemple, entre la dernière lettre d'une phrase et le point d'interrogation ou d'exclamation final, ou encore avant les deux points ; dans ce sens, en typographie, une espace est un nom féminin), conquête de l'espace.

P. 524

SUDOKU-KU

2	4	1	7	3	5	6	8	9
6	7	8	4	9	1	2	3	5
3	5	9	2	6	8	7	1	4
1	2	4	9	5	7	3	6	8
7	9	3	1	8	6	4	5	2
5	8	6	3	2	4	9	7	1
8	1	2	6	7	9	5	4	3
9	6	5	8	4	3	1	2	7
4	3	7	5	1	2	8	9	6

P. 526-527

L'éToilette

Avec les lettres grisées, on forme l'adjectif GEIGNARDE. Mimi Geignarde est le fantôme d'une petite fille occupant les toilettes de Poudlard, l'université où étudie Harry Potter. Mimi joue un rôle important dans le tome intitulé *La Chambre des secrets*.

P. 528

CRYPTOGRAMME

« Moi, j'ai les mains sales. Jusqu'aux coudes. Je les ai plongées dans la merde et dans le sang. »

Extrait de la pièce de théâtre *Les Mains sales*, de Jean-Paul Sartre.

P. 529

GLOBE-CROTTEUR

1. Du pays de Galles. La langue n'est pas sans lien avec le breton, où *ti* (et parfois *ty*, sans accent) désigne une maison, comme en gallois.
2. « Vabandage, kus on tualett ? » *Vabandage* est l'équivalent surprenant de notre « Excusez-moi ». Les autres propositions ne veulent rien dire. Sauf coïncidence incroyable !
3. « Cá bhfuil an leithreas ? », comme ça se prononce, c'est-à-dire difficilement. La seconde proposition mêle IRA et TNT, mais ne signifie rien. Évitez ! Quant à la troisième, tout aussi explosive, elle vous ferait dire : « Une bombe H, s'il vous plaît ! »

P. 530

BONUS

ROUVRAIE

Entre le R initial et le E final, six lettres sont à replacer : V, I, O, R, A et U. Pour le R, un début RR est impossible : il ira en 5e position, poussant le A à la 6e, car la finale AE est très improbable. La seule solution est ROUVRAIE, un lieu planté de rouvres, une variété de chêne. Cette rouvraie est l'anagramme d'AU REVOIR, pour la dernière apparition de ce jeu dans votre *Officiel*. Ce salut n'est pas le dernier…

P. 531

Les pets de dames au clebs

Madame Bichon pète 31 fois et son cocker 26 ; madame Cocker pète 40 fois et son épagneul 50 ; madame Épagneul pète 29 fois et son bichon 24. Le suiveur fayot a été admis aux urgences.

P. 532

TOMBEZ DANS LE PANNEAU

Les chiffres étaient un leurre. Il suffisait de lire, de haut en bas, les lettres inscrites à la pointe de la flèche : A de SOFIA, U de MOSCOU, R de REYJKAVIK, E de VIENNE, V de VARSOVIE, O d'OSLO, I de HELSINKI et R de RIGA. Ces lettres formaient : AU REVOIR. La fin de *L'Officiel* 2025 approche, non ?

P. 534

TAPIS C

1 pièce noire

Enlevez une pièce trouée de chaque côté du tapis B, puis comparez les 2 pièces blanches restantes avec celles du tapis A :
2 blanches = 3 noires – 1 trouée (tapis B) = 1 noire + 3 trouées (tapis A).
Ajoutez 1 trouée et enlevez 1 noire de chaque côté de cette égalité :
3 noires – 1 noire = 3 trouées + 1 trouée, soit 2 noires = 4 trouées.
Donc, l'équivalent de « 2 pièces trouées », c'est une seule pièce noire, en divisant le résultat obtenu précédemment par 2.

P. 535

LES MUTANTS

1. *Les Tontons flingueurs* (film de Georges Lautner).
2. *Le Jardin des délices* (tableau de Jérôme Bosch).
3. *Face à la mer* (chanson de Calogero et Passi).

P. 536

ÉVIDEMMENT

TROIS + UN = TOURNIS

Avec des lettres, c'est plus simple qu'avec des chiffres... Évidemment !

P. 538-539

(M)OTS (F)LÉCHÉS

■	B	■	O	■	M	■	O	■	G	■	I	■	C	■	O	■
P	R	O	C	H	E	O	R	I	E	N	T	A	L	■	R	P
■	E	L	U	A	R	D	■	S	O	U	A	H	E	L	I	E
E	D	E	L	W	E	I	S	S	■	I	L	■	B	I	E	N
■	O	■	A	A	■	N	O	U	R	R	I	S	S	A	N	T
G	U	E	R	I	R	■	N	E	M	E	E	N	■	I	T	E
■	I	C	I	■	U	S					■	A	S	S	E	C
G	L	O	S	A	N	T					E	C	H	O	■	O
■	L	U	T	T	E	R					■	K	A	N	A	T
J	E	T	E	E	■	O					L	E	M	■	T	E
■	■	I	S	L	A	M	■	C	■	E	■	R	I	F	T	■
R	T	L	■	I	N	A	D	A	P	T	E	■	S	E	E	S
■	A	L	L	E	G	E	E	■	E	A	G	L	E	■	R	V
P	L	E	U	R	E	■	P	A	R	I	■	A	N	T	R	E
■	I	S	E	■	L	A	I	N	E	■	C	R	■	A	I	L
O	S	■	T	A	I	L	L	E	C	R	A	Y	O	N	■	T
■	M	U	T	I	Q	U	E	S	■	A	N	N	O	N	C	E
F	A	N	E	■	U	N	■	S	O	L	E	X	■	A	R	S
■	N	A	S	S	E	■	B	E	T	E	L	■	A	N	I	S
T	S	U	■	A	S	T	I	■	E	R	E	I	N	T	E	E

P. 540

ESCALETTRES

↓	HEM
+E	HEME
+T	THEME
+N	MENTHE
+A	METHANE
+C	MECHANTE
+V	VACHEMENT
+E	ACHEVEMENT

P. 541

TROIS PETITS CHATS

1-7. Cartman. **5-8.** Manx. **6-12.** Anxiété. **10-16.** Éternel. **15-20.** Éluard. **18-23.** Arditi. **22-25.** Titi. **24-28.** Tigré. **26-30.** Grèce.

Dépôt légal : septembre 2024
Achevé d'imprimer en France
dans les ateliers de Normandie Roto Impression s.a.s.
61250 Lonrai (Orne)
N° d'impression : 2403289